北斗 DIPPER

国家高速 G6 京藏高速 (原八达岭高速)

高速更名后
最新国家高速公路
名称及编号

65 国家高速 G6 西康路 康庄 XiKangLu KangZhuang

路牌更换后
全新高速公路出入口
里程编号

BEIJING QICHE SHENGHUO SHOUCE

北京汽车生活手册

地质出版社地图编辑室
北京天域北斗图书有限公司 编

地质出版社
·北 京·

全案策划 北斗 DIPPER
北京天域北斗图书有限公司
(010) 83549609
www.dipperbooks.com.cn

《北京汽车生活手册》编委会
主　　编：李正新
执行主编：林宏
编　　辑：段寅芳　曹冬雪　黄晓真
实地路况调研：穆卿 何伟 王晓凯 黄平

图书定制电话
(010)83556712/13/15转603
图书销售电话
(010)83556709

图书在版编目（CIP）数据

北京汽车生活手册 / 地质出版社地图编辑室. 北京天域北斗图书有限公司编. －－4版. －－北京：地质出版社，2010.8
ISBN 978-7-116-04211-7

I. ①北… II. ①地… ②北… III. ①交通图－北京市－地图集②北京市－概况－手册 IV.①F512.99-64②K921－62

中国版本图书馆CIP数据核字（2010）第155879号

责任编辑：杜广慈
出版发行：地质出版社
地址社编：北京海淀区学院路13号，100083
咨询电话：（010）82319210
销售/服务电话：（010）83549609　83556709
网　　址：http://www.gph.com.cn
电子邮箱：zbs@gph.com.cn
印　　刷：北京汇林印务有限公司
开　　本：787毫米×1092毫米 1/16
印　　张：15.5
版　　次：2010年8月第4版·2010年8月第11次印刷
审 图 号：京S（2009）084号
定　　价：45.00元
书　　号：ISBN978－7－116－04211－7

③ 北京郊区详图…… P136~185

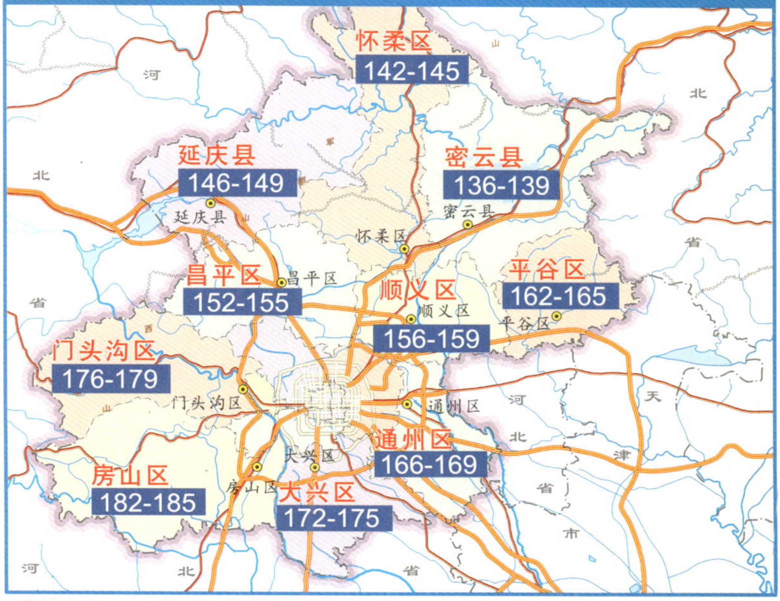

郊区县城区图

④ 北京周边详图　P186~193

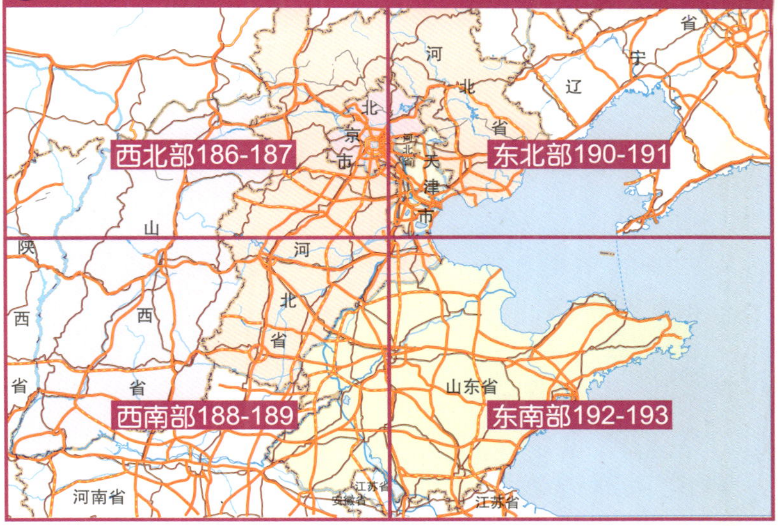

⑤ 其他示意图索引

地图图例

城区图

市政府	银行	汽车销售、维修公司	西直门 地铁站名及出口
区政府	商场 超市	机动车检测场	高速公路（立交桥 高速出口 建筑中）
街道办事处	俱乐部 影剧院	交通管理部门	环路（立交桥 出入口标号及去往方向）
政府机构 事业单位	图书馆 博物馆 展览馆	摄像头	城市快速路
派出所	体育馆	禁止左转 禁止调头	一级街道
科研机构	写字楼 大厦 公寓	单行标志	二级街道
出版社	饭店 宾馆	限速标志	三级街道
大中小学 幼儿园	企业 公司	右转弯专用道	四级街道
医院 街道社区服务中心	邮政局	路面交通指示	
药店	高尔夫球场	铁路及火车站	
景点	长途汽车站		
星河湾 小区	加油站		

区、县图

高速公路（出入口 收费站 建筑中 服务区）	路口指示牌（怀柔25km 西白辛店 天竺 马连店路口）	山峰	赏花区
国道（环岛 国道号 G110 92 路口 里程桩）	廊坊市 地级行政中心	游乐场	古迹、遗址
城市快速路（立交桥）	顺义区 区、县政府	峡谷	寺、庙、庵
省道及编号（S216）	胜利 街道、地区、镇、乡	射击场	塔、阁、殿
县道	郎庄 村庄	草原	陵园、墓、碑
乡道	加油站	公园	长城旅游区
铁路隧道	机场	风景区	洞
公路隧道	桥	森林公园	瀑布
铁路及车站	长城	宾馆、饭店	温泉
省界	山峰	餐饮、美食山庄	湖泊
区界	高尔夫球场	俱乐部、会议中心	游船
绿地	马场	度假村	垂钓
	滑雪场	民俗村	漂流
	采摘	农家院	一般景点
		红叶观赏区	别墅、山庄

北京周边地图

高速公路（出入口 收费站 服务区）	在建高速	北京 首都	世界遗产
国家高速编号、名称（G55 二广高速）	快速路	济南 省级行政中心	4A级风景名胜区
省级高速编号（S29）	省道及编号（里程数 29 省道号 250）	泰安 地级行政中心	景点
国道及编号（国道号 220 里程数 10）	县乡道	利津 县级行政中心	山峰
	铁路	胡集 镇 乡	长城
	省级界	上港 村庄	沙漠
	机场		

目　录

环路交通一览图
永丰
延庆
门头沟区
房山区、涿州市、石家庄市
固安县
国家高速 G7 京新高速 (原京包高速)
国家高速 G6 京藏高速 (原八达岭高速)
国家高速 G4 京港澳高速 (原京石高速)
韩家川
冷泉村
环山村
簸箕水
东山
西北旺
百望山森林公园
北京植物园
卧佛寺
梁启超墓
梅兰芳墓
曹雪芹纪念馆
碧云寺
香山公园
香山饭店
中科院植物所北京植物园
景帝陵
董四墓
林业科学研究所
娘娘府
正蓝旗
南营
普安店
玉泉山
功德寺桥
红山桥
香泉桥
肖家河桥
厢白旗桥
楼自庄桥
上清桥
农业大学(西区)
厢黄旗
正白旗
肖家河东村
肖家河
朱房
永泰庄
北京国电宾馆
圆明园遗址公园
颐和园
昆明湖
国际关系学院
福缘门
东大石桥
新宫门
北京大学
清华大学
林业大学
北京语言大学
地质大学
九龙饭店
海淀公园
中关村一桥
万泉河桥
学院桥
火器营桥
四海桥
四通桥
联想桥
蓟门桥
北太
元大都城
大钟寺
海淀区
苏州桥
北京理工大学
北京电视台
为公桥
魏公村路
中央民族大学
北京交通大学
北京师范大学
香格里拉饭店
紫竹院公园
北京动物园
北京北站
西直门桥
紫竹桥
四季青桥
正福寺
海博大酒店
新世纪饭店
京都饭店
平安里
官园桥
花园桥
定慧北桥
定慧寺
定慧桥
航天桥
中央电视塔
东钓鱼台
玉渊潭公园
中华世纪坛
军事博物馆
阜成门桥
复兴门
五棵松桥
五棵松体育文化中心
万寿宾馆
长峰假日酒店
京通招待所
新兴桥
公安大学
西便门桥
天宁寺桥
广安门桥
北京西站
莲花桥
南沙窝桥
郑常庄
莲花池长途汽车站
靛厂村
六里桥
六里桥长途汽车站
岳各庄桥
丰北桥
丰台体育中心
京丰宾馆
燕丰饭店
丽泽桥
丽泽长途汽车站
菜户营桥
大观园
环海宾馆
中顶村
丰益桥
丰台区
万柳桥
玉泉营桥
北京南粤苑宾馆
首都经贸大学
丰台大桥
看丹桥
富丰桥
永丰丽园宾馆
马家楼桥
科丰桥
花乡桥
新发地长途汽车站
新发地北桥
新发地桥
新发地
谢家庄
世界公园
花乡公园
大葆台西汉墓博物馆
东老庄
永合庄
六圈
潭峪
黑石头村
上石府
八大处公园
八大处
绍家坡
法海寺森林公园
厢蓝旗
门头村
闵西桥
闵庄
祁家村
杏石口桥
西冉村
西平庄
巨山村
东下庄
永引桥
西黄村桥
南高庄
苹果园
北方工业大学
电子科技学院
晋元桥
石景山游乐园
老山
八角桥
良安
老古城
首钢
庞村
石景山区
鲁谷桥
紫薇宾馆
衙门口桥
衙门口
卧龙岗桥
永新庄
大沟
鹰山森林公园
南营
辛庄
白草洼
张郭庄
刘庄子
养鸡场
小庄子
京苑宾馆
中国人民抗日战争纪念馆
桥西街
卢沟新桥
宛平桥
卢沟桥饭店
杨家坟
李家峪
仇家沟
吕村
崔村
二七纪念馆
齐庄子
大宁水库
云岗北里
二老庄
佃起
高佃
京开高速
京津塘高速公路
京石高速
京沈高速
京藏高速公路
80
90
106
107
108
109
110

小汤山
怀柔区、密云县、承德市
密云县
首都机场
首都机场
通州区
秦皇岛市
廊坊市
天津市
天津市
奥林匹克森林公园北园
奥林匹克森林公园南园
中国科学技术馆
国家游泳馆
国家体育场
奥林匹克体育中心
中华女子学院
顾家庄
仰山村
崔家村
关庄
劈李村
马泉营
崔各庄
康营
后苇沟
温榆桥
地坛医院
国门路大饭店
索家村
北皋桥
北皋村
东营
张万村
金盏村
长店村
雷庄
将台渔场
北马房
曹各庄
望京公园
798艺术区
孙家桥
小白家村
西北门
后街
西坝
东坝
半截塔
康各庄
马各庄
七棵树桥
崔家村
高杨树
北京马术俱乐部
石各庄
西小井
东小井
平房桥
辛庄
板桥
亮马厂
东白家楼
黄渠村
朝阳公园
朝阳公园桥
水碓子北里
人民日报社
红领巾桥
甘露园
大黄庄桥
三间房
东十里堡
兴隆公园
北京第二外国语学院
慈云寺桥
四惠桥
远通桥
北京欢乐谷
京通快速路
西会
双桥
小寺
北京站
北京东站
九龙山汽车站
市政府
天安门广场
故宫博物院
景山公园
东城区
朝阳区
工人体育场
地坛公园
雍和宫
国子监
恭王府
中国书店
大栅栏
天坛公园
自然博物馆
龙潭公园
窑洼湖公园
方家村
半壁店
咸宁侯
于家围
石槽
双树
官庄
白鹿司
马房寺
定辛庄
G1 京哈高速
京哈高速公路
五方桥
四方桥
北京欢乐谷
双合村
豆各庄
万子营
李罗营
孟家屯
黑庄户
小武基
大武基
二堡子
六道口
成寿寺
北焦公园
老君堂
郎辛庄
化工桥
红军公园
马家湾
江场
大鲁店
董村
北神树
东石
东石村桥
北京政法干部管理学校
G2 京沪高速
十八里店桥
小羊坊村
大羊坊桥
大羊坊村
次渠
孟庄
荣华桥
亦庄桥
北京经济技术开发区
长新国际高尔夫球场
马道村
小红门桥
小村桥
吉日利路
积庆庄
旧宫村
东高地
树桥村
窑窝村
久敬庄
南八十
南苑东路
大红门桥
公益东桥
石榴庄
双庙村
赵公口长途客运站
海户屯
八维计算机学校
木樨园桥
刘家窑桥
方庄桥
分钟寺桥
十里河桥
左安门桥
玉蜓桥
永定门桥
光明桥
潘家园桥
华威桥
劲松桥
双井桥
大郊亭桥
窑洼湖桥
小武基桥
广渠门桥
东便门桥
建国门桥
国贸桥
京广桥
朝阳门桥
长虹桥
东直门桥
农展桥
燕莎桥
东直门北桥
雍和宫桥
小街桥
安定门桥
三元桥
东风北桥
四元桥
望京桥
望和桥
大山桥
五元桥
环铁桥
太阳宫桥
安贞桥
惠新东桥
安慧桥
北辰桥
马甸桥
仰山桥
北苑桥
顾家庄桥
来广营桥
广顺桥
广泽桥
管头桥
机场南线高速公路
机场第二高速公路
李天路
楼台
太阳宫
安贞大厦
银河宾馆
天荣宾馆
全聚德烤鸭店
北人大酒店
东良宾馆
金大扬宾馆
邦楼宾馆
中国电影博物馆
全国农业展览馆
永定门长途汽车站
外长途汽车站

北京市国道里程表（单位 千米）

108 国道

河北马各庄	9	57	100	118	124	136
鱼斗泉		48	91	109	115	127
霞云岭			43	61	67	79
东庄子				18	24	36
戒台寺					6	18
永定镇路口						12
京原路口						

三元桥											
草场地	7										
火神营	20	13									
杜兰庄	25	18	5								
马坡	30	23	10	5							
富各庄	38	31	18	13	8						
王化	49	42	29	24	19	11					
密云	65	58	45	40	35	27	16				
黄各庄	88	81	68	63	55	50	39	23			
太师屯	102	95	82	77	69	64	53	37	14		
古北口	126	119	106	101	93	88	77	61	38	24	
河北滦平	165	158	145	140	131	127	116	100	77	63	39

101 国道

107 国道

河北涿州	17	24	36	46	49	60
琉璃河		7	19	29	32	43
窦店			12	22	25	36
房山				10	13	24
赵辛店					3	14
杜家坎						11
莲花池						

三元桥											
草场地	7										
火神营	20	13									
杜兰庄	25	18	5								
马坡	30	23	10	5							
富各庄	38	25	18	13	8						
怀柔	49	36	29	24	19	11					
琉璃庙	91	78	71	66	61	53	42				
汤河口	107	94	87	82	77	69	58	16			
长哨营	120	107	100	95	90	82	71	29	13		
帽山梁顶	165	152	145	140	135	127	116	74	58	45	
河北丰宁	190	177	170	165	160	152	141	99	83	70	25

111 国道

109 国道

河北孔涧	23	70	100	105	111	121
齐家庄		47	79	82	88	98
芹峪口			32	35	41	51
军庄				3	9	19
三家店					6	16
金顶街						10
五孔桥						

木樨园						
南苑	6					
南大红门	17	11				
青云店	24	18	7			
采育	35	29	18	11		
凤河营	43	37	26	19	8	
河北廊坊	56	50	39	32	21	13

104 国道

106 国道

河北固安	6	10	23	30	33	42	46
十里铺		4	17	24	27	36	42
榆垡			13	20	23	32	38
庞各庄				7	10	19	25
良黄					3	12	19
大兴						9	16
西红门							7
玉泉营							

朝通桥						
果园	2					
砖厂	6	4				
沙古堆口	16	14	10			
长陵营	22	20	16	6		
觅子店	34	32	28	18	12	
天津河西务	45	45	39	29	23	11

103 国道

102 国道

河北三河	31	35	44	53	64
白庙		4	13	22	33
宋庄			9	18	29
通州				9	20
管庄					11
呼家楼					

昌平				
西二道河	31			
延庆	43	12		
下营	70	39	27	
河北怀来	99	68	56	29

110 国道

北京市全图

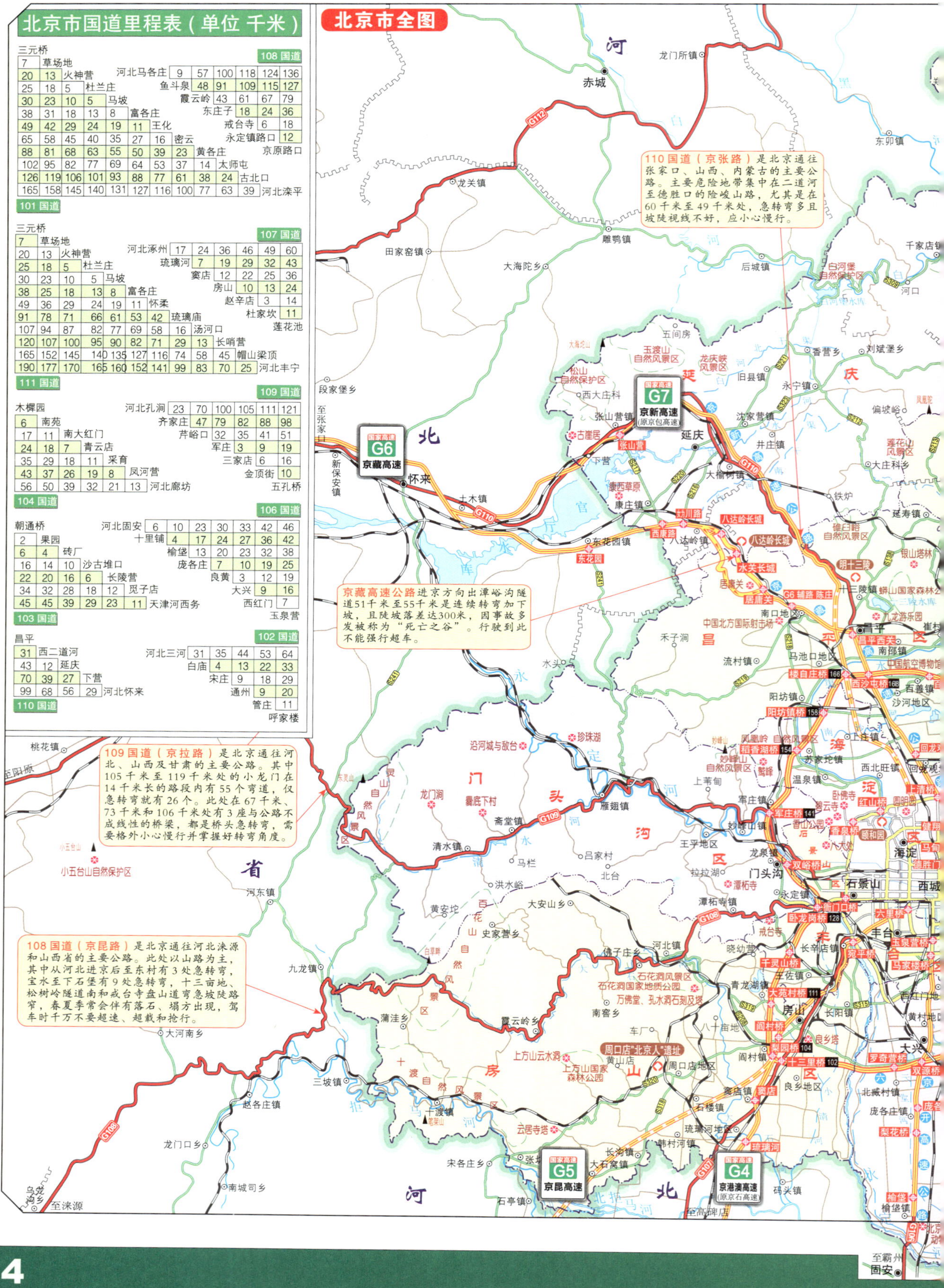

110 国道（京张路）是北京通往张家口、山西、内蒙古的主要公路。主要危险地带集中在二道河至德胜口的险峻山路，尤其是在60千米至49千米处，急转弯多且坡陡视线不好，应小心慢行。

京藏高速公路进京方向出潭峪沟隧道51千米至55千米是连续转弯加下坡，且陡坡落差达300米，因事故多发被称为"死亡之谷"。行驶到此不能强行超车。

109 国道（京拉路）是北京通往河北、山西及甘肃的主要公路。其中105千米至119千米处的小龙门在14千米长的路段内有55个弯道，仅急转弯就有26个。此处在67千米、73千米和106千米处有3座与公路不成线性的桥梁，都是桥头急转弯，需要格外小心慢行并掌握好转弯角度。

108 国道（京昆路）是北京通往河北涞源和山西省的主要公路。此处以山路为主，其中从河北进京后至东村有3处急转弯，宝水至下石堡有9处急转弯，十三亩地、松树岭隧道南和戒台寺盘山道弯急坡陡路窄，春夏季常会伴有落石、塌方出现，驾车时千万不要超速、超载和抢行。

111 国道（怀丰路）是北京通往河北丰宁、内蒙古赤峰的主要公路，该路87%为山区公路，危险多集中在北部四道穴、安岭梁北、黄土岭以上2千米、合防口梁下等处，均属坡路且视线不好，行驶该路线时一定要保持车况良好，不要抢行或超速。

101 国道（京承路）是北京通往承德及辽宁的主要公路。山区路段的穆家峪至辛庄一段呈马鞍形，上坡路紧接着下坡路共计61处，上坡时视线尤其不好，极易发生交通事故，司机驾驶时千万不要盲目超车或超速行驶。

北京市高速公路里程表（单位 千米）

京藏高速（国高 G6）

西康路	3	7	12	19	29	33	35	37	40	43	47	49	53	55	57	59	61	62	63	64	65
妫川路		4	9	16	26	30	32	34	37	40	42	46	50	52	54	56	58	59	60	61	62
八达岭长城			5	12	22	26	28	30	33	36	38	42	46	48	50	52	54	55	56	57	58
水关长城				7	17	21	23	25	28	31	33	37	41	43	45	47	49	50	51	52	53
居庸关长城					10	14	16	18	21	24	26	30	34	36	38	40	42	43	44	45	46
G6 辅路、陈庄						4	6	8	11	14	16	20	24	26	28	30	32	33	34	35	36
京银路、G110、昌平西关							2	4	7	10	12	16	20	22	24	26	28	29	30	31	32
昌平南环路								2	5	8	10	14	18	20	22	24	26	27	28	29	30
白浮泉路									3	6	8	12	16	18	20	22	24	25	26	27	28
北六环										3	5	9	13	15	17	19	21	22	23	24	25
百沙路											2	6	10	12	14	16	13	19	20	21	22
沙阳路、沙河												4	8	10	12	14	16	17	18	19	20
北清路、七北路													4	6	8	10	12	13	14	15	16
黄土店路\回龙观西大街\龙锦二街														2	4	6	8	9	10	11	12
安宁庄路、建材城西路															2	4	6	7	8	9	10
小营西路、小营东路																2	4	5	6	7	8
北五环																	2	3	4	5	6
科荟路、急救中心																		1	2	3	4
志新路、安翔北路\清华东路、大屯路																			1	2	3
北四环																				1	2
民族园西路																					1
三环路（马甸桥）																					

京沪高速（国高G2）

十八里店桥

南五环、东五环	3		
六环路	13	10	
G104	26	23	13

京通快速

四惠桥

远通桥	5	
通州	11	6

机场高速

三元桥

北皋桥	8.5		
天竺桥	15	6.5	
首都机场	18.5	10	3.5

京承高速

望和桥

来广营桥	4								
酸枣岭桥	22	18							
辛樊路	26	22	4						
天北路	31	27	9	5					
北立路	36	32	14	10	5				
京密路	41	37	19	15	10	5			
杨雁路	44	40	22	18	13	8	3		
顺密路	60	56	38	34	29	24	19	16	
密云东	68	64	46	42	37	32	27	24	8

京新高速（国高 G7）

张山营、G110旧线	52	55	59	62	83
南涧路		3	7	10	31
G6\G110			4	7	28
水南路				3	24
北六环					21
北五环					

京哈高速（国高 G1）

通香路	3	10	18	23	29	30	31	32	34	35
宋郎路		7	15	20	26	27	28	29	31	32
京塘路 G103			8	13	19	20	21	22	24	25
东六环				5	11	12	13	14	16	17
通马路					6	7	8	9	11	12
豆各庄						1	2	3	5	6
东五环							1	2	4	5
辅路								1	3	4
高碑店路									2	3
垡头										1
四方桥										

京港澳高速（国高 G4）

六里桥

万丰路	1													
西四环	3	2												
青塔西路	4	3	1											
西道口、张仪村路	6	5	3	2										
五环路	8	7	5	4	2									
杜家坎、长辛店	10	9	7	6	4	2								
长周路、云岗	13	12	10	9	7	5	3							
京良路	19	18	16	15	13	11	9	6						
良乡、良乡机场	22	21	19	18	16	14	12	9	3					
大件路、京周路	27	26	24	23	21	19	17	14	8	5				
六环路	29	28	26	25	23	21	19	16	10	7	2			
锦绣路	32	31	29	28	26	24	22	19	13	10	5	3		
京深路(G107)	35	34	32	31	29	27	25	22	16	13	8	6	3	
琉陶路	42	41	39	38	36	34	32	29	23	20	15	13	10	7

图　例

- 高速公路
- 在建高速公路
- 国家高速公路编号及名称
- 出入口、立交桥
- 城市快速路
- 国道及编号
- 省道及编号
- 县乡道
- 铁路
- 省级界
- 区、县界
- 首都
- 地级行政中心
- 区、县级行政中心
- 地区、镇、乡
- 村庄
- 长城
- 山峰
- 世界遗产
- 一般景点
- 机场

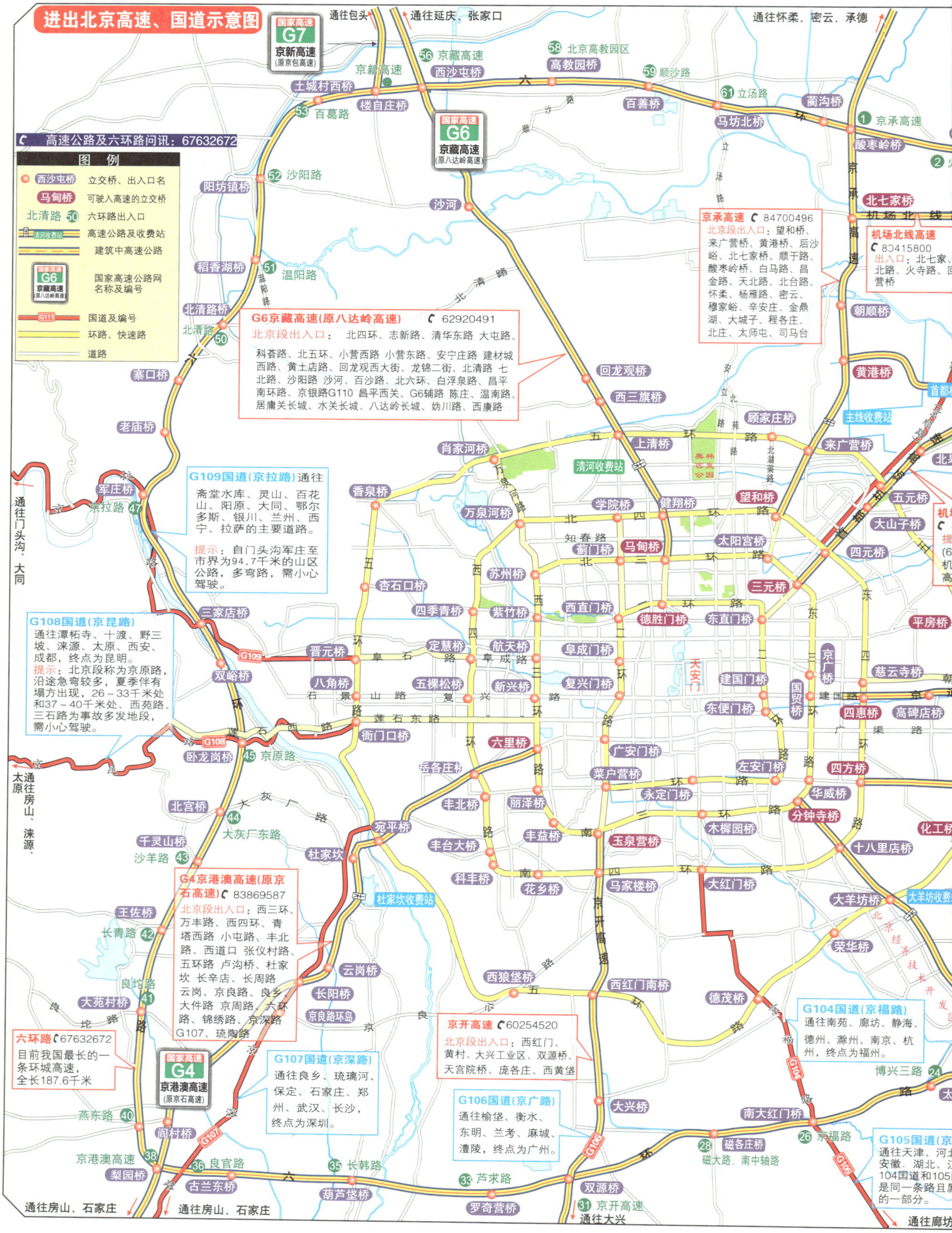
进出北京高速、国道示意图
高速公路及六环路问讯：67632672
图 例
西沙屯桥 立交桥、出入口名
马甸桥 可驶入高速的立交桥
北清路 50 六环路出入口
高速公路及收费站
建筑中高速公路
国家高速公路网名称及编号
国道及编号
环路、快速路
道路
国家高速 G7 京新高速 (原京包高速)
国家高速 G6 京藏高速 (原八达岭高速)
国家高速 G4 京港澳高速 (原京石高速)
通往包头
通往延庆、张家口
通往怀柔、密云、承德
通往门头沟、大同
通往房山、涞源、太原
通往房山、石家庄
通往大兴
通往廊坊
G6京藏高速(原八达岭高速) 62920491
北京段出入口：北四环、志新路、清华东路 大屯路、科荟路、北五环、小营西路 小营东路、安宁庄路 建材城西路、黄土店路、回龙观西大街、龙锦二街、北清路 七北路、沙阳路 沙河、百沙路、北六环、白浮泉路、昌平南环路、京银路G110 昌平西关、G6辅路 陈庄、温南路、居庸关长城、水关长城、八达岭长城、妫川路、西康路
京承高速 84700496
北京段出入口：望和桥、来广营桥、黄港桥、后沙峪、北七家桥、顺于路、酸枣岭桥、白马路、昌金路、天北路、北台路、怀柔、杨雁路、密云、穆家峪、辛安庄、金鼎湖、大城子、程各庄、北庄、太师屯、司马台
机场北线高速 83415800
出入口：北七家、北路、火寺路、营桥
G109国道(京拉路)通往斋堂水库、灵山、百花山、阳原、大同、鄂尔多斯、银川、兰州、西宁、拉萨的主要道路。
提示：自门头沟军庄至市界为94.7千米的山区公路，多弯路，需小心驾驶。
G108国道(京昆路)
通往潭柘寺、十渡、野三坡、涞源、太原、西安、成都，终点为昆明。
提示：北京段称为京原路，沿途急弯较多，夏季伴有塌方出现，26～33千米处和37～40千米处、西苑路、三石路为事故多发地段，需小心驾驶。
G4京港澳高速(原京石高速) 83869587
北京段出入口：西三环、万丰路、西四环、青塔西路 小屯路、丰北路、西道口 张仪村路、五环路 卢沟桥、杜家坎 长辛店、长周路 云岗、京良路、良乡 大件路 京周路、六环路、锦绣路、京深路 G107、琉璃河
六环路 67632672
目前我国最长的一条环城高速，全长187.6千米
G107国道(京深路)
通往良乡、琉璃河、保定、石家庄、郑州、武汉、长沙，终点为深圳。
京开高速 60254520
北京段出入口：西红门、黄村、大兴工业区、双源桥、天宫院桥、庞各庄、西黄垡
G106国道(京广路)
通往榆垡、衡水、东明、兰考、麻城、澧陵，终点为广州。
G104国道(京福路)
通往南苑、廊坊、静海、德州、滁州、南京、杭州，终点为福州。
G105国道(京
通往天津、河北、安徽、湖北、江
104国道和105
是同一条路且
的一部分。
56 京藏高速 西沙屯桥 58 北京高教园区 高教园桥 59 顺沙路 百善桥 61 立汤路 马坊北桥 葡沟桥 1 京承高速 酸枣岭桥 2
土城村西桥 楼自庄桥 京新高速 53 百葛路 52 沙阳路 阳坊镇桥 沙河 51 温阳路 稻香湖桥 北清路桥 北清路 50 寨口桥 老庙桥 军庄桥 京拉路 47
北七家桥 朝顺桥 黄港桥 首都 主线收费站 来广营桥 五元桥 大山子桥 四元桥 三元桥 平房桥 慈云寺桥 高碑店桥 四惠桥 四方桥 华威桥 分钟寺桥 十八里店桥 化工桥 大羊坊桥 大羊坊收费 荣华桥 德茂桥
回龙观桥 西三旗桥 顾家庄桥 上清桥 清河收费站 肖家河桥 望和桥 健翔桥 学院桥 万泉河桥 香泉桥 马甸桥 蓟门桥 太阳宫桥 苏州桥 杏石口桥 西直门桥 德胜门桥 东直门桥 紫竹桥 四季青桥 晋元桥 定慧桥 航天桥 阜成门桥 建国门桥 复兴门桥 新兴桥 五棵松桥 八角桥 东便门桥 天安门 国贸桥 京广桥 衙门口桥 六里桥 广安门桥 左安门桥 岳各庄桥 菜户营桥 永定门桥 丰北桥 丽泽桥 木樨园桥 丰益桥 玉泉营桥 丰台大桥 科丰桥 花乡桥 马家楼桥 大红门桥 宛平桥 杜家坎 杜家坎收费站
三家店桥 双峪桥 卧龙岗桥 45 京原路 北宫桥 44 大灰厂东路 千灵山桥 沙羊路 43 王佐桥 长青路 42 良坨路 大苑村桥 41 燕东路 40 阎村桥 京港澳高速 38 梨园桥 36 良官路 古兰东桥 35 长韩路 葫芦垡桥 33 芦求路 罗奇营桥 双源桥 31 京开高速 大兴桥 南大红门桥 26 京福路 28 磁各庄桥 磁大路、南中轴路 博兴三路 24
云岗桥 长阳桥 京良路环岛 西狼堡桥 西红门南桥
北京经济技术开发区
G109 G108 G107 G106 G104 G105

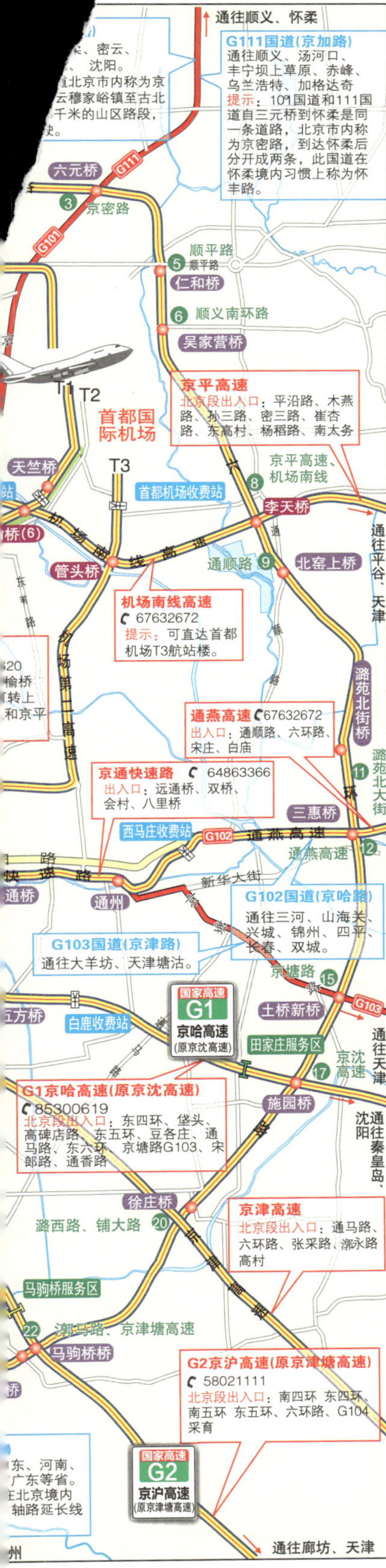

北京出城道路说明

G1 京哈高速

京哈高速（原京沈高速）：是一条北京至哈尔滨的高速公路，已经全部建成通车。路线为：北京－唐山－秦皇岛－山海关－葫芦岛－锦州－盘锦－辽中－沈阳－四平－长春－哈尔滨，全程1209公里。起点四环路四方桥，北京市界终点大沙务，里程为41.1公里。

出口编号	原出口编号	出口标志信息	出口编号	原出口编号	出口标志信息
出京方向			进京方向		
0A–B	1A–B	东四环(四惠桥)(十八里店桥)北杨庄路	0	1	东四环(十八里店桥)(四惠桥)
0C	2	北京欢乐谷	0C	2	北京欢乐谷
1	3	垡头	–	–	进京方向无出口
3	5	高碑店路(王四营)	3	5	高碑店路(王四营)
4	6	辅路(北京市禁毒教育基地)	–	–	进京方向无出口
5A–B	7A–B	东五环(京通快速)(京津高速)	5	7	东五环(京津高速)(京通快速)
6	8	豆各庄	–	–	进京方向无出口
12	9	通马路(通州城区)(台湖 马驹桥)	12	9	通马路(台湖 马驹桥)(通州城区)
17	10	东六环(通州城区 顺义)(大兴)	17	10	东六环(大兴)(通州城区 顺义)
25	11	京塘路G103(通州城区)(漷县 天津)	25	11	京塘路G103(漷县 天津)(通州城区)
32	12	宋郎路(郎府)	32	12	宋郎路(郎府)
35	13	通香路(西集)	35	13	通香路(西集)

G2 京沪高速

京沪高速（原京津塘高速）：是一条北京至上海的高速公路。路线为：北京－天津－河北－山东－江苏－上海，全长1262公里。起点四环路十八里店桥，北京市界终点柴厂屯，里程为35公里。

出口编号	原出口编号	出口标志信息	出口编号	原出口编号	出口标志信息
出京方向			进京方向		
			1A–B		南四环(马家楼桥)东四环(四方桥)
3A–B		南五环(京开高速) 东五环(G1)	3		五环路(京开高速)(G1)
13	3	六环路(通州城区)(大兴)	13		六环路(大兴)(通州城区)
26	4	G104(采育)	26		G104(采育)

G3 京台高速

京台高速：路线为：北京—河北—天津—山东—安徽—浙江—福建—台北，全长约2030公里。起点五环路，到达市界的里程约为23.8公里，在建。河北、山东、江苏、浙江省内均已通车。

G4 京港澳高速

京港澳高速（原京石高速）：是一条北京至港澳的高速公路，连接北京、广州、珠海、香港、澳门等重要城市，全长约2285公里。路线为：北京－河北－河南－湖北－湖南－广东－香港－澳门。起点三环路六里桥，北京市界终点琉璃河，里程为45.6公里。

出口编号	原出口编号	出口标志信息	出口编号	原出口编号	出口标志信息
出京方向			进京方向		
0A–B	1	西三环(莲花桥)(丽泽桥)	0A–B	1	西三环(莲花桥)(丽泽桥)
0C	2	辅路	0C	2	辅路(六里桥公交枢纽)
1	3	万丰路(丰北路)(莲宝路)	1	3	万丰路(莲宝路)(丰北路)
3	4	西四环(丰北桥)(沙窝南桥)	3A–C	4A–B	西北四环(沙窝南桥)西四环辅路
4A	5	青塔西路(大成路) 小屯路(玉泉路)	4A	5	青塔西路(大成路)程庄路
–	–	出京方向无出口	4B	6	丰北路(西南四环)丰台
6	8	西道口 张仪村路(吴家村路)	6	8	西道口 丰台西路(丰台)
8	9	五环路(京开高速)(G108) 卢沟桥	8	9	五环路(G108 莲石东路)(京开高速)
10	10	杜家坎 长辛店	10	10	杜家坎 长辛店
13	11	长周路(长阳) 云岗	13	11	云岗 长周路(长阳)
19A–B	12A–B	京良路(长阳)(南宫 王佐)	19	12	京良路(南宫 王佐)(长阳)
22A–B	13A–B	良乡 良乡机场	22	13	良乡机场 良乡
27	15	大件路(燕山)京周路(阎村 周口店)	27A–B	15A–B	良乡 京周路(阎村 周口店)
29A–B	16A–B	六环路(大兴)(门头沟)	29	16	六环路(门头沟)(大兴)
32	17	锦绣路	–	–	进京方向无出口
35	18	京深路G107(交道)(窦店)	35	18	京深路G107(窦店)(交道)
42	19	琉陶路(琉璃河 韩村河)	42	19	琉陶路(琉璃河 韩村河)

G5 京昆高速

京昆高速：是一条北京至昆明的高速公路，路线为：北京－河北－山西－陕西－四川－云南，全长约2865千米，北京段在建。

G6 京藏高速

京藏高速（原八达岭高速）：是一条北京至拉萨的高速公路，途经河北、内蒙古、宁夏、甘肃、青海、西藏7省区，全长约3710公里。途经主要城市有：北京、张家口、集宁、呼和浩特、包头、巴彦淖尔、乌海、银川、吴忠、中卫、白银、兰州、西宁、格尔木、拉萨，目前北京至西宁段已全线通车，西宁至拉萨段尚处在规划阶段。起点三环路马甸桥，北京市界终点康庄，里程为68.4公里。

出口编号	原出口编号	出口标志信息	出口编号	原出口编号	出口标志信息
出京方向			进京方向		
			0A–B		北三环(安华桥)(北太平桥)
1A		北土城西路(健德桥)	–	–	进京方向无出口
1B	1	民族园西路(北辰西路)	1B	1	龙翔路(学院路)
2A–B	2	北四环(中关村)(亚运村)	2	2	北四环(亚运村)(中关村)
3A	3	志新路(五道口)安翔北路(大屯)	–	–	进京方向无出口
3B	4	清华东路(清华园) 大屯路(北辰西路)	3B	4	大屯路(北辰西路)清华东路(清华园)
4	5	科荟路(林萃路) 急救中心	–	–	进京方向无出口
6A–B	6A–B	北五环(G7) (京承高速)	6	6	北五环(京承高速) (G7)
8	7	小营西路(清河 上地)小营东路(东升)	–	–	进京方向无出口
10	8	安宁庄路(清河 上地) 建材城西路(西三旗)	10	8	建材城西路(西三旗)安宁庄路(清河 上地)
12A	9A	黄土店路(回龙观南)	–	–	进京方向无出口
12B	9B	回龙观西大街(回龙观)	–	–	进京方向无出口
12C	9C	龙锦二街(回龙观北)	–	–	进京方向无出口
16	10	北清路(北安河) 七北路(北七家)	16	10	七北路(北七家)北清路(北安河)
20	11	沙阳路(阳坊) 沙河	–	–	进京方向无出口
22	12	百沙路(百善 小汤山)	22	12	百沙路(小汤山 百善)沙河
25	13	北六环(门头沟) (顺义)	25	13	北六环(顺义)(门头沟)
28	14	白浮泉路(科技园区)	–	–	进京方向无出口
30	15	昌平南环路(昌平城区)	–	–	进京方向无出口
32	16	京银路G110(十三陵)昌平西关	32A–B	16A–B	昌平城区 京银路(十三陵) G7(北六环 北五环)
36	17	G6辅路(南口) 陈庄	–	–	进京方向无出口
–	–	出京方向无出口	40	18	温南路(南口 温泉)
46	19	居庸关长城	–	–	进京方向无出口
53	20	水关长城	–	–	进京方向无出口
58	21	八达岭长城	–	–	进京方向无出口
62	22	妫川路(延庆城区)	62	22	妫川路(延庆城区)
65	23	西康路(康庄)	65	23	西康路(康庄 八达岭长城)

G7 京新高速

京新高速（原京包高速）：是一条北京至乌鲁木齐的高速公路，途经河北、内蒙古、新疆等省区，全长约2540公里。起点五环路，北京市界终点甘子堡，里程为90.4公里。

出口编号	原出口编号	出口标志信息	出口编号	原出口编号	出口标志信息
出京方向			进京方向		
21A–B		北六环(门头沟)(顺义)	21		北六环(顺义)(门头沟)
24		水南路(温南路)(昌平城区)	24		水南路(昌平城区)(温南路)
28		G6(八达岭长城) G110(十三陵)	–	–	进京方向无出口
31		南涧路(南口) (涧头)	31		南涧路(涧头) (南口)
			68		G110旧线 延庆城区
83		张山营 G110旧线	83		张山营 G110旧线

注："出口编号"为出口立交中心道路里程桩号整数值

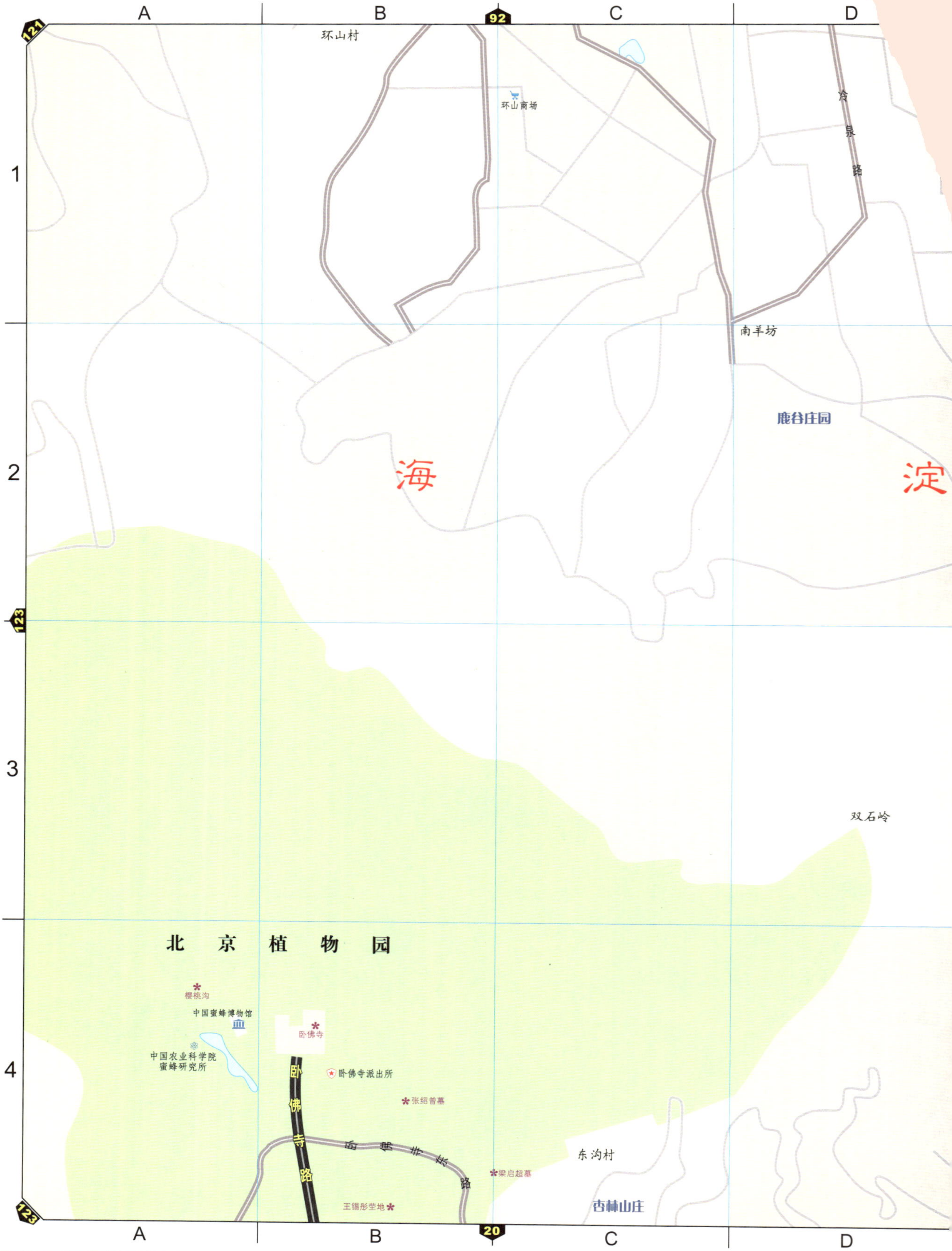

A B C D
1 2 3 4
92
121
123
20
环山村
环山商场
冷泉路
南羊坊
鹿谷庄园
海淀
双石岭
北京植物园
樱桃沟
中国蜜蜂博物馆
卧佛寺
中国农业科学院
蜜蜂研究所
卧佛寺派出所
卧佛寺路
张绍曾墓
卧佛寺东路
东沟村
梁启超墓
王锡彤茔地
杏林山庄

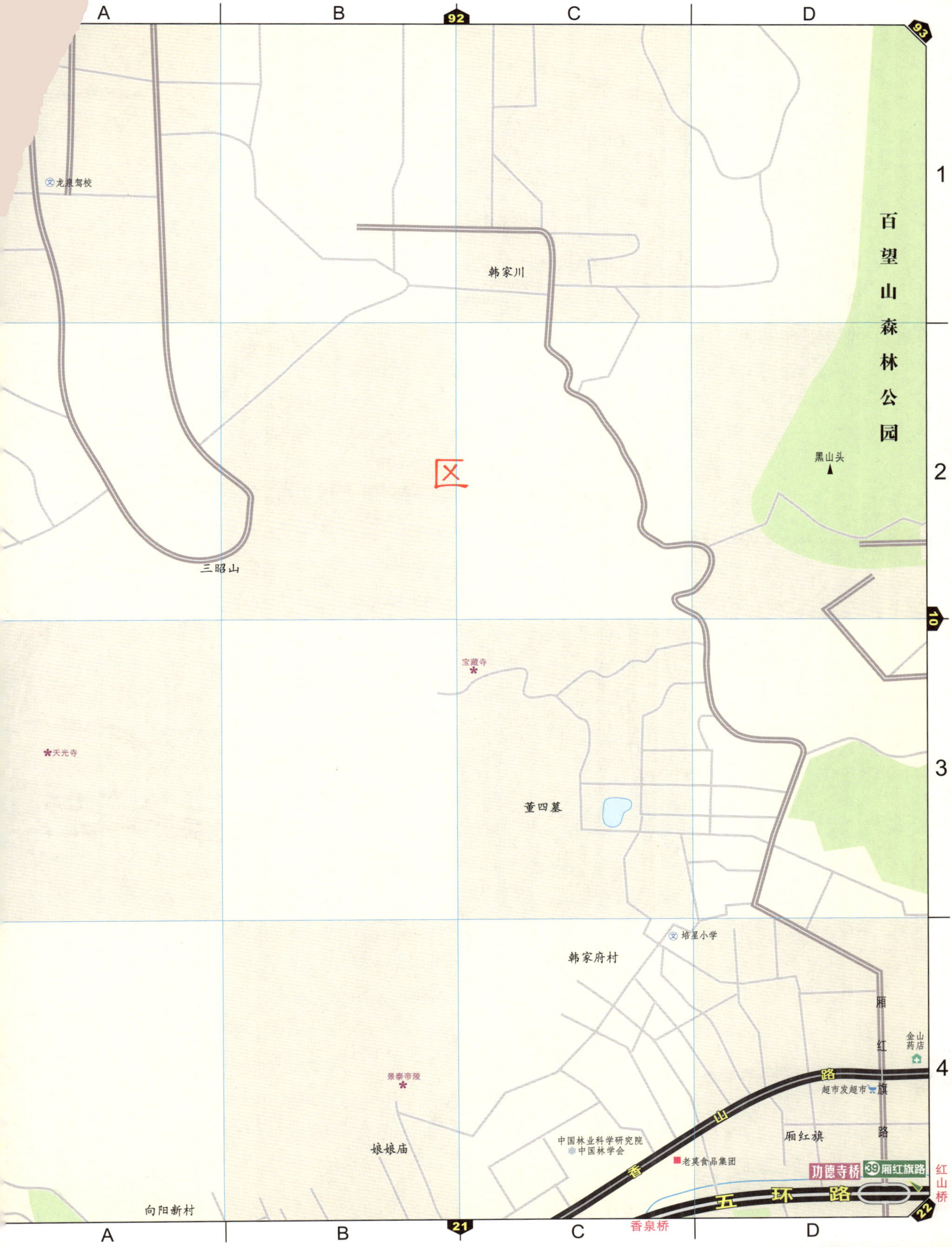
A
B
C
D
92
93
1
2
3
4
10
21
22
龙泉驾校
韩家川
百望山森林公园
黑山头
区
三昭山
宝藏寺
天光寺
董四墓
培星小学
韩家府村
厢红旗路
金山药店
超市发超市
香山路
景泰帝陵
厢红旗
中国林业科学研究院
中国林学会
老莫食品集团
娘娘庙
功德寺桥
39 厢红旗路
红山桥
五环路
向阳新村
香泉桥

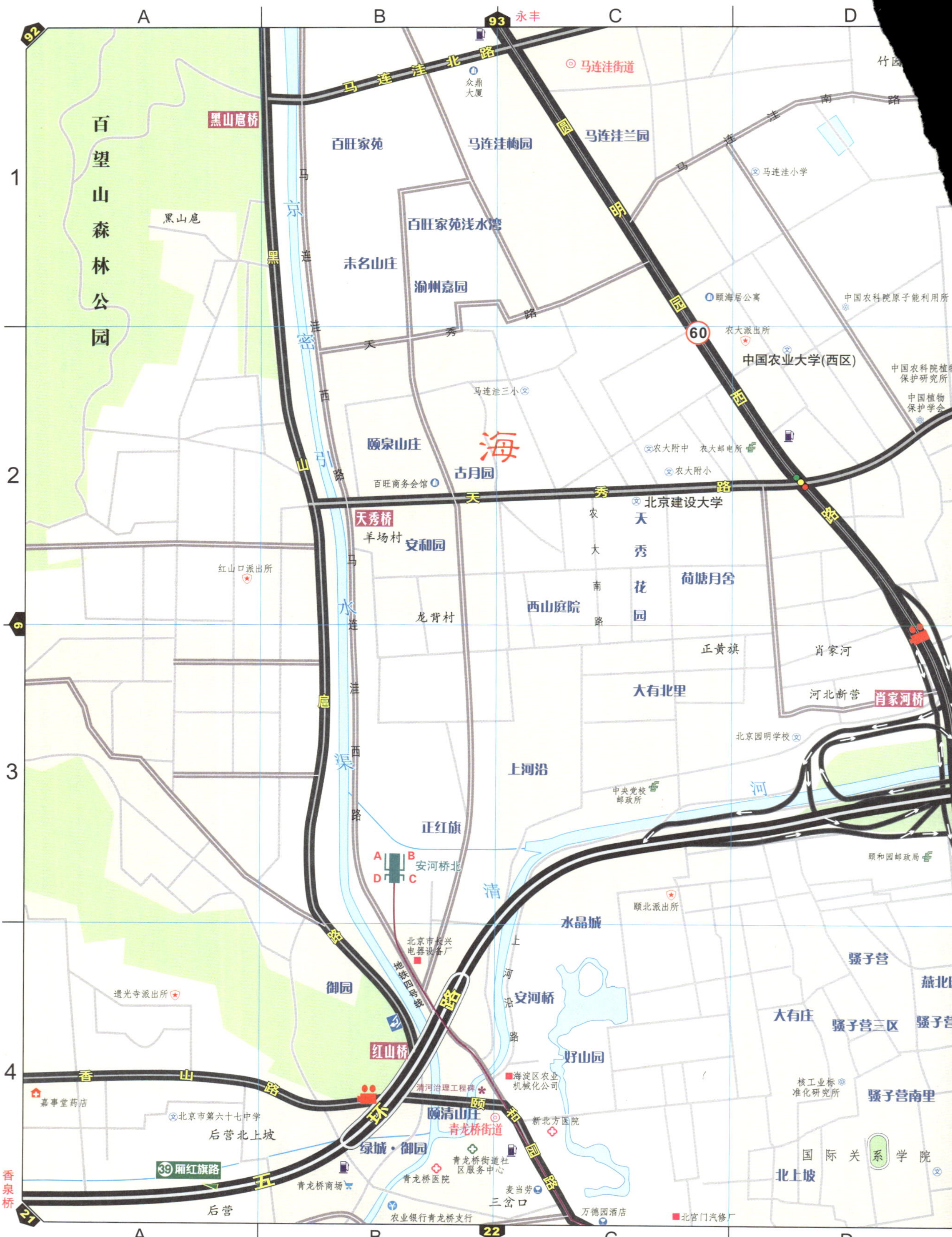

A
B
C
D
1
2
3
4
92
93
永丰
22
21
9
马连洼北路
马连洼街道
众鼎大厦
竹园
马连洼南路
百旺家苑
马连洼梅园
马连洼兰园
黑山扈桥
百望山森林公园
黑山扈
马连洼小学
百旺家苑浅水湾
未名山庄
渝州嘉园
颐海居公寓
中国农科院原子能利用所
天秀路
农大派出所
60
中国农业大学(西区)
中国农科院植物保护研究所
中国植物保护学会
马连洼三小
圆明园西路
京密引水渠
黑山扈路
马连洼西路
颐泉山庄
海
农大附中
农大邮电所
古月园
农大附小
百旺商务会馆
北京建设大学
天秀桥
羊坊村
安和园
农大南路
天秀花园
红山口派出所
荷塘月舍
西山庭院
龙背村
正黄旗
肖家河
大有北里
河北新营
肖家河桥
北京园明学校
上河沿
中央党校邮政所
河
正红旗
安河桥北
颐和园邮政局
清河
颐北派出所
水晶城
北京市长兴电器设备厂
上河沿路
地铁四号线
骚子营
燕北园
御园
遗光寺派出所
安河桥
大有庄
骚子营三区
红山桥
好山园
香山路
清河治理工程碑
海淀区农业机械化公司
核工业标准化研究所
骚子营南里
嘉事堂药店
北京市第六十七中学
颐清山庄
颐和园路
青龙桥街道
新北方医院
后营北上坡
国际关系学院
39 厢红旗路
绿城·御园
青龙桥街道社区服务中心
北上坡
香泉桥
五环路
青龙桥商场
青龙桥医院
麦当劳
后营
三岔口
农业银行青龙桥支行
万德园酒店
北宫门汽修厂

A
B
C
D
上地环岛
93
94
1
2
3
4
12
23
24
上清桥
北苑桥
中关村一桥
雅芳园
康博大厦
上地派出所
上地西里
上地东里
建行上地分理处
实创总公司
上地村
科贸大厦
上地西路
信上地南路
北大生物城
树村
枫润家园
硅谷亮城
7:00-22:00
数码大厦
紫成嘉园
树村后营
农科院农产品加工研究所
紫城
万树园
博雅西园
树村西一街
树村西二街
树村公园
树村路
中国农科院畜牧研究所
工行博雅西园分理处
农大南路
青龙桥工商所
万霖名品折扣广场
马连洼派出所
农村合作银行正白旗分行
上海大众汽车特约维修站
达世行
五一幼儿园
厢黄旗
麒麟家园
北京生物学院
万霖大厦
后营厢黄旗村
正白旗
物业天地
正白旗路
信息路
上地建材城
淀
区
圆明园花园别墅
王庄
上地派出所
北京体育大学
王家庄
家河东村
麒麟家园
树村西路
朱房西洼
航空研究监测中心
前河沿
小清河路
圆明园花园（中关村IT公寓）
上地休闲俱乐部高尔夫球练习场
小清河滨河路
小清河
五环路
41 上地 圆明园
厢白旗桥
厢白旗
40A 圆明园
40B 圆明园西路
北京大学应用文理学院
圆明园展览馆
大水法残迹
西洋楼残迹
福海游船码头
圆明园遗址公园
绿色长廊
长春园
福海
西大地
后湖
三·一八烈士纪念碑
圆明园村
福缘门
绮春园
水磨
曙光科技园
水磨社区
中关村北大街
圆明园西路

A
B
C
D
93
94
1
2
3
4
11
23
24
后玟地
海清源
中央财经大学
（分校区）
橡树湾
燕清园
清河燕清体育文化公园
清河派出
力度家园
上地佳园
爱之园
清河百货商场
清
河
中
街
毛
纺
路
金五星商厦
清河毛纺南小区
清河中心小学
绿波园
朱
海淀区第二试验小学
清河文苑
毛纺南住宅小区
舒然
朱房西窑
清河第一小学
房
路
北京市第四社会福利院
纺织精品大世界
清河清真
辰光大厦
朱房
清河
刘家村
刘家村
体育科学楼
地铁十三号线
河
环
路
北京体育大学
京
箭亭桥
五
清
后八家
北京培黎职业学院
肖家河桥
清慧学生公寓
包
八家地郊野公园
厢白旗桥
海
厢白旗
淀
区
大石桥
煜城
清河第五小学
体大颐清园
智慧园
铁
后八家
八家市场
北京精嘉装饰制品有限公司
中
圆明园东里
北京星火公司
关
褐石
海淀公安局巡察支队
清
路
万
北京林业大学成人教育学院分院
后
八
家
路
银
马家
龙河村
八家居民区北区
八家居民区西区
双
荷
八家居民区东区
村
泉
东大石桥
路
西北区
八家居民区
清枫华景园
清华园荷清苑
紫荆小区
前八家
清
圆明园遗址公园
北
清华大学西北超市
河
双清路邮政所
北京城建集团安装公司
清华大学培训楼
清华大学附属中学
荷
前八家小学
清枫商务中心
大
路
中科院生态环境研究中心
柏儒苑
北区
八家
街
八家超市
北京市农村商业银行
清
华
大
学
林
业
大
永客隆超市
清
如家快捷酒店双清路店
中洋大药房
清华大学生命与医学研究院
中关村一桥
国家自然科学基金委员会
水磨社区
北京林业大学
东柳村
路
北京城市学院培训中心
林业大学附属小

A
B
C
D
1
2
3
4
94
95
14
25
26
永泰庄路
永泰西里
永泰东里
清河桥
清景苑
市公安局法医鉴定中心
永泰中路
龙岗路
清缘东里
于家坟
泰欣苑
马坊
燕京神学院
观澳园
北岸·布鲁斯
水木天成
清源商厦
北京市京北医院
西三旗街道
清缘里
清缘里东区
清缘西里
清缘里中区
清河
清河北
下清河西村
广济新桥
西洼村
北京千喜乐商务中心
千秋大厦
盛地龙商务中心
仓营
北五环（G7）（京承高速）
上清桥
八达岭高速四环路
清西桥
五环路
林萃桥
奥林西桥
双清路
学清路
窑洼村
国服信汽车贸易有限公司
汇智大厦
石板房
融域
畅清园
花虎沟
日银特约销售服务店
森华佳运专营店
朝阳区
域清街
学院路机动车检测场
北京北科校创技术开发中心
银科茗苑
清林苑
八达岭高速公路管理处
广通丰田
融城家园
老虎洞住宅小区
白新庄
京师园
科技财富中心
裕瑞轩
学清路
逸成东苑
中国国际工商管理研修学院
石板房
竹溪园
北京博瑞祥祺
北京博瑞祥弛
汽车销售服务中心
北京博瑞祥弘
北京市汽车修理公司一厂
北京市交通客车制造厂
奇瑞汽车北京
汽修一厂特约服务站
洼里西部新区
融城
倚林佳园
北京交通大学中关村教学基地
城华园
汉华世纪大厦
北京市建雄建筑集团
八达岭高速公路管理分公司
京藏高速公路
清河收费站
林萃西里
澳林春天
医保药店
学知轩大厦
学知园
学知轩
学士居
闻涛苑
清枫商务中心
北京机电研究所
洼里居住区6号
长春一汽集团公司轿车北京专修厂
健翔桥综合交易市场
北京北方老建筑材料销售有限公司
北京舰船医院
龙王堂商场
林萃路
鸿升曲辰汽车销售服务有限公司
农大小区北区
科荟路
货车
科荟西路
龙成商务会馆
科荟路（林翠路）
北京市自动化工程学校
奥林佳苑
龙欣园
名苑雅居
白新庄小学
北京大华电子集团
双泉堡
科荟桥
沙滩人家
国奥村（奥运村公寓）
石板房南路
白庙村
北四环路
创业广场
海丰园
中国舰船研究院
中天国际公寓
双泉大厦
北京市城乡经济信息中心
通铭伟业特约销售服务店
北沙滩
静淑苑
裕京大厦
农业银行农大分理处
农业大学附属小学
中苑汽修厂
双龙写字楼
中国农业机械化科学研究院
中国中医药报社
中科院心理研究所
静淑东里
医保颐乐堂药店
中国农业大学(东区)
机械工业第十设计研究院
逸夫楼
六道口小学
奇天宾馆
懿品阁
学院桥
北沙滩桥

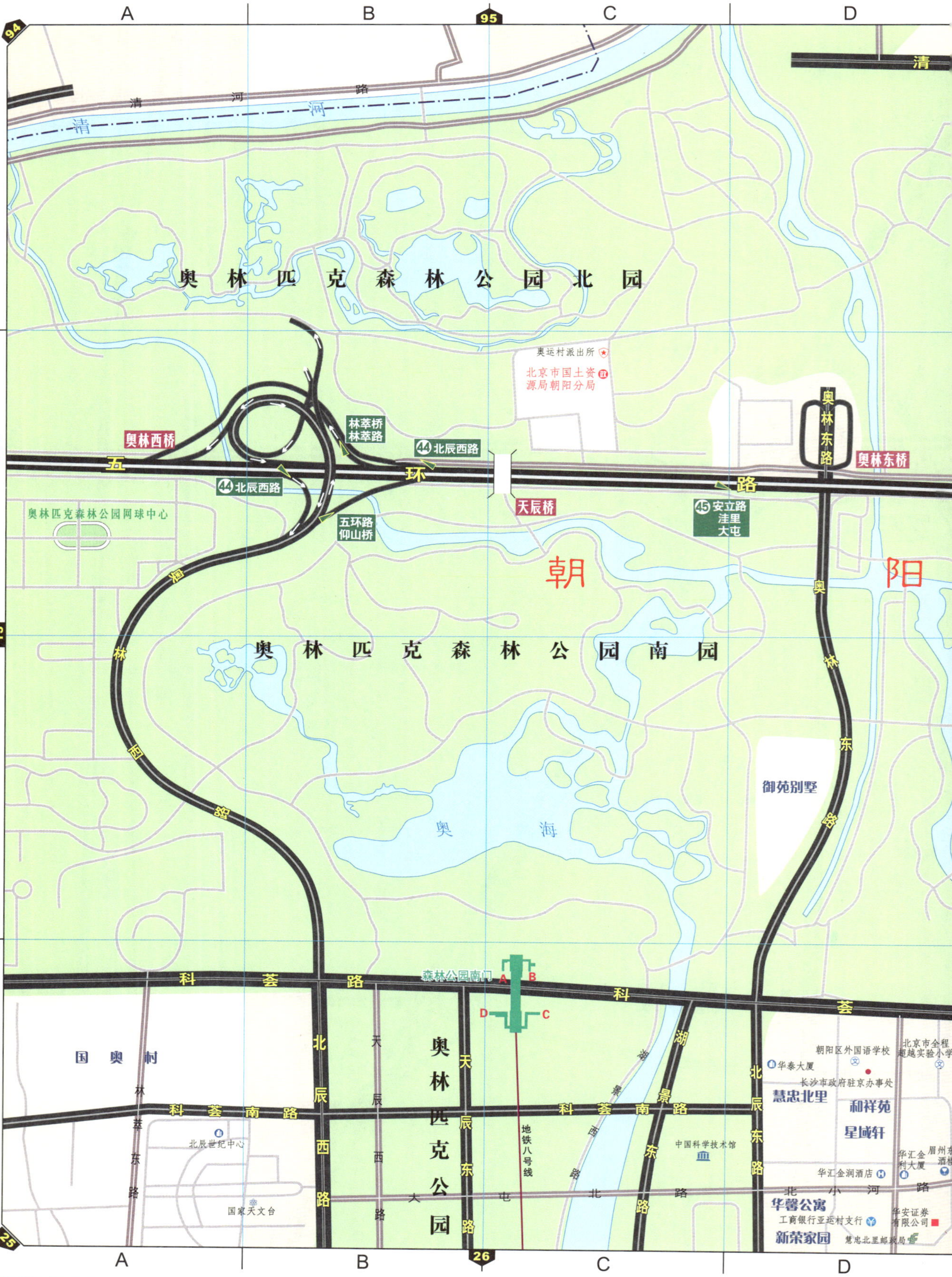

A
B
C
D
1
2
3
4
94
95
13
25
26
清河路
清河
奥林匹克森林公园北园
奥运村派出所
北京市国土资源局朝阳分局
林萃桥
奥林西桥
林萃桥
林萃路
44 北辰西路
五环路
天辰桥
45 安立路 洼里 大屯
奥林东路
奥林东桥
奥林匹克森林公园网球中心
五环路 仰山桥
朝阳
奥林匹克森林公园南园
奥林西路
奥林东路
御苑别墅
奥海
科荟路
森林公园南门
A
B
C
D
国奥村
林萃东路
科荟南路
北辰世纪中心
国家天文台
北辰西路
天辰西路
奥林匹克公园
天辰东路
地铁八号线
大屯北路
湖景东路
湖景西路
中国科学技术馆
北辰东路
朝阳区外国语学校
北京市全程超越实验小学
华泰大厦
长沙市政府驻京办事处
慧忠北里
和祥苑
星域轩
华汇金利大厦
眉州东坡酒楼
华汇金润酒店
北小河路
华馨公寓
工商银行亚运村支行
华安证券有限公司
新荣家园
慧忠北里邮政局

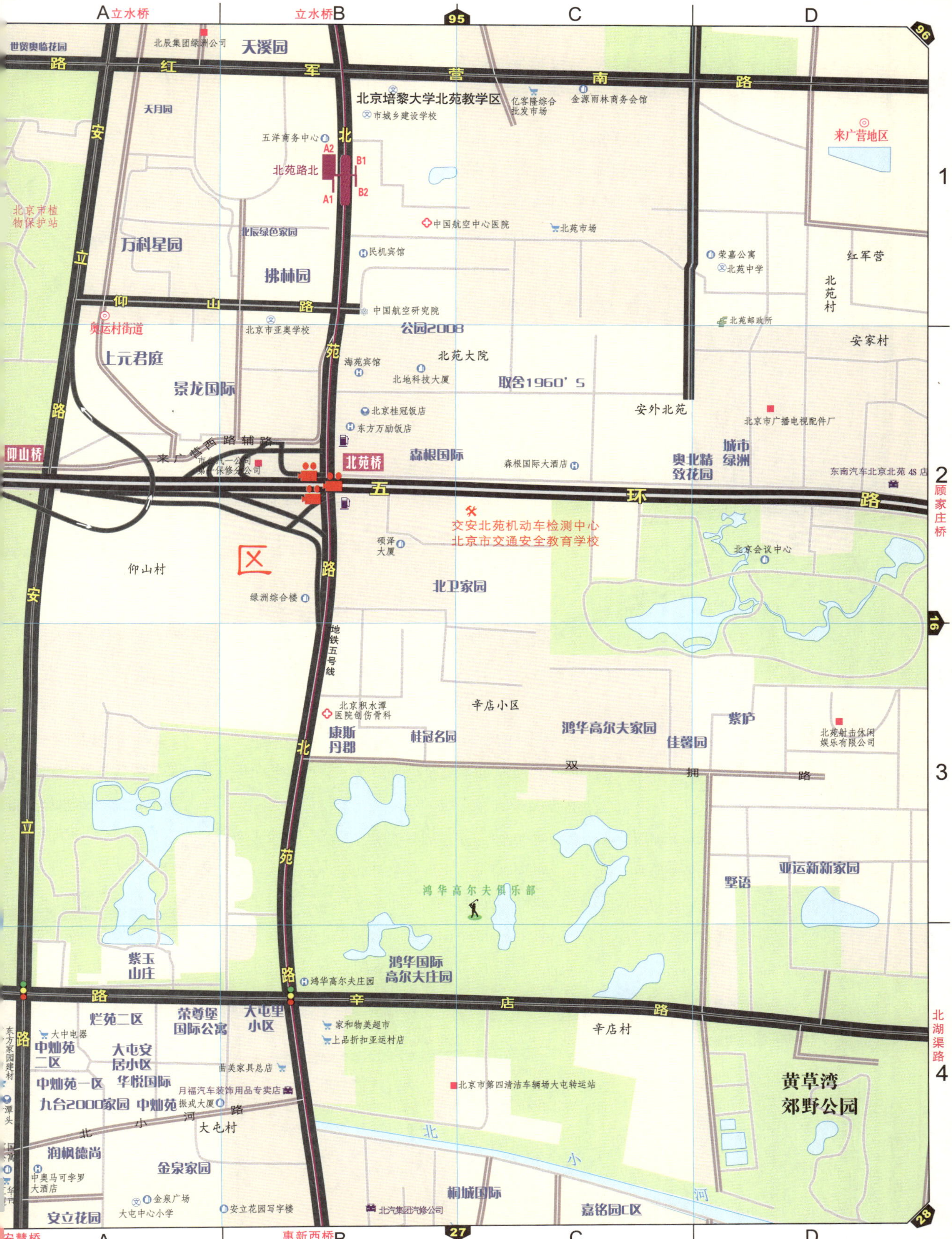
立水桥
立水桥
95
96
世贸奥临花园
北辰集团绿洲公司
天溪园
红军营南路
北京培黎大学北苑教学区
亿客隆综合批发市场
金源雨林商务会馆
市城乡建设学校
天月园
安立路
五洋商务中心
北苑路北
A1
A2
B1
B2
来广营地区
北京市植物保护站
中国航空中心医院
北苑市场
万科星园
北辰绿色家园
民机宾馆
荣嘉公寓
北苑中学
红军营
排林园
北苑村
仰山路
中国航空研究院
奥运村街道
北京市亚奥学校
公园2008
北苑邮政所
安家村
上元君庭
北苑大院
海苑宾馆
北地科技大厦
取舍1960'S
景龙国际
北京桂冠饭店
安外北苑
北京市广播电视配件厂
东方万励饭店
来广营西路辅路
仰山桥
北苑桥
森根国际
森根国际大酒店
奥北精致花园
城市绿洲
东南汽车北京北苑4S店
五环路
顾家庄桥
交安北苑机动车检测中心
北京市交通安全教育学校
硕泽大厦
北京会议中心
仰山村
区
北卫家园
绿洲综合楼
地铁五号线
16
北京积水潭医院创伤骨科
辛店小区
康斯丹郡
桂冠名园
鸿华高尔大家园
紫庐
佳馨园
北苑射击休闲娱乐有限公司
双拥路
北苑路
野语
亚运新新家园
鸿华高尔夫俱乐部
鸿华国际高尔大庄园
紫玉山庄
鸿华高尔夫庄园
辛店路
烂苑二区
荣尊堡国际公寓
大屯里小区
家和物美超市
上品折扣亚运村店
辛店村
北湖渠路
大中电器
中灿苑二区
大屯安居小区
曲美家具总店
中灿苑一区
华悦国际
月福汽车装饰用品专卖店
北京市第四清洁车辆场大屯转运站
黄草湾郊野公园
九台2000家园
中灿苑
振戎大厦
北小河路
大屯村
北小河
润枫德尚
金泉家园
中奥马可孛罗大酒店
金泉广场
大屯中心小学
安立花园写字楼
安立花园
北汽集团汽修公司
桐城国际
嘉铭园C区
28
安慧桥
惠新西桥
27
A
B
C
D
1
2
3
4

A
B
C
D
1
2
3
4
95
96
15
27
28
90
勇士营
佳伟高尔夫俱乐部
北京青年城
朝来都市庄园
万乐佳时装有限公司
朝来森林公园
朝来农艺园
红军营路
北苑东路
来广营北路
京承高速公路
红太阳生态园
北京朝来农艺园
向方医疗器械公司
顾家庄
新生
刘各庄
地铁十三号线
来广营北桥
金路易食品有限公司
北苑高尔夫俱乐部
东方家园建材超市
北京青年城
首都师范大学附属实验学校（北校区）
来广营中心小学
北纬40
北苑建材大世界
北苑丰田
北苑桥
北京中德汽车销售有限公司
北京中林达汽车销售服务有限公司
北京联通鼎盛汽车销售服务有限公司
北京国生汽车销售服务有限公司
市电车公司
东方家园建材市场来广营
朝来万通批发市场
来广营西路
47 望和桥
47 北苑东路
恒通写字楼
北京骏宝威汽车贸易公司
北京汇杰伟业汽车销售服务有限公司
北京三元食品股份有限公司
北京亚辰伟业汽车销售服务中心
来广营派出所
五环路
张家洼子
朝
顾家庄桥
来广营新北路
1 承德四环路
1A 承德
长岛澜桥
来广营医院
香宾路
1B 承德
新北路
北京朝来足球活动中心
取舍1960
来广营桥
湖渠路
馨叶高尔夫球俱乐部
望湖植物公园
澳洲康都
望都园
望京悦城
亚运新新家园
4 北五环来广营
格顿双语幼儿园
利泽西园
北京韩国国际学校
京北
望馨园
上京新航线
利泽西二路
北湖九号
崔家村
望馨花园
北湖渠桥
辛店路
利泽西街
北湖卫生所
北京森嘉家具发展公司
朝阳区酿酒厂
3 利泽西街
东湖渠
黄草湾郊野公园
东湖湾
望京花园
北京思益达建材有限公司
北湖中街
北小河公园
望京西路
北湖高尔夫球俱乐部球场
北湖渠
河荫西路
北亚医院
望兴园
望和桥
望京桥

A
B
C
D
1
2
3
4
吉祥寺桥
96
97
18
29
30
南湖渠桥
五元桥
京承高速收费站
京
崔各庄养牛场
崔各庄小学
融合部落
崔各庄
物美春海绍贵超市
善各庄
宇翔学校
丽都时代广场
加洲阳光花园
黎明双语幼儿园
市艺术学校陈爱莲舞蹈分校
崔各庄中医院
创成永信
都市村庄
来广营东路
永乐天地
望京北机动车检测场
朝来万通批发市场
阳坊大都涮羊肉
兴望金家居广场
来广营东路
圣橡基地
创成永信汽车销售服务有限公司
来广营花卉市场
淘金城旧货交易市场
盛隆豫源旧货市场
7:00-20:00
7:00-20:00
东辛店路
阳
区
爱家家居
北京豪威特供热设备有限公司
广泽路
广顺桥
2 来广营 望京科技园
广泽桥
五环路
2 广顺北大街
京包铁路
索家村实验小学
索家村
翠西路
90
利泽东路
博亚国际中心
中辰大厦
天利科技
北京松下电子产品有限公司
北京现代
爱慕大厦
洛娃大厦
望京科技创业园
博泰金卡中心
众运大厦
北京海关望京保税中心
工商银行望京科技园分理处
伊兰顿国际酒店
中国数码港大厦
盈之宝汽车4S店
叶青大厦
众运大厦
双鹤药业
邓家坟
望京北路
广顺北大街
华之赢大厦
北京市老年活动中心
惠兰医院
北京市第八十中学
利泽中一路
安捷伦科技大厦
朝阳区望京保温材料厂
东辛沿路
华彩国际商业中心
胜鸿都特约销售服务店
中园
慧谷根园
爱立信大厦
壮家庄
湖渠小学
丽景新贵
求实职业学校
利泽中街
北京市机业制衣厂
望京花园
东湖派出所
果岭里小区
昆泰嘉诚中心
锐创国际中心
阜通东大街
首都师范大学附属实验中学
望京花园东区
京东路
NORTEL
大成顺天府超市
阳中小路
北电网络中国公司
溪阳河东路
河荫中路
华阳公寓
望京西园二区
望京西园一区
望京邮政支局

A
B
C
D
1
2
3
4
96
97
17
29
30
香江北路
马泉营西路
观唐东路
香江花园别墅
香江高尔夫俱乐部
贝迪克园艺有限公司
观唐
泉发花园
长岛澜桥
捷亚泰汽贸公司
通润古典家具市场
市东郊首饰工艺品厂
8:00-13:00
16:00-19:00
北京平治汽车服务有限公司
和平大厦
中国绿色食品总公司配送中心
来广营东路
崔各庄乡派出所
崔各庄中学
朝阳区和平医院
天城新城大厦
孙河派出所
马南里小区
京西学校
卓锦万代
太利花园
北京市东兴酿造厂
贾家村
东隆别墅
首都机场收费站
北皋桥
100
太利花园别墅
北京豪威特供热设备有限公司
北京和平建材公司
国门医院
朝
艺尚画室
东方综合养老院
北京浪淘沙汽车维修有限公司
观复古典艺术博物馆
北皋村
北皋中心小学
东辛店
白松苑商务中心
东辛店中街
京密路
首都机场高速公路
首都机场辅路
全象大药房
北皋综合市场
金盏北路
京华学校
南皋村
北京石油化学总厂
五元桥
五元桥

枯柳树环岛
新国际展览中心
A
B
C
D
97
110
112
31
1
2
3
4
首都机场
京
中路
孙河
康营小区
财富公馆
北京洋子商务酒店
羊子马术俱乐部
苇沟收费站
苇沟桥
东隆花园
新
锦
路
东郊农场
大荣汽修
上东别墅
来广营东路
大湖山庄
首都机场高速公路
机场快轨
首都机场辅路
地坛医院（新址）
北京市新建苗圃
新星花园别墅
国门路大饭店
首发高速公路建设管理公司
和平公社路
城市海景水上乐园
蟹岛度假村
通力航空服务公司
东营
东营北里
国际航空俱乐部
阳
中国民用航空北京区域管制中心
蟹岛西路
蟹岛村钓池
蟹岛路
蟹岛游乐园
赶海宫
区
长店后街
金港南路
南皋路
京旺家园
育红小学
康乐家园
观复
张万村
长店窑
长店村
小河
黑桥艺术区

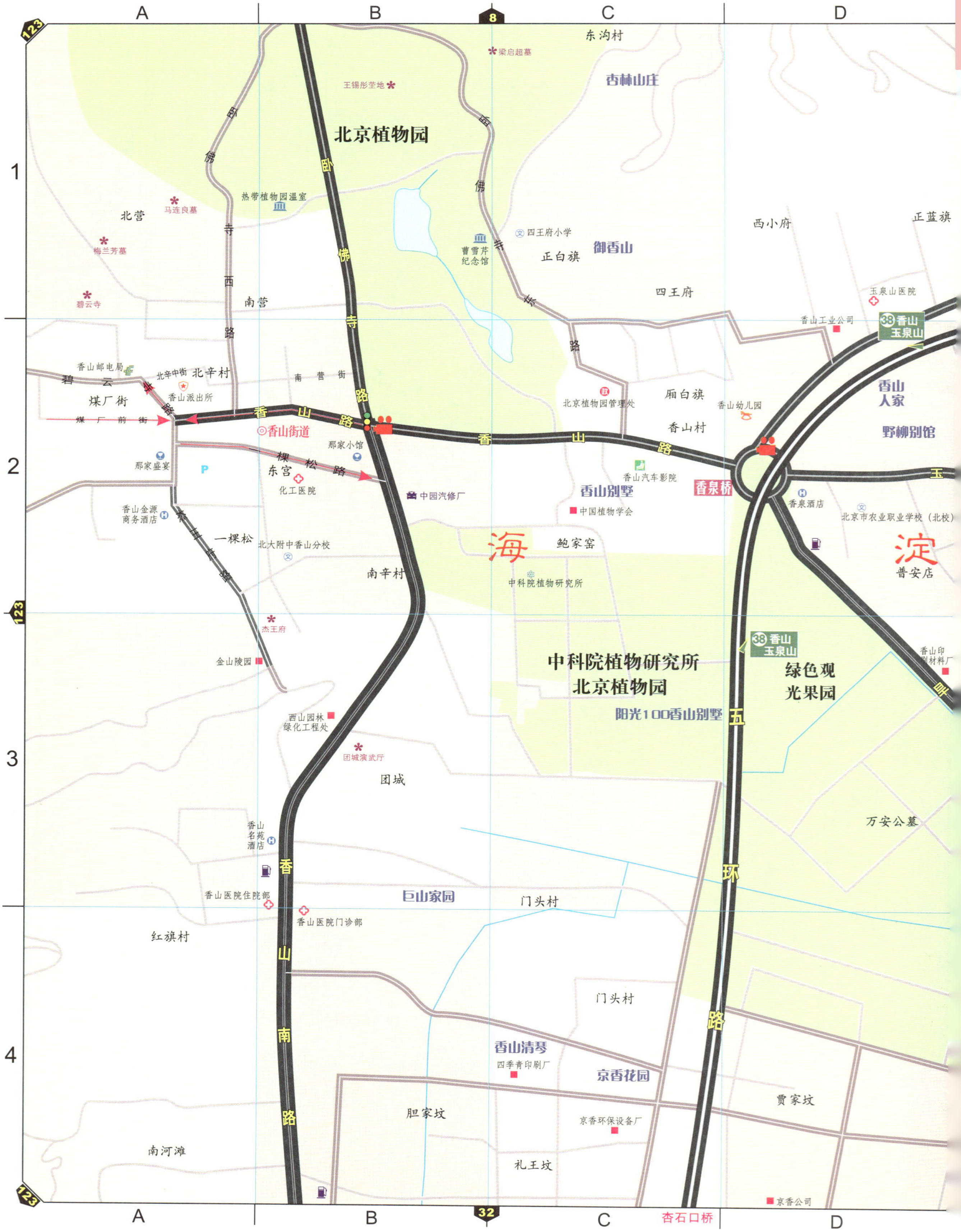
A
B
C
D
1
2
3
4
8
32
123
东沟村
梁启超墓
杏林山庄
王锡彤茔地
北京植物园
卧佛寺路
热带植物园温室
马连良墓
北营
梅兰芳墓
碧云寺
南营
四王府小学
御香山
正白旗
曹雪芹纪念馆
四王府
西小府
正蓝旗
玉泉山医院
香山工业公司
38 香山 玉泉山
香山邮电局
北辛中街
北辛村
碧云
香山派出所
煤厂街
煤厂前街
南营街
香山路
香山街道
北京植物园管理处
厢白旗
香山幼儿园
香山村
香山人家
野柳别馆
那家小馆
那家盛宴
东宫
化工医院
一棵松路
中园汽修厂
香山汽车影院
香山别墅
香泉桥
香泉酒店
北京市农业职业学校（北校）
中国植物学会
香山金源商务酒店
一棵松
北大附中香山分校
海
鲍家窑
淀
普安店
南辛村
中科院植物研究所
杰王府
金山陵园
中科院植物研究所
北京植物园
阳光100香山别墅
绿色观光果园
香山印刷材料厂
西山园林绿化工程处
团城演武厅
团城
五环路
万安公墓
香山名苑酒店
巨山家园
门头村
香山医院住院部
香山医院门诊部
红旗村
香山南路
门头村
香山清琴
四季青印刷厂
京香花园
贯家坟
胆家坟
京香环保设备厂
南河滩
礼王坟
京香公司
杏石口桥

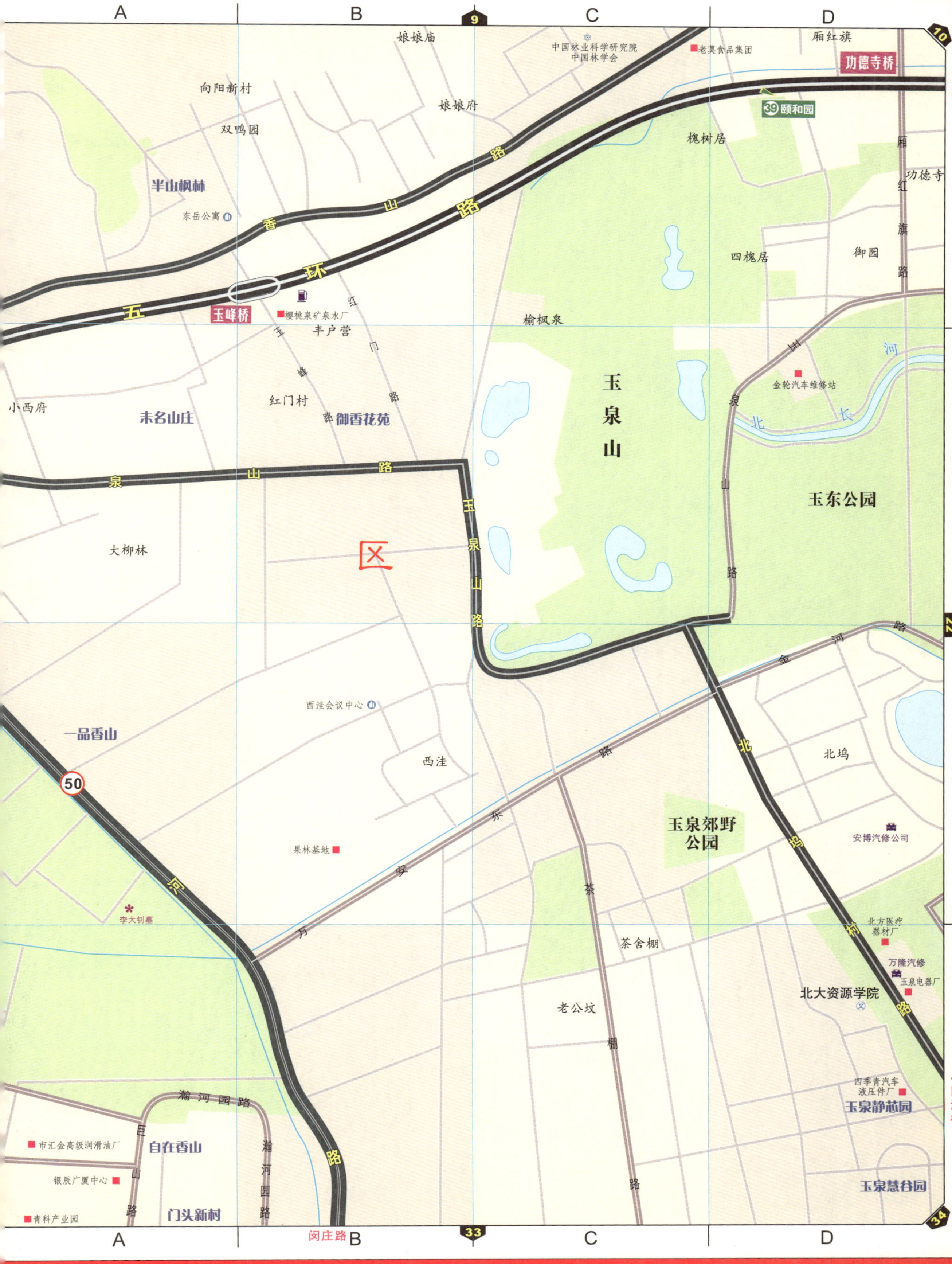
娘娘庙
中国林业科学研究院
中国林学会
老莫食品集团
厢红旗
功德寺桥
红山桥
向阳新村
娘娘府
双鸣园
颐和园
槐树居
功德寺
半山枫林
东岳公寓
香山路
五环路
四槐居
御园
厢红旗路
玉峰桥
樱桃泉矿泉水厂
红门路
丰户营
榆枫泉
玉峰路
金轮汽车维修站
北长河
小西府
红门村
未名山庄
御香花苑
玉泉山
玉泉山路
泉山路
玉东公园
大柳林
区
金河路
西洼会议中心
一品香山
北坞
西洼
50
玉泉郊野公园
安博汽修公司
果林基地
万安东路
北坞村路
京密引水渠
李大钊墓
茶棚路
茶舍棚
北方医疗器材厂
万隆汽修
玉泉电器厂
老公坟
北大资源学院
瀚河园路
四季青汽车液压件厂
玉泉静芯园
市汇金高级润滑油厂
自在香山
巨山路
瀚河园路
银辰广厦中心
玉泉慧谷园
青科产业园
门头新村
闵庄路
四海桥
A
B
C
D
1
2
3
4
9
10
22
33
34

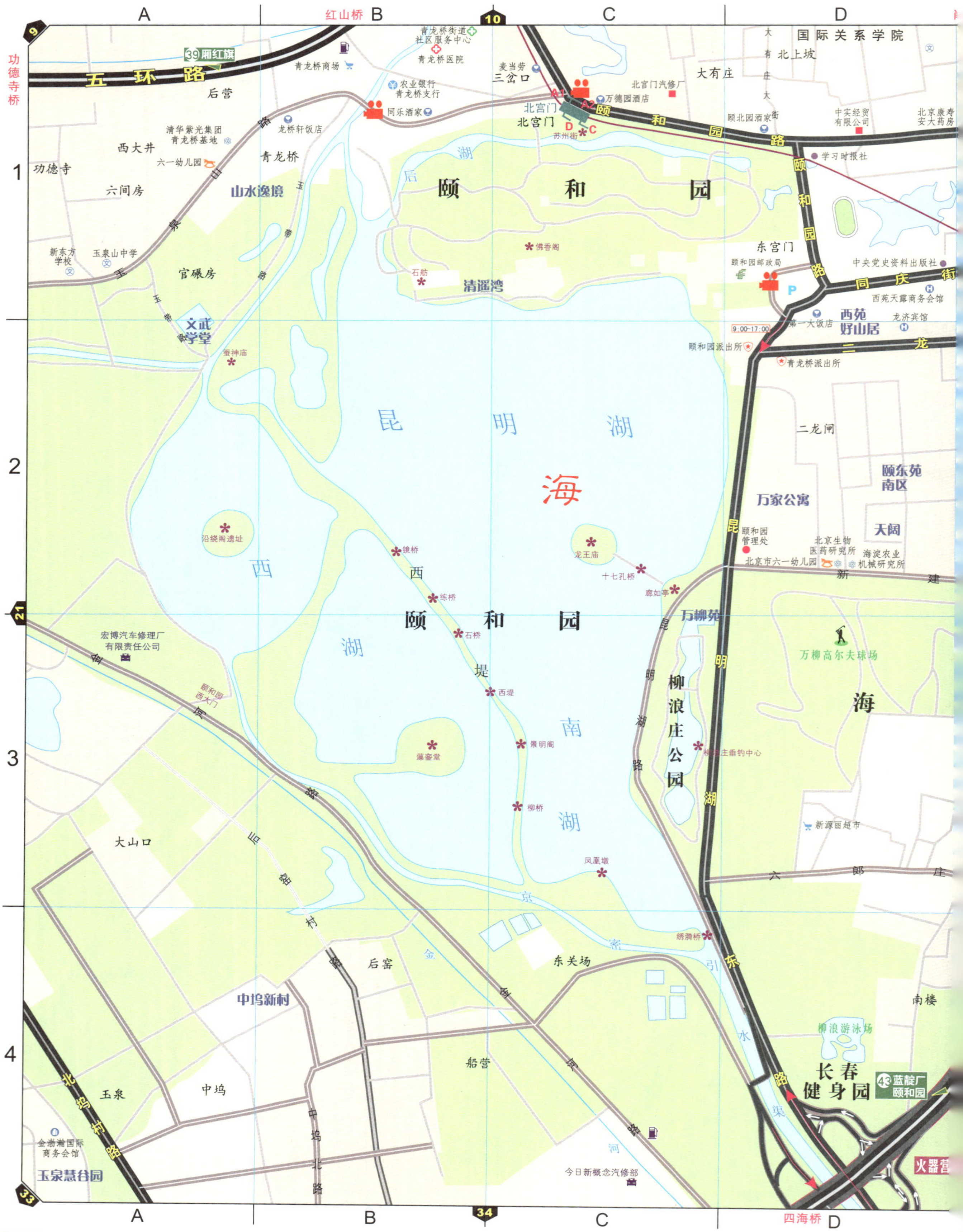

A
B
C
D
红山桥
四海桥
功德寺桥
1
2
3
4
五环路
39 厢红旗
青龙桥街道社区服务中心
青龙桥医院
青龙桥商场
麦当劳
三岔口
农业银行青龙桥支行
同乐酒家
后营
龙桥轩饭店
清华紫光集团青龙桥基地
六一幼儿园
西大井
青龙桥
功德寺
六间房
山水逸境
新东方学校
玉泉山中学
官碾房
文武学堂
蚕神庙
玉泉山路
北宫门
苏州街
万德园酒店
北宫门汽修厂
大有庄
国际关系学院
北上坡
颐北园酒家
中实经贸有限公司
北京康寿安大药房
颐和园路
学习时报社
后湖
颐和园
佛香阁
石舫
清遥湾
东宫门
颐和园邮政局
中央党史资料出版社
同庆街
西苑天露商务会馆
第一大饭店
西苑好山居
龙济宾馆
9:00-17:00
颐和园派出所
青龙桥派出所
二龙闸
昆明湖
海淀
颐东苑南区
万家公寓
颐和园管理处
北京生物医药研究所
天阅
北京市六一幼儿园
海淀农业机械研究所
沿绣阁遗址
龙王庙
镜桥
十七孔桥
廓如亭
西湖
西堤
练桥
万柳苑
玉带桥
石桥
宏博汽车修理厂有限责任公司
颐和园西大门
万柳高尔夫球场
柳浪庄公园
昆明湖路
藻鉴堂
景明阁
南湖
柳桥
新源丽超市
大山口
凤凰墩
六郎庄
绣漪桥
京密引水渠
昆明湖东路
后窑
东关场
中坞新村
南楼
柳浪游泳场
长春健身园
43 蓝靛厂颐和园
船营
中坞
玉泉
北坞村路
中坞北路
金河路
金泊瀚国际商务会馆
玉泉慧谷园
今日新概念汽修部
火器营

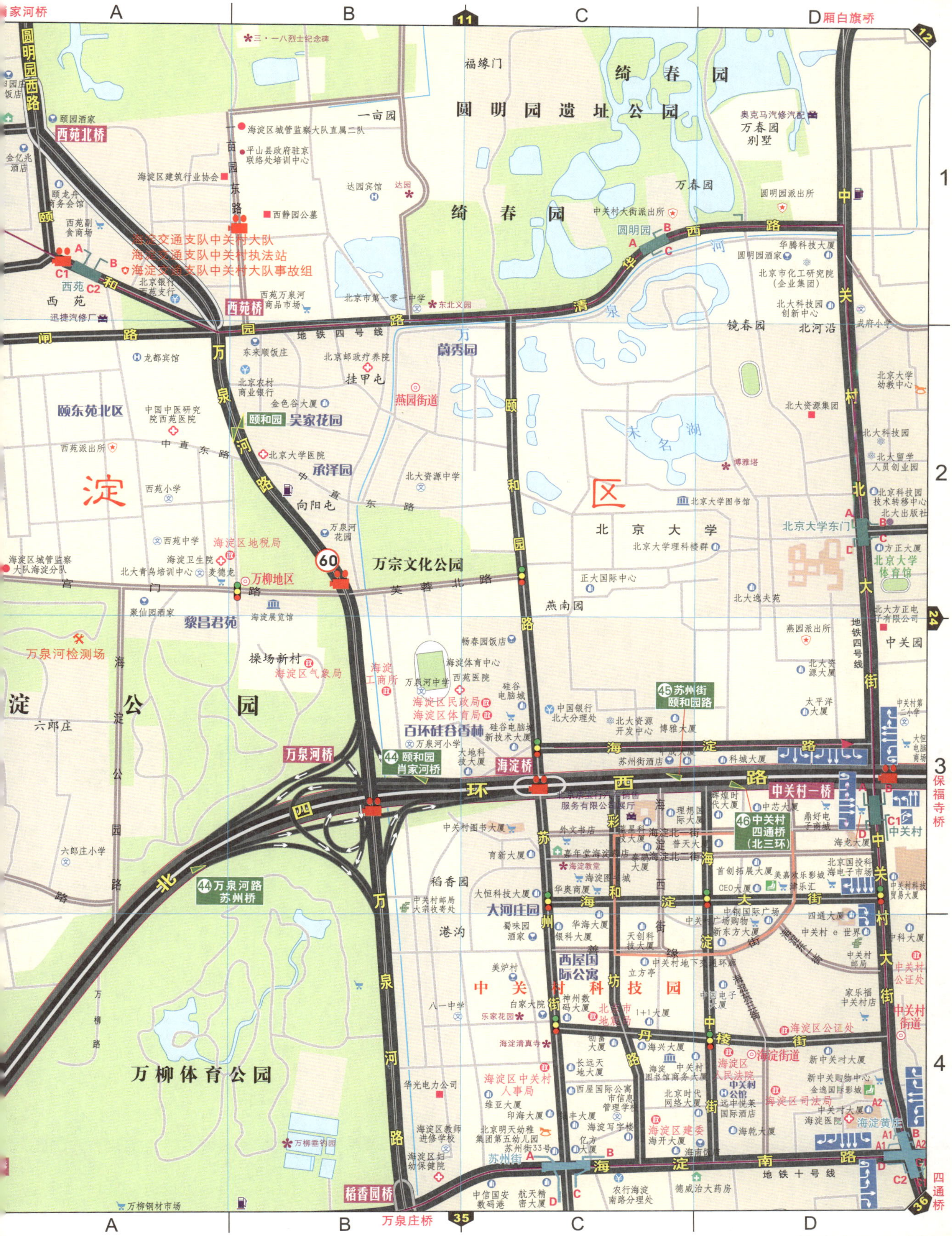
圆明园遗址公园
绮春园
长春园
万春园
福缘门
一亩园
圆明园西路
西苑北桥
西苑
颐和园路
清华西路
地铁四号线
万泉河路
海淀区建筑行业协会
西静园公墓
海淀交通支队中关村大队
海淀交通支队中关村执法站
海淀交通支队中关村大队事故组
达园宾馆
北京市第一零一中学
西苑万泉河商品市场
蔚秀园
燕园街道
挂甲屯
承泽园
吴家花园
颐东苑北区
中直东路
向阳屯
万宗文化公园
芙蓉北路
颐和园路
北京大学
未名湖
博雅塔
北京大学图书馆
北京大学东门
北京大学体育馆
镜春园
北河沿
燕南园
中关村北大街
中关园
淀
区
万泉河检测场
六郎庄
海淀公园
黎昌君苑
操场新村
海淀区气象局
万柳地区
海淀区地税局
百环硅谷香林
万泉河桥
海淀桥
中关村一桥
北四环西路
苏州街
万柳体育公园
稻香园
港沟
大河庄园
中关村科技园
西屋国际公寓
海淀北一街
海淀北二街
海淀西大街
彩和坊路
丹棱街
海淀街道
海淀区公证处
海淀区人民法院
海淀区司法局
海淀黄庄
海淀南路
地铁十号线
万泉河路
稻香园桥
万泉庄桥
保福寺桥
四通桥
厢白旗桥
A
B
C
D
1
2
3
4

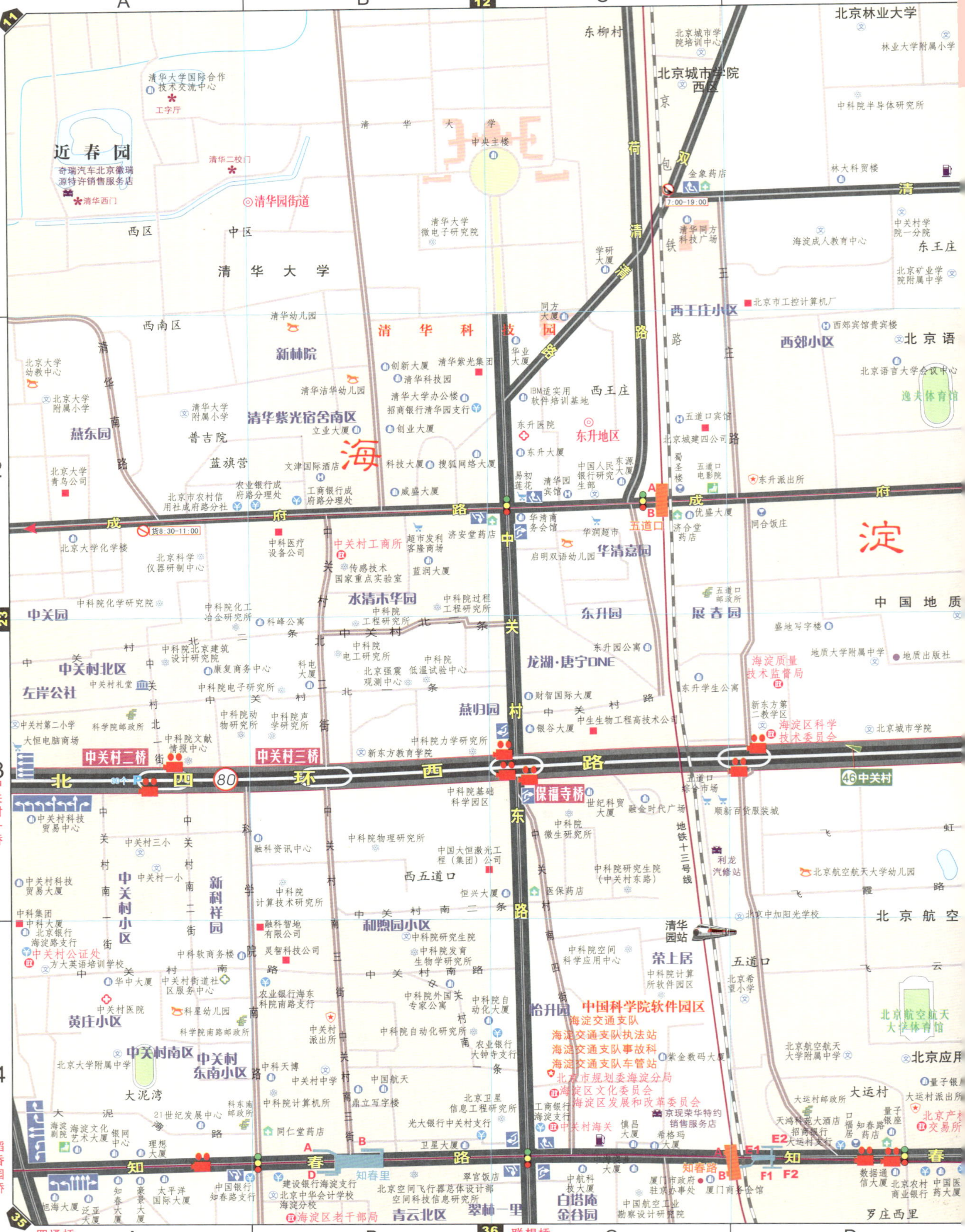

北京林业大学
林业大学附属小学
东柳村
北京城市学院培训中心
北京城市学院西区
清华大学国际合作技术交流中心
工字厅
近春园
奇瑞汽车北京徽瑞源特许销售服务店
清华西门
清华二校门
清华园街道
西区
中区
清华大学
中央主楼
清华大学微电子研究所
金象药店
中科院半导体研究所
林大科贸楼
清华同方科技广场
海淀成人教育中心
中关村学院一分院
东王庄
北京矿业大学附属中学
学研大厦
同方大厦
北京市工控计算机厂
西王庄小区
西南区
清华幼儿园
新林院
清华科技园
华业大厦
西郊宾馆贵宾楼
西郊小区
北京语
北京语言大学会议中心
逸夫体育馆
北京大学幼教中心
北京大学附属小学
清华大学附属小学
清华洁华幼儿园
创新大厦
清华紫光集团
清华科技园
清华大学办公楼
招商银行清华园支行
IBM适实用软件培训基地
西王庄
五道口宾馆
清华紫光宿舍南区
立业大厦
创业大厦
东升医院
东升地区
北京城建四公司
燕东园
普吉院
海
文津国际酒店
科技大厦
搜狐网络大厦
东升大厦
中国人民银行研究生部
东源大厦
五道口电影院
东升派出所
北京大学青鸟公司
蓝旗营
农业银行成府路分理处
工商银行成府路分理处
威盛大厦
易初莲花
清华园宾馆
北京市农村信用社成府路分社
成府路
货8:30-11:00
华清商务会馆
华润超市
五道口
优盛大厦
济合堂药店
同合饭店
淀
北京大学化学楼
中科医疗设备公司
中关村工商所
超市发科客隆商场
济安堂药店
启明双语幼儿园
华清嘉园
北京科学仪器研制中心
传感技术国家重点实验室
蓝润大厦
五道口邮政所
中国地质
中科院化学研究所
中关园
中科院化工冶金研究所
科峰公寓
水清木华园
中科院工程研究所
中科院过程工程研究所
东升园
展春园
盛地写字楼
中关村北二条
中关村北区
中科院北京建筑设计研究院
康复商务中心
中科院电工研究所
中科院低温试验中心
东升园公寓
龙湖·唐宁ONE
地质大学附属中学
地质出版社
海淀质量技术监督局
左岸公社
中关村礼堂
中科院电子研究所
科电大厦
北京强震观测中心
财智国际大厦
东升学生公寓
中关村第二小学
科学院邮政所
中科院动物研究所
中科院声学研究所
燕归园
银谷大厦
中生物工程高技术公司
新东方第二教学区
海淀区科学技术委员会
北京城市学院
大恒电脑商场
中科院文献情报中心
中科院力学研究所
新东方教育学院
中关村二桥
中关村三桥
北四环西路
46中关村
中关村一桥
中关村科技贸易中心
中科院基础科学园区
保福寺桥
世纪科贸大厦
融金时代广场
五道口综合市场
顺新百货服装城
中关村三小
科学院
融科资讯中心
中科院物理研究所
中科院微生物研究所
中国大恒激光工程（集团）公司
地铁十三号线
利龙汽修站
北京航空航天大学幼儿园
中关村科技贸易大厦
中关村小区
中关村一小
新科祥园
中科院计算技术研究所
西五道口
恒兴大厦
医保药店
中科院研究生院（中关村东路）
中科集团
中科大厦
北京银行海淀路支行
中关村公证处
方大英语培训学校
融科智地有限公司
中关村南二条
和煦园小区
中科院研究生院
中科院发育生物学研究所
清华园站
北京中加阳光学校
北京航空
中科软商务楼
灵智科技公司
中科院空间科学应用中心
荣上居
五道口
华中大厦
中关村街道社区服务中心
中科院计算所软件园区
北京希望小学
中关村医院
农业银行海东科院南路支行
中科院外国专家公寓
中科院自动化大厦
科星幼儿园
科学院南路邮政所
黄庄小区
中关村派出所
中科院自动化研究所
农业银行大钟寺支行
科学院南路
中关村南区
中关村东南小区
保升园
中国科学院软件园区
海淀交通支队
海淀交通支队执法站
海淀交通支队事故科
海淀交通支队车管站
北京市规划委海淀分局
海淀区文化委员会
海淀区发展和改革委员会
紫金数码大厦
北京航空航天大学附属中学
北京应用
北京航空航天大学体育馆
北京大学附属中学
大泥湾
中科天博
中关村中学
中国航天
中科院计算机所
鼎立写字楼
北京卫星信息工程研究所
工商银行海淀支行
光大银行中关村支行
中关村海关
慎昌大厦
京现荣华特约销售服务店
大运村
大运村邮政所
天鸿科苑大酒店
招商银行
北京产权交易所
量子银座
海淀剧院
海淀文化艺术大厦
银网中心
21世纪发展中心
科东南邮政所
同仁堂药店
理想大厦
卫星大厦
知春路
知春里
知春路
大运村支行
数据通信大厦
北京农村商业银行
中国国药大厦
旭海大厦
泛亚大厦
知春大厦
豪景大厦
太平洋国际大厦
中国银行知春路支行
建设银行海淀支行
北京中华会计学校海淀分校
海淀区老干部局
北京空间飞行器总体设计部
空间科技信息研究所
翠宫饭店
青云北区
翠林一里
中航科技大厦
白塔庵
金谷园
厦门市政府驻京办事处
厦门商会会馆
中国航空工业勘察设计研究院
罗庄西里
四通桥
联想桥
稻香园桥

A
B
C
D
1
2
3
4
上清桥
13
14
26
37
38
中国农业大学（东区）
中国农业大学体育馆
静淑东里
静淑苑路
六道口
学清路
北京城市学院清华学区
京藏高速
G6
中天国际公寓
懿品阁
弈翠庭
林萃路
安立路
清华东路
北沙滩桥
大屯路
朝阳区
中和家园
华源冠军城
天和家园
南沙滩社区
五建小区
富润家园
学府园
志新学苑
九间房
二里庄北里
小月河
清美公寓
中国矿业大学
东王庄小区
中国石油大学
石油大学工字楼
科学园南里西街
安翔北里
学院路
学院路街道
志新路
志新西路
志新东路
北京科技大学体育馆
北京科技大学
志新北里
万泉庄园
石化管理干部学院
健翔园
志新村小区
志新村
志新桥
北四环中路
47 学院路蓟门桥
48 志新东路北太平桥
49A 马甸桥
49B 京藏高速
学院桥
健翔桥
北辰西桥
五道庙
花园东路
北京大学医学部
北极寺
花园北路
龙翔路
花园苑
德外小关
小西关后街
牡丹园西里
华盛家园
金城尚品
金尚嘉园
翠林清境
蓟宁居
塔院
元亨苑
牡丹园
花园路街道
航天大学
北京航空博物馆
健德桥中关村大街
学知桥
北土城西路
地铁十号线
元大都城垣遗址公园
健安西路
北太平桥
健德桥
蓟门桥

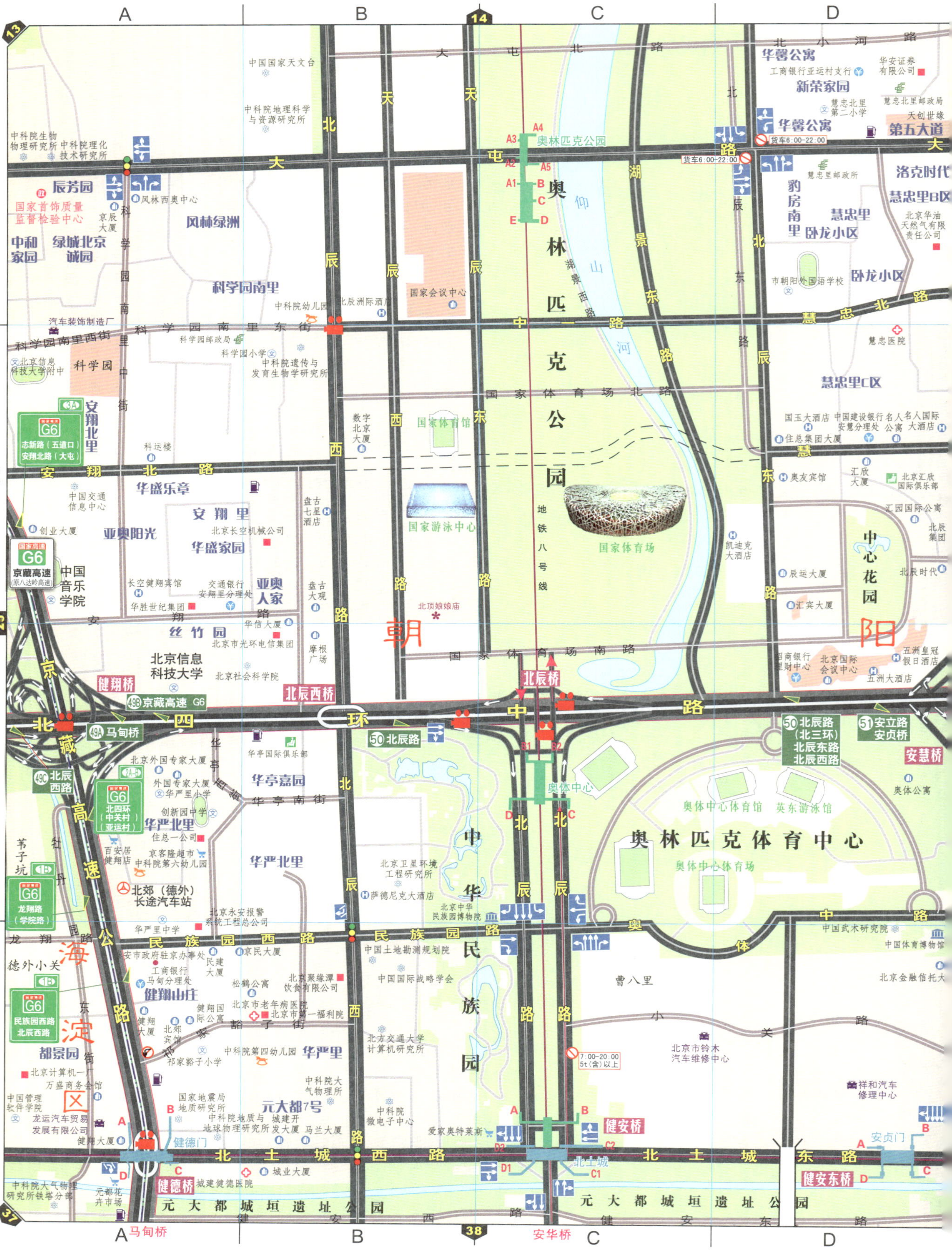
奥林匹克公园
国家体育场
国家游泳中心
国家体育馆
奥林匹克体育中心
中华民族园
北辰桥
健翔桥
北辰西桥
安慧桥
健德桥
健安桥
健安东桥
北四环
北土城
奥体中心
朝阳
海淀区
大屯路
北土城西路
北土城东路
民族园西路
科学园南里东街
慧忠北路
国家体育场北路
国家体育场南路
安翔北路
北小河路
元大都城垣遗址公园
马甸桥
安华桥
北沙滩桥
学知桥

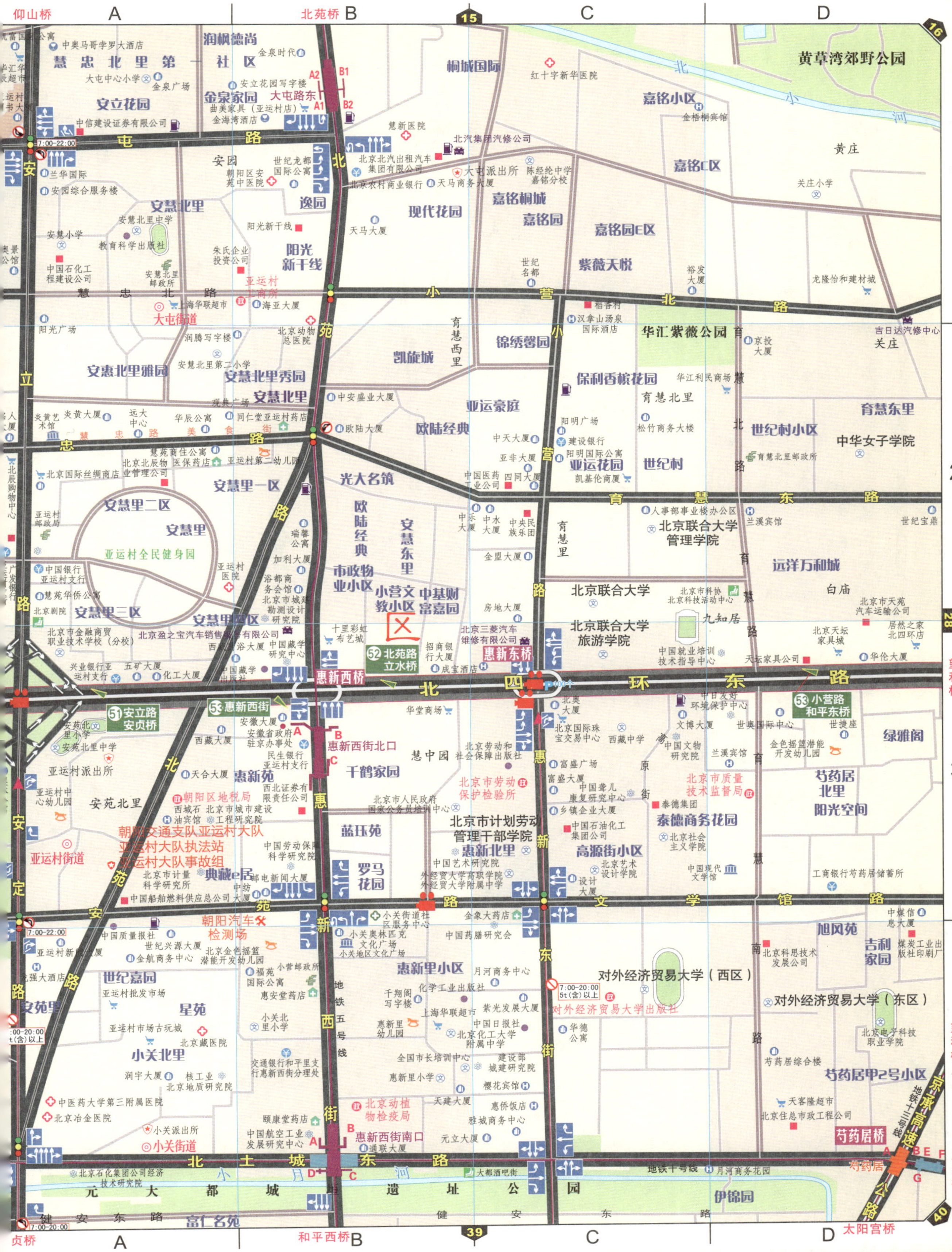
仰山桥
北苑桥
A
B
C
D
15
16
28
39
40
1
2
3
4
慧忠北里第一社区
润枫德尚
桐城国际
黄草湾郊野公园
安立花园
金泉家园
大屯路东
嘉铭小区
嘉铭C区
黄庄
中奥马哥孛罗大酒店
大屯中心小学
金泉时代
安立花园写字楼
金泉广场
红十字新华医院
金梧桐宾馆
中信建设证券有限公司
曲美家具（亚运村店）
金海湾酒店
慧新医院
北汽集团汽修公司
屯
路
安园
世纪龙都国际公寓
朝阳区安苑中医院
北京北汽出租汽车集团有限公司
北京农村商业银行
天马商务大厦
大屯派出所
陈经纶中学嘉铭分校
关庄小学
兰华国际
安园综合服务楼
逸园
现代花园
嘉铭桐城
嘉铭园
嘉铭园E区
安慧北里
安慧北里中学
安慧小学
教育科学出版社
阳光新干线
天马大厦
中国石化工程建设公司
朱氏企业投资公司
安慧北里邮政所
阳光新干线
世纪名都
紫薇天悦
裕发大厦
龙隆怡和建材城
慧忠北路
亚运村工商所
上海华联超市
海亚大厦
小营北路
稻香村
汉拿山汤泉国际酒店
吉日达汽修中心
大屯街道
阳光广场
润腾写字楼
北京动物总医院
育慧西里
锦绣馨园
华汇紫薇公园
京投大厦
关庄
凯旋城
安惠北里雅园
安慧北里第二小学
安慧北里秀园
安慧北里
保利香槟花园
华江利民商场
育慧北里
中安盛业大厦
亚运豪庭
育慧东里
炎黄艺术馆
炎黄大厦
远大中心
华辰公寓
同仁堂亚运村药店
阳明广场
松竹商务大楼
欧陆大厦
欧陆经典
世纪村小区
中华女子学院
慧忠路
美食街
建设银行
中天大厦
慧商住公寓
北京北辰物业管理公司
北京医保药房
亚运村第二幼儿园
亚非大厦
阳明国际公寓
亚运花园
世纪村
育慧北里邮政所
北京国际丝绸商店
光大名筑
中国医药工业公司
四同大厦
凯基伦商厦
安慧里二区
安慧里一区
育慧东路
人事部事业楼办公区
兰溪宾馆
世纪宝鼎
安慧里
欧陆经典
安慧东里
中乐大厦
中水大厦
中央民族乐团
育慧里
北京联合大学管理学院
亚运村邮政局
亚运村全民健身园
瑞馨公寓
加利大厦
金盟大厦
远洋万和城
中国银行亚运村支行
亚运村医院
市政物业小区
小营文教小区
中基财富嘉园
北京联合大学
白庙
浴都商务会馆
北京市城建勘测设计研究院
北京市科协北京科技活动中心
北京市天苑汽车运输公司
慧华侨公寓
北京剧院
安慧里三区
安慧里四区
房地大厦
北京联合大学旅游学院
九知居
北京天坛家具城
居然之家北四环店
北京市金融商贸职业技术学校（分校）
北京盈之宝汽车销售服务有限公司
十里彩虹布艺城
北京三菱汽车维修有限公司
区
西藏自治区驻京办事处
亚运村邮政局
北京浴大厦
中国藏学研究中心
52 北苑路立水桥
招商银行大厦
惠新东桥
中国就业培训技术指导中心
天坛家具公司
华伦大厦
兴业银行亚运村支行
五矿大厦
化工大厦
中国藏学出版社
惠新西桥
成宝酒店
北四环东路
望和桥
51 安立路安贞桥
53 惠新西街
安徽大厦
安徽省政府驻京办事处
惠新西街北口
华堂商场
北奥大厦
中日友好环境保护中心
53 小营路和平东桥
安苑北里小学
安苑北里中学
西藏大厦
北京国际珠宝交易中心
文博大厦
世奥国际中心
世捷座
绿雅阁
民生银行亚运村支行
北京劳动和社会保障出版社
西藏中学
中国文物研究院
金色摇篮潜能开发幼儿园
亚运村派出所
天合大厦
惠新苑
千鹤家园
慧中园
富盛广场
原街
兰溪宾馆
亚运村中心幼儿园
西北证券有限责任公司
北京市劳动保护检验所
富盛大厦
中国聋儿康复研究中心
北京市质量技术监督局
芍药居北里
安苑北里
朝阳区地税局
西城石油宾馆
北京市城市建设工程研究院
北京市人民政府国家公务员培训中心
泰德集团
阳光空间
北京市计划劳动管理干部学院
乡镇企业大厦
朝阳交通支队亚运村大队
亚运村大队执法站
亚运村大队事故组
蓝天苑
中国石油化工集团公司
泰德商务花园
北京社会主义学院
亚运村街道
中国劳动保障科学研究院
罗马花园
惠新北里
高源街小区
北京市计量科学研究所
典藏e居
邮电新闻大厦
中国艺术研究院
外经贸大学高职学院
外经贸大学附属中学
北京艺术设计学院
中国现代文学馆
中纺大厦
中国船舶燃料供应总公司
设计大厦
工商银行芍药居储蓄所
北土城
安立路
惠新西街
惠新东街
育慧南路
文学馆路
朝阳汽车检测场
小关街道社区服务中心
金象大药店
中煤信息大厦
中国质量报社
小关奥林匹克文化广场
小关地区文化广场
中国药膳研究会
旭风苑
亚运村新闻大厦
世纪兴源大厦
金航商务中心
北京金色摇篮潜能开发幼儿园
北京科思技术发展公司
吉利家园
煤炭工业出版社印刷厂
强大酒店
福苑国际公寓
小营邮政所
惠新里小区
月河商务中心
对外经济贸易大学（西区）
世纪嘉园
亚运村批发市场
惠安堂药店
千翔阁写字楼
化学工业出版社
对外经济贸易大学（东区）
安苑里
星苑
上海华联超市
紫光发展大厦
对外经济贸易大学出版社
亚运村市场古玩城
北京藏医院
小关北里小学
惠新里幼儿园
中国日报社
北京化工大学附属中学
华德公寓
北京电子科技职业学院
小关北里
交通银行和平里支行惠新西街分理处
全国市长培训中心
建设部城建研究院
芍药居综合楼
润宇大厦
核工业北京地质研究院
惠新里小学
樱花宾馆
芍药居甲2号小区
中医药大学第三附属医院
北京动植物检疫局
天建大厦
惠侨饭店
天客隆超市
北京冶金医院
颐康堂药店
雅城商务中心
北京住总市政工程公司
小关派出所
中国航空工业发展研究中心
惠新西街南口
元立大厦
芍药居桥
京承高速公路
地铁十三号线
小关街道
通联大厦
地铁五号线
北土城东路
三元桥
北京石化集团公司经济技术研究院
小月河
大都酒吧街
地铁十号线
月河商务花园
元大都城垣遗址公园
伊锦园
健安东路
富仁名苑
贞桥
和平西桥
太阳宫桥
芍药居
7:00-22:00
7:00-20:00
5t(含)以上

来广营桥
北湖渠
北湖渠小学
小河
北湖渠路
京承高速
碧海方舟园林别墅
北辰高尔夫俱乐部
姜庄湖园林别墅
姜庄路
南湖水上乐园
湖光桥
望京西
地铁十三号线
世纪宝鼎
人济大厦
科宝博洛尼旗舰店
鼎成路
富成花园
北京市燃气集团有限责任公司
北京香颂（南湖西园）
望京网球俱乐部
北苑大屯路
东北郊草坪基地
环四环建材城
望和桥
京承高速（北五环、顺义）
绿雅阁
九隆盛汽修公司
北四环灯饰城
太阳宫北村
东方标致北京天之龙店
北京长福新港汽车销售服务有限公司
四元桥汽配市场
芍药居北里
芍药居北桥
中煤信息大厦
东方城
东方瑞莱克斯酒店
时代畅园
太阳公元
北京市自来水公司运输公司
西坝河路
太阳宫望京西路
太阳宫体育公园
北四环东路
望京桥
7:00-22:00
德奥达汽车销售公司
福利汽车修理厂
旭风苑公寓
乐土城住宅小区
太阳宫北街
十字口村
太阳宫中路
太阳宫公园
左家庄工商所
芍药居
红玺台
太阳公元
芍药居桥
京客隆超市
安民小学
太阳宫路
太阳宫敬老院
太阳宫村
地铁十号线
河荫西
南湖东园
望兴园
北亚医院
慧谷金色家园
金色家园
南湖东园小学
南湖东园一区
博泰国际商业广场
南湖中园
大中电器城
世安家园
南湖北街
湖光北街
京客隆超市
交通银行望京南湖中园支行
南湖东园邮政所
南湖西园
南湖东园二区
南湖派出所
望京街道
南湖中园小学
陈经纶中学分校
银领国际
望京南湖市场
湖光中街
圣馨大地家园
望京建材装饰大世界
季景沁园
风格雅园
南湖渠邮政所
知语城
福斯特汽车装饰件厂
富泰酒店公寓
南湖渠小学
湖畔雅居
花家地西里三区
南湖综合市场
志宏小学
星海明珠
南湖渠西里
CITY ONE
望京新兴家园
大西洋新城
朝阳
南湖渠影剧院
金隅丽港城
落田洼
中广宜景湾
花家地西里
培基双语幼儿园
丽港美度
寿春堂药店
花家地第二小学
花家地西里中学
花家地小区
金隅嘉业
中国工商银行花家地储蓄所
花家地派出所
花家地西里
花家地北里
金隅国际
中天大厦
旺城家园
阜通西大街
花家地街
中央美术学院附属美术学校
卷石天地
北京市讯通达电信工程有限公司
慕莱特酒店
望京环岛
中央美术学院
鹿港嘉苑
南湖公园
中非地质工程勘察研究院
方舟苑
日出印象
城市月光
广汽特约销售服务站
燕莎望京购物中心
宏伟汽修公司
一汽海宝汽车维修有限公司
北京海沃特汽车机械修理有限公司
太阳宫
宜家家居
顺景高尔夫球场
西直路
北路
京顺路
四元桥
朝阳
望京西路
80

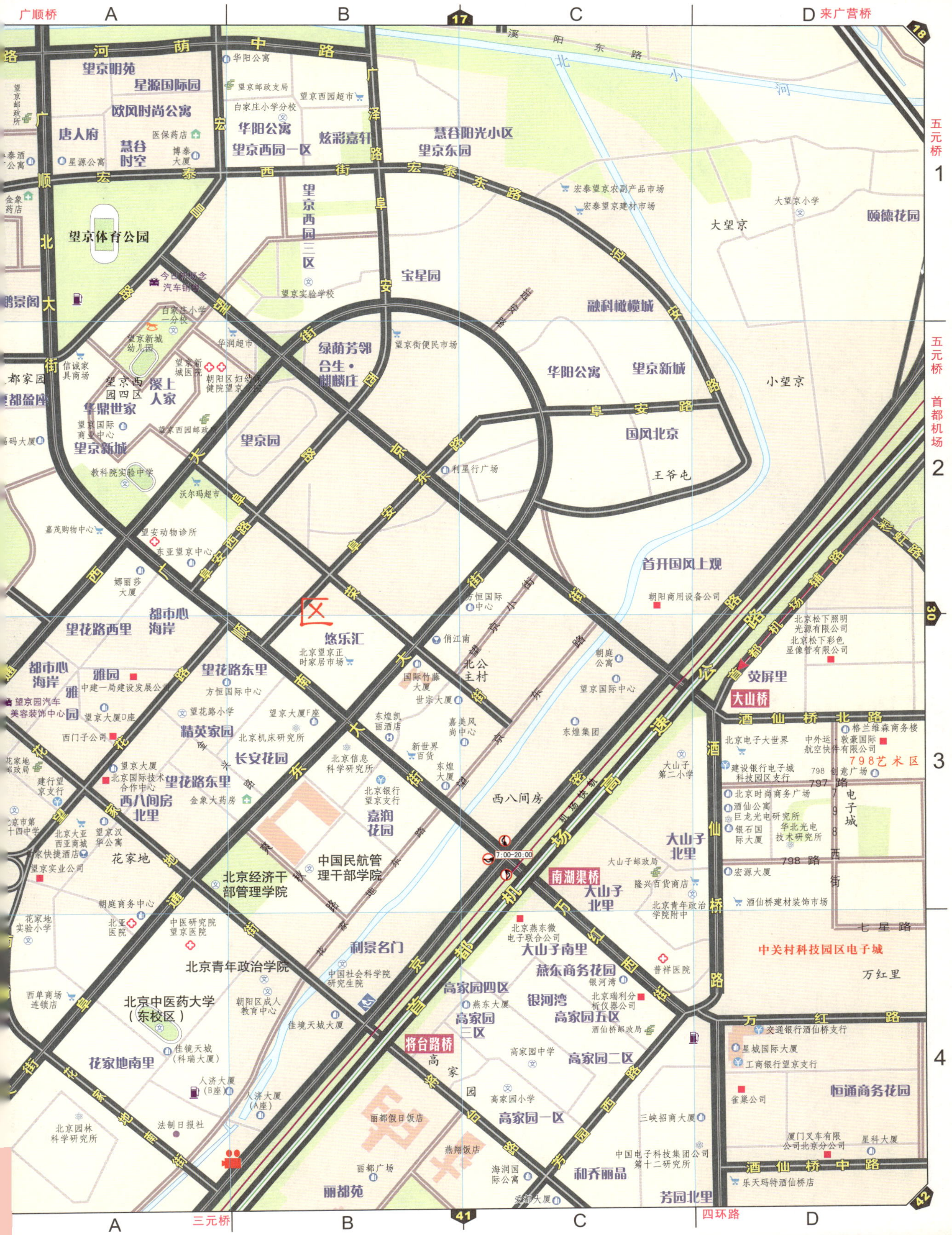
广顺桥
来广营桥
五元桥
首都机场
三元桥
四环路
望京明苑
星源国际园
欧风时尚公寓
唐人府
慧谷时空
华阳公寓
望京西园一区
炫彩嘉轩
慧谷阳光小区
望京东园
望京体育公园
望京西园三区
宝星园
融科橄榄城
绿茵芳邻
合生·麒麟庄
华阳公寓
望京新城
小望京
大望京
颐德花园
国风北京
王爷屯
望京园
溪上人家
华鼎世家
望京新城
首开国风上观
望花路西里
都市心海岸
悠乐汇
雅园
望花路东里
精英家园
长安花园
望花路东里
西八间房北里
嘉润花园
西八间房
北京经济干部管理学院
中国民航管理干部学院
花家地
利景名门
北京青年政治学院
北京中医药大学（东校区）
花家地南里
高家园四区
高家园三区
银河湾
高家园五区
燕东商务花园
大山子南里
大山子北里
高家园二区
高家园一区
和乔丽晶
芳园北里
丽都苑
南湖渠桥
将台路桥
大山桥
酒仙桥北路
酒仙桥中路
万红路
798艺术区
电子城
中关村科技园区电子城
万红里
恒通商务花园
七星路
驼房营路
北京松下照明光源有限公司
北京松下彩色显像管有限公司

北皋桥
首都机场
来广营桥
四元桥
南皋村
北京石油化学总厂
草场地
南皋乡
市长建汽车驾驶学校
长建考试场
京密路 机场高速 四环路
颐德花园
机场快轨
首都机场高速公路
机场辅路
京密路
和平医院
京客隆超市
市塑料三厂
西方城
南皋路
崔各庄地区
南皋派出所
南寨村综合批发市场
草场地中学
国家职业技能鉴定所
长建机动车考试场
五元桥
草场地艺术区
左家庄绿化园艺中心
张士柏英语网公司
北京神州摩奇食品饮料有限公司
中国铁路博物馆
吉蒙情商务会馆
北京朝阳兴达应用技术研究有限公司
银湖别墅
中国电影博物馆
望京公园
中国电子物资北京分公司
环铁艺术城
银湖别墅
银枫家园
彩虹路
朝
将台农场
庄园北路
中国铁道科学院东郊分院
国家广播电视质量检测中心
市电机总厂
环铁北桥
宝洁士汽修
环铁实验基地
丽都
beatles
京物大厦
酒仙桥北路
兴达汽车维修中心
上海大众一汽汽车专修
红霞汽车维修
北京邮电大学分院
南窑地
798艺术区
797路
市无线电动力技校
798北三街
798北四街
酒仙桥东路
京包铁路
五环
90
世纪梦服装集团
中关村科技园区电子城
北京正东电子动力集团有限公司
蓝涛中心
光吉汽车维修
万红路
孙家村路
小井村
将台派出所
东方冠捷电子股份有限公司
七星华电科技集团
北京东方科技集团
新华联·丽港
北京电子城科技园
酒仙桥东路
孙家村
孙家村路
环铁桥
东八间房
东8间文化
北石家村
北广电子集团
驼房营路
东五环路
酒仙桥中路
将府家园
牡丹集团
北京起重机器厂第五分厂
平房桥

A
B
C
D
19
112
1
2
3
4
43
路
南
皋
路
南皋路
长店小学
北
008艺术区
天安生态园
小
河
天安假日高尔夫俱乐部球场
黑桥村
红桥小学
北京摄影城拍摄基地
黑桥艺术村
新光化学试剂厂
北京大环农业生态
发展有限公司
北京航空航天模型展览馆
乃牛场
朝阳区将台渔场
阳
区
将台渔场
将府庄园
庄园高尔夫
西北门渔场
小白家村
养鸡场
东坝郊野公园
后街
园
坝
路
北岗子
北京首饰公司
西北门
北京电光源公司
技工学校
东坝路

A
B
C
D
北京植物园
香泉桥
20
123
1
2
3
4
南河滩
京香花园东区
贯家坟
京香公司
旭华之阁
闵庄路
闵西桥
礼王坟
香山医院
市京西玻璃钢厂
市艺术学校
尚丽外国语学校
香山南路
魏家村
瑞王坟
北京市农科院果林研究所
巨山农场四队
尚丽小学
北京师达学校
北辛庄路
门头馨村
五环路
四统碑
绿色休闲
黄土坡森林公园
兴华大学
香山艺墅
北辛庄
祁家村
海
四季青双拥路
高家坟
双新园
尚丽学校
溪山嘉园
杏石口路四季青四环路
36
杏石口桥
首汽腾悦机动车技术检测服务有限公司
达世化工厂
西山工程机械厂
杏石口路
北京生物科技研修学院
南辛庄
巨山花卉种苗中心
西山风机厂
东下路
田
石景山区
四平庄
西山医院
北京外国语大学香山外语培训基地
西下庄
西山美庐
北京化工大学中英合作教学部
北京应用技术大学
巨山农场
金穗加油站
巨山村
八大处路
北京射击馆
东下庄
梁村
燕西台
国家体育总局射击射箭管理中心
北京射击场飞碟靶场
125
晋元桥
44

香泉桥
21
22
34
45
46
瀚河园路
银辰广厦中心
自在香山
瀚河园路
门头新村
茶棚路
丹青圃公园
玉泉慧谷园
北坞村路
中汽青泉汽车公司
闵庄路
小屯
御墅林枫
香山甲第
闵庄西里
中国汽车工业总公司
闵庄
陆捷汽车修理厂
金冠兴业
青果林所
香山高尔夫球场
北京市第十九中学
北京市第四十五中学
牛碌坟
御墅林枫锦园
长青医院
西禅寺
华明汽修
闵航路
黑塔路
南旱河
旱河路
闵庄南路
天香颐北里
京泉馨苑
观光园
天香颐中里
天香颐
旱河路西郊小区
玉泉馨苑
临枫嘉园北里
篱笆房
淀
区
邦子井
京泉馨园
临枫嘉园北里
四季香山
小府村
黑塔村
美树园
西山美墅馆
临枫嘉园
西山小学
西山新村
博安西山阳光大厦
火星时代大厦
西山
溪山嘉园东府里
马家坟
西山中学
双青彩色印刷厂
西冉村
闵庄路
里塔金属制品厂
徐悲鸿艺术学校
檀香山小区
西山塑料制品厂
西山创意园
中间建筑
德顺园
檀香山别墅
东平庄
京西中频电子设备厂
中国产业新闻报社
佟家坟
西平庄
西山阳光高尔夫
南平庄
北京工业锅炉集团公司一分厂
东风标致北京鹏翰店
京西板材市场
鹏奥特约销售服务店
广州本田华通特约销售服务站
腾飞汽车服务有限公司
四季青无压锅炉厂
四季青桥
巨山小学
中央电视台影视艺术广告公司
海淀区残疾人联合会
阜石路

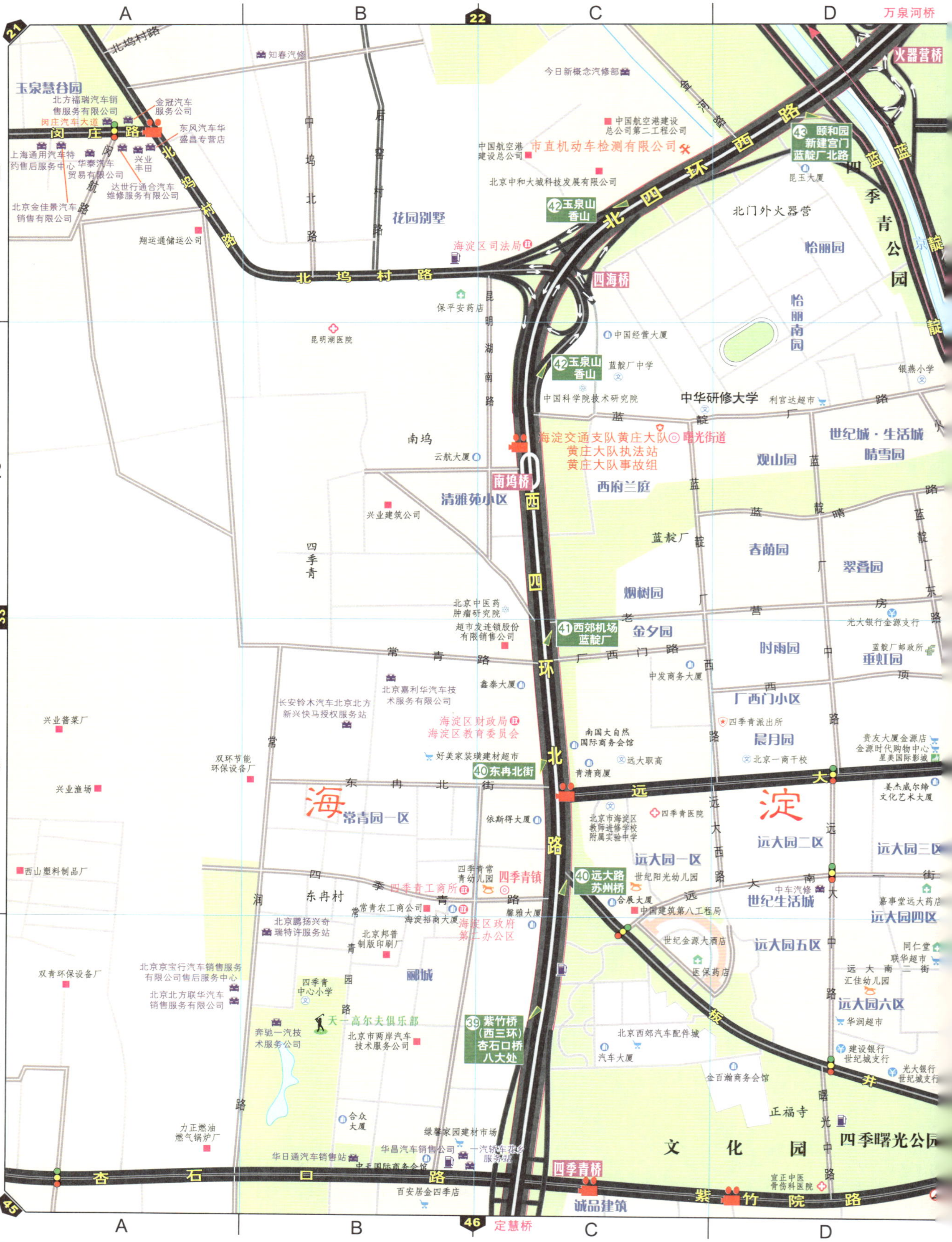

万泉河桥
火器营桥
玉泉慧谷园
北方福瑞汽车销售服务有限公司
金冠汽车服务公司
东风汽车华盛昌专营店
闵庄汽车大道
闵庄路
上海通用汽车特约售后服务中心
华泰汽车贸易有限公司
兴业丰田
达世行通合汽车维修服务有限公司
北京金佳景汽车销售有限公司
翔运通储运公司
北坞村路
北坞村路
知春汽修
中坞北路
巨山村路
花园别墅
今日新概念汽修部
中国航空港建设总公司第二工程公司
中国航空港建设总公司
市直机动车检测有限公司
北京中和大城科技发展有限公司
金河路
北四环西路
玉泉山香山
颐和园 新建宫门 蓝靛厂北路
昆玉大厦
北门外火器营
四季青公园
怡丽园
海淀区司法局
四海桥
保平安药店
昆明湖医院
昆明湖南路
中国经营大厦
怡丽南园
蓝靛厂中学
中国科学院技术研究院
中华研修大学
利宫达超市
银燕小学
世纪城·生活城
晴雪园
海淀交通支队黄庄大队 黄庄大队执法站 黄庄大队事故组
曙光街道
南坞
云航大厦
南坞桥
清雅苑小区
西府兰庭
观山园
兴业建筑公司
四季青
蓝靛厂
春荫园
翠叠园
烟树园
北京中医药肿瘤研究院
超市发连锁股份有限销售公司
西郊机场 蓝靛厂
金夕园
时雨园
光大银行金源支行
蓝靛厂邮政所
垂虹园
常青路
厂西门路
中发商务大厦
鑫泰大厦
北京嘉利华汽车技术服务有限公司
长安铃木汽车北京北方新兴快马授权服务站
厂西门小区
四季青派出所
晨月园
兴业酱菜厂
海淀区财政局
海淀区教育委员会
南国大自然国际商务会馆
远大职高
贵友大厦金源店
金源时代购物中心
星美国际影城
北京一商干校
双环节能环保设备厂
好美家装璜建材超市
东冉北街
青清商厦
远大路
兴业渔场
海
常青园一区
依斯得大厦
北京市海淀区教师进修学校附属实验中学
四季青医院
淀
姜杰威尔缔文化艺术大厦
远大园二区
远大园三区
远大园一区
西山塑料制品厂
四季青工商所
四季常青幼儿园
四季青镇
世纪阳光幼儿园
中车汽修
远大南街
东冉村
常青农工商公司
海淀招商大厦
合展大厦
中国建筑第八工程局
世纪生活城
嘉事堂远大药店
远大园四区
北京鹏扬兴奇瑞特许服务站
北京邦普制版印刷厂
海淀区政府第二办公区
馨雅大厦
世纪金源大酒店
远大园五区
同仁堂
联华超市
医保药店
北京京宝行汽车销售服务有限公司售后服务中心
双青环保设备厂
北京北方联华汽车销售服务有限公司
四季青中心小学
郦城
汇佳幼儿园
远大园六区
天一高尔夫俱乐部
奔驰一汽技术服务公司
北京市两岸汽车技术服务公司
紫竹桥(西三环)杏石口桥 八大处
北京西郊汽车配件城
汽车大厦
华润超市
建设银行世纪城支行
光大银行世纪城支行
金百瀚商务会馆
力正燃油燃气锅炉厂
合众大厦
绿馨家园建材市场
正福寺
文化园
四季曙光公园
华日通汽车销售站
华昌汽车销售公司
一汽轿车特约服务站
中天国际商务会馆
四季青桥
杏石口路
紫竹院路
宣正中医骨伤科医院
杏石口桥
百安居金四季店
诚品建筑
定慧桥

A
B
C
D
1
2
3
4
23
24
36
47
48
万泉河桥
海淀桥
知春路
四通桥
慈寿寺桥
紫竹桥
巴沟路
巴沟
万柳钢材市场
公交巴沟加气站
中联汽车交易市场
稻香园桥
银杏苑
苏州街口
圆明园
火器营桥
海淀南路
地铁十号线
苏州街
北京大学南路
人民大学
中国人民大学
中关村科技园区管委会
北京市工商行政管理局
海淀区物资管理局
海淀区工商行政管理局
万泉新新家园
亿城
西山华府
万城华府
海淀图书馆
盛唐饭店
稻香园西里
万泉庄桥
海淀档案馆
万泉庄
万泉商务花园
万泉庄路
海淀区国税局
汇新家园
橡树园
碧水云天颐园
小南庄新区
阳春光华家园
北京市环境保护局宣传教育中心
小南庄
紫金庄园
三义庙
星标家园
皇标家园
水墨风景
光大西园
新纪元家园
蜂鸟家园
海淀区环保局
光大家园
海淀区人民检察院
海淀区水资源局
小南庄怡秀园
康桥水郡
怡水园
长春健身园
长春桥路
苏州桥
魏公村
北三环西路
三义庙南里
新起点嘉园
北京理工大学体育馆
北京理工大学
颐和园
万泉河桥
海淀区政府
北京市公安局海淀分局
长春桥
长春桥路
京密引水渠
厂洼
国家行政学院
为公桥
魏公村路
北京外国语大学
魏公村路8号院
魏公村小区
鲁园上河村
紫竹院
厂洼村
石佛寺
麦钟桥
水之郡
万寿寺北里
北京联合大学国际语言文化学院
中国青年政治学院
茉昆名居
鲁园
法华寺
鑫德嘉园
车道沟桥
车道沟
汇景阁
美林花园
万寿寺桥
万寿寺
民族大学南路
北三环西路
蓝靛厂南路
长河
南长河

知春路
中关村大街
三环西路
北三环西路
皂君庙路
学院南路
大柳树路
高梁桥斜街
魏公村路
民族大学北路
民族大学南路
大华寺路
万寿寺路
双榆树北路
北京交通大学
中央财经大学
中央民族大学
北京气象学院
中国人民大学
中央广播电视大学
北京舞蹈学院
北京船舶工业管理学院
首都体育学院
四通桥
联想桥
联想东桥
大钟寺
魏公村
海淀
中关村航空科技园
农科院试验田
中国农科院社区
大柳树2号院
交大嘉园
交大宿舍楼
韦伯豪家园
魏公村小区
双榆树西里
双榆树东里
双榆树南里
皂君庙西里
皂君庙东里
鑫雅苑小区
汉荣家园
知春东里
青云里
榆苑公寓
都市网景
满庭芳园
白塔庵金谷园
罗庄西里
罗庄东里
罗庄南里
太月园
太阳园
保福寺桥
稻香园桥
苏州桥
白石新桥
西直门桥

A
B
C
D
学院桥
花园东路
25
26
健德桥
北土城西路
地铁十号线
元大都城垣遗址公园
健德桥 中关村大街
健安西路
北三环中路17号院
黄亭子
北影小区
黄亭子社区
北京电影学院
北三环中路77号院
锦秋知春
宏嘉丽园
蓟门里
蓟门东里
和景园
蓟门桥
大钟寺 北下关
学院桥 西直门桥 北四环
积水潭桥 志新桥 (北四环)
北京电影制片厂
铁道管理干部学院
月华轩
冠城园北园
冠城南园
月季园
马甸
冠城园
1
马甸桥
北三环中路
80
学院桥 西直门桥 西二环
积水潭桥
北太平桥
京藏高速
明光北里
北土城8号院
中国政法大学
新街口外大街3号院
北师大学生公寓
北京师范大学
北京邮电大学
邮电大学教学楼
双秀公园
新风北里
延安大院
新风南里
2
38
明光桥
魏公村 新外大街
光大饈品学院派
明光村
新明嘉园
新明里
二建宿舍区
同春苑
华采嘉园
3
北三环
新街口外大街
学院南路
新康路
德外桥
德胜里一区
德胜里二区
德胜里三区
依都阁
升谷园
枫蓝国际公寓
魏公村 新外大街
红联北村
学院南路社区
新街口外大街21号
小西天东里
志强北园
今典花园
天兆家园
品阁
邮大网络教育学院
北京市邮政函授学院
观河锦苑
文慧桥
文慧园
志强南园
五月华庭
新海苑
马甸桥(北三环) 鼓楼、厂桥
京藏高速 (北三环、马甸桥)
4
德胜门桥
北太平庄街道
索家坟
西晴公寓
红联南村
海云轩公寓
时代之光
远洋风景
明苑小区
辟至家园
广通苑
北京北站
积水潭桥
德胜门西大街
西海
80
西直门桥
西长安街
49
50

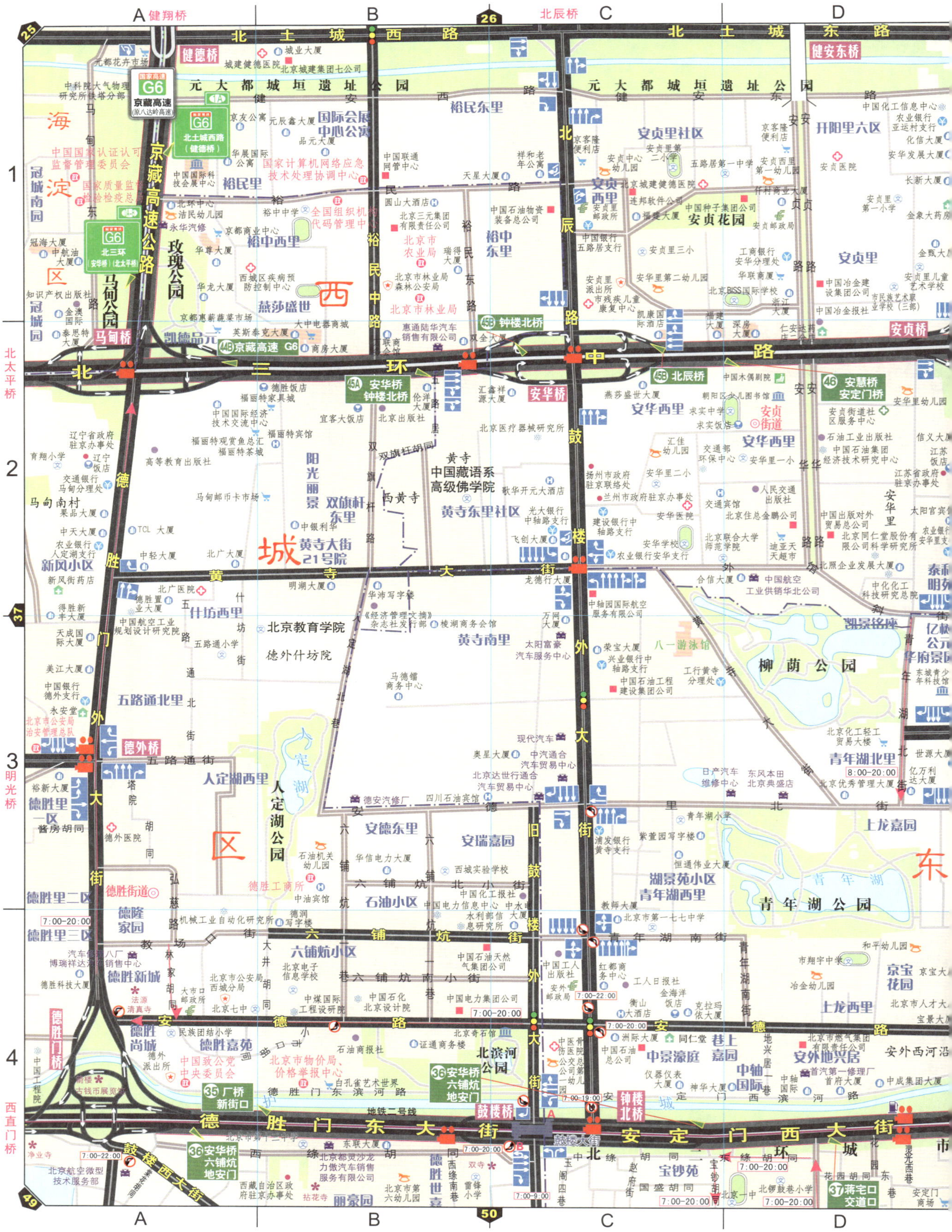
健翔桥
北辰桥
北土城西路
北土城东路
健德桥
健安东桥
元大都城垣遗址公园
京藏高速
北土城西路（健德桥）
北三环（安华桥）（北太平桥）
海淀区
西城区
东城区
玫瑰公园
马甸公园
马甸桥
凯德品元
京藏高速 G6
钟楼北桥
安华桥
北辰桥
安慧桥 安定门桥
安贞桥
北三环中路
北太平桥
安华桥 钟楼北桥
裕民东里
裕民里
裕中西里
裕中东里
安贞里社区
安贞西里
安贞花园
安贞里
开阳里六区
燕莎盛世
中国国家认证认可监督管理委员会
国家质量监督检验检疫总局
国家计算机网络应急技术处理协调中心
全国组织机构代码管理中心
北京市农业局
北京市林业局
北辰路
裕民中路
鼓楼外大街
安华西里
黄寺
中国藏语系高级佛学院
双旗杆东里
阳光丽景
黄寺东里社区
黄寺大街21号院
黄寺大街
西黄寺
马甸南村
新风小区
什坊西里
北京教育学院
德外什坊院
黄寺南里
五路通北里
德外桥
德外大街
人定湖西里
人定湖公园
德胜里一区
德胜里二区
德胜里三区
德隆家园
德胜新城
德胜尚城
德胜嘉苑
德胜街道
安德东里
安瑞嘉园
石油小区
六铺炕小区
六铺炕北小街
六铺炕街
旧鼓楼外大街
安德路
柳荫公园
八一游泳馆
青年湖北里
湖景苑小区
青年湖西里
青年湖公园
青年湖南街
上龙嘉园
上龙西里
京宝花园
中景濠庭
巷上嘉园
中轴国际
安外地兴居
北滨河公园
德胜门东滨河路
安定门西大街
德胜门东大街
鼓楼西大街
鼓楼桥
钟楼北桥
鼓楼大街
宝钞南
36 安华桥 六铺炕 地安门
35 厂桥 新街口
37 蒋宅口 交道口
西直门桥
明光桥
安外街道
安贞街道
A
B
C
D
1
2
3
4
25
26
37
49
50

元大都城垣遗址公园
北土城东路
健安东路
北三环东路
和平里北街
安定门东大街
东直门北大街
京承高速公路
安定门外大街
和平里西街
和平里东街
樱花园西街
樱花园东街
地坛公园
朝阳区
东城区
和平西桥
和平东桥
安贞桥
太阳宫桥
芍药居桥
柳芳北街
东直门北桥
安定门桥
雍和宫桥
小街桥
蒋宅口
北京中医药大学
北京化工大学
北京服装学院
和平里街道
雍和宫
地坛体育馆
光熙门
柳芳
青年沟路
胜古北里
安贞雅园
国典华园
富仁名苑
胜古东里
和平家园
兴化东里
和平里九区
地坛北里
东城区地方税务局
国家林业局
国家质量监督检验检疫总局
人力资源和社会保障部
中日友好医院
北京市公安局出入境签证中心
东城交通支队和平里大队
朝阳交通支队东外大队

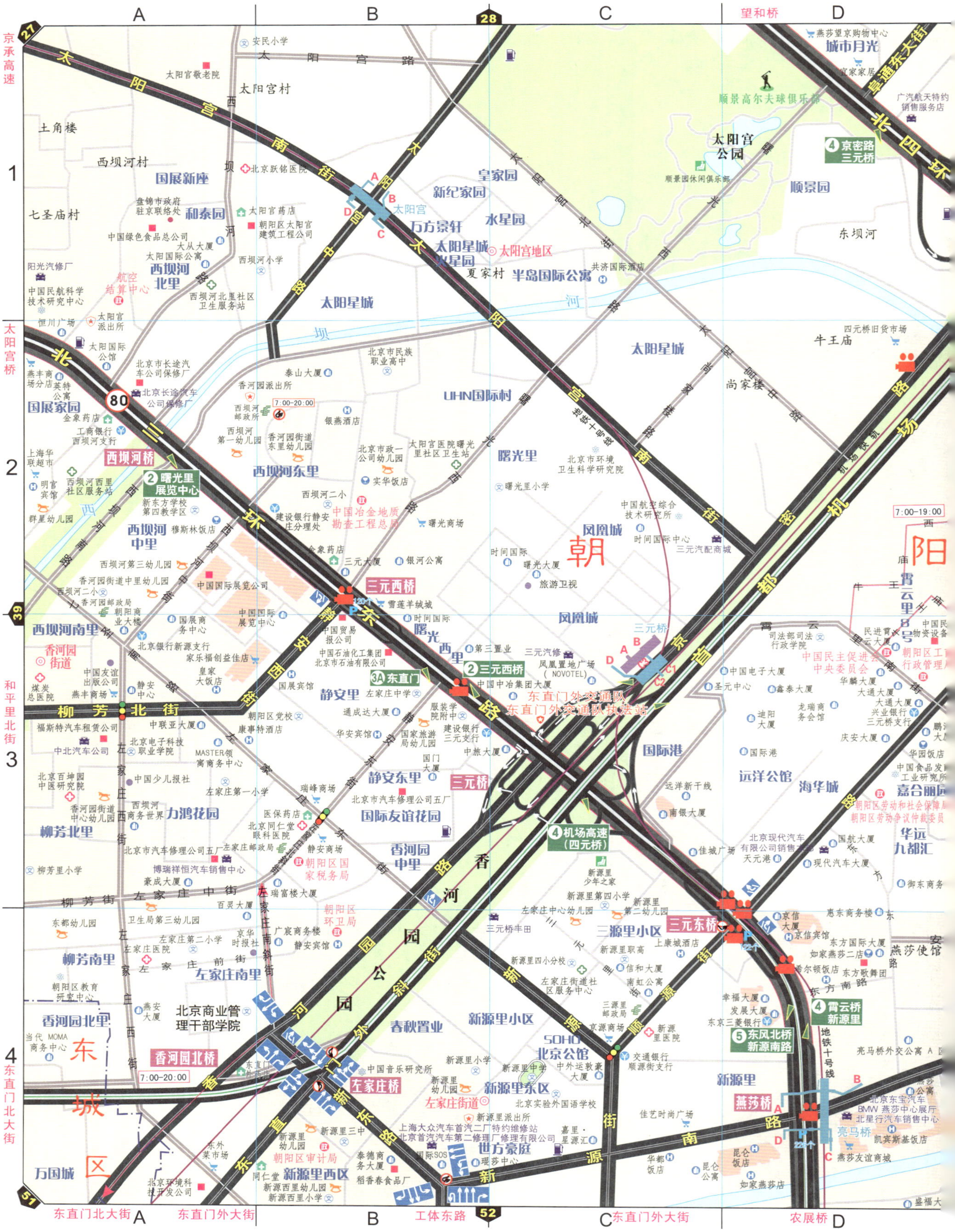

太阳宫南街
太阳宫路
太阳宫村
土角楼
西坝河村
国展新座
七圣庙村
和泰园
皇家园
新纪家园
水星园
万方景轩
太阳星城
太阳宫地区
夏家村
半岛国际公寓
太阳星城
太阳宫公园
顺景高尔夫球俱乐部
顺景园
东坝河
城市月光
京密路三元桥
皇通东大街
北四环
牛王庙
尚家楼
国展家园
西坝河桥
曙光里展览中心
西坝河东里
西坝河中里
曙光里
凤凰城
朝
阳
三元西桥
三元桥
东直门
三元西桥
静安里
静安东里
国际友谊花园
三元桥
柳芳北街
柳芳北里
力鸿花园
西坝河南里
香河园街道
国际港
远洋公馆
海华城
嘉合丽园
华远九都汇
机场高速（四元桥）
机场高速
京密路
首都机场路
香河园中里
三源里小区
三元东桥
霄云桥新源里
东风北桥新源南路
左家庄中街
柳芳南里
左家庄南里
香河园北里
北京商业管理干部学院
春秋置业
新源里小区
SOHO北京公馆
新源里东区
新源里
燕莎桥
亮马桥
香河园北桥
左家庄桥
新源里西区
世方豪庭
新源南路
东直门外斜街
新东路
香河园路
东城区
万国城
京承高速
太阳宫桥
和平里北街
东直门北大街
东直门外大街
工体东路
农展桥
望和桥

A
B
C
D
1
2
3
4
五元桥 首都机场
大山子环岛
29
30
42
53
54
将台路
朝阳公园桥
花家地南街
四元桥
京密路
园林科学研究所
上海大众汽车元桥特约维修站
丽都假日饭店
燕翔饭店
丽都广场
丽都苑
丽都花园
海润国际公寓
和乔丽晶
中国电子科技集团公司第十二研究所
厦门叉车有限公司北京分公司
星科大厦
酒仙桥中路
丽港大厦
中贸联万客隆商城
北京东兴电工厂
三星SDS
芳园北里
丽都饭店9号公寓
爱都大厦
北京日本人学校
东方之子
北京电子科技职业学院（中专部）
电子城科技大厦
中信实业银行酒仙桥支行
北广电子集团
兆维大厦
珀丽酒店
丽园中心
四得公园
佳程花园
海德花园
北京信息职业技术学院
芳园里
北京市电气工程学校
亮马国际村
兆维电子集团
电子城科技园
华灯大厦
丽都东方国际公寓
风景线
朝阳区国税局稽查一所
芳园公寓
东川饭店
延吉市政府驻京办事处
皮革大厦
国宾大厦
嘉事堂
将台西路
嘉林花园
海伦宾馆
华龙大厦
将台酒店
飘HOME
酒仙桥工商所
芳园南里
国际社区
佳丽饭店
小陈各庄
日升昌汽修厂
丽都水岸
将台地区
鑫隆商品批发市场
联合机动车检测场
将台派出所
东坝河门诊部
华龙汽修
国联汽修
霄云桥
嘉润园
阳光上东
滨河花园
华润万家
坝河
晶都国际
酒仙桥医院
格兰特汽车服务公司
上东中环商业广场
国联汽车维修有限公司
⑤三元东桥 大山子
大清寺
福街丽坊
晶都兴业国际酒店
酒仙桥街道
肖君庙
路锋汽修厂
方兴汽修部
北京市首汽方兴汽车修理部
阳光上东二期
将台综合农贸市场
酒仙桥中心小学
华信医院
酒仙桥派出所
酒仙桥
红霞路
京润花园办公楼
李官庄
合生霄云路8号
东方之子
优的汽修公司
育红小学
酒仙桥第二中学
红霞影剧院
酒仙桥邮政局
将台医院
首汽油料公司
⑥燕莎桥（东三环）酒仙桥
北京信息大学（酒仙桥校区）
Condo 瞰都
海航万豪酒店
北京万和汽车救援服务有限公司
金象药房酒仙桥店
亮马水晶公寓
北京市旅游汽车公司
首汽丰田
京润水上花园别墅
酒仙桥南路
西十里居
南十里居
新恒基国际大厦
中联恒通汽修
北京中联恒通汽车维修服务有限公司
安家楼
东三环北路
东风北桥
东风家园
天莱大花卉交易市场
月福汽车装饰
赛德斯汽车维修中心
怡思苑
东润枫景（燕莎）
北京花园
星吧路
肯特中心
小柯音乐学校
北京市首汽汽车服务有限公司
枫花园汽车电影院
北京东方七彩大世界商品市场
北京三元置业有限公司
亮马桥路
亮马河东街
第一上海中心
远东国际高尔夫俱乐部
四海联通
东润枫景
东风桥
东风南路
爱家世界家居汇展中心
高澜大厦
北京外国驻京机构汽车修理厂
中日青年交流中心
二十一世纪饭店
赛克赛思汽车技术服务公司
亮马河
马东风南路
朝阳公园
太合嘉园
光明饭店
世纪剧场
亮马名居
国际青年研修大学
北京马术俱乐部
东山墅
福景苑
海昌大厦
世青中学
亚星大厦
传奇时代影城
亮码头酒吧街
亮马食街
朝阳公园路
水碓湖
蓝色港湾国际商区
东苑公寓
中国纺织出版社印刷厂
麦子店小区
麦子店派出所
华康宾馆
麦子店街

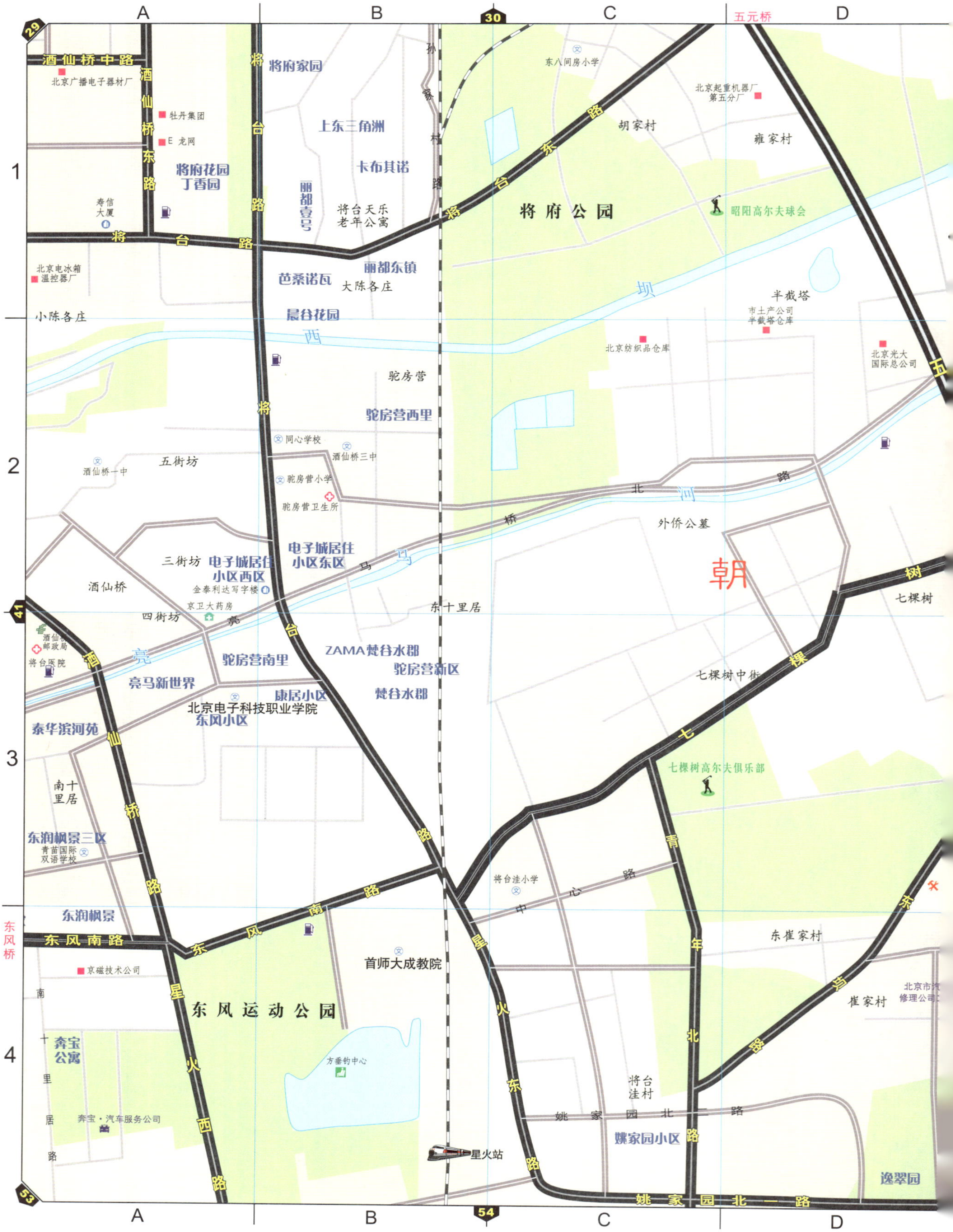
A
B
C
D
五元桥
1
2
3
4
29
30
41
53
54
酒仙桥中路
酒仙桥东路
北京广播电子器材厂
牡丹集团
E 龙网
将府家园
上东三角洲
卡布其诺
将府花园丁香园
丽都壹号
将台天乐老年公寓
寿信大厦
将台路
将台东路
孙家村路
东八间房小学
北京起重机器厂第五分厂
胡家村
雍家村
将府公园
昭阳高尔夫球会
北京电冰箱温控器厂
芭蕉诺瓦
丽都东镇
大陈各庄
晨谷花园
小陈各庄
坝
西
半截塔
市土产公司半截塔仓库
北京纺织品仓库
北京光大国际总公司
驼房营
驼房营西里
同心学校
酒仙桥三中
酒仙桥一中
五街坊
驼房营小学
驼房营卫生所
北
河
路
桥
外侨公墓
三街坊
电子城居住小区西区
电子城居住小区东区
马
朝
酒仙桥
金泰利达写字楼
京卫大药房
四街坊
亮
东十里居
七棵树
酒仙桥邮政局
将台医院
驼房营南里
ZAMA楚谷水郡
驼房营新区
七棵树中街
亮马新世界
康居小区
楚谷水郡
北京电子科技职业学院
东风小区
泰华滨河苑
七棵树高尔夫俱乐部
南十里居
东润枫景三区
青苗国际双语学校
将台洼小学
中心路
东润枫景
东风桥
东风南路
首师大成教院
东崔家村
京磁技术公司
东风运动公园
崔家村
北京市汽修理公司
奔宝公寓
方垂钓中心
将台洼村
南十里居路
奔宝·汽车服务公司
姚家园北二路
姚家园小区
星火站
星火西路
星火东路
青年北路
东苇路
逸翠园
姚家园北一路

A
B
C
D
31
112
北岗子
西北门
常青藤
西门
北京电光源公司
技工学校
东坝路
河
市朝阳区阳光
实验学校
区科园学校
朝阳分校
南石家村
惠林大厦
东坝医院
希望之星学校
滨河路
东坝
西坝
南岗子
宝宝双语幼儿园
西坝小学
北京好漾
坝河桥
东都快捷酒店
东胜针织服装厂
东坝养殖场
京宝行维修
中润公司
东坝家园
区东风轴承厂
东坝家园B区
东坝
派出所
南洼子
东坝中街
东苇路
东五环家居
建材市场
市计算机
工业学校
中铁十六局集团
上海大众北京众义达汇诚
汽车销售服务有限公司
阳
东坝一街
区
京客隆超市
常青藤
康静里药店
东坝二街
中非集团
人工晶体研究所
康静里小区
朝阳区康静里小学
北京奥林匹克花园
区农业机械厂学校
东坝医院社区卫生服务站
6 东坝
七棵树
物美超市
平房路
单店西村
单店
农机研究所
北京市联合
汽车解体厂
单店小学
雅迪尔橱柜
七棵树桥
6 东坝
七棵树
市单店建材厂
驹子房
醉公村
祥安机动车
场有限公司
京城润滑油厂
区驹子房小学
北京市商业学校东区
北京市公安局朝阳分局民警训练基地
保安服务总公司培训中心朝阳培训部
东坝中路
五环路
醉公村
市高杨树中学
中国红十字基金会
北京拔萃双语学校
东郊殡仪馆
驹子房路
朝阳新城
114
平房桥
55
石各庄路
1
2
3
4

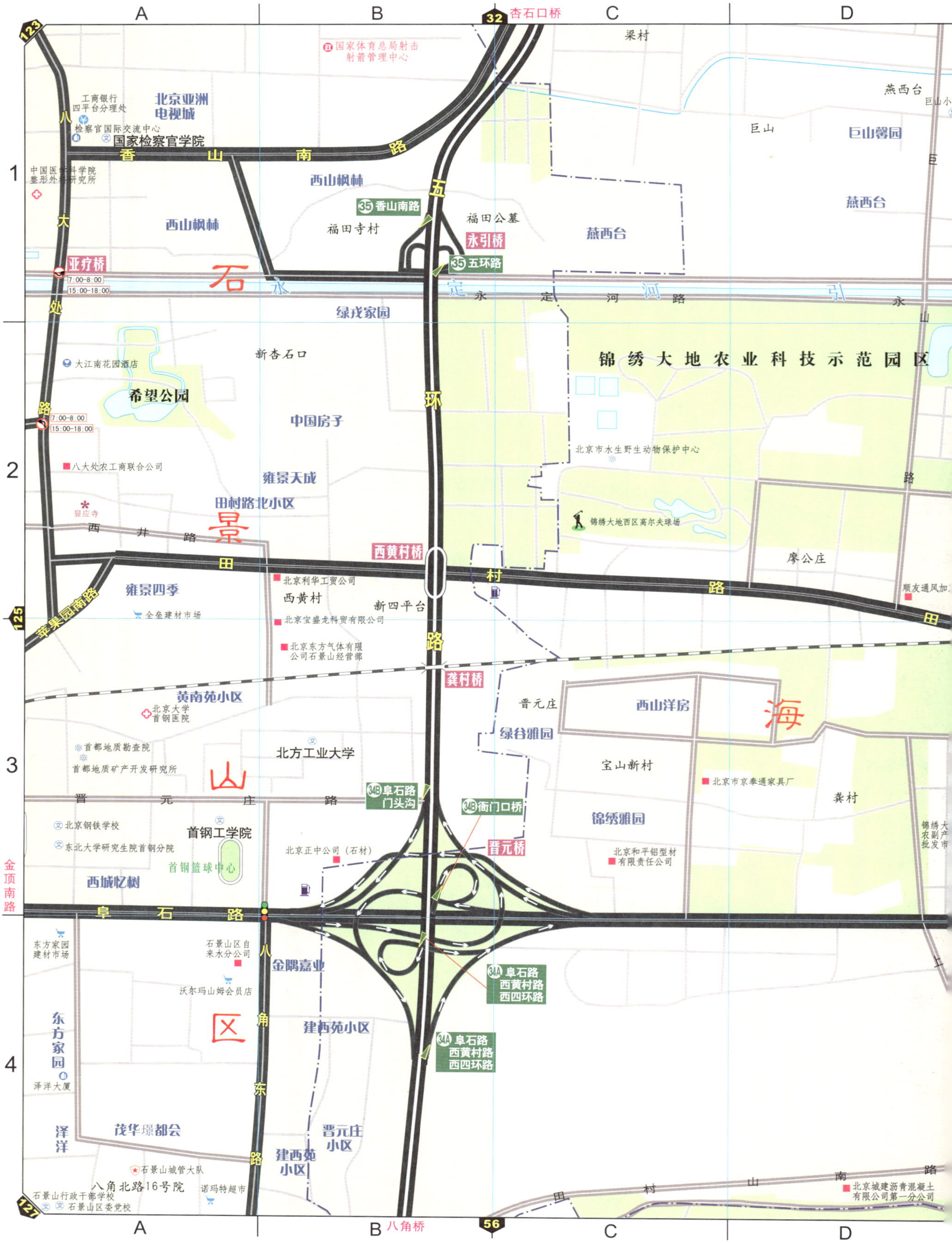
杏石口桥
梁村
国家体育总局射击射箭管理中心
燕西台
巨山
巨山馨园
工商银行四平台分理处
北京亚洲电视城
检察官国际交流中心
国家检察官学院
香山南路
八大处路
中国医学科学院整形外科研究所
西山枫林
香山南路
福田寺村
福田公墓
永引桥
燕西台
五环路
亚疗桥
7:00-8:00
15:00-18:00
永定河
永定河引路
绿茂家园
新杏石口
大江南花园酒店
锦绣大地农业科技示范园区
希望公园
中国房子
五环路
北京市水生野生动物保护中心
八大处农工商联合公司
雍景天成
田村路北小区
显应寺
西井路
锦绣大地西区高尔夫球场
石景山区
海淀区
西黄村桥
廖公庄
田村路
雍景四季
北京利华工贸公司
西黄村
新四平台
顺友通风加
苹果园南路
全垒建材市场
北京宝盛龙科贸有限公司
北京东方气体有限公司石景山经营部
龚村桥
黄南苑小区
北京大学首钢医院
晋元庄
西山洋房
绿谷雅园
首都地质勘查院
首都地质矿产开发研究所
北方工业大学
宝山新村
北京市京奉通家具厂
晋元庄路
阜石路门头沟
衙门口桥
龚村
锦绣雅园
北京钢铁学校
首钢工学院
东北大学研究生院首钢分院
北京正中公司（石材）
晋元桥
北京和平铝型材有限责任公司
锦绣大农副产批发市
首钢篮球中心
金顶南路
西城忆树
阜石路
东方家园建材市场
石景山区自来水分公司
八角东路
金隅嘉业
沃尔玛山姆会员店
阜石路西黄村路西四环路
东方家园
建西苑小区
泽洋大厦
泽洋
茂华璟都会
晋元庄小区
建西苑小区
石景山城管大队
八角北路16号院
诺玛特超市
石景山行政干部学校
石景山区委党校
田村山南路
北京城建沥青混凝土有限公司第一分公司
八角桥

杏石口桥 香泉桥
杏石口路
京西板材市场
腾奥特约销售服务店
腾飞汽车服务有限公司
四季青元压锅炉厂
四季青桥
中央电视台影视艺术广告公司
海淀区残疾人联合会
北京四博连公司
海淀区外国语实验学校
北京工业锅炉集团科远机械厂
玉极庵
北京市丽明彩色砖瓦厂
九龙环保设备厂
北京中关村建设混凝土分公司
北京名嘉木业有限公司
杜家坟
振兴
十王坟
北旱河
定河路
水渠
旱河路
小龙山
北京市华丰市政管道安装工程公司
锦绣大地体育中心
行集寺
锦绣大地玉泉路粮油批发市场
田村北路
鲜活水产批发市场
锦绣大地肉类批发市场
北京锦绣大地业股份有限公司
锦绣大地四道口水果批发市场
香溪度
丹青府
海澜东苑
畅茜园
北京彩色技术环球开发有限公司
景宜里
田村小区
大苑恬城
物美便利超市
北京石达鑫商贸有限公司
宜景隆超市
竹集寺
什坊院
田村中心小学
熙湖香溪度
田村
田村东路
中国房子
田村派出所
金象大药房
香溪波
西郊粮油批发市场
北京物流通有限公司
运通行高速大厦
北京面粉八厂
海淀区
田村路
定慧北桥
润达机动车检测场
圣华园小区
雪芳园
西联石材市场
北京首创中伟贸易有限责任公司
育强中学
王致和腐乳厂
森华创业丰田
神龙汽车北京元丰正通汽车销售服务公司
圣华园
兰德华庭
永达逸家
北京橡胶工业设计院
金隅长安山麓
砂石厂路
阜石路
北京友谊葡萄酿酒有限公司
北京市大通利汽修厂
定慧桥
北京玉泉路钢材市场
玉海园一里
玉阜嘉园
柳阴家园
黄家坟
玉海园五里
北大荒山庄
北京城建众鑫源钢结构工程有限责任公司
山南村
田村山庄
玉海园三里
田村山南路
北京城建集团构件厂
金隅山墅
玉海大厦
玉泉新城
翠谷玉景
田村前街
玉泉农产品市场
玉泉路粮油市场
玉海园二里
玉泉路
石景山区
北京市城建钢木制品公司
玉泉小学
复兴路
33
34
46
57
58
A
B
C
D
1
2
3
4

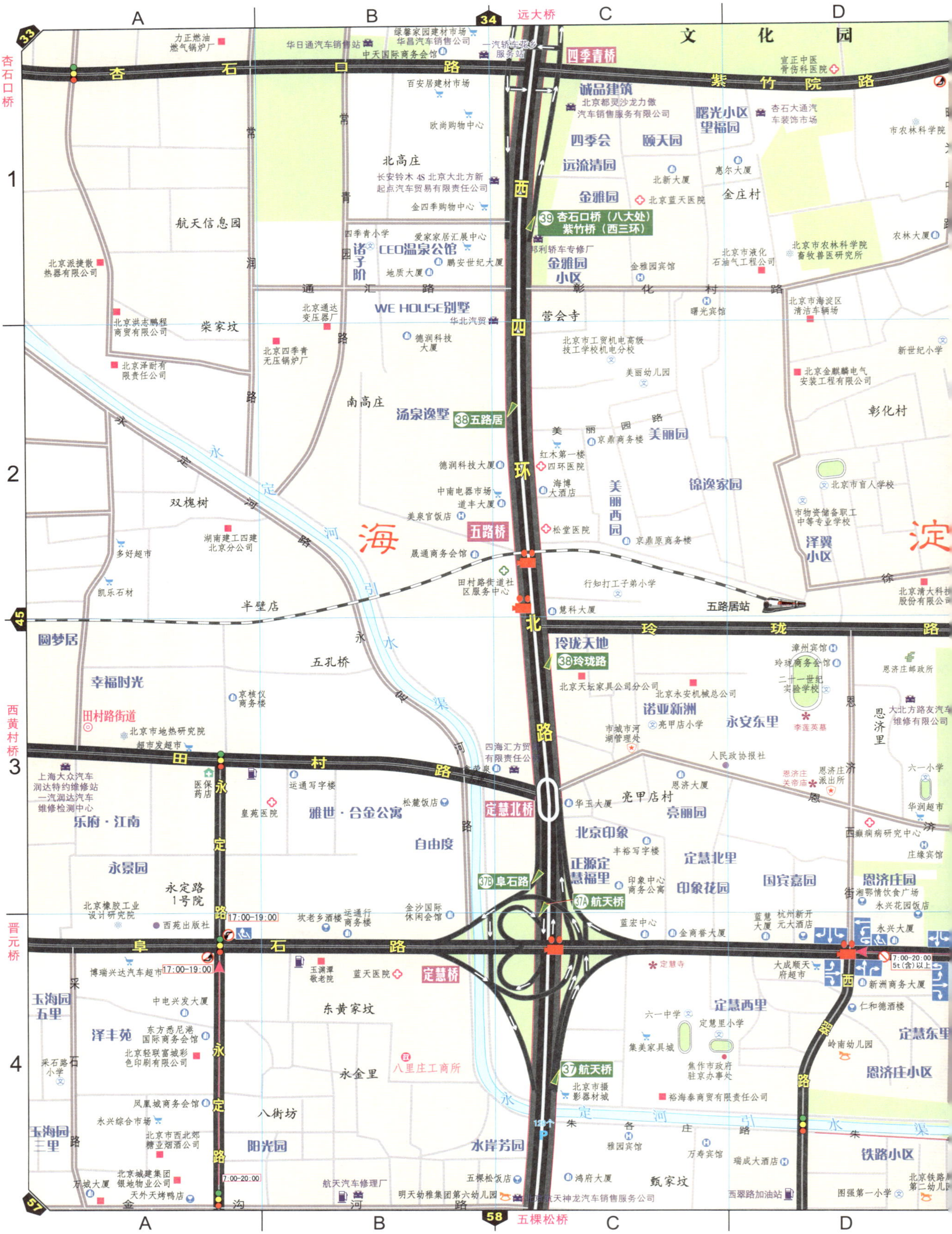

杏石口桥
杏石口路
紫竹院路
四季青桥
文化园
远大桥
西四环北路
四季会
颐天园
远流清园
金雅园
金庄村
曙光小区
望福园
诚品建筑
北高庄
航天信息园
杏石口桥（八大处）
紫竹桥（西三环）
CEO温泉公馆
诺子阶
金雅园小区
通汇路
彰化村路
WE HOUSE别墅
营会寺
柴家坟
南高庄
汤泉逸墅
五路居
美丽园
锦逸家园
美丽西园
彰化村
双槐树
永定河引水渠
五路桥
海淀
泽翼小区
半壁店
五路居站
玲珑路
圆梦居
玲珑天地
五孔桥
幸福时光
诺亚新洲
永安东里
田村路街道
田村路
西黄村桥
上海大众汽车润达特约维修站
乐府·江南
雅世·合金公寓
定慧北桥
亮甲店村
亮丽园
北京印象
自由度
永景园
永定路1号院
正源定慧福里
定慧北里
印象花园
国宾嘉园
恩济庄园
阜石路
航天桥
晋元桥
阜石路
定慧桥
东黄家坟
定慧西里
玉海园五里
洋丰苑
永金里
八里庄工商所
采石路
定慧东里
恩济庄小区
八街坊
玉海园三里
阳光园
水岸芳园
甄家坟
铁路小区
金沟河路
五棵松桥

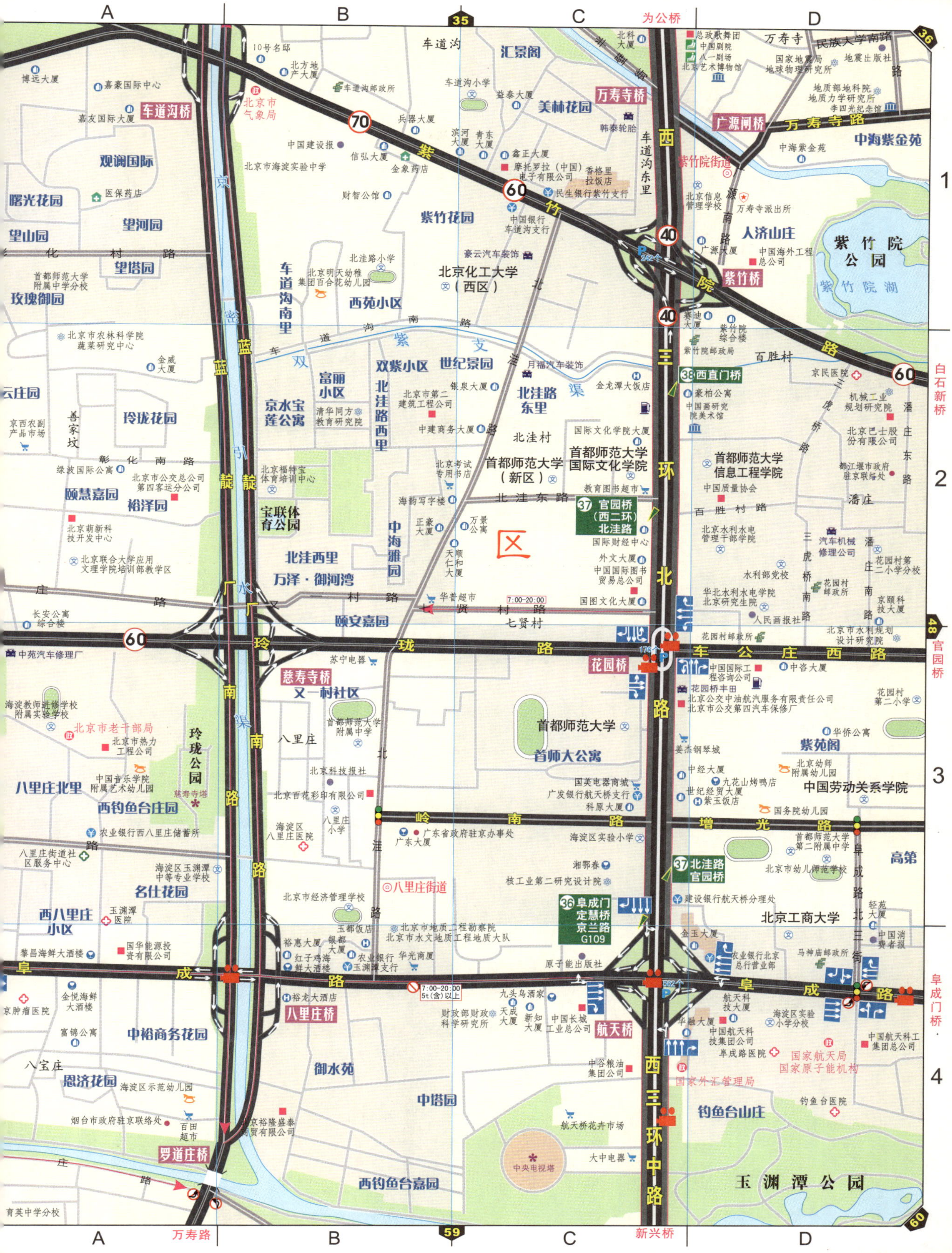
为公桥
车道沟桥
车道沟
汇景阁
美林花园
万寿寺桥
万寿寺
民族大学南路
广源闸桥
万寿寺路
中海紫金苑
紫竹院街道
紫竹院公园
紫竹院湖
人济山庄
紫竹桥
观澜国际
曙光花园
望河园
望山园
望塔园
玫瑰御园
紫竹花园
北京化工大学（西区）
西苑小区
车道沟南里
北京市气象局
双紫支渠
双紫小区
世纪景园
富丽小区
京水宝莲公寓
北洼路西里
北洼路东里
北洼村
西直门桥
首都师范大学（新区）
首都师范大学国际文化学院
首都师范大学信息工程学院
官园桥（西二环）北洼路
玲珑花园
颐慧嘉园
裕泽园
宝联体育公园
北洼西里
万泽·御河湾
中海雅园
颐安嘉园
七贤村
玲珑路
车公庄西路
花园桥
慈寿寺桥
又一村社区
首都师范大学
首师大公寓
紫苑阁
中国劳动关系学院
八里庄北里
西钓鱼台庄园
玲珑公园
岭南路
增光路
北洼路官园桥
北京工商大学
高第
名仕花园
西八里庄小区
八里庄街道
阜成门定慧桥京兰路 G109
阜成路
八里庄桥
航天桥
中裕商务花园
恩济花园
八宝庄
御水苑
中塔园
西钓鱼台嘉园
罗道庄桥
钓鱼台山庄
玉渊潭公园
中央电视塔
西三环中路
西三环北路
京密引水渠
蓝靛厂南路
白石新桥
官园桥
阜成门桥
万寿路
新兴桥
A
B
C
D
1
2
3
4
35
36
48
59
60

四通桥
联想桥
紫竹桥
花园桥
航天桥
复兴门外大街
万寿寺路
中关村南大街
首都体育馆南路
紫竹院路
西直门外
车公庄西路
车公庄
增光路
阜成路
阜成门外
三里河路
展览馆路
月坛北
动物园
紫竹院公园
北京动物园
玉渊潭公园
国家图书馆
白石新桥
北展桥
首都体育馆
北京展览馆
首都滑冰馆
五塔寺村
海淀区
二里沟
百万庄小区
甘家口
北京建筑工程学院
首钢股份有限公司机动车检测场
北京市园林古建筑设计研究院
北京舞蹈学院
中国空间技术研究院
京海集团公司
湖北省政府驻京办事处
中国气象局
国家体育总局冬季运动管理中心
北京市公园管理中心
中国印钞造币总公司
三里河路14号院
住房和城乡建设部
中国工程标准化协会
北京市国家税务局
北京市地方税务局
中国外文局
国家审计署
北京市环境保护局
北京市财政局
北京工商大学
国务院侨务办公室
中国商业联合会
车公庄大街北
展览路街道
甘家口街道
钓鱼台七号院
东钓鱼台村
白堆子
后白堆子
高第
阜光里
北营房西
南露园
北露园
黄瓜园
百万庄南里
浩博园
养怡园
主语城
国兴家园
赏竹园
景熙国际
海滨国际
中海馥园
增光佳苑
阜成路北小区
新街村
郝家湾
朝阳庵
葡萄园
德宝新园
7:00-20:00
7:00-19:00
7:00-22:00

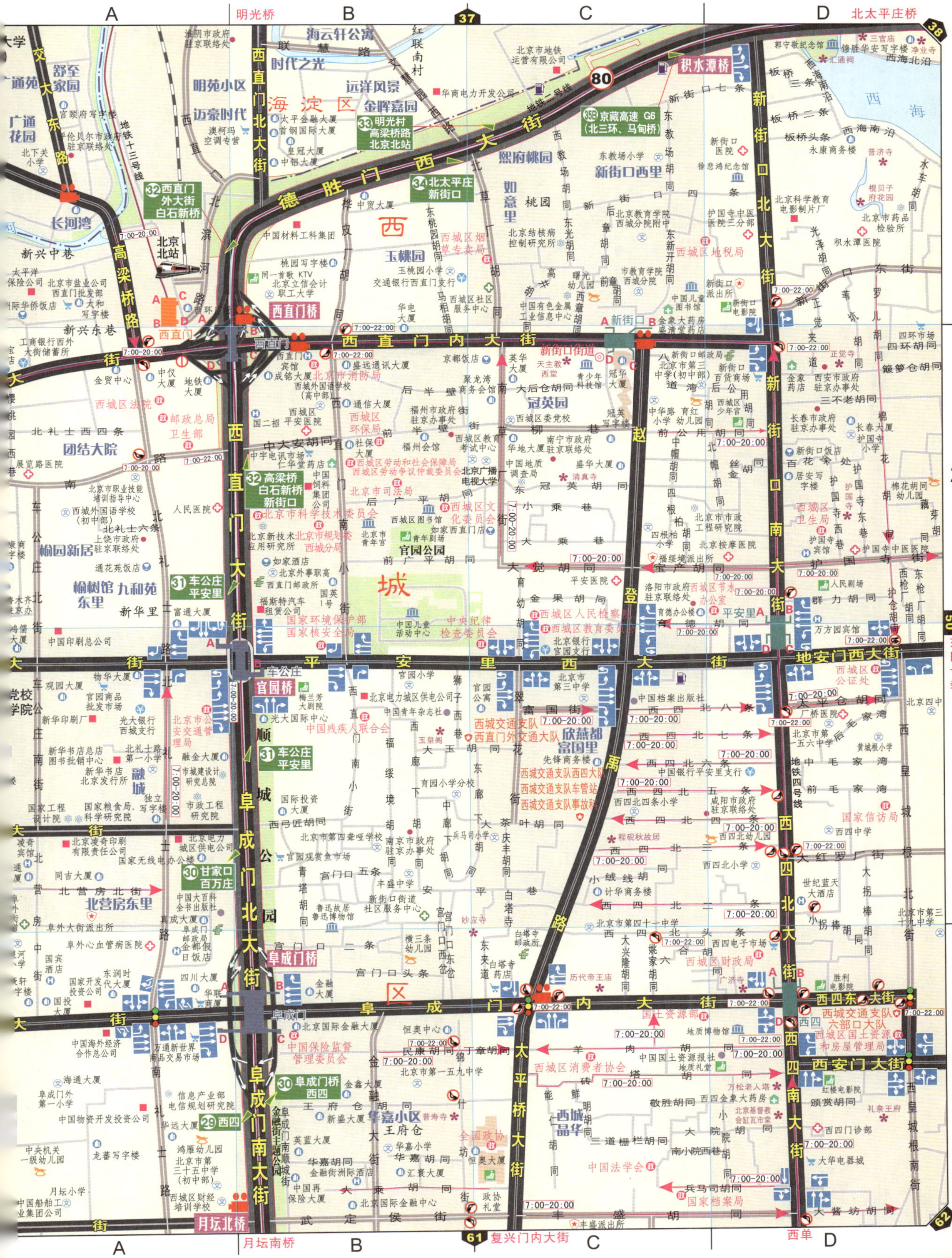
海淀区
西城区
德胜门西大街
西直门内大街
平安里西大街
阜成门内大街
西直门北大街
西直门南大街
阜成门北大街
阜成门南大街
赵登禹路
太平桥大街
新街口北大街
新街口南大街
西四北大街
西四南大街
地安门西大街
西安门大街
积水潭桥
西直门桥
官园桥
阜成门桥
月坛北桥
明光桥
北太平庄桥
月坛南桥
复兴门内大街
西单
东四十条
景山前街
西海
北京北站

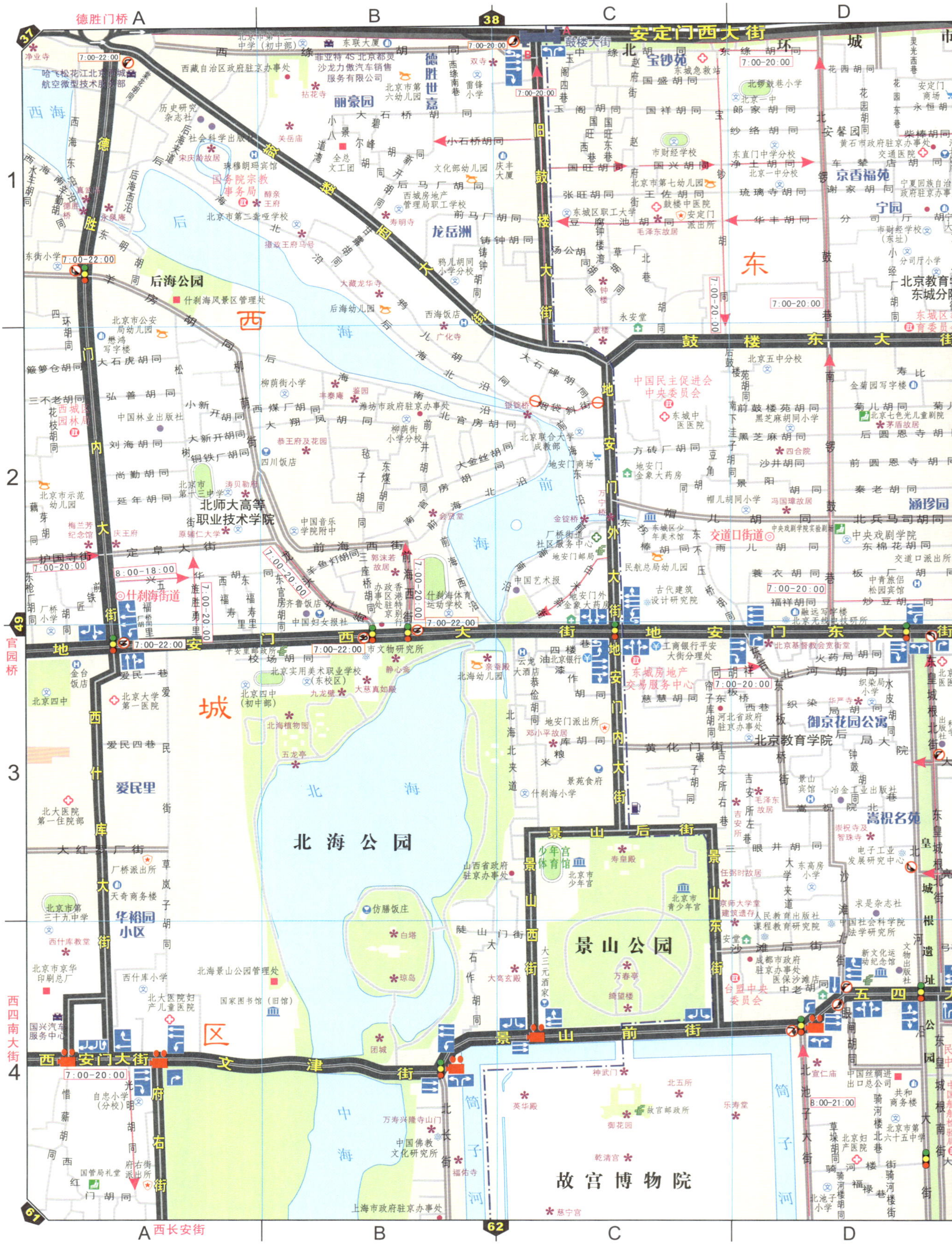
德胜门桥
安定门西大街
鼓楼东大街
地安门西大街
地安门东大街
西安门大街
文津街
景山前街
景山后街
景山东街
景山西街
旧鼓楼大街
地安门外大街
地安门内大街
德胜门内大街
西什库大街
府右街
北长街
南池子大街
北河沿大街
五四大街
平安大街
什刹海街道
交道口街道
后海公园
北海公园
景山公园
故宫博物院
西海
后海
前海
北海
中海
西城区
东城区
宝钞苑
丽豪园
德胜世嘉
龙岳洲
京香福苑
宁园
涵珍园
御京花园公寓
嵩祝名苑
爱民里
华裕园小区
北京教育学院
北师大高等职业技术学院
中国民主促进会中央委员会
台盟中央委员会
少年宫体育馆
仿膳饭店
神武门
白塔
琼岛
万春亭
团城
恭王府及花园
宋庆龄故居
郭沫若故居
茅盾故居
钟楼
鼓楼
西长安街
官园桥
西四南大街
7:00-20:00
7:00-22:00
8:00-18:00
8:00-21:00
A
B
C
D
1
2
3
4
37
38
49
61
62

雍和宫桥
东直门北桥
雍和宫大街
东直门内大街
东直门北大街
东直门南大街
东直门北小街
东直门南小街
交道口东大街
张自忠路
东四十条
东四北大街
东四南大街
朝阳门内大街
朝阳门北大街
朝阳门南大街
朝阳门北小街
朝阳门南小街
东四西大街
灯市口大街
王府井大街
美术馆后街
美术馆东街
安定门内大街
交道口南大街
民安街
香河园路
东直门桥
东四十条桥
朝阳门桥
东城区政府
中国中医学院
北京中医学院
金城中心
外交部
外交部南街
东单
建国门桥
三元桥
农展桥
工人体育场
东三环

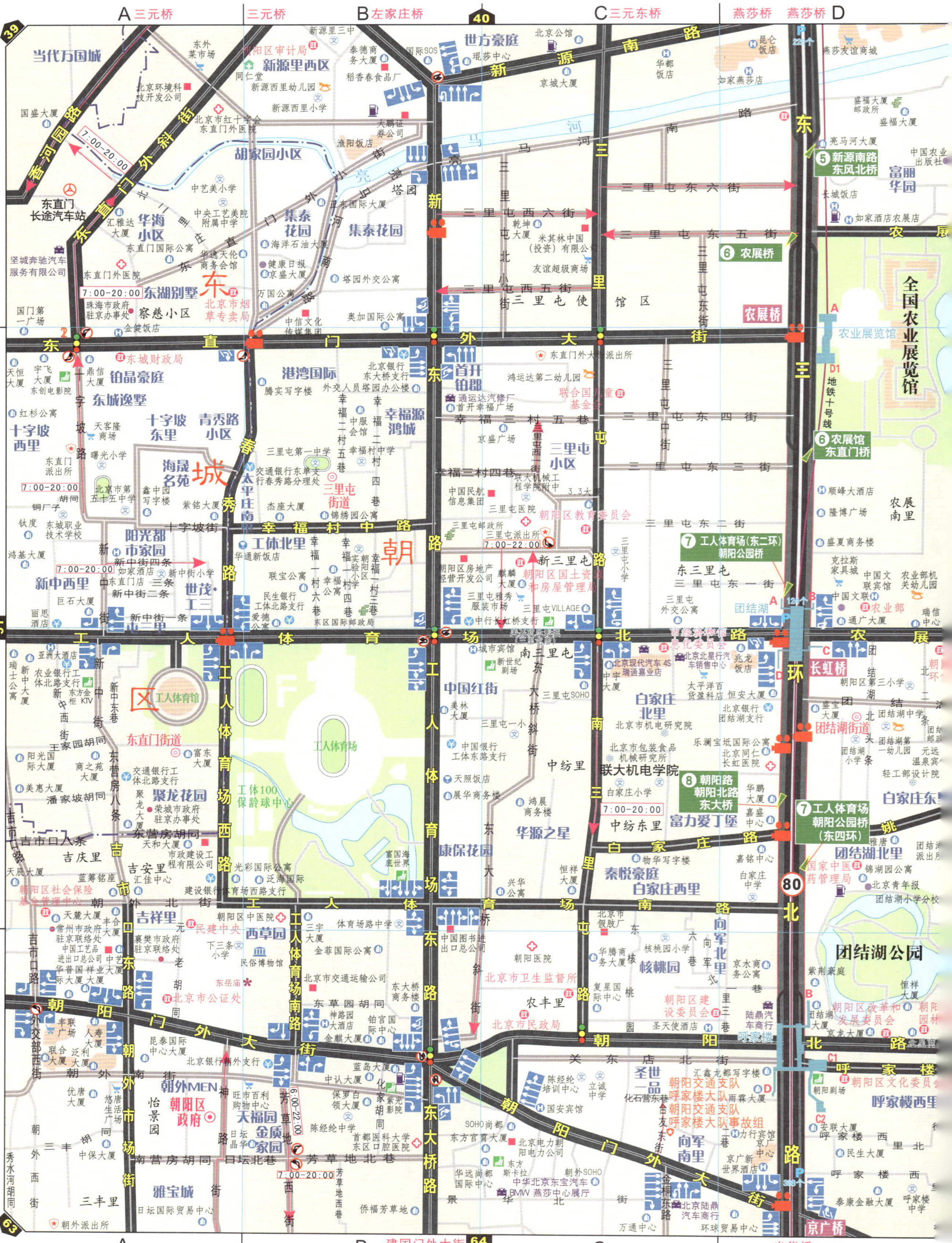

A 三元桥
三元桥
B 左家庄桥
40
C 三元东桥
燕莎桥 燕莎桥 D
39
当代万国城
新源里西区
世方豪庭
新源南路
香河园路
东直门外斜街
胡家园小区
集泰花园
亮马河
东直门长途汽车站
华海小区
三里屯东六街
三里屯西六街
三里屯东五街
三里屯西五街
新东路
三里屯使馆区
东三环北路
农展桥
全国农业展览馆
农业展览馆
东湖别墅
察慈小区
东直门外大街
东城
东直门北大街
东直门桥
铂晶豪庭
东城逸墅
港湾国际
首开铂郡
幸福源鸿城
三里屯东四街
三里屯东三街
三里屯东二街
三里屯东一街
三里屯小区
十字坡东里
青秀路小区
十字坡西里
海晟名苑
春秀路
幸福村中路
朝
新中西里
世茂·工三
东三里屯
新三里屯
工体北里
51
东四十条桥
工人体育场北路
团结湖
长虹桥
工人体育馆
工人体育场
区
东直门街道
中国红街
白家庄北里
联大机电学院
中纺里
中纺东里
富力爱丁堡
团结湖路
团结湖北里
华源之星
康保花园
聚龙花园
吉市口
吉庆里
吉安里
工人体育场西路
工人体育场东路
工人体育场南路
秦悦豪庭
白家庄西里
白家庄东里
80
吉祥里
西草园
核桃园
团结湖公园
朝阳医院
农丰里
朝阳门
朝阳门桥
朝阳门外大街
朝外SOHO
朝阳区政府
大福园
金质家园
芳草地
向军南里
呼家楼西里
呼家楼
东大桥路
朝外市场街
雅宝城
三丰里
63
A
B
建国门外大街 64
C
光华桥 D
京广桥

A
B
C
D
41
42
54
65
66
1
2
3
4
东风桥
慈云寺桥
平房桥
白家楼桥
朝阳路
水碓湖
麦子店小区
东苑公寓
龙宝大厦
华康宾馆
麦子店派出所
枣营北里
枣营小学
枣营幼儿园
佰宁花园
麦子店
昆仑公寓
宾都苑公寓
万科·金阳国际公寓
京客隆超市
北京口腔医院朝阳门诊
枣营中学
交通银行三元支行麦子店支行
如家酒店
麦子店邮政所
中水.金海嘉苑
枣营南里
鸿翔花园
朝阳公园西里北里
清镜明湖花园
皇石国际公寓
正旭晶典花园
朝阳公园南里
九号国际公寓
北京8号公馆
碧湖居
维多利亚花园公寓
京达国际公寓
北京GOLF公寓
PARK北京
朝阳区高尔夫俱乐部
康宝堂大药房
麦子店街道
博雅园
大安.豪园
北京市规划委朝阳分局
福华大厦
佳隆国际大厦
京朝大厦
农展馆北路
朝阳公园西路
麦子店街
朝阳公园
北小湖
南湖
方舟湖
亮马河
灌渠
欧陆风韵
阿波罗船
矿山车
热气球
松林鼠
宇宙旅行
跳伞观览塔
室内游戏
火凤凰
青蛙跳
超级秋千
美式树屋
南湖古建
勇敢者天地
世纪喷泉广场
郡王府
金台艺术馆
滚石娱乐
礼花广场
酒吧文化广场
朝阳网球俱乐部
朝阳公园景区管理中心
郡王府饭店
朝阳公园桥
朝阳区
7 姚家园路（东坝）长虹桥 朝阳公园
东四环北路
双新桥
中国纺织出版社印刷厂
北京东方医用气体公司
四路居
首汽集团培训学校
辛庄村
姚家园北路
辛庄
小辛庄
观湖国际
观湖国际大厦
金象药店
六里屯农贸市场
姚家园路
朝阳公园南路
团结湖北医院
朝阳区侨务办公室
朝阳区水务局
朝阳人大常委会
朝阳区政协
北京画院
朝阳区法院
六里屯社区文体中心
朝阳区广播电视新闻中心
朝阳区司法局
朝阳区粮食局
丽水嘉园
棕榈国际公寓
棕榈泉生活广场
丽水嘉园
公园大道
华阳家园
朝阳区妇幼保健院
万科东第
枣营路
北京市金融商贸二职业技术学校
瑞博写字楼
北京妇产医院妇幼保健院
公园202
如家团结湖店
朝阳体育馆
爱康医院
东方德才学校
水碓子北里幼儿园
北京市东区邮政快递公司
东风医院
北京出入境检疫局
六里屯街道
甜水园北里
医保药店
交通银行和平里支行团结湖东里分理处
市妇女干部学校
朝阳体育局
交通银行水碓子支行
北京图书批发市场
东百发建材市场
团结湖东里
水碓子医院
水碓子北里
东方文化艺术学院
教育学院朝阳分院
工商银行甜水园支行
双叶幼儿园
朝阳区卫生局
东百发石材市场
道家园邮政所
道家园
朝阳区民政局
水碓子中学
团结湖中路
团结湖第二小学
元堂团结湖药店
京客隆
甜水西园
北京汽车工业学校
寿鹤堂药店
万科·公园5号
纺织小区
朝阳区节水办公室
六里屯中心幼儿园
东方德才学校三分校
建一公馆
农业银行水碓子分理处
马道口
水碓子东里
甜水园西里
甜水园商务中心
朝阳区绿化局
团结湖第三中
朝阳城区防汛办公室
紫光园饭店
水碓子西里
金台国凤写字楼
甜水园东里
朝阳区人民检察院
新华联大厦
苹果派
团结湖中心幼儿园
北京欣和投资管理有限公司
北京银行金台路支行
摩码大厦
金叶大厦
金创大厦
延静里
北京市公安局朝阳分局
朝阳北路
甜水园街
甜水园北街
甜水园东街
红领巾北桥
红领巾公园
红领巾湖
8 朝阳北路 朝阳路 京广桥 东大桥
环卫家园
八里庄医院
宏顺园
家楼街道
水碓子邮政局
机械工业学院
成人教育学院
中国社会科学院新闻与传播研究所
宋庆龄基金会培华试验幼儿园
北京市实用高级技术学校朝阳分部
华业国际中心
北京联合大学商务学院
朝阳北路写字楼
红领巾桥
中国音乐学院附中
健得康医院
水碓子农贸产品批发市场
道家村
二轻工业学校
汽配家具电器城
金台北街
金台路
金台西路
呼家楼社区卫生服务站
八里庄街道社区服务中心
针织路小学
北京国际城市发展研究院
金台中医院
金台里
北京稻香村食品集团金台里经营部
红庙北里
朝阳第三医院
延静里西街
延静里中街
华业.玫瑰东方
8 长虹桥 朝阳公园 姚家园路 朝阳北路
八里庄西里
八里庄派出所
中国旅游学院附中
人民日报社
东四环中路
道沟
7:00-20:00

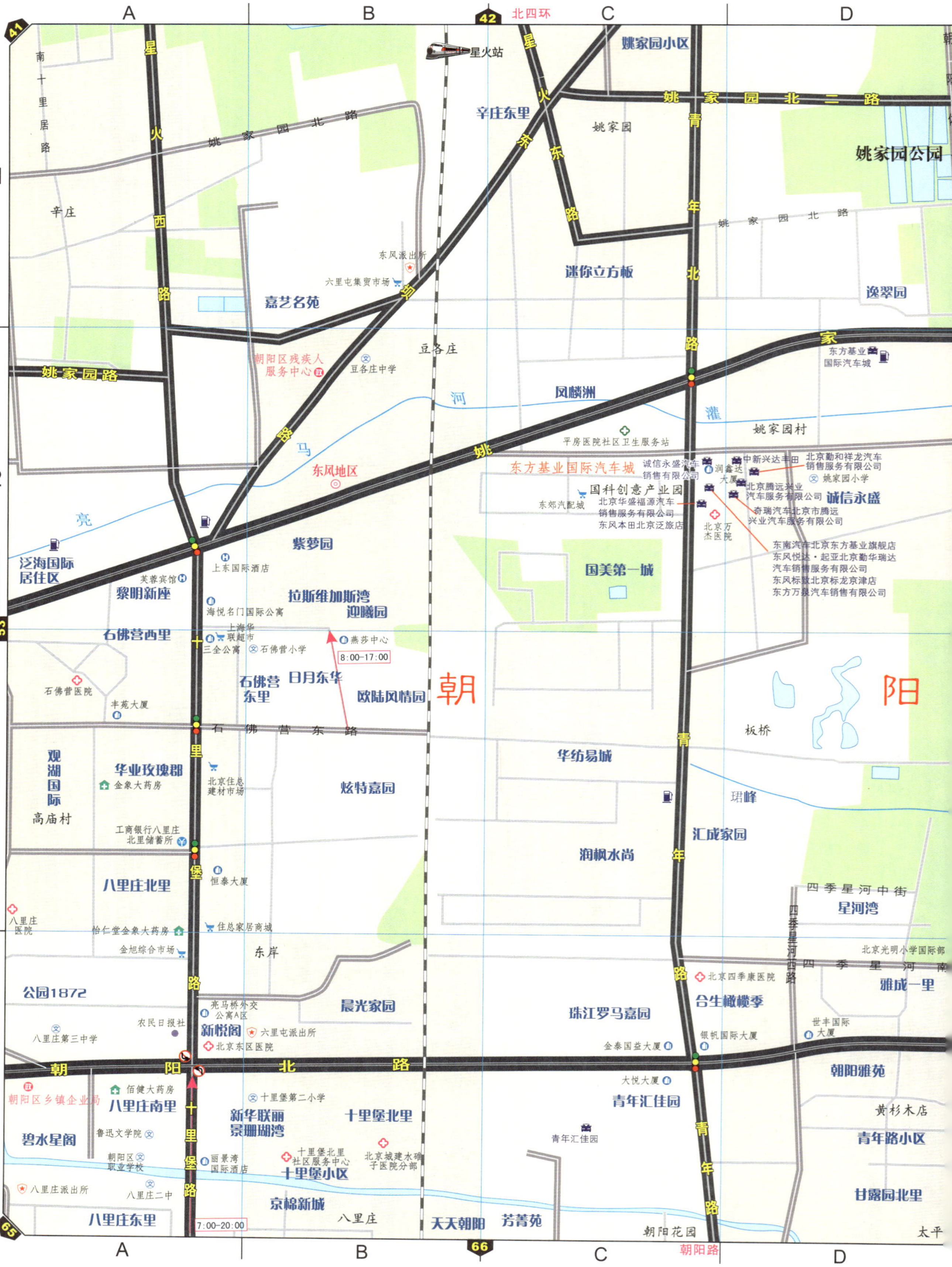

A
B
C
D
北四环
42
41
53
65
66
1
2
3
4
星火站
姚家园小区
姚家园北二路
辛庄东里
姚家园
姚家园公园
南十里居路
姚家园北路
星火西路
辛庄
星火东路
青年路北
姚家园北路
东风派出所
六里屯集贸市场
迷你立方板
嘉艺名苑
逸翠园
坝河路
豆各庄
姚家园路
朝阳区残疾人服务中心
豆各庄中学
东方基业国际汽车城
凤麟洲
河
灌
姚家园村
马
平房医院社区卫生服务站
东风地区
姚家
东方基业国际汽车城
诚信永盛汽车销售有限公司
润鑫达大厦
中新兴达丰田
北京勤和祥龙汽车销售服务有限公司
姚家园小学
北京腾远兴业汽车服务有限公司
诚信永盛
奇瑞汽车北京市腾远兴业汽车服务有限公司
国科创意产业园
北京华盛福源汽车销售服务有限公司
东风本田北京泛旅店
东郊汽配城
北京万杰医院
亮
朝阳公园桥
泛海国际居住区
紫萝园
上东国际酒店
芙蓉宾馆
黎明新座
东南汽车北京东方基业旗舰店
东风悦达·起亚北京勤华瑞达汽车销售服务有限公司
东风标致北京标龙京津店
东方万泉汽车销售有限公司
国美第一城
拉斯维加斯湾
迎曦园
海悦名门国际公寓
石佛营西里
上海华联超市
三全公寓
石佛营小学
燕莎中心
8:00-17:00
石佛营医院
石佛营东里
日月东华
欧陆风情园
朝
阳
丰苑大厦
石佛营东路
板桥
十里堡路
观湖国际
华业玫瑰郡
金象大药房
北京佳总建材市场
炫特嘉园
华纺易城
高庙村
珺峰
工商银行八里庄北里储蓄所
汇成家园
润枫水尚
青年路
八里庄北里
恒泰大厦
四季星河中街
星河湾
四季星河西路
八里庄医院
怡仁堂金象大药房
住总家居商城
金旭综合市场
东岸
北京光明小学国际部
四季星河南
公园1872
北京四季康医院
雅成一里
晨光家园
兆马桥外交公寓A区
合生橄榄季
农民日报社
珠江罗马嘉园
世丰国际大厦
红领巾桥
八里庄第三中学
新悦阁
六里屯派出所
北京东区医院
银帆国际大厦
金泰国益大厦
朝阳北路
朝阳雅苑
朝阳区乡镇企业局
佰健大药房
十里堡第二小学
大悦大厦
八里庄南里
新华联丽景珊瑚湾
十里堡北里
青年汇佳园
黄杉木店
鲁迅文学院
青年汇佳园
碧水星阁
青年路小区
朝阳区职业学校
丽景湾国际酒店
十里堡北里社区服务中心
北京城建水碓子医院分部
十里堡小区
八里庄派出所
八里庄二中
京棉新城
甘露园北里
八里庄东里
八里庄
天天朝阳
芳菁苑
朝阳花园
7:00-20:00
太平
朝阳路

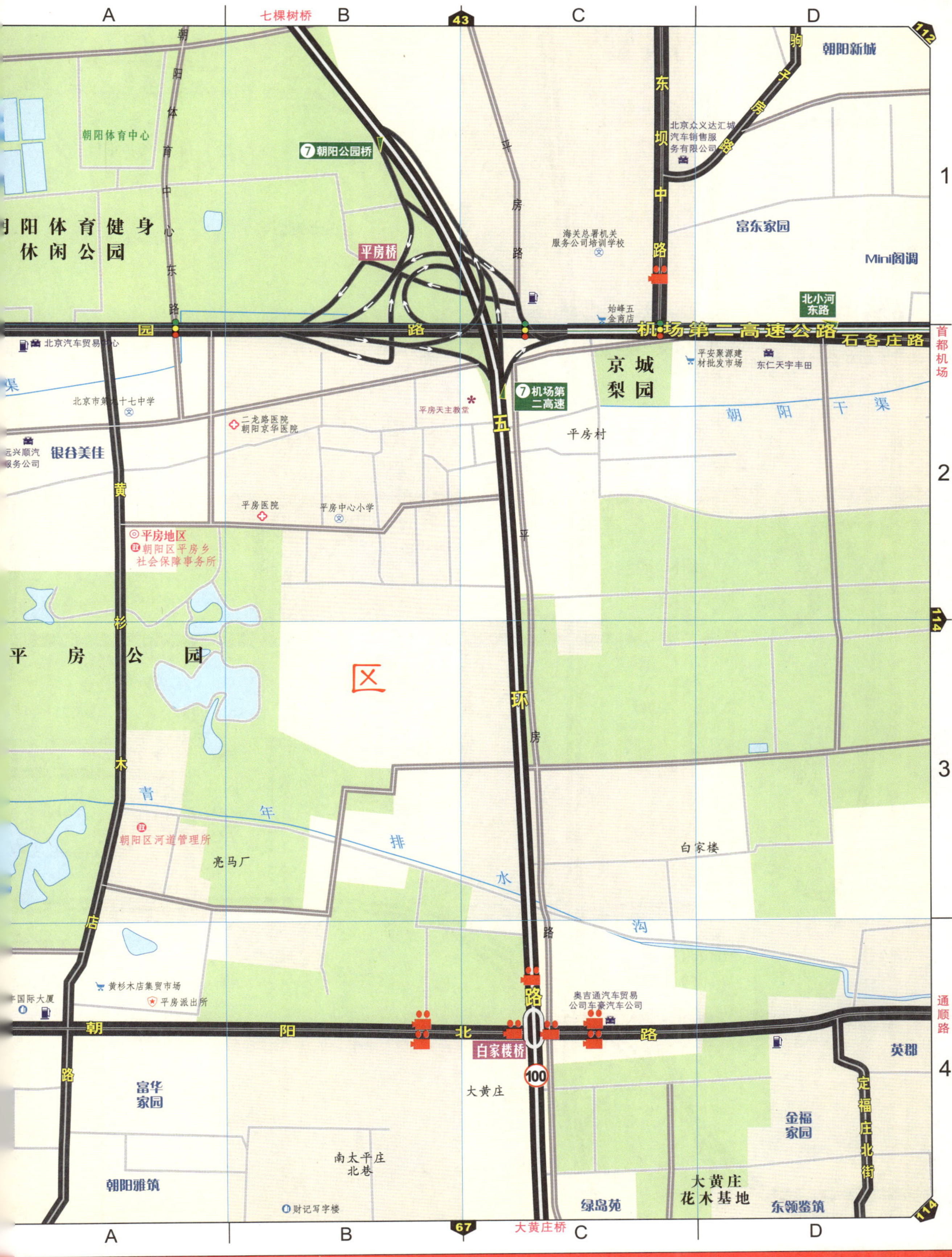
七棵树桥
43
112
114
67
大黄庄桥
朝阳体育中心
朝阳体育健身休闲公园
朝阳中心东路
朝阳公园桥
平房桥
平房路
海关总署机关服务公司培训学校
始峰五金商店
东坝中路
驹子房路
朝阳新城
北京众义达汇城汽车销售服务有限公司
富东家园
Mini阁调
北小河东路
园路
机场第二高速公路
石各庄路
首都机场
北京汽车贸易中心
平安聚源建材批发市场
东仁天宇丰田
京城梨园
机场第二高速
北京市第一十七中学
二龙路医院朝阳京华医院
平房天主教堂
朝阳干渠
平房村
远兴顺汽服务公司
银谷美佳
平房医院
平房中心小学
平房地区
朝阳区平房乡社会保障事务所
黄杉木店路
平房公园
区
五环路
青年排水沟
朝阳区河道管理所
亮马厂
白家楼
黄杉木店集贸市场
平房派出所
国际大厦
奥吉通汽车贸易公司车豪汽车公司
朝阳北路
白家楼桥
通顺路
英郡
100
富华家园
大黄庄
定福庄北街
金福家园
南太平庄北巷
朝阳雅筑
财记写字楼
绿岛苑
大黄庄花木基地
东领鉴筑

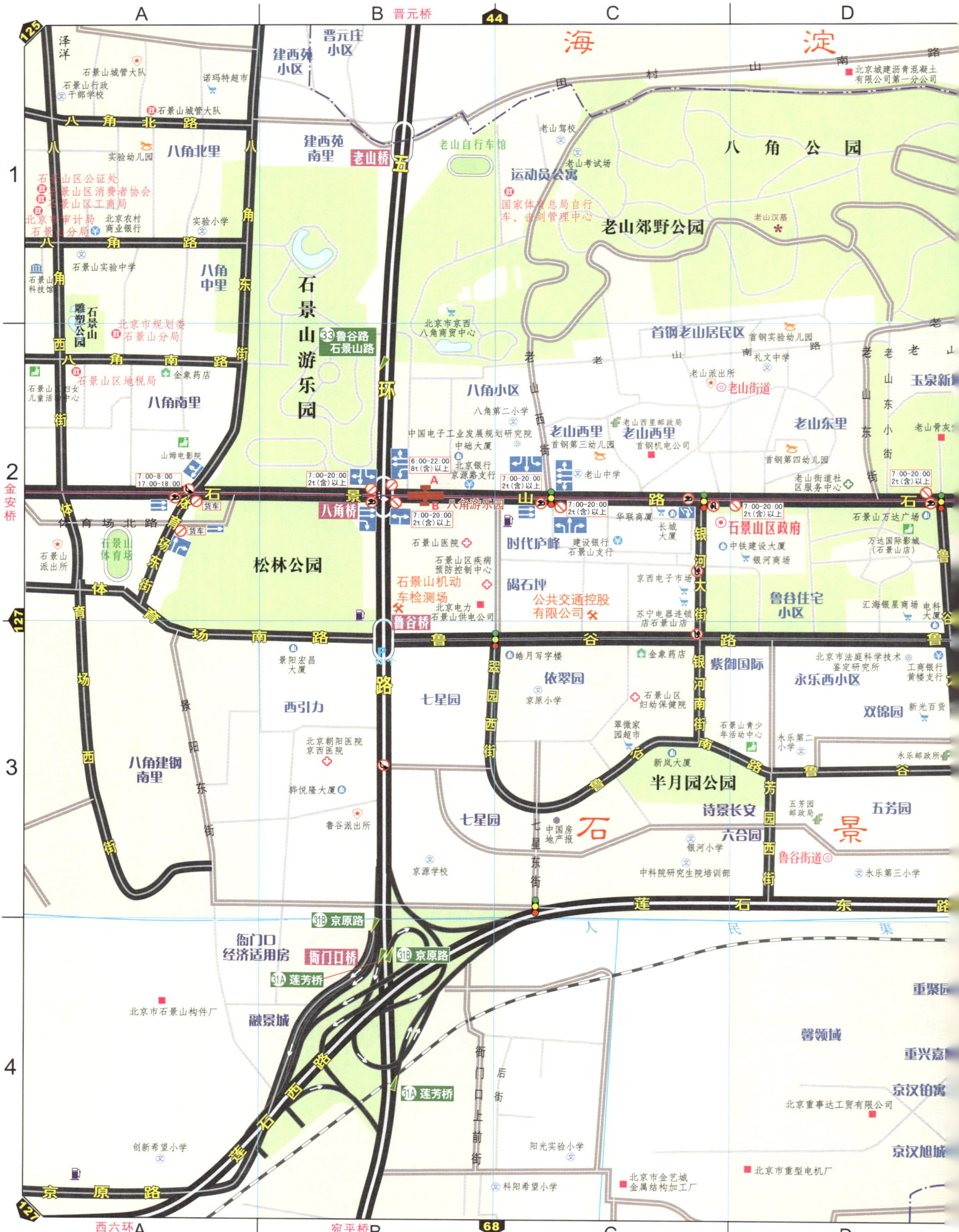

海淀
石景
八角公园
老山郊野公园
石景山游乐园
松林公园
半月园公园
八角北路
八角路
八角南路
八角西街
八角东街
石景山路
体育场北路
体育场南路
鲁谷路
阜石路
田村山南路
老山南路
老山西街
老山东街
银河大街
银河南街
翠园西街
芳园西街
景阳东街
体育场西街
体育场东街
衙门口后街
衙门口上前街
莲石东路
莲石西路
京原路
五环路
七星东街
人民渠
晋元桥
老山桥
八角桥
鲁谷桥
衙门口桥
莲芳桥
宛平桥
西六环
金安桥
泽洋
晋元庄小区
建西苑小区
建西苑南里
八角北里
八角中里
八角南里
八角小区
八角建钢南里
老山西里
老山东里
首钢老山居民区
玉泉新城
时代庐峰
碣石坪
依翠园
七星园
西引力
鲁谷住宅小区
紫御国际
永乐西小区
双锦园
诗景长安
六合园
五芳园
衙门口经济适用房
融景城
馨领域
重聚园
重兴嘉园
京汉铂寓
京汉旭城
石景山区政府
石景山医院
石景山机动车检测场
公共交通控股有限公司
北京市规划委石景山分局
石景山区地税局
北京市审计局石景山分局
石景山区公证处
石景山区消费者协会
石景山区工商局
石景山城管大队
石景山行政干部学校
诺玛特超市
实验幼儿园
实验小学
北京农村商业银行
石景山实验中学
石景山科技馆
雕塑公园
石景山体育场
石景山派出所
石景山妇女儿童活动中心
金象药店
山姆电影院
老山自行车馆
老山驾校
老山考试场
运动员公寓
国家体育总局自行车、击剑管理中心
老山汉墓
北京市京西八角商贸中心
首钢实验幼儿园
礼文中学
老山派出所
老山街道
八角第二小学
中国电子工业发展规划研究院
中础大厦
北京银行京源路支行
老山西里邮政局
首钢第三幼儿园
首钢机电公司
老山中学
首钢第四幼儿园
老山街道社区服务中心
老山骨灰堂
北京城建沥青混凝土有限公司第一分公司
石景山疾病预防控制中心
北京电力石景山供电公司
华联商厦
长城大厦
建设银行石景山支行
京西电子市场
苏宁电器连锁店石景山店
中铁建设大厦
银河商场
石景山万达广场
万达国际影城（石景山店）
汇海银星商场
电科大厦
八角游乐园
景阳宏昌大厦
北京朝阳医院京西医院
骅悦隆大厦
鲁谷派出所
京源学校
皓月写字楼
京原小学
金象药店
石景山区妇幼保健院
翠微家园超市
新岚大厦
石景山青少年活动中心
北京市法庭科学技术鉴定研究所
工商银行黄楼支行
新光百货
永乐第二小学
永乐邮政所
五芳园邮政局
中国房地产报
银河小学
中科院研究生院培训部
鲁谷街道
永乐第三小学
北京市石景山构件厂
创新希望小学
阳光实验小学
科阳希望小学
北京市金艺城金属结构加工厂
北京市重型电机厂
北京重事达工贸有限公司
33 鲁谷路 石景山路
31B 京原路
31A 莲芳桥
7:00-20:00 2t(含)以上
6:00-22:00 8t(含)以上
7:00-8:00 17:00-18:00
货车
125
127
44
68

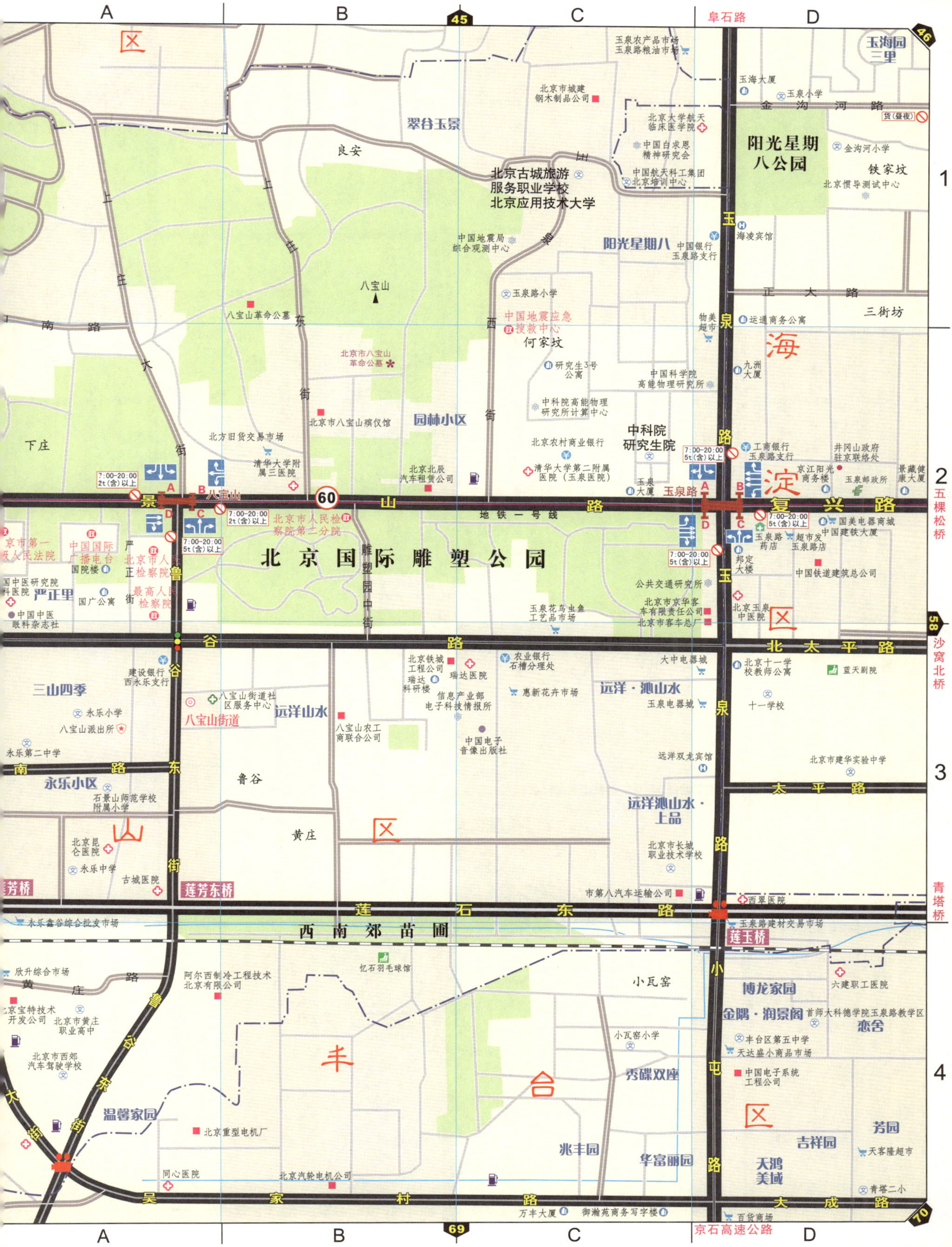
A
B
C
D
45
阜石路
46
1
2
3
4
58
69
70
京石高速公路
玉泉农产品市场
玉泉路粮油市场
玉海园二里
玉海大厦
玉泉小学
金沟河路
北京市城建钢木制品公司
翠谷玉景
北京大学航天临床医学院
中国白求恩精神研究会
中国航天科工集团北京培训中心
阳光星期八公园
金沟河小学
铁家坟
北京惯导测试中心
良安
北京古城旅游服务职业学校
北京应用技术大学
中国地震局综合观测中心
阳光星期八
中国银行玉泉路支行
海凌宾馆
八宝山
正大路
玉泉路小学
中国地震应急搜救中心
何家坟
运通商务公寓
三街坊
物美超市
海
八宝山革命公墓
北京市八宝山革命公墓
研究生3号公寓
九洲大厦
中国科学院高能物理研究所
中科院高能物理研究所计算中心
北京市八宝山殡仪馆
园林小区
中科院研究生院
北方旧货交易市场
清华大学附属三医院
北京农村商业银行
北京北辰汽车租赁公司
清华大学第二附属医院（玉泉医院）
工商银行玉泉路支行
井冈山政府驻京联络处
京江阳光商务楼
景藏健康大厦
下庄
南路
上庄大街
上庄东街
西
淀
八宝山
玉泉大厦
玉泉路
邮政所
景
山
路
复兴路
五棵松桥
60
地铁一号线
北京国际雕塑公园
雕塑园中街
北京市人民检察院第二分院
北京市第一中级人民法院
中国国际广播电台
国院楼
北京市人民检察院
严正里
国广公寓
最高人民检察院
中国中医科学院
中国中医眼科杂志社
国美电器商城
中国建铁大厦
玉泉路药店
超市发玉泉路店
邦定大楼
中国铁道建筑总公司
公共交通研究所
北京市京华客车有限责任公司
北京市客车总厂
玉泉花鸟虫鱼工艺品市场
北京玉泉中医院
区
鲁谷路
北太平路
沙窝北桥
建设银行西永乐支行
三山四季
永乐小学
八宝山派出所
永乐第二中学
八宝山街道社区服务中心
八宝山街道
远洋山水
北京铁城工程公司
瑞达医院
瑞达科研楼
农业银行石槽分理处
信息产业部电子科技情报所
惠新花卉市场
大中电器城
远洋·沁山水
玉泉电器城
北京十一学校教师公寓
蓝天剧院
十一学校
八宝山农工商联合公司
中国电子音像出版社
远洋双龙宾馆
北京市建华实验中学
南路
永乐小区
石景山师范学校附属小学
鲁谷
鲁谷东街
太平路
黄庄
区
远洋沁山水·上品
北京市长城职业技术学校
北京昆仑医院
山
永乐中学
古城医院
芳桥
莲芳东桥
市第八汽车运输公司
西翠医院
青塔桥
永乐鲁谷综合批发市场
莲石东路
西南郊苗圃
玉泉路建材交易市场
莲玉桥
欣升综合市场
黄庄路
阿尔西制冷工程技术北京有限公司
忆石羽毛球馆
小瓦窑
博龙家园
六建职工医院
北京宝特技术开发公司
北京市黄庄职业高中
金隅·润景阁
首师大科德学院玉泉路教学区
恋舍
小瓦窑小学
丰台区第五中学
天达盛小商品市场
北京市西郊汽车驾驶学校
丰
台
秀碟双座
中国电子系统工程公司
小屯路
温馨家园
北京重型电机厂
区
芳园
吉祥园
天客隆超市
兆丰园
华富丽园
天鸿美域
同心医院
北京汽轮电机公司
青塔二小
吴家村路
大成路
万丰大厦
御瀚苑商务写字楼
百货商场
7:00-20:00 2t(含)以上
7:00-20:00 5t(含)以上

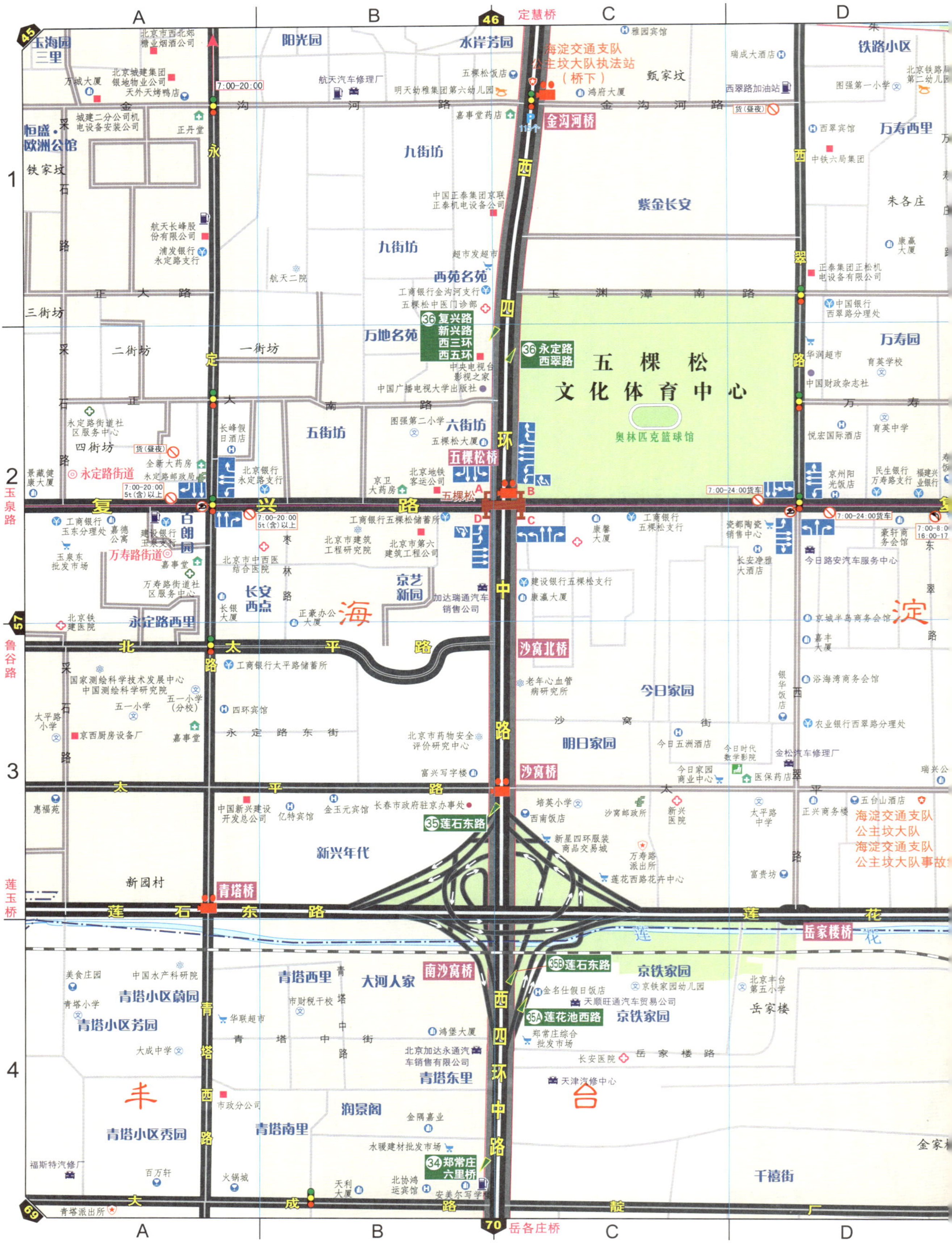
定慧桥
岳各庄桥
阳光园
水岸芳园
海淀交通支队
公主坟大队执法站
（桥下）
雅园宾馆
甄家坟
瑞成大酒店
铁路小区
玉海园三里
北京市西北郊糖业烟酒公司
北京城建集团银地物业公司
万城大厦
天外天烤鸭店
航天汽车修理厂
明天幼稚集团第六幼儿园
五棵松饭店
鸿府大厦
西翠路加油站
图强第一小学
北京铁路局第二幼儿园
金沟河路
金沟河桥
城建二分公司机电设备安装公司
正丹堂
嘉事堂药店
恒盛·欧洲公馆
铁家坟
九街坊
西翠宾馆
中铁六局集团
万寿西里
中国正泰集团京联正泰机电设备公司
紫金长安
朱各庄
航天长峰股份有限公司
浦发银行永定路支行
九街坊
超市发超市
康嘉大厦
正泰集团正松机电设备有限公司
航天二院
西苑名苑
工商银行金沟河支行
五棵松中医门诊部
玉渊潭南路
中国银行西翠路分理处
三街坊
复兴路
新兴路
西三环
西五环
永定路
西翠路
五棵松文化体育中心
万地名苑
二街坊
一街坊
中央电视台影视之家
华润超市
育英学校
万寿园
中国财政杂志社
中国广播电视大学出版社
永定路街道社区服务中心
长峰假日酒店
五街坊
图强第二小学
六街坊
五棵松大厦
五棵松桥
奥林匹克篮球馆
悦宏国际酒店
育英中学
四街坊
货（昼夜）
景藏健康大厦
永定路街道
全新大药房
永定路邮政局
北京银行永定路支行
京卫大药房
北京地铁客运公司
京州阳光饭店
民生银行万寿路支行
福建兴业银行
7:00-20:00
5t(含)以上
7:00-24:00货车
复兴路
玉泉路
工商银行玉东分理处
玉德公寓
白朗园
建设银行玉泉支行
玉泉东批发市场
万寿路街道
嘉事堂
万寿路街道社区服务中心
工商银行五棵松储蓄所
北京市建筑工程研究院
北京市第六建筑工程公司
北京市中西医结合医院
枣林路
康馨大厦
工商银行五棵松支行
瓷都陶瓷销售中心
长安津雅大酒店
豪轩商务会馆
今日路安汽车服务中心
长安西点
长银大厦
京艺新园
加达瑞通汽车销售公司
建设银行五棵松支行
康瀛大厦
正豪办公大厦
海淀
北京铁建医院
永定路西里
京城半岛商务会馆
嘉丰大厦
北太平路
沙窝北桥
鲁谷路
国家测绘科学技术发展中心
中国测绘科学研究院
五一小学
五一小学（分校）
工商银行太平路储蓄所
老年心血管病研究所
今日家园
浴海湾商务会馆
银华饭店
太平路小学
京西厨房设备厂
四环宾馆
永定路东街
北京市药物安全评价研究中心
沙窝街
明日家园
今日五洲酒店
今日时代数字影院
农业银行西翠路分理处
金松汽车修理厂
富尔写字楼
沙窝桥
今日家园商业中心
医保药店
瑞兴公寓
太平路
惠福苑
中国新兴建设开发总公司
亿特宾馆
金玉元宾馆
长春市政府驻京办事处
培英小学
西南饭店
沙窝邮政所
新兴医院
太平路中学
五台山酒店
正兴商务楼
海淀交通支队公主坟大队
海淀交通支队公主坟大队事故
莲石东路
新兴年代
新星四环服装商品交易城
万寿路派出所
莲花西路花卉中心
富贵坊
新园村
青塔桥
莲玉桥
莲石东路
莲花路
岳家楼桥
莲花河
美食庄园
中国水产科研院
青塔西里
大河人家
南沙窝桥
莲石东路
京铁家园
京铁家园幼儿园
北京丰台第五小学
青塔小区蔚园
青塔小学
青塔小区芳园
华联超市
市财税干校
金名仕假日饭店
天顺旺通汽车贸易公司
莲花池西路
京铁家园
岳家楼
鸿堡大厦
青塔中路
青塔中街
北京加达永通汽车销售有限公司
郑常庄综合批发市场
长安医院
岳家楼路
大成中学
青塔东里
天津汽修中心
丰台
市政分公司
润景阁
金隅嘉业
青塔小区秀园
青塔南里
水暖建材批发市场
郑常庄
六里桥
福斯特汽修厂
百万轩
火锅城
天利大厦
北协海运宾馆
安美尔写字楼
千禧街
金家村
青塔派出所
大成路
靛厂路
西四环中路
西四环

八里庄桥
航天桥
罗道庄桥
西钓鱼台嘉园
中央电视塔
大中电器
玉渊潭公园
玉渊潭
永定河引水渠
翠微西里
翠微里
阳光儿童早教实验中心
绍兴市政府驻京联络处
秀泉府大酒楼
翠微嘉园
北京市机械工业学校
正豪大厦
万寿医院
丹江口市政府驻京办事处
嘉兴市政府驻京办事处
北京市信息管理学校
万方苑
颐源居
中兴家园
威海市政府驻京联络处
芜湖市政府驻京办事处
万寿路工商所
翠微中里
为华大厦
建筑大厦
嘉事堂普惠桥药店
京水酒店
水利部北京总医院
定慧桥
阜成门桥
君安写字楼
翠微中学
万寿庄
万寿宾馆
川霸王大酒店
人民音乐出版社
物美商城
海淀区国税局第二税务所
翠微南里
印刷工业出版社
中房集团公司
新华联国际大厦
荣盛大厦
卫国中学
羊坊店街道
普惠桥
柳林馆
宋庆龄儿童科学技术馆
绿溪堂
北京银行万寿路支行
翠微南里社区服务中心
中国印刷技术研究所
专家公寓
明天儿童眼科医院
翠微幼儿园
普惠南里
玉渊潭南路
建设银行储蓄所
静园居
工商银行公主坟支行
中国船舶公司
船舶宾馆
华荣宾馆
新兴宾馆
翠微小学二分校
万寿庄宾馆
中国电子器材华北公司
新华联国际
兴兴写字楼
柳林馆南里
农业银行万寿路分理处
天天假日饭店
北京水利自动化研究所
翠微路派出所
中国联通营业厅
国海广场
科学技术部
万寿路邮政局
文博大厦
工商银行翠微路支行
翠微小学
城乡华懋商厦
中国科技信息研究所
恒欣商务大厦
寰岛博雅大酒店
万寿路
中国电子工程设计院
中国电子信息产业集团公司第十院
华能大厦
云柏鞋城
中都大厦
中央电视台
中国地震局
巨星大厦
西贸中心
西贸
中国电子报社
北京城乡贸易中心
五棵松
新兴桥
京友招待所
万寿路
光大银行复兴路支行
天行建大厦
通用机械研究所
批发市场
地铁一号线
复兴路
木樨地桥
广东发展银行
汇通商务楼
大地写字楼
闽安证券
中地建设开发有限公司
工商银行翠北储蓄所
公主坟
交通银行公主坟支行
华鹰大厦
电子大厦
中国电子科技集团公司
神州长城通信技术发展中心
京西宾馆
中海航宾馆
国宜通讯广场
金飞鸿电讯市场
嘉事堂新兴桥药店
国硅科技广场
上海浦东发展银行翠微路支行
同仁验光公主坟分店
北信京西大厦
西三环中路
翠微路
区
信息产业部人才服务中心
思翠写字楼
工商银行新兴分理处
中国移动通讯公主坟营业厅
四维大厦
羊坊店西路
农业银行西三环分理处
国家税务总局
湘粤食府
京海大厦
上海浦东发展银行
铂晶馆商务会所
大三元酒家
万发大厦
大自然大厦
荣华大厦
建设银行莲花分理处
深圳发展银行西三环分理处
京通饭店
祥云山宾馆
如家新兴桥店
企业网大厦
太平东路
太平路邮政所
群英小学
北京市第二零六中学
邯钢宾馆
金盾出版社
铁医路
蓝天幼儿园
南沙窝桥
北京西站
天宁寺桥
凯瑞大酒店
中航饭店
金玖大厦
沪越楼
忆君缘酒家
中国联通西客站电话局
威海宾馆
七一小学
京都信苑饭店
什坊院
金家村桥
莲花桥
如家酒店
西金大厦
莲花池西路
莲花池东路
会城门桥
莲花小区
吴家场
西站邮件处理中心
华夏明珠宾馆
通讯信号勘察设计院
国家测绘局
邮政信息大厦
北京西站邮政局
西站行包提取处
北京市人事考试中心
文体活动中心
天鸿华宝大厦
鉴麟大厦
北京铁路运输检察院
北京铁路运输法院
北京铁路运输反贪局
中铁电器化局集团
盛雅园
莲花池公园
华尔街观典
华信大厦
万丰路
海莲大厦
莲花池西里
丰台区
莲花池
润佳大饭店
道乐蒙恩商务楼
华美伦假日酒店
吴家场路
新华人寿保险大厦
金鑫商务大厦
司法部国家司法考试中心
法律出版社
京皇广场
吴家场铁路小区
北京市公共交通调度指挥中心
莲馨嘉园
工商银行六里桥分理处
京皇国际大厦
首汽腾达汽车销售公司
北京市路桥公司
银海国际大厦
莲宝路
国店招待中心
莲花池南路
小井桥
六里桥

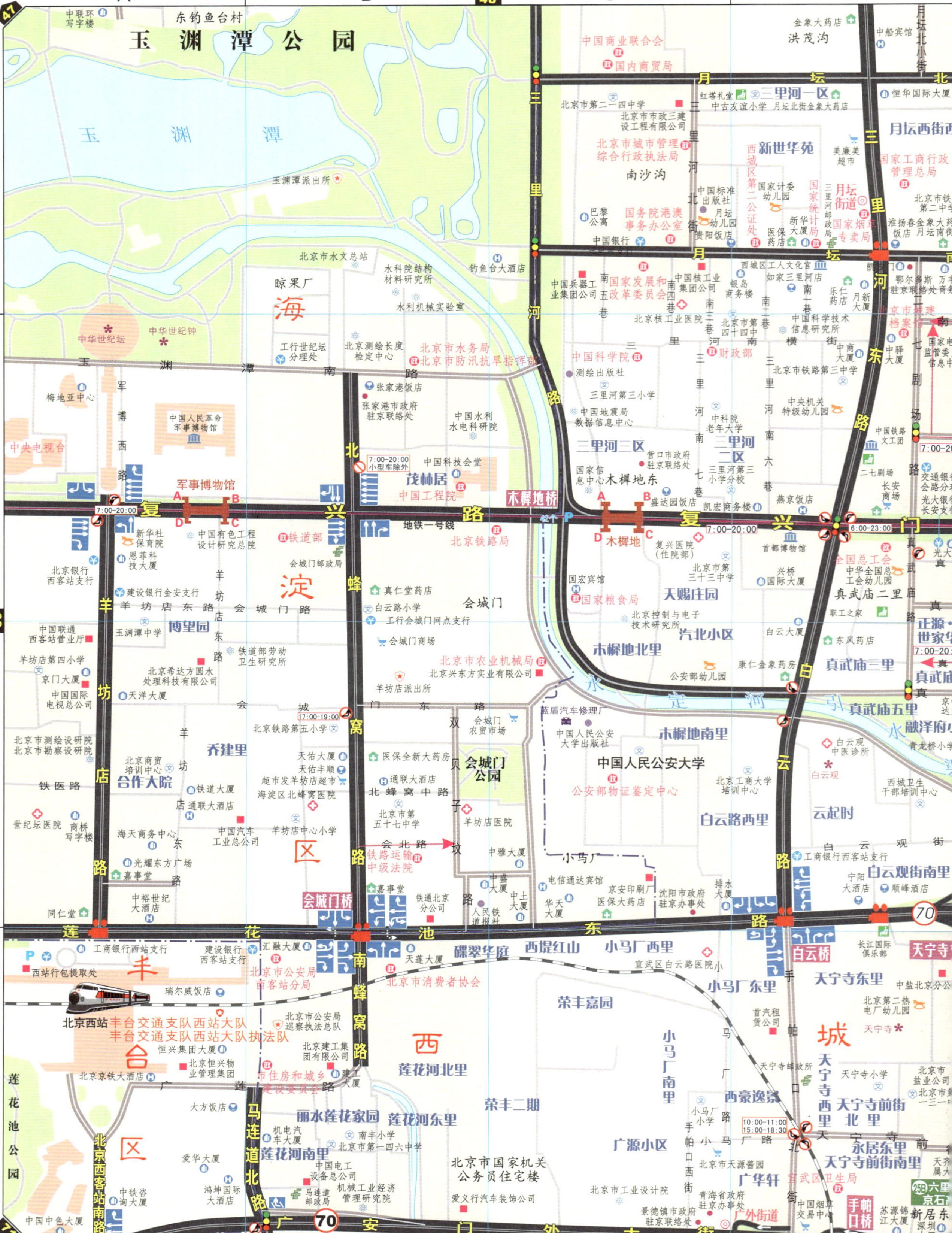
A
B
C
D
1
2
3
4
47
48
59
70
71
72
北展桥
新兴桥
莲花桥
六里桥
玉渊潭公园
玉渊潭
东钓鱼台村
中联环写字楼
玉渊潭派出所
中华世纪坛
中华世纪钟
北京市水文总站
晾果厂
水科院结构材料研究所
水利机械实验室
钓鱼台大酒店
工程世纪坛分理处
北京测绘长度检定中心
北京市水务局
北京市防汛抗旱指挥部
海淀区
梅地亚中心
中国人民革命军事博物馆
中央电视台
张家港饭店
张家港市政府驻京联络处
中国水利水电科学研究院
茂林居
中国科技会堂
中国工程院
军事博物馆
木樨地桥
复兴路
地铁一号线
铁道部
北京铁路局
会城门邮政局
真仁堂药店
白云路小学
工行会城门网点支行
会城门商场
会城门
北京市农业机械局
北京兴东方实业有限公司
羊坊店派出所
中国有色工程设计研究总院
恩菲科技大厦
新华社保育院
北京银行西客站支行
建设银行金安支行
羊坊店东路
会城门路
玉渊潭中学
博望园
中国联通西客站营业厅
羊坊店第四小学
京门大厦
中国国际电视总公司
天洋大厦
北京希达方圆水处理科技有限公司
铁道部劳动卫生研究所
北京市测绘设计研究院
北京市勘察设计研究院
北京商贸培训中心
合作大院
乔建里
北京铁路第五小学
天佑大厦
天佑丰顺
超市发羊坊店超市
海淀区北蜂窝医院
铁道大厦
通联大酒店
医保全新大药房
北蜂窝中路
北京市第五十七中学
羊坊店医院
会城门公园
会城门农贸市场
铁医路
世纪坛医院
商桥写字楼
海天商务中心
中国汽车工业总公司
羊坊店中心小学
光耀东方广场
嘉事堂
中裕世纪大酒店
同仁堂
会北路
铁路运输中级法院
中雅大厦
会城门桥
铁道北京分公司
人民铁道报社
中土大厦
莲花池东路
北蜂窝路
羊坊店路
三里河路
中国商业联合会
国内商贸局
北京市第二一四中学
北京市市政三建设工程有限公司
北京市城市管理综合行政执法局
南沙沟
巴黎公寓
国务院港澳事务办公室
中国银行
中国兵器工业集团公司
国家发展和改革委员会
中国核工业集团公司
北京核工业医院
中国科学院
测绘出版社
三里河第三小学
中国地震局数据信息中心
三里河三区
国家信息中心
木樨地东
盛达园饭店
凯宏商务楼
营口市政府驻京联络处
中科院老年大学
三里河二区
三里河第三小学分校
燕京饭店
木樨地
复兴医院（住院部）
北京市第三十三中学
国宏宾馆
国家粮食局
天赐庄园
北京控制与电子技术研究所
汽北小区
木樨地北里
公安部幼儿园
康仁金象药房
蓝盾汽车修理厂
中国人民公安大学出版社
木樨地南里
中国人民公安大学
公安部物证鉴定中心
白云路西里
北京工商大学培训中心
小马厂
电信通达宾馆
华天大厦
京安印刷厂
医保大药店
沈阳市政府驻京办事处
排水大厦
月坛
三里河一区
红塔礼堂
中古友谊小学
月坛北街
金象大药房
新世华苑
西城区第二公证处
中国标准出版社
国家计委幼儿园
月坛幼儿园
贵阳饭店
国家统计局
新华大厦
医保药店
三里河邮政局
月坛街道
国家烟草专卖局
南礼士路
西城区工人文化宫
如家三里河店
银岛商务楼
乐仁药店
月新大厦
北京市第四十四中学
中国科学技术信息研究所
财政部
中南大厦
北京市铁路第三中学
中央机关特级幼儿园
三里河南六巷
二七剧场
首都博物馆
兴桥国际大厦
全国总工会
中华全国总工会幼儿园
职工之家
真武庙二里
白云大厦
东风药店
真武庙三里
真武庙五里
永定河引水渠
白云观中医诊所
白云观
北京铁路文工团
长安商场
洪茂沟
中船宾馆
恒华国际大厦
月坛西街
国家工商行政管理总局
美廉美超市
北京市铁路第二中学
德扬泰金象大药房
月坛南街
鄂尔多斯驻京联络处
复兴门
真武庙路
光大银行长安支行
交通银行会路分理处
正源·世家华庭
融泽府
青龙桥小学
西城卫生干部培训中心
云起时
白云观街
工商银行西客站支行
宁阳大酒店
顺峰酒店
白云观街南里
白云路
白云桥
长江国际俱乐部
天宁寺
工商银行西站支行
建设银行西客站支行
汇融大厦
北京市公安局南客站分局
天莲大厦
北京市消费者协会
碟翠华庭
西堤红山
小马厂西里
宣武区白云路医院
西站行包提取处
瑞尔威饭店
北京西站
丰台交通支队西站大队
丰台交通支队西站大队执法队
北京市公安局巡察执法总队
恒兴集团大厦
北京恒兴物业管理集团
北京建工集团有限公司
北京市住房和城乡建设委员会
建工大厦
北京京铁大酒店
广莲路
丰台区
西城区
荣丰嘉园
小马厂东里
小马厂南里
首汽租赁公司
天宁寺东里
中盐北京分公司
北京第二热电厂幼儿园
天宁寺邮政所
天宁寺小学
天宁寺西里
天宁寺北里
天宁寺前街
莲花河北里
荣丰二期
西豪逸景
丽水莲花家园
莲花河东里
莲花河南里
机电汽车大厦
南丰小学
北京市第一四六中学
中国电工设备总公司
马连道邮政局
机械工业经济管理研究院
马连道北路
北京市国家机关公务员住宅楼
爱义行汽车装饰公司
广源小区
北京市工业设计院
广华轩
宣武区卫生局
北京市天源酱园
小马厂路
手帕口西街
手帕口北街
手帕口桥
青海省政府驻京办事处
景德镇市政府驻京联络处
广外街道
中国烟草交易中心
苏源锦江大厦
永居东里
天宁寺前街南里
新居东
广安门外大街
大方饭店
爱华大厦
鸿坤国际大酒店
中铁咨询大厦
中国中色大厦
北京西客站南路
莲花池公园
7:00-20:00
6:00-23:00
7:00-20:00 小型车除外
17:00-19:00
10:00-11:00 15:00-18:30

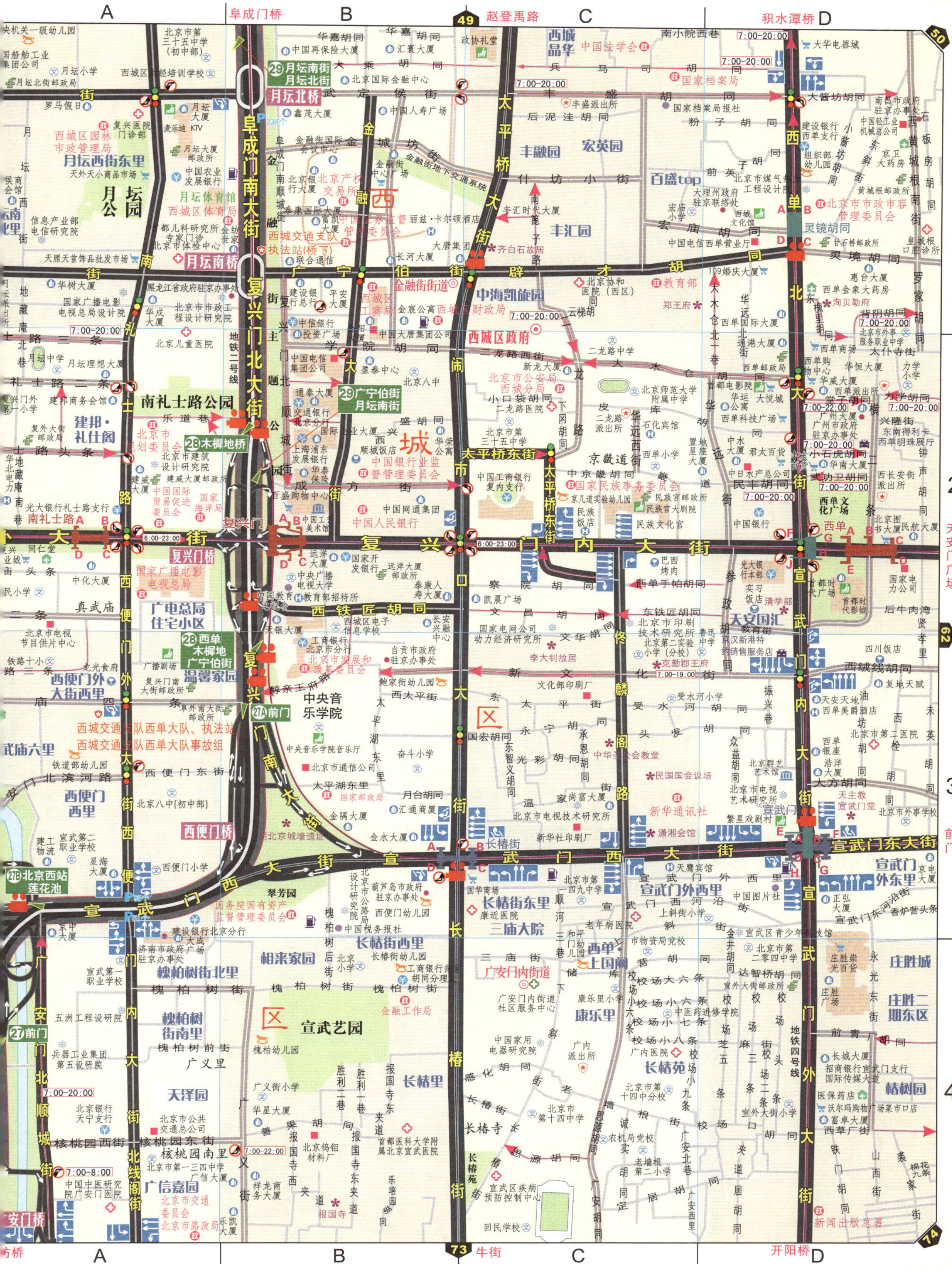
A
B
C
D
1
2
3
4
阜成门桥
赵登禹路
积水潭桥
开阳桥
牛街
49
50
62
73
74
天安门广场
前门
阜成门南大街
复兴门北大街
复兴门内大街
复兴门外大街
西单北大街
宣武门内大街
宣武门外大街
宣武门东大街
宣武门西大街
太平桥大街
闹市口
长椿街
西便门内大街
西便门外大街
南礼士路
广宁伯街
辟才胡同
丰盛胡同
灵境胡同
西绒线胡同
月坛公园
月坛西街东里
月坛北桥
月坛南桥
复兴门桥
木樨地桥
西便门桥
天宁寺桥
北京西站
莲花池
西城区政府
金融街
丰融园
宏英园
丰汇园
西单文化广场
中央音乐学院
宣武艺园
长椿街东里
长椿街西里
三庙大院
康乐里
长椿苑
长椿里
槐柏树街北里
槐柏树街南里
相来家园
广信嘉园
天洋园
宣武门外西里
宣武门外东里
庄胜城
庄胜二期东区
椿树园
西城区
宣武区
西便门西里
建邦·礼仕阁
南礼士路公园
广电总局住宅小区
温馨家园
北线阁街
广安门北滨河路
核桃园西街
核桃园东街
核桃园南里
新闻出版总署
国家档案局
中国法学会
百盛top
中海凯旋园
天安国汇
中国人民银行
中国银行业监督管理委员会
国家民族事务委员会
北京市公安局西城分局
华南大厦
西单商场
大悦城
民族文化宫
教育部
中华全国总工会
新华通讯社
长安大戏院

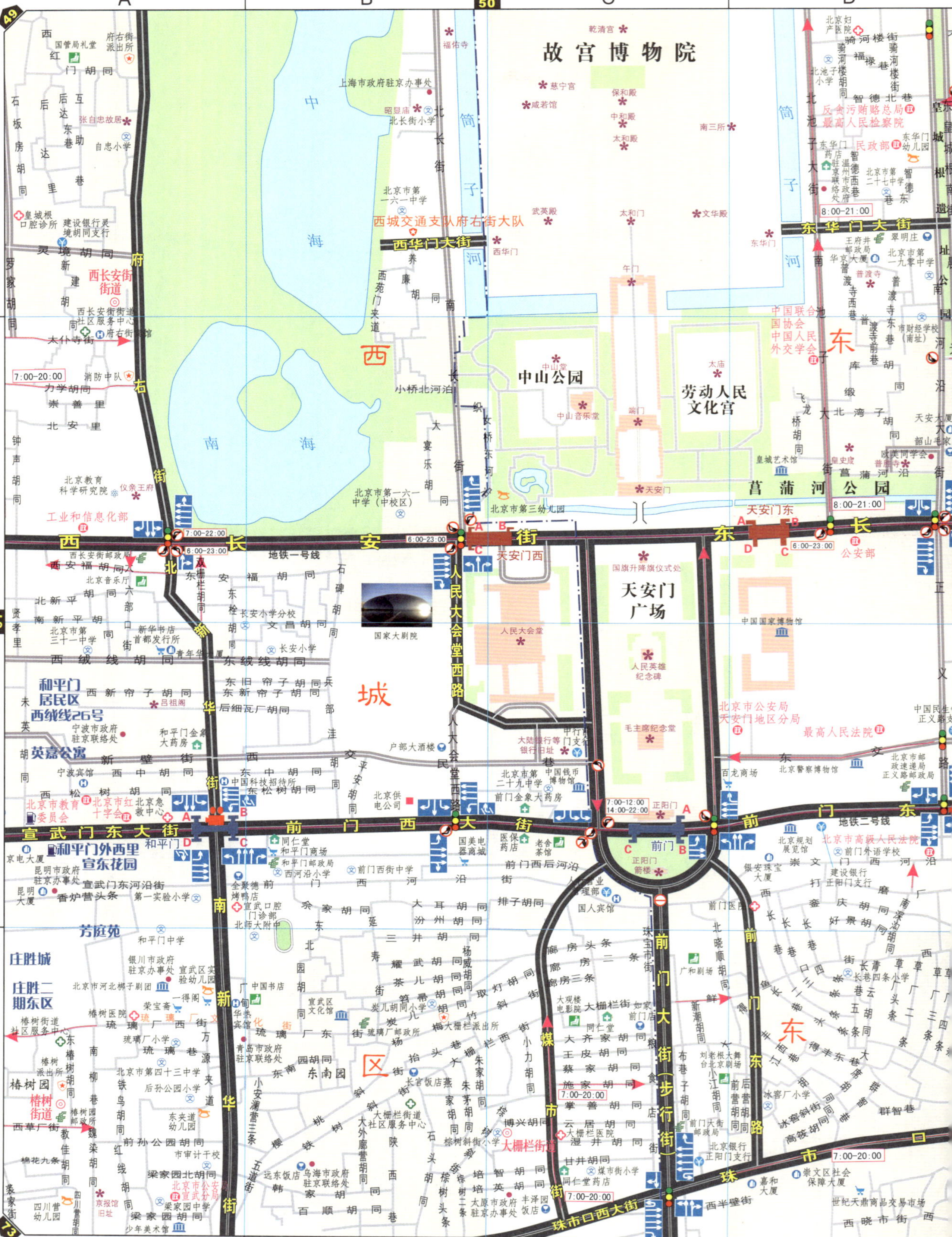
故宫博物院
中山公园
劳动人民文化宫
天安门广场
菖蒲河公园
中海
南海
西
城
区
东
天安门
天安门西
天安门东
人民英雄纪念碑
毛主席纪念堂
人民大会堂
国家大剧院
中国国家博物馆
正阳门
前门
西长安街
东长安街
前门西大街
前门东大街
宣武门东大街
东华门大街
西华门大街
人民大会堂西路
府右街
北新华街
南新华街
前门大街（步行街）
煤市街
珠市口西大街
珠市口东大街
南池子大街
北池子大街
南长街
北长街
最高人民法院
最高人民检察院
公安部
国旗升降旗仪式处
大栅栏街道
西长安街街道
椿树街道
和平门
前门西后河沿
大栅栏街
琉璃厂西街
琉璃厂东街
骡马市大街
广安门桥
永定门桥
西单
宣武门
和平门外西里
宣东花园
英嘉公寓
庄胜城
庄胜二期东区
芳庭苑
西绒线26号

雍和宫桥
朝阳门桥
灯市口大街
东四南大街
东单北大街
崇文门内大街
崇文门外大街
建国门南大街
建国门北大街
朝阳门南小街
北京站街
北京站东街
北京站西街
建国门内大街
崇文门西大街
崇文门东大街
明城墙遗址公园
金宝街
雅宝路
光华路
东花市大街
西花市大街
广渠门内大街
磁器口大街
东单公园
北京站
北京协和医学院清华大学医学部
东方广场
东单体育中心
新世界家园
国瑞城
东花市小区
宝润苑
东花市北里
新景家园
花市枣苑
富贵园
兴隆都市馨园
新怡家园
赵家楼居民区
万豪国际公寓
雅宝公寓
贡院6号
东城区
崇文区
朝阳区
王府井
东单
建国门
崇文门
磁器口
东便门桥
建国门桥
北京东南城角楼
国贸桥
广渠门桥
玉蜓桥
东城区档案局
东城交通支队东单大队
中国红十字总会
北京市档案局
海关总署
北京海关
崇文门外街道
东花市街道
建国门街道
朝阳门街道
崇文区公证处
幸福家园
保利蔷薇
安化南里
培新小区
木家润园
质成
新裕家园
长安太和
禾风什家
柏景园
甘标小区
东华门街道
7:00-20:00

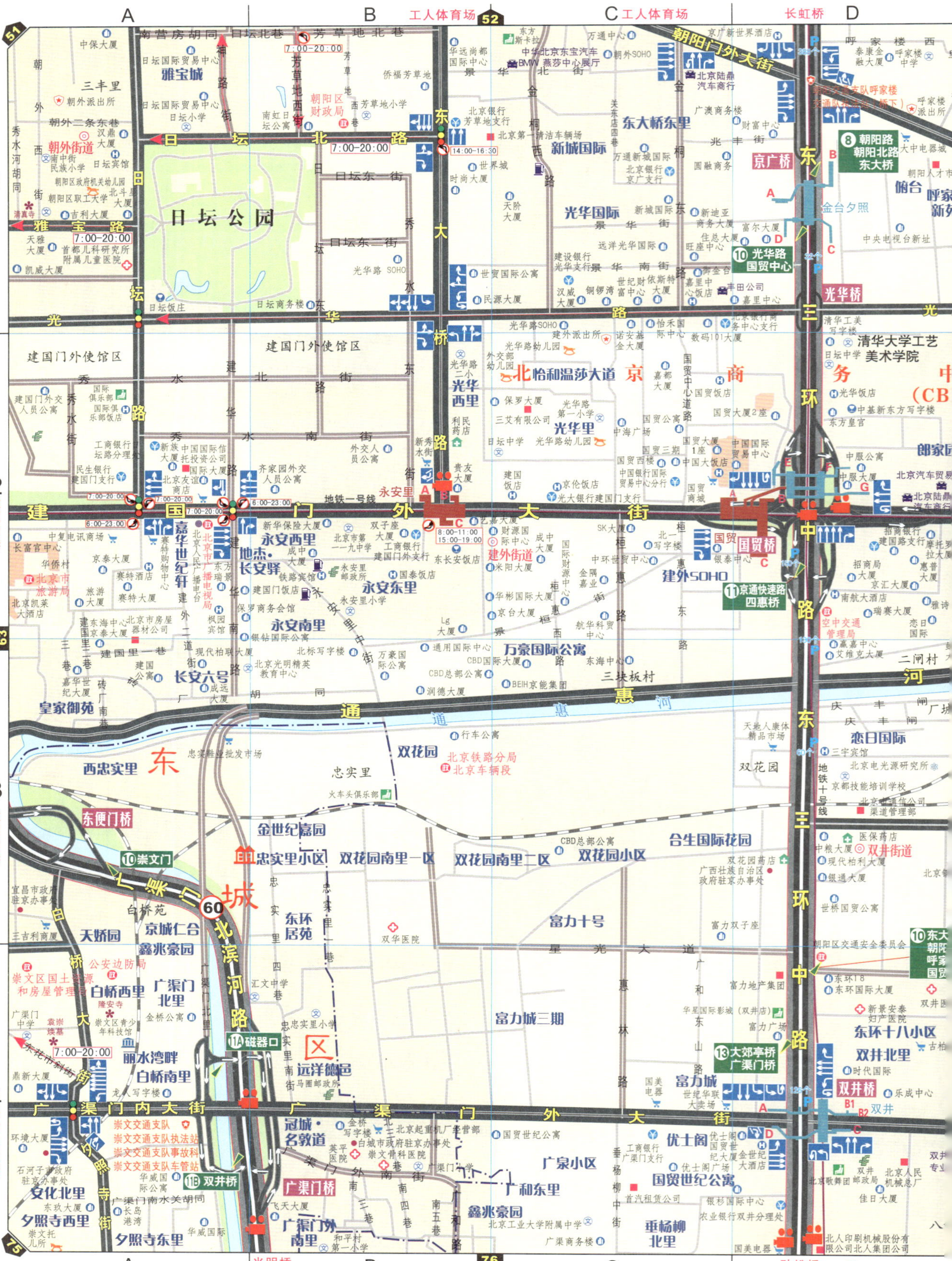
A
B
C
D
1
2
3
4
工人体育场
长虹桥
光明桥
劲松桥
建国门桥
珠市口大街
日坛公园
雅宝城
三丰里
朝外街道
建国门外使馆区
日坛路
光华路
建国门外大街
朝阳门外大街
东三环中路
东三环路
东大桥路
东大桥东里
新城国际
光华国际
京广桥
光华桥
国贸桥
国贸中心
清华大学工艺美术学院
北恰和温莎大道
光华西里
光华里
永安西里
永安东里
永安南里
长安六号
建外街道
建外SOHO
万豪国际公寓
嘉华世纪轩
地杰·长安驿
皇家御苑
三块板村
通惠河
西忠实里
忠实里
双花园
北京铁路分局北京车辆段
金世纪嘉园
忠实里小区
双花园南里一区
双花园南里二区
双花园小区
合生国际花园
双井街道
东便门桥
崇文门
广渠门北滨河路
天骄园
京城仁合
鑫兆豪园
白桥西里
广渠门北里
东环居苑
富力十号
星光大道
富力城三期
东环十八小区
双井北里
丽水湾畔
白桥南里
磁器口
远洋德邑
富力城
大郊亭桥 广渠门桥
双井桥
广渠门内大街
广渠门外大街
冠城·名致道
优士阁
广泉小区
广和东里
国贸世纪公寓
鑫兆豪园
垂杨柳北里
安化北里
夕照寺西里
夕照寺东里
广渠门外南里
广渠门桥
双井桥
东城
区
京
商
务
恋日国际
二闸村
通惠河
7:00-20:00

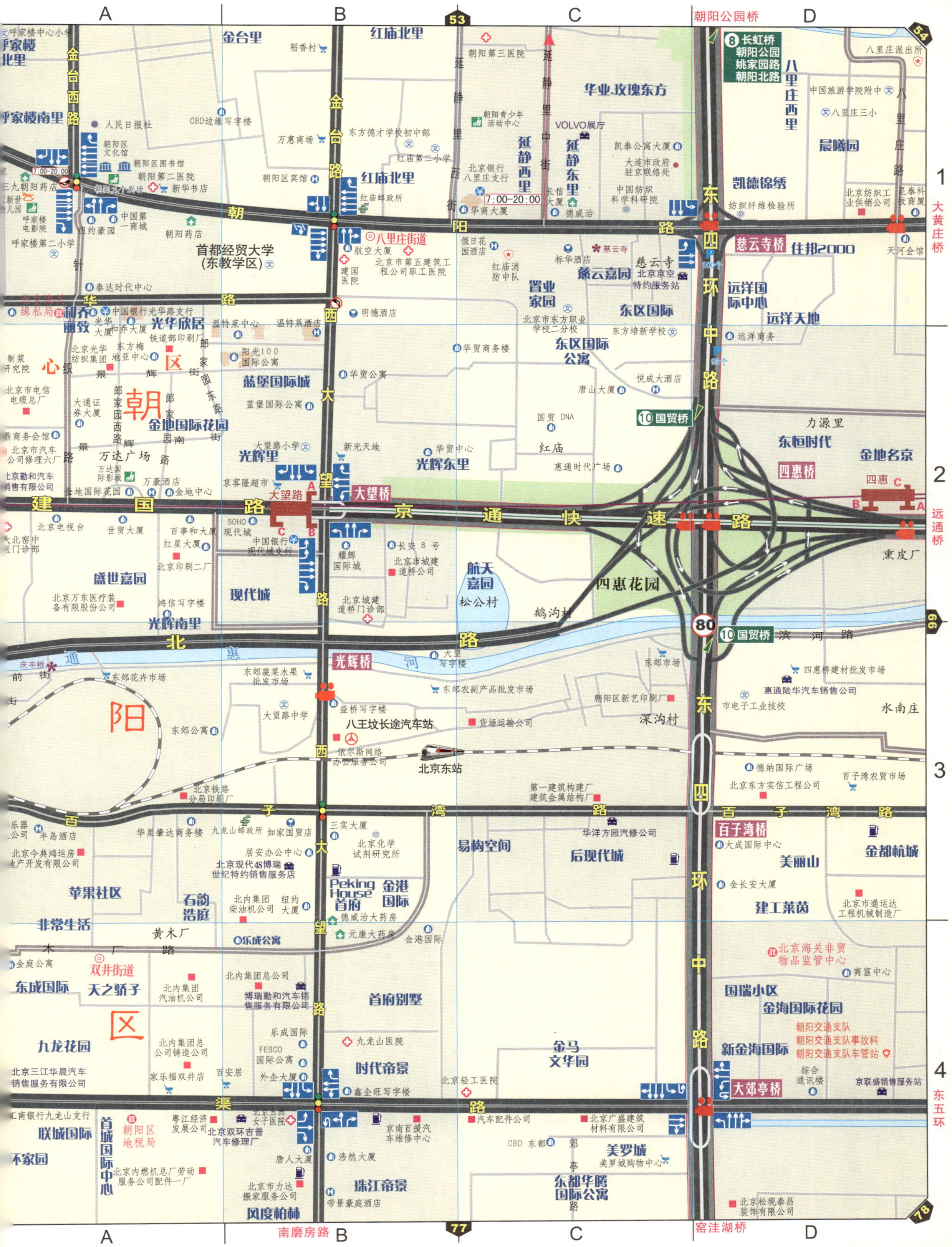
金台里
红庙北里
华业.玫瑰东方
朝阳公园桥
长虹桥
朝阳公园
姚家园路
朝阳北路
八里庄西里
晨曦园
凯德锦绣
呼家楼
呼家楼南里
金台西路
金台路
延静里中街
延静西里
延静东里
人民日报社
朝阳区文化馆
朝阳区图书馆
朝阳第二医院
新华书店
朝阳区宾馆
红庙北里
朝阳第三医院
VOLVO展厅
凯泰公寓大厦
中国纺织科学研究院
纺织纤维检验所
朝阳路
东四环中路
慈云寺桥
住邦2000
大黄庄桥
八里庄街道
航空大厦
首都经贸大学
(东教学区)
泰达时代中心
慈云寺
慈云嘉园
远洋国际中心
远洋天地
置业家园
东区国际
东区国际公寓
华贸公寓
华贸商务楼
蓝堡国际城
光华欣园
朝阳区
金地国际花园
光辉里
光辉东里
万达广场
国贸桥
东恒时代
四惠桥
金地名京
大望路
建国路
京通快速路
远通桥
现代城
盛世嘉园
航天嘉园
松公村
鹅沟村
四惠花园
光辉南里
北京万东医疗装备有限股份公司
北惠河路
通惠河
光辉桥
滨河路
八王坟长途汽车站
北京东站
深沟村
水南庄
庆丰桥
东郊花卉市场
东郊农副产品批发市场
百子湾路
百子湾桥
易构空间
后现代城
苹果社区
石韵浩庭
Peking House
首府
金港国际
美丽山
金都杭城
建工莱茵
非常生活
黄木厂路
乐成公寓
双井街道
东成国际
天之骄子
首府别墅
北京海关非贸物品监管中心
国瑞小区
金海国际花园
朝阳交通支队
九龙花园
时代帝景
金马文华园
新金海国际
大郊亭桥
渠路
联城国际
首城国际中心
朝阳区地税局
美罗城
东都华腾国际公寓
珠江帝景
风度柏林
南磨房路
窑洼湖桥
东五环
大望路西
东郊市场
八王坟
A
B
C
D
1
2
3
4
53
54
66
77
78
80

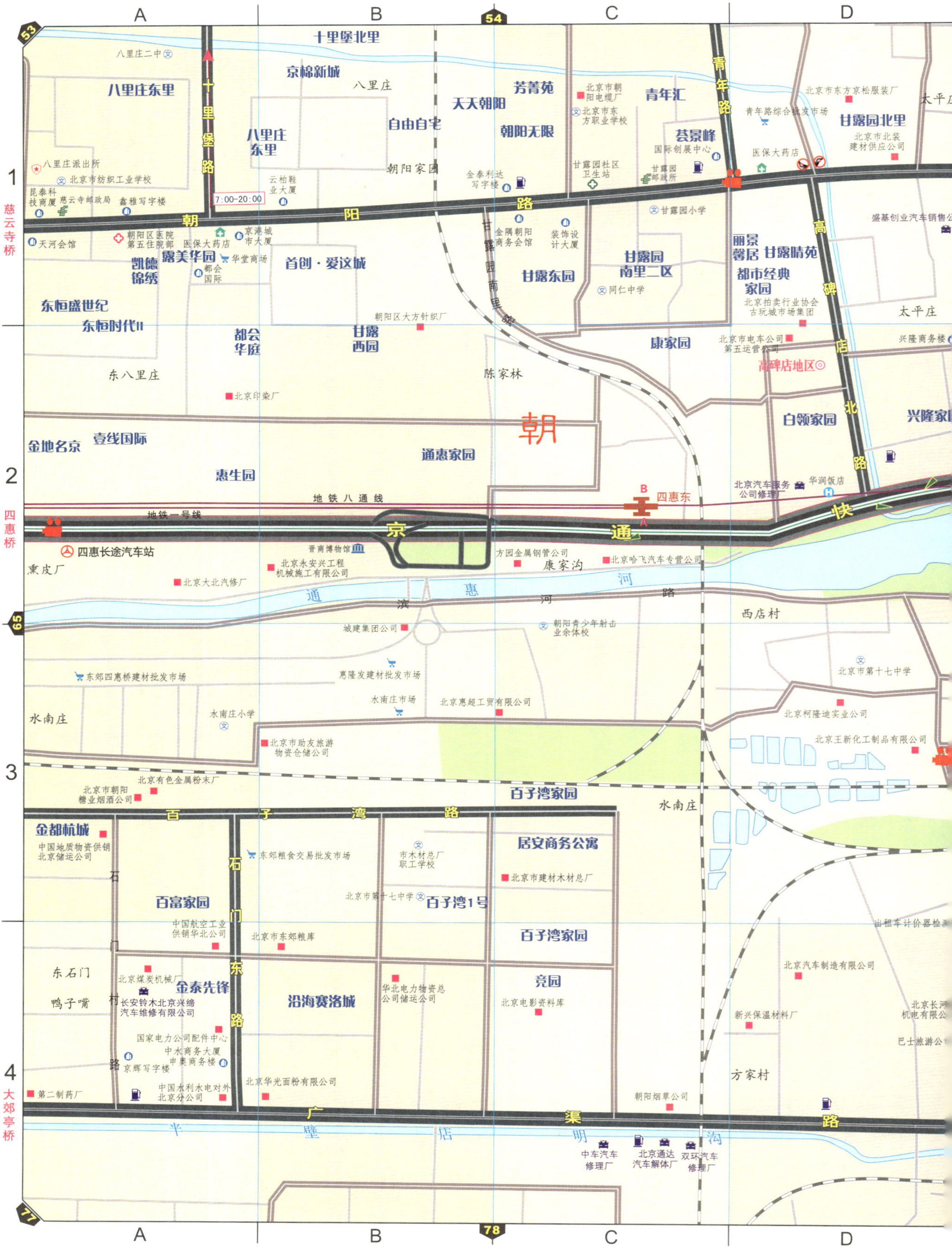
十里堡北里
京棉新城
八里庄
八里庄东里
八里庄东里
天天朝阳
芳菁苑
青年汇
自由自宅
朝阳无限
荟景峰
甘露园北里
朝阳家园
朝阳路
青年路
十里堡路
高碑店北路
露美华园
凯德锦绣
首创·爱这城
东恒盛世纪
东恒时代II
都会华庭
甘露西园
甘露东园
甘露园南里二区
丽景馨居
甘露晴苑
都市经典家园
康家园
太平庄
陈家林
东八里庄
高碑店地区
白领家园
兴隆家园
金地名京
壹线国际
通惠家园
惠生园
朝
地铁八通线
地铁一号线
四惠东
京通快速路
四惠长途汽车站
康家沟
通惠河
通惠河滨河路
西店村
水南庄
百子湾家园
百子湾路
金都杭城
石门东路
居安商务公寓
百富家园
百子湾1号
东石门
鸭子嘴
金泰先锋
沿海赛洛城
竞园
方家村
广渠路
半壁店明沟
慈云寺桥
四惠桥
大郊亭桥

A
B
C
D
55
白家楼桥
114
南太平庄北巷
朝阳雅筑
财记写字楼
叠墅
绿岛苑
大黄庄花木基地
东领鉴筑
福艺园
定西北里
高井
朝阳区第一清洁车辆场
财满街
北京兴隆瑞丰综合市场
高井社区卫生服务站
易初莲花购物中心
悦城国际
叠彩园
大黄庄小学
北京齿轮总厂
定福庄
金象药店
定福庄邮政局
黄杉木店路
定福庄北街
朝阳路
大黄庄桥
天成桥
民航总医院
兴隆花卉市场
国锐投资有限公司
财智商务中心
广州本田文华特约销售服务店
中宏汽修
聚花园酒店
田华建筑集团第五公司
宏美装饰公司
定福庄中学
8:00-18:00
煤炭管理干部学院中学
北京电力建设公司
静思苑
大黄庄南里
花园闸北里
兴隆湖景别墅
康家药房
美丽亚洲假日花园
兴隆公园
北京康港模板公司
国辰模板公司
京通快速路
妇联小区
定福庄西里
中蓝大学学生公寓
中国传媒大学
花园闸小区
华都公司
中海安德鲁国际公寓
现代波士山4s店
兴福商厦
北花园邮政所
内蒙古饭店
7:00-8:00
16:00-21:00
高碑店桥
高碑店
兴隆庄
100
京通快速路
地铁八通线
北关桥
北京远通桥丰田销售公司
中国古玩研究院
高碑店水库
通惠河
艺水芳园
椰子井
珠江绿洲家园
高碑店医院
远通桥
北京市第十七中分校
陶家湾住宅小区
北京市都宝梯具厂
高碑店派出所
北京市北新汽车公司
北花园
阳
陶家湾
高碑店
高碑店中心小学
北京京通北斗自动门厂
朝阳北花园小学
高碑店残疾人俱乐部
东店
通惠河灌渠
北京工艺进出口有限责任公司
阳光幼儿园
怡心园
高碑店路
高聚实业公司
高碑店
区
市中煤玻璃有限公司
五环路
高碑店农工商联合公司
高碑店古典家具民俗园
高碑店工业区
高碑店工业区
小郊亭
兴隆民俗商务会馆
京客隆超市
中国外运北京公司
华正汽运集团
广渠路
农林局苗圃
北京罗曼服装有限公司
半壁店
79
五方桥

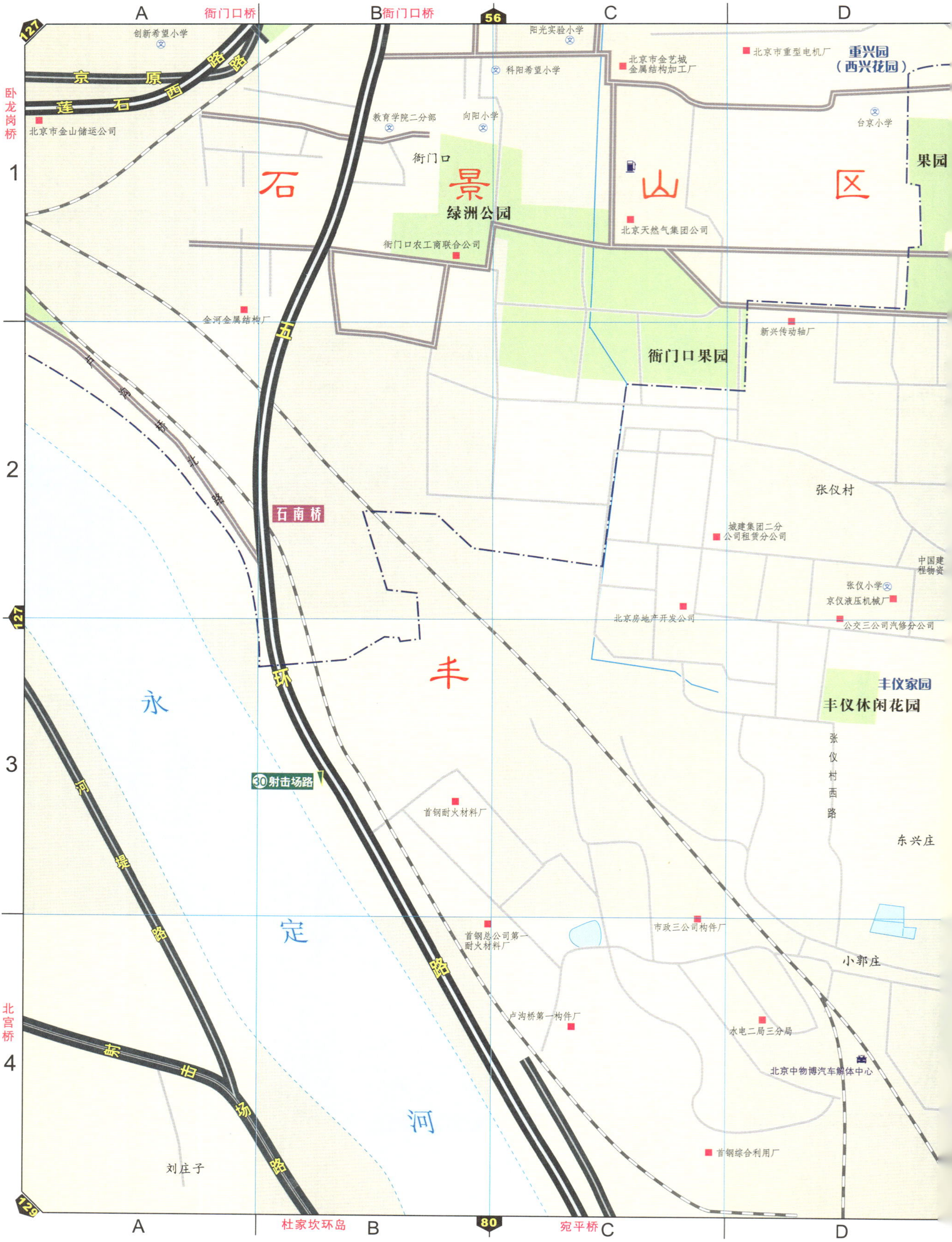
衙门口桥
衙门口桥
卧龙岗桥
创新希望小学
阳光实验小学
京原路
莲石西路
北京市金山储运公司
科阳希望小学
北京市金艺城金属结构加工厂
北京市重型电机厂
重兴园（西兴花园）
台京小学
教育学院二分部
向阳小学
衙门口
绿洲公园
石景山区
果园
北京天然气集团公司
衙门口农工商联合公司
金河金属结构厂
新兴传动轴厂
衙门口果园
五环路
卢沟桥北路
张仪村
石南桥
城建集团二分公司租赁分公司
中国建程物资
张仪小学
京仪液压机械厂
北京房地产开发公司
公交三公司汽修分公司
丰
丰仪家园
丰仪休闲花园
永定河
射击场路
张仪村西路
首钢耐火材料厂
东兴庄
首钢总公司第一耐火材料厂
市政三公司构件厂
小郭庄
北宫桥
河堤路
卢沟桥第一构件厂
水电二局三分局
北京中物博汽车解体中心
新古场路
刘庄子
首钢综合利用厂
杜家坎环岛
宛平桥

A
B
C
D
57
58
70
81
82
莲玉桥
宛平桥
岳各庄桥
1
2
3
4
唐兴园（西兴花园）
兆丰园
华富丽园
青塔小区春园
天客隆超市
吉祥园小区
青塔二小
北京汽轮电机公司
吴家村路
大成路
万山大厦
立高大厦
百货商场
半导体设备一厂
北京市医疗设备二厂
三顷地
小瓦窑
吴家村
北京市地铁地基公司
北京市硅胶蓄电池厂
星光制版厂
京黎汽车改装厂
四顷地
立亮大厦
水衙沟路
北京重型机器厂
三顷地南里
同济医院
小屯路
住总集团三公司
模板制造中心
华夏家园
梅市口路
梅市口
华城中学
航天标准大厦
北京第二水泵厂
北京首饰公司
北京中铁公司
车辆管理所京丰分所
新丰机动车考试场
（新丰驾校）
北京新丰
汽车驾校
张仪村农工商联合会司
张仪村路
振华旅游学校
小屯中学
小屯
北京振华旅游学校
大屯路
新丰考试场
西南坟村
西南村
天鸿美域
区
双林苑
神龙汽车有限
公司北京分库
小屯
美城家园南区
西南坟
航华宇高科技公司
精彩庭院
小屯小学
兴源路
双林南路
丰台区气象局
建邦风景
双林东路
卢沟桥老年公寓
新兴构件厂
中国新兴建设公司
小屯公园
郭庄子路
华丰纸箱厂
北京市城建工程机械厂
大瓦窑村
假日风景
丰台电源仪器设备厂
京城OC小区
汽修厂
京苑宾馆
中粮万科紫苑
万恒家园
北京长城制药厂
大瓦窑小学
卫人医院
国润堂医药研究院
北京市政工程公司
京港澳高速公路
国家高速
G4
京港澳高速
(原京石高速)

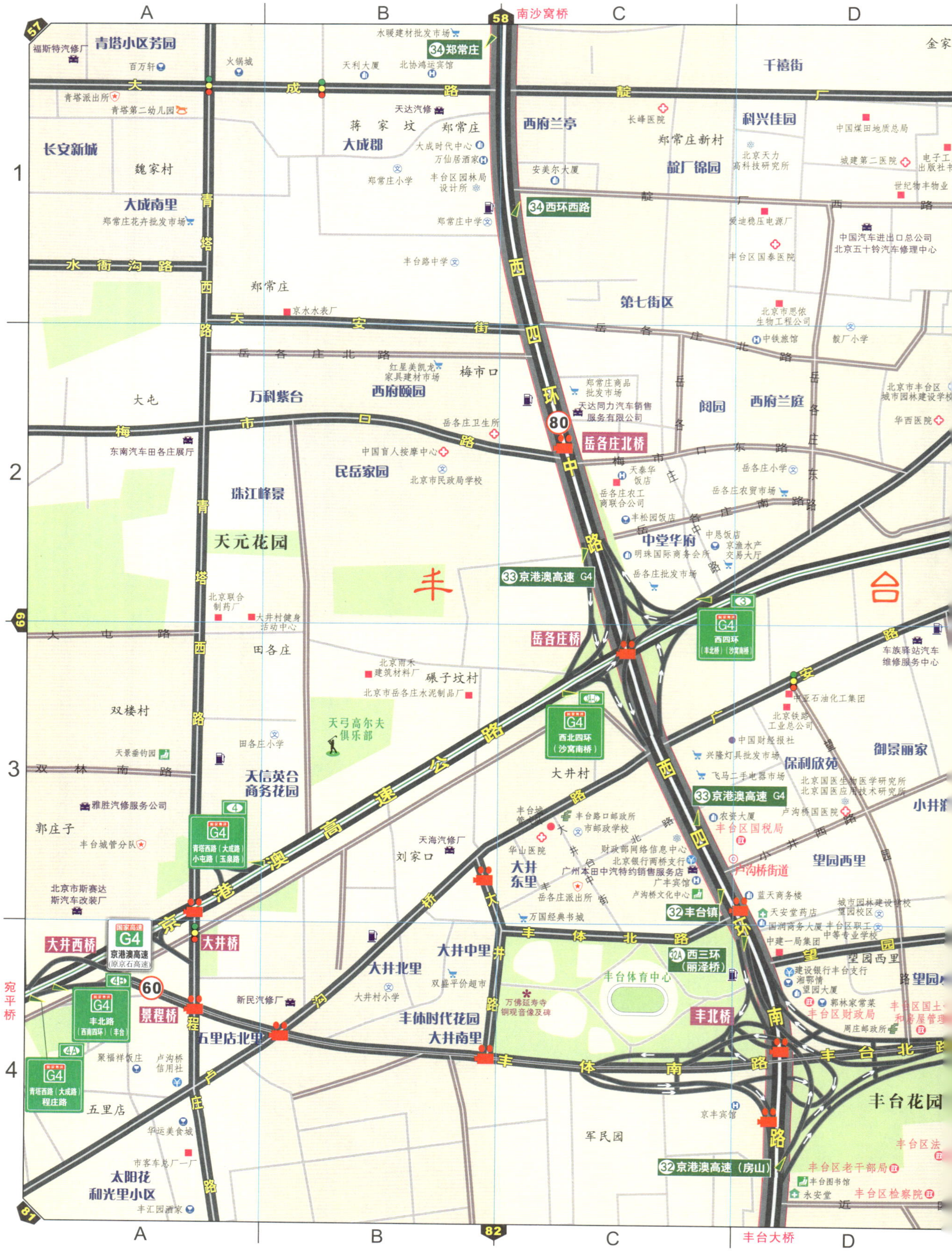

金家村桥
莲花桥
59
60
72
83
84
莲花池公园
莲花池
广安门桥
海淀区
万丰公园
六里桥
小井桥
万丰桥
丽泽桥
丰益桥
菜户营桥
正阳大街
六里桥长途汽车站
六里桥北里
六里桥南里
百合花园
北京粮食管理所
中共北京市纪律检查委员会
北京市人民政府举报中心
北京市监察局
北京市建设工程质量监督总站
丰台区建设委员会
丰台区司法局
丰台区地税局
丰台交通支队
丰台交通支队事故科
丰台交通支队丰北大队
北京教育学院丰台分院
益泽公园
丰益花园
西局欣园
金唐国际
精图小区
华源一里
华源二里
东大街东里
东大街西里
庄维花园
宏景绿洲
金紫银海
莲香园
永署公馆
莲怡园
招贤小区
马家营家园
风荷曲苑
红都宿舍
华凯花园
白塔村
小井村
六里桥村
西局前街
西局后街
西局西街
西局东街
西局东南街
西局南街
京港澳高速
西三环中路
西三环南路
丽泽路
丰北路
丰台北路
西局南街
吴家场路
莲宝路
万丰路
广安路
7:00-20:00
8:00-11:00
14:00-17:00

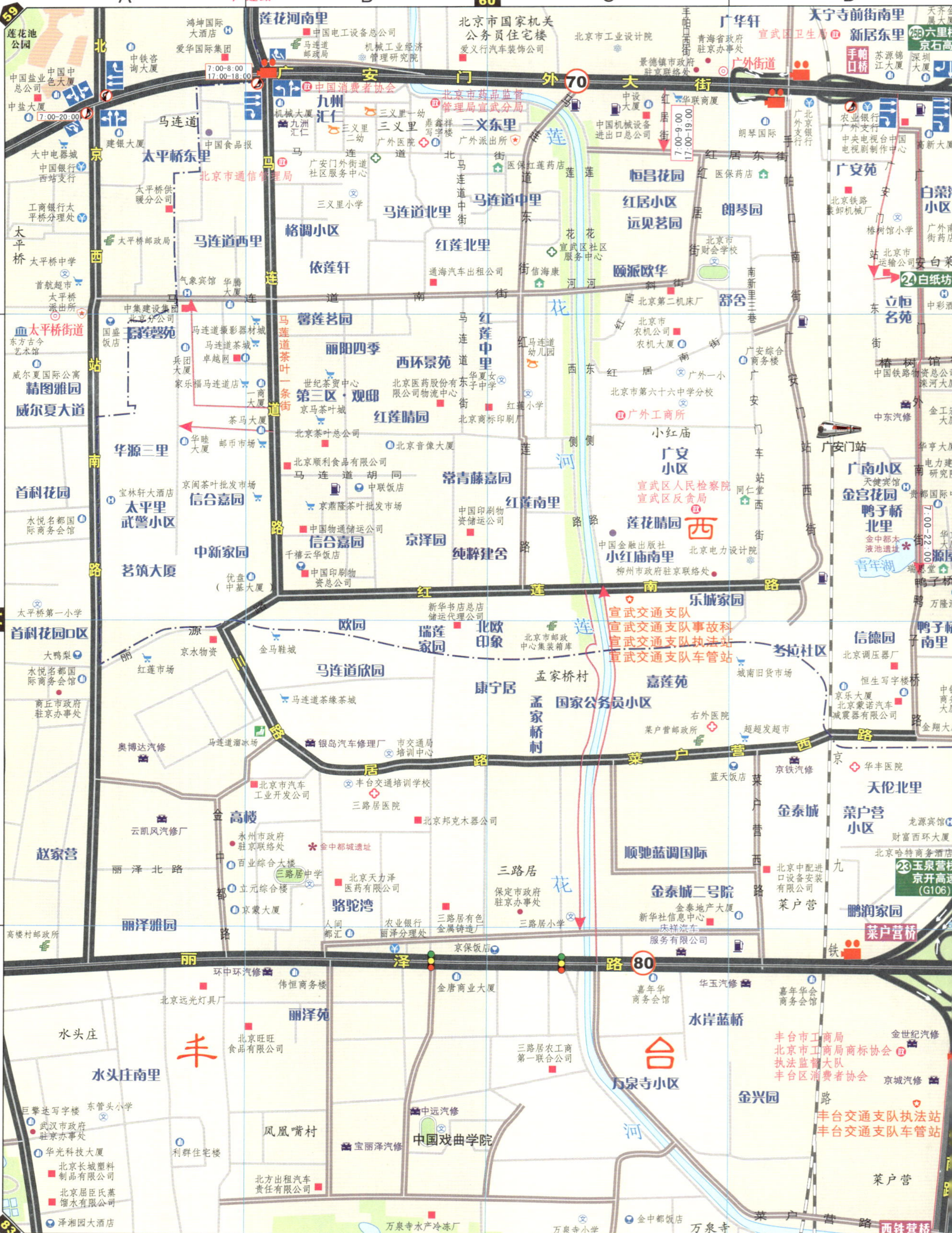
A
B
C
D
1
2
3
4
广莲路
60
59
71
83
84
六里桥
丽泽桥
莲花池公园
广安门外大街
70
80
莲花河南里
九州汇仁
三义东里
太平桥东里
马连道
马连道北里
马连道中里
马连道西里
格调小区
依莲轩
红莲北里
红居小区
远见茗园
恒昌花园
朗琴园
颐源欧华
舒舍
广安苑
白菜湾小区
立恒名苑
天宁寺前街南里
新居东里
广华轩
宣武区卫生局
广外街道
六里桥
京石高速
白纸坊桥
北京市国家机关公务员住宅楼
中国消费者协会
北京市药品监督管理局宣武分局
北京市通信管理局
太平桥街道
馨莲茗园
丽阳四季
西环景苑
第三区·观邸
红莲晴园
常青藤嘉园
红莲南里
莲花晴园
小红庙南里
广安小区
小红庙
广外工商所
宣武区人民检察院
宣武区反贪局
广安门站
广南小区
金宫花园
鸭子桥北里
青年湖
精图雅园
威尔夏大道
华源二里
首科花园
太平里武警小区
信合嘉园
中新家园
茗筑大厦
京泽园
纯粹建舍
马连道茶叶一条街
京西站南路
红莲南路
西
乐城家园
宣武交通支队
宣武交通支队事故科
宣武交通支队执法站
宣武交通支队车管站
考拉社区
信德园
鸭子桥南里
首科花园D区
欧园
瑞莲家园
北欧印象
马连道欣园
康宁居
孟家桥村
国家公务员小区
嘉莲苑
三路居路
菜户营西路
丽泽路
丽泽北路
高楼
赵家营
丽泽雅园
骆驼湾
三路居
金中都城遗址
顺驰蓝调国际
金泰城
金泰城二号院
菜户营小区
天伦北里
鹏润家园
玉泉营桥
京开高速
菜户营桥
丽泽苑
水岸蓝桥
水头庄
水头庄南里
丰
台
万泉寺小区
金兴园
凤凰嘴村
中国戏曲学院
丰台工商局
北京市工商局商标协会执法监督大队
丰台区消费者协会
丰台交通支队执法站
丰台交通支队车管站
菜户营
万泉寺
西铁营桥
玉泉

宣武门西大街
宣武门
广信嘉园
北线阁街
广安门桥
广安门内大街
长椿街
骡马市大街
前门大街
凌云居
枫桦豪景
菜市口
南线北里
南线里
广安体育馆
西华经典
牛街西里一区
牛街东里一区
牛街西里二区
牛街东里二区
祥和家苑
春风小区
法源寺西里
法源寺
菜园北里
泰和嘉苑
枣林前街
南横西街
南横东街
广安门南滨河路
枣林西里
菜园东里
白广路西里
樱桃西里
白广路东里
白纸坊街道
右安门内大街
北京联大信息学院
双槐里
陶然居
贵仁居
儒福里
万寿公园
万和世家
凯迪·尚府
建功北里
白纸坊北里
白纸坊中里
恬心家园
白纸坊南里
新安北里
白纸坊桥
白纸坊西街
白纸坊东街
陶然亭路
都市晴园
建功东里
新安中里
宏建北里
光源里
泰然居
新安南里
信建里
宏建南里
清芷园
姚家井
一瓶兰亭
陶然湖景
荣宁园
南菜园
西城区人大
西城区政协
大观园
迎春里小区
右安东里
万博苑
陶然亭公园
中华家园
丰宣公园
右安门桥
右安门东滨河路
右安门西滨河路
开阳桥
洋桥北京南站
祥和苑
首都医科大学
玉林东里一区
右安雅林
开阳里一区
晨益安和
宏泰家园
开阳里七区
玉林里小区
悦馨轩小区
本色
开阳欣居
玉林里
开阳里三区
开阳里六区
鼎立家园
永乐居
北京南站（地下二层）
南站幸福路
幸福里
北广场
鼎立水岸
祖家庄
万芳桥
陶然桥
开阳路
菜市口大街
凉水河
西城区
宣武区
丰台区

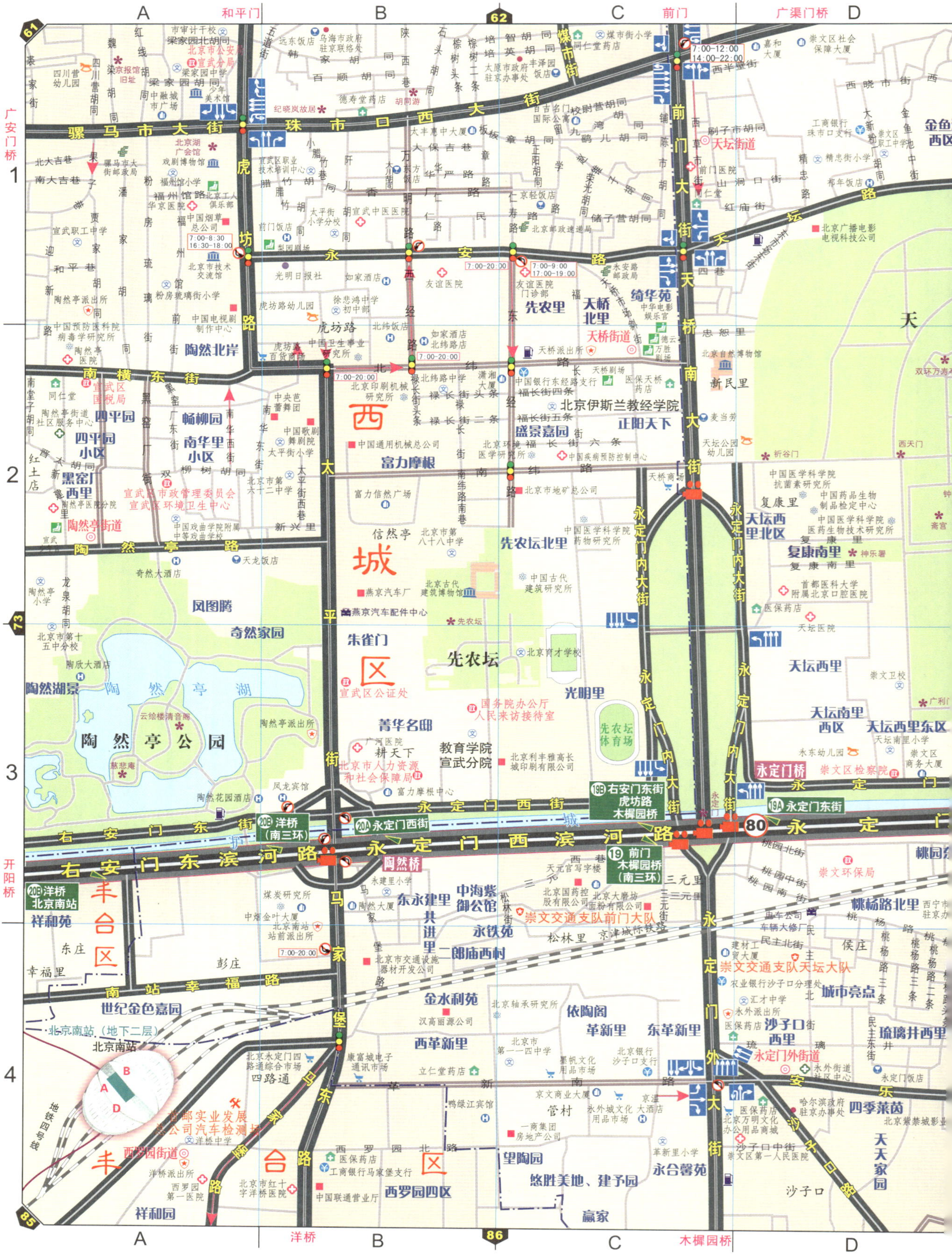
A
B
C
D
1
2
3
4
61
62
73
85
86
80
和平门
前门
广渠门桥
广安门桥
开阳桥
洋桥
木樨园桥
西城区
丰台区
骡马市大街
珠市口西大街
虎坊路
永安路
南横东街
陶然亭路
前门大街
天桥南大街
永定门内大街
永定门西街
永定门东街
右安门东街
右安门东滨河路
永定门西滨河路
马家堡东路
南站幸福路
永定门外大街
南新华街
天坛路
先农坛
先农坛体育场
陶然亭公园
陶然亭湖
陶然湖景
云绘楼清音阁
慈悲庵
陶然北岸
陶然桥
凤图腾
奇然家园
朱雀门
菁华名邸
教育学院宣武分院
富力摩根
盛景嘉园
北京伊斯兰教经学院
正阳天下
天桥北里
先农里
绮华苑
天桥街道
陶然亭街道
天坛街道
西罗园街道
永定门外街道
四平园小区
南华里小区
畅柳园
黑窑厂西里
先农坛北里
光明里
天坛西里
天坛南里西区
天坛西里东区
复康南里
天坛西里北区
中海紫御公馆
东永建里
共进里
二郎庙西村
永铁苑
金水利苑
世纪金色嘉园
依陶阁
革新里
东革新里
西革新里
沙子口西里
琉璃井西里
桃杨路北里
城市亮点
四季革茵
望陶园
悠胜美地、建予园
永合馨苑
西罗园四区
祥和园
祥和苑
北京南站
北京南站（地下二层）
地铁四号线
京沪城际铁路
松林里
彭庄
东庄
幸福里
侯庄
赢家
沙子口
管村
永定门桥
19A 永定门东街
19B 右安门东街 虎坊路 木樨园桥
19 前门 木樨园桥（南三环）
20A 永定门西街
20B 洋桥（南三环）
20B 洋桥 北京南站
宣武区公证处
国务院办公厅人民来访接待室
北京市人力资源和社会保障局
崇文交通支队前门大队
崇文交通支队天坛大队
首邮实业发展总公司汽车检测场
宣武区市政管理委员会
宣武区环境卫生中心
北京自然博物馆
北京古代建筑博物馆
北京育才学校
中国古代建筑研究所
7:00-12:00
14:00-22:00
7:00-8:30
16:30-18:00
7:00-20:00
7:00-9:00
17:00-19:00

A
B
C
D
崇文门
63
64
76
87
88
1
2
3
4
幸福家园
保利蔷薇
培新小区
安化南里
FREE自由季
幸福北里
光明里
绿景苑
新京家园
信用北里
法华南里
南岗子
天坛公馆
幸福南里
光明南里
金鱼池东区
东城
天坛公园
祈年殿
七十二长廊
七星石
皇穹宇
圜丘
北京市园林局花卉管理处
天坛东里北区
天坛东门
东四块玉北街
北京体育馆
国家体总训练局
国家体育总局
中华全国体育总会
体育馆路
光明路
光明桥
火桥北里
崇文区市政管理委员会
龙潭西里
龙潭西湖公园
东四块玉
天坛东里
天坛体育场
崇文区发展和改革委员会
北京武术学院
长青园
鸿运花园
龙潭公寓
天坛东里中区
天坛南里
天坛东里南区
天坛南里东区
龙潭湖
百果园
永定门东街
东滨河路
玉蜓公园
18 前门 天坛 赵公口桥
17 刘家窑桥
17 崇文门
景泰桥
60
玉蜓桥
16 方庄
左安门西滨河路
左安门桥
芳古路
龙珠公寓
甲方乙方
芳城园一区
芳古园一区
芳古园二区
蒲黄榆三里
蒲黄榆二里
李村北里
郭庄北里
蒲黄榆四里
李村东里
北京联合大学特殊教育学院
蒲黄榆五里
蒲安北里
新时代中心
6060新世纪
方庄体育公园
芳城园二区
芳城园三区
北京市住房基金管理中心
丰台
区
安乐林公园
李村南里
安乐林路
蒲方路
芳古园一区
时代芳群
芳星园二区
芳星园一区
景泰嘉园
景泰东里
蒲安西里
蒲安里
蒲安东里
蒲华园
芳群园一区
芳群园二区
芳群园三区
金荣园
新奥洋房
群星路
刘家窑桥

广渠门桥
双井桥
安化北里
夕照寺西里
夕照寺东里
富瑞苑
绿景苑
龙潭街道
板厂新里
城市复兴华城
光明东里
板厂南里
东城区
光明路
龙潭北里
五里屯
龙腾阁
龙潭路
龙潭湖公园
广渠门外南里
水上公园华城
劲松九区
劲松嘉园
劲松八区
劲松老年家园
劲松七区
潘家园东里
濠景阁
嘉禾园
潘家园南里
广和东里
鑫兆豪园
都市心屿
劲松二区
劲松一区
垂杨柳北里
垂杨柳西里
垂杨柳中里
垂杨柳东里
垂杨柳南里
劲松四区
劲松五区
劲松三区
劲松六区
国贸世纪公寓
劲松桥
光明桥(东二环)
窑洼湖桥(东四环)
潘家园路
潘家园桥
华威北里
华威里
华威西里
百环花园
翌景嘉园
华威桥
华威南里
博海家园
紫东苑
农光南里
建业苑
松榆西里
松榆公寓
四方桥(东三环)
左安门桥
左安门外关厢东里
左安东里
帝苑公寓
恰龙别墅
左安漪园
向新西里
左安西里
向新东里
龙潭湖方庄桥
方庄路
芳城园一区
芳城园三区
璞琨
芳城东里
芳赫苑
紫芳路
时代紫芳
紫芳竹园
紫芳园二区
紫芳园
弘善家园
嘉多丽园
广顺园
早安方庄
十里河桥
分钟寺桥
左安路十八里店北桥
京津塘高速北京经济技术开发区
东三环南路
大羊坊路
京津城际铁路
左安路
南三环东路
方庄桥
松榆北路
汉华苑
南新园
御景园
十里河
白墙子
弘善寺
天坛东路
玉蜓桥
丰台区
崇文区
朝阳区

A
B
C
D
65
大郊亭桥
66
1
2
3
4
78
89
90
80
小武基桥
垡头桥
五方桥
双井桥（东三环）广渠路（高碑店）
化工路劲松桥
化工大路华威桥
京哈高速
垡头小武基
窑洼湖桥
工大桥
四方桥
弘燕桥
浩然大厦
珠江帝景
欧堡
美罗城
美罗城购物中心
东都华腾国际公寓
CBD东都
北京内燃机总厂劳动服务公司配件一厂
北京市力达搬家服务公司
风度柏林
帝景博悦
北京吉普汽车有限公司
北京奔驰汽车公司
CBD传奇
北京市环达汽车改装厂
北京汽车检修有限公司
乐园公寓
东方雅苑
化工实验厂医院
北京化工实验厂
大郊亭商业街
大郊亭中路
朝阳区城管大队
乐园公寓
北京市市政工程管理处机械厂
宏文写字楼
友金大厦
万科蓝山
华腾新天地
东都影院
廊坊神龙消防器有限公司
北京松现泰昌装饰有限公司
大郊亭
北京普莱克斯实用气体有限公司
和众运输集团
北京吉普汽车公司
旭捷大厦
春宇幼儿园
人民日报社汽车修理厂
一汽轿车服务站
上海大众汽车维修站
北京汽车检修有限公司
化工机械厂
南磨房路
天客隆商务大厦
宏发装饰公司
禧福汇国际社区
北京市供电公司供电工程安装公司
北京恒安中医院
养生堂药房
南磨房地区
南磨房医院
平乐园小学
南磨房地区外来人口办证中心
南磨房派出所
中车汽修
窑洼村
农光东里
松云居
祥云新居
平乐园西小区
朝
虎城小区
磨房北里
华业国际中心
平乐园
南磨房幼儿园
平乐园北里
奥力化工厂
化工路
窑洼湖公园
窑洼湖
东三环南路
虎城中学
东磨房南街
武圣东路
郊亭街
通惠灌渠
北工大幼儿园
潘道庙
北工大路
北京工业大学建筑勘察设计院
金象大药房
北工大医院
祁家村
北京燕莎奥特莱斯购物中心
碧水云天宾馆
楼梓庄卫生院
华泰驾校
兴顺通物资公司
南楼梓庄北里
华瀚国际
紫南家园北区
世纪东方家园北区
武圣东里
磨房南里
武圣庙小学
万品嘉业市场有限公司
北京工业大学
华东汽配厂
北京工业大学体育馆
华威商场
建业大厦
北工大信息楼
北工大路
西大望路
华瀚商务中心
大柳树路
潘家园医院
京客隆
松榆里幼儿园
朝阳区市政管理委员会
南五圣庙
逸夫图书馆
南磨房中心小学
工大桥
铁科嘉鼎饭店
南磨房日货市场
楼梓庄
松榆公园
松榆东里邮政所
阳
同仁堂
北京工业大学（南校区）
世纪东方城南区
紫南家园南区
垂杨柳中学
中国银行松榆里分理处
松榆里小学
松榆里
松榆东里
潘家园街道
嘉事堂药房
首航超市
交通银行松榆里支行
中商和众旧货综合交易市场
双龙超市
南双龙路
弘高写字楼
南八里庄
美景东方
北京市小牛津双语幼儿园
南新园一区
京客隆双龙商场
双龙南里邮政所
建设银行
双龙南里
双龙医院
双龙南里警务工作室
双龙南里小学
双龙公园
朝阳区经济委员会
陕西建工集团总公司
北京欢乐谷
南新园二区
上海华联超市
双龙实验幼儿园
双龙小区
劲松职业高中
朝阳区质量技术监督局
朝阳区消费者协会
北京中加工商学院
世资学院
燕弘路
瑞之杰大厦
周庄嘉园北区
慈云嘉园
东区国际
南新园中路商务楼
山水文园
山水文园三区
欢乐1+2
周庄新村
区
西燕窝
四路通
大东方宾馆
南大山子
北京石油集团朝阳石油分公司
小武基路
萧太后河
弘燕桥建材市场
周庄嘉园南区
果园新村
满井
家和家美
欢乐谷之窗
河奇石花卉城
弘燕水果市场
新升小学
南新园东路
西燕东街

中车汽车修理厂
双环汽车修理厂
北京市化工二厂
北京市物资储备总公司百子湾公司
北京市广渠路商业储运公司
小海子
广渠东路
石板房
观音堂小学
观音堂中路
观音景园
北京有机化工厂
住总大华租赁公司
官庄村
安德鲁斯庄园西区
安德鲁斯庄园
朝
城建集团
观音堂
英丽双语幼儿园
北京市第八十一中学
唐新村
官庄
官庄市场
官庄小学
东南郊灌渠
城建八道桥工程职工培训中心
桓兴肿瘤医院
慈济大爱医院
百子湾站
古塔郊野公园
紫南家园北区
华瀚商务中心
大柳树
南百子湾
官庄路
化工路
田华小学
大柳树路
紫南家园南区
北京市朝阳桓兴肿瘤医院
大柳树医院
百子湾货场
百子湾货站劳动服务局
王四营路
南楼梓庄
小武基路
大柳树
古玩城古典家具公司
金蝉西路
CBD 高尔夫俱乐部
厚俸桥
百子湾医院
金柳建材市场
垡头桥
四方桥
京哈高速公路
北京欢乐谷
G1 垡头
G1 高碑店路（王四营）
华侨城生活艺术馆
格林莱雅
厚俸村
金蝉北里
化工路医院
垡头北里
陶庄公园
陶庄路
北京市燃气集团燃气输配分公司
华侨城大剧院
小武基不锈钢市场
维吉奥广场
垡头街道
厚俸金蝉北路
垡头路
北京华侨城
金蝉里
陶庄
电信工程局管线总公司
白玉食品公司
燕窝
邱家庄
中轩联通垡头电话局
金蝉路
垡头街
华兴联经贸公司
垡头西里
华宇明珠
北京市化工学校
垡头中学
金蝉中路
北京市糖业烟酒公司食糖经营公司
垡头主题社区
金蝉南路
垡头小学
北京市第十针织厂
北京联大生化学工程学院

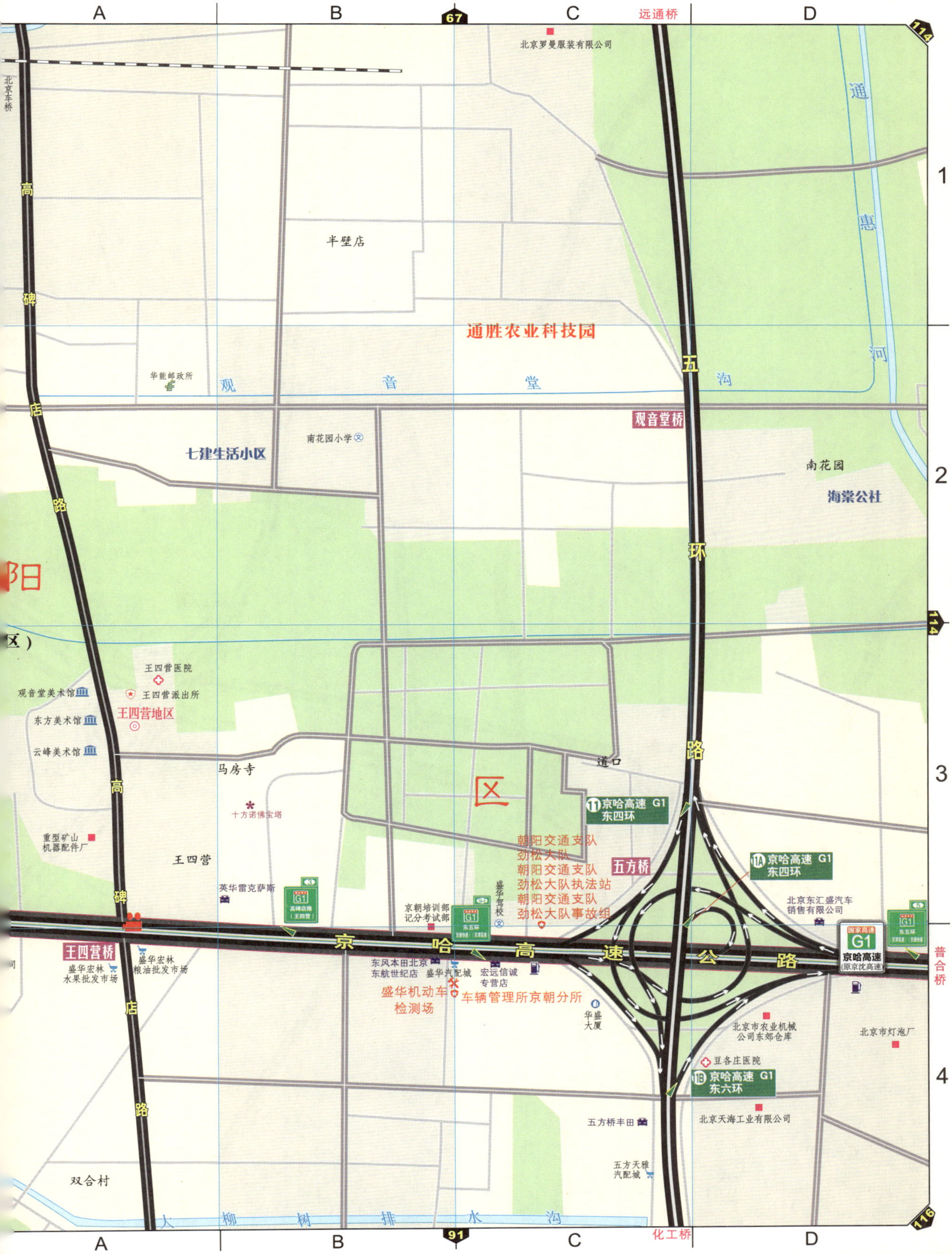
A
B
C
D
67
远通桥
114
北京罗曼服装有限公司
北京车桥
高碑店路
半壁店
通惠河
通胜农业科技园
华能邮政所
观音堂沟
五环路
观音堂桥
南花园小学
七建生活小区
南花园
海棠公社
阳
区）
王四营医院
观音堂美术馆
王四营派出所
王四营地区
东方美术馆
云峰美术馆
马房寺
道口
十方诸佛宝塔
区
京哈高速 G1 东四环
重型矿山机器配件厂
朝阳交通支队劲松大队
朝阳交通支队劲松大队执法站
朝阳交通支队劲松大队事故组
五方桥
王四营
英华雷克萨斯
京朝培训部记分考试部
盛华驾校
北京东汇盛汽车销售有限公司
京哈高速公路
G1 京哈高速 (原京沈高速)
王四营桥
盛华宏林水果批发市场
盛华宏林粮油批发市场
东风本田北京东航世纪店
盛华汽配城
宏远信诚专营店
盛华机动车检测场
车辆管理所京朝分所
华盛大厦
北京市农业机械公司东郊仓库
北京市灯泡厂
豆各庄医院
京哈高速 G1 东六环
五方桥丰田
北京天海工业有限公司
五方天雅汽配城
双合村
大柳树排水沟
91
化工桥
116
普合桥
1
2
3
4

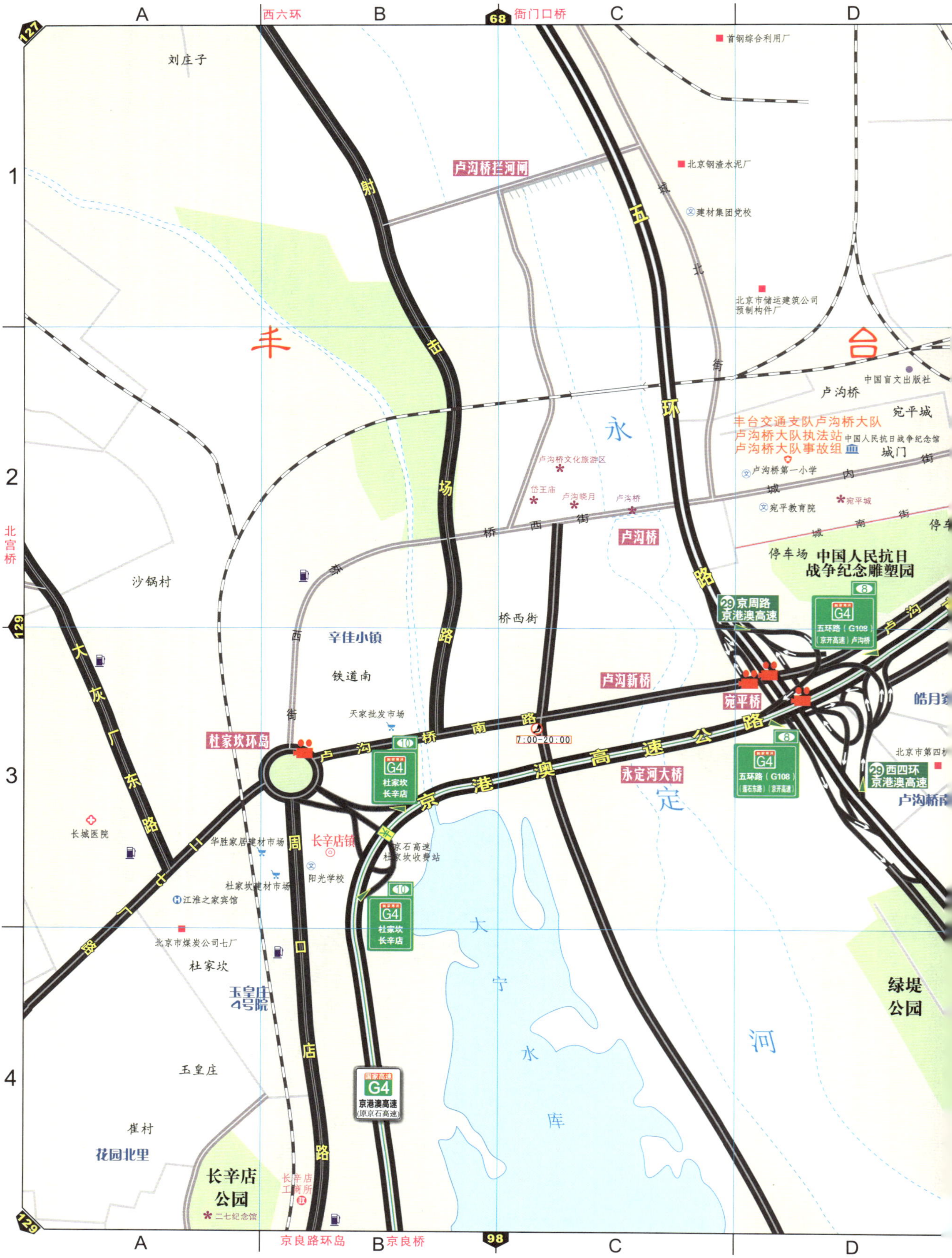
A
西六环
B
68 衙门口桥
C
D
127
刘庄子
首钢综合利用厂
卢沟桥拦河闸
北京钢渣水泥厂
建材集团党校
射
五
城
北
北京市储运建筑公司
预制构件厂
丰
台
市
街
中国盲文出版社
卢沟桥
宛平城
永
环
丰台交通支队卢沟桥大队
卢沟桥大队执法站
卢沟桥大队事故组
中国人民抗日战争纪念馆
城门
卢沟桥文化旅游区
卢沟桥第一小学
内
场
岱王庙
卢沟晓月
卢沟桥
宛平城
宛平教育院
桥
西
街
城
南
街
北宫桥
卢沟桥
停车场
中国人民抗日战争纪念雕塑园
沙锅村
桥西街
29 京周路
京港澳高速
G4
五环路（G108）
129
大
西
辛佳小镇
路
铁道南
卢沟新桥
宛平桥
皓月
灰
街
天家批发市场
路
7:00-20:00
杜家坎环岛
卢
沟
桥
南
公
路
G4 杜家坎 长辛店
高
速
8
G4 五环路（G108）
北京市第四
1
2
3
4
厂
京
港
澳
永定河大桥
29 西四环 京港澳高速
卢沟桥南
东
定
长城医院
路
华胜家居建材市场
周
长辛店镇
京石高速
杜家坎收费站
七
杜家坎建材市场
阳光学校
江淮之家宾馆
G4 杜家坎 长辛店
大
北京市煤炭公司七厂
口
杜家坎
宁
绿堤
公园
路
玉皇庄4号院
水
河
店
玉皇庄
国家高速
G4
京港澳高速
（原京石高速）
崔村
库
花园北里
路
长辛店公园
长辛店工商所
二七纪念馆
129
A
京良路环岛
B 京良桥
98
C
D

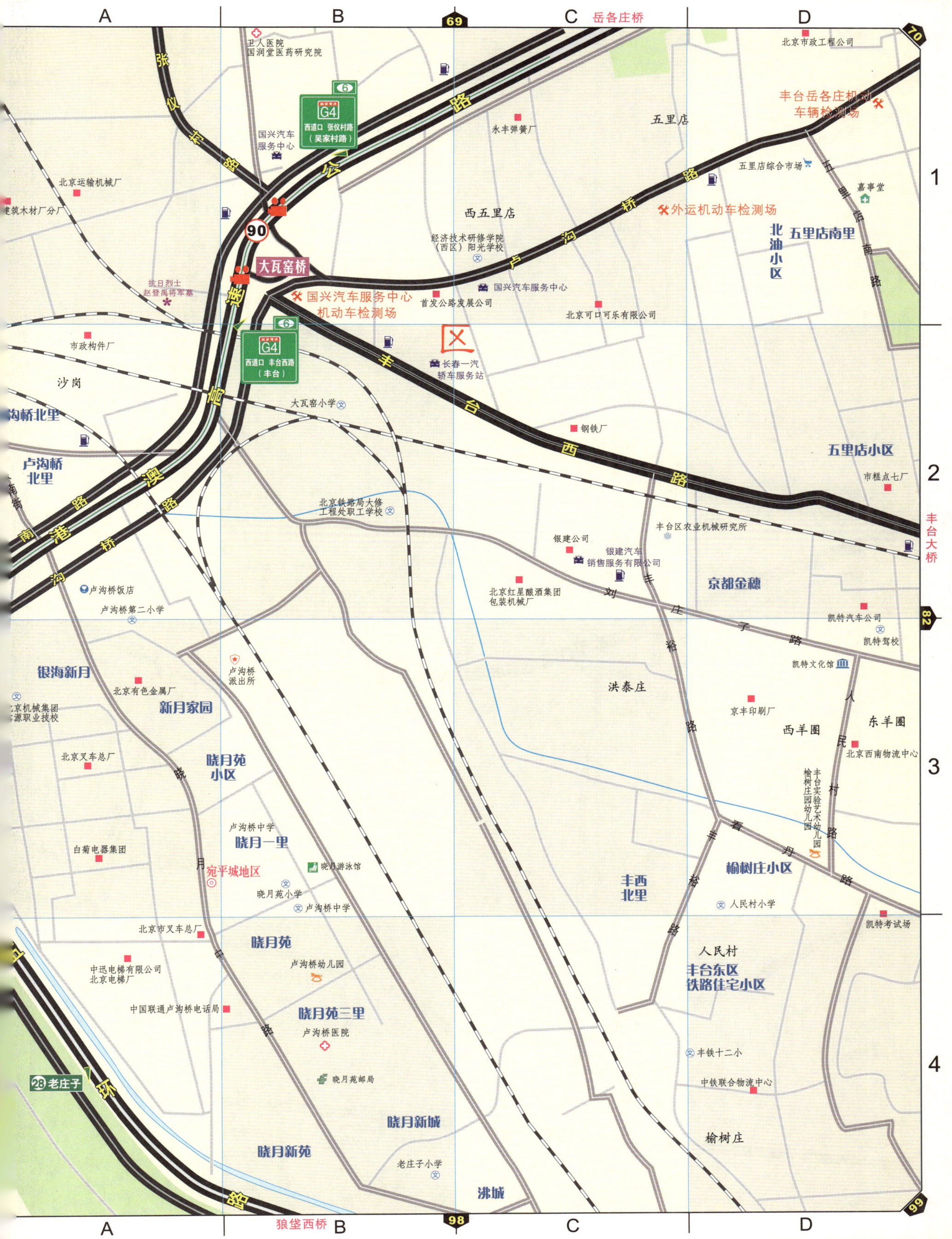
岳各庄桥
卫人医院
国润堂医药研究院
北京市政工程公司
丰台岳各庄机动车辆检测场
五里店
永丰弹簧厂
国兴汽车服务中心
北京运输机械厂
五里店综合市场
嘉事堂
西五里店
外运机动车检测场
北油小区
五里店南里
经济技术研修学院（西区）阳光学校
大瓦窑桥
抗日烈士赵登禹将军墓
国兴汽车服务中心机动车检测场
首发公路发展公司
国兴汽车服务中心
北京可口可乐有限公司
市政构件厂
长春一汽轿车服务站
沙岗
大瓦窑小学
钢铁厂
卢沟桥北里
五里店小区
市糕点七厂
北京铁路局大修工程处职工学校
丰台区农业机械研究所
丰台大桥
银建公司
银建汽车销售服务有限公司
北京红星酿酒集团包装机械厂
京都金穗
卢沟桥饭店
卢沟桥第二小学
凯特汽车公司
凯特驾校
凯特文化馆
银海新月
卢沟桥派出所
洪泰庄
北京有色金属厂
新月家园
京丰印刷厂
西羊圈
东羊圈
北京西南物流中心
北京叉车总厂
晓月苑小区
丰台实验艺术幼儿园
榆树庄园幼儿园
卢沟桥中学
晓月一里
白菊电器集团
晓月游泳馆
榆树庄小区
宛平城地区
丰西北里
晓月苑小学
卢沟桥中学
人民村小学
凯特考试场
北京市叉车总厂
晓月苑
人民村
中迅电梯有限公司
北京电梯厂
卢沟桥幼儿园
丰台东区铁路住宅小区
中国联通卢沟桥电话局
晓月苑三里
卢沟桥医院
丰铁十二小
老庄子
晓月苑邮局
中铁联合物流中心
晓月新城
榆树庄
晓月新苑
老庄子小学
狒城
狼垡西桥

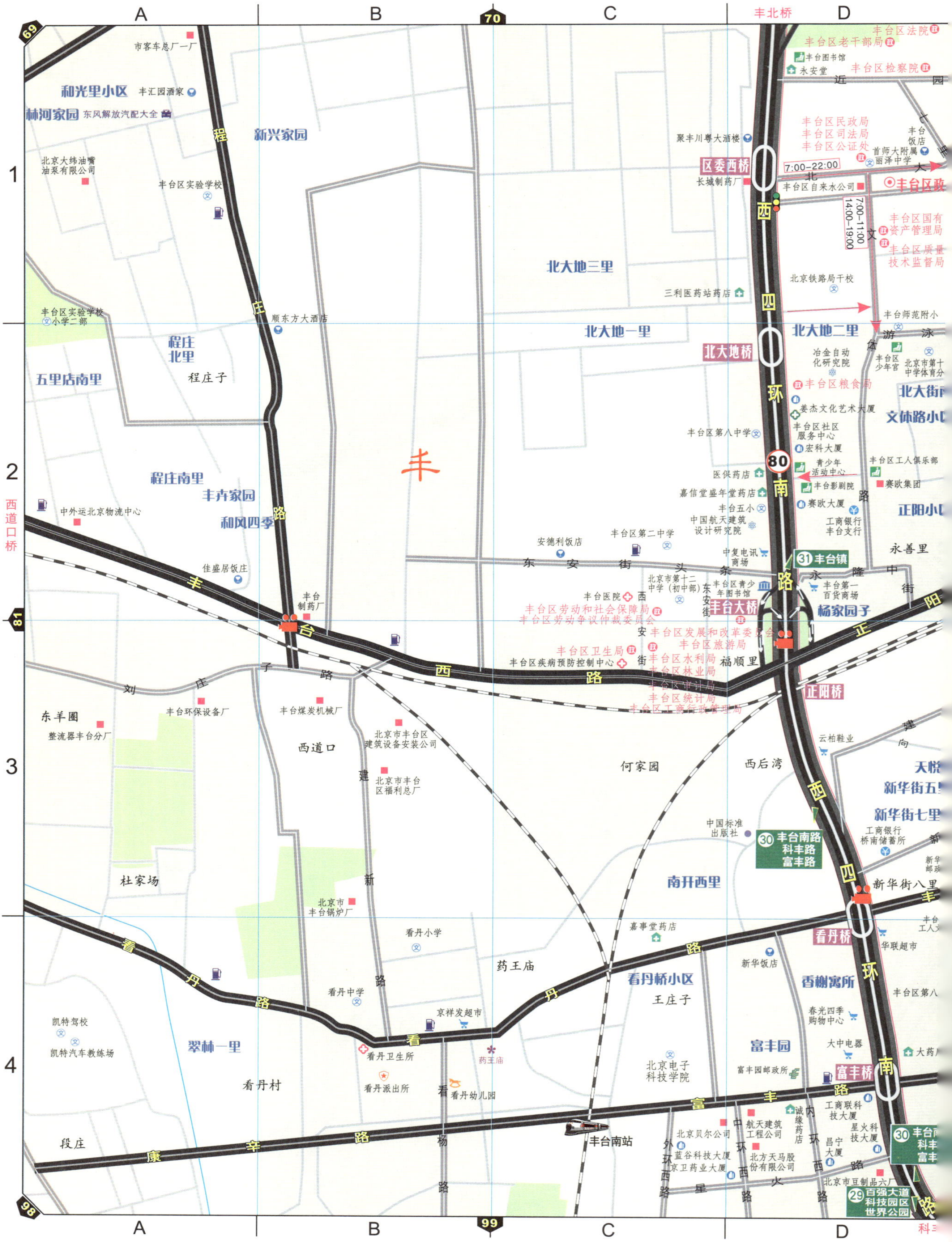

A
B
C
D
1
2
3
4
69
70
81
98
99
丰北桥
市客车总厂一厂
和光里小区
丰汇园酒家
林河家园
东风解放汽配大全
新兴家园
程
庄
路
北京大纬油嘴油泵有限公司
丰台区实验学校
丰台区实验学校小学二部
顺东方大酒店
程庄北里
程庄子
五里店南里
程庄南里
丰卉家园
和风四季
中外运北京物流中心
西道口桥
佳盛居饭庄
丰台制药厂
丰
台
西
路
刘
庄
子
东羊圈
丰台环保设备厂
丰台煤炭机械厂
整流器丰台分厂
西道口
北京市丰台区建筑设备安装公司
北京市丰台区福利总厂
建
新
杜家场
北京市丰台锅炉厂
看丹小学
看丹中学
药王庙
看
丹
京祥发超市
凯特驾校
凯特汽车教练场
翠林一里
看丹卫生所
看丹派出所
看丹幼儿园
看丹村
段庄
康
辛
富
杨
丰台南站
北大地三里
北大地一里
三利医药站药店
聚丰川粤大酒楼
区委西桥
长城制药厂
北大地桥
丰台区第八中学
医保药店
嘉信堂盛年堂药店
丰台五小
中国航天建筑设计研究院
安德利饭店
丰台区第二中学
东
安
街
头
条
中复电讯商场
北京市第十二中学（初中部）
丰台区青少年图书馆
丰台医院
丰台区劳动和社会保障局
丰台区劳动争议仲裁委员会
丰台大桥
丰台区发展和改革委员会
丰台区旅游局
丰台区卫生局
丰台区水利局
丰台区林业局
丰台区审计局
丰台区统计局
丰台区工商行政管理局
丰台区疾病预防控制中心
福顺里
何家园
西后湾
中国标准出版社
南开西里
嘉事堂药店
看丹桥小区
新华饭店
王庄子
香榭寓所
富丰园
北京电子科技学院
富丰园邮政所
北京贝尔公司
蓝谷科技大厦
京卫药业大厦
中航天建筑工程公司
北方天马股份有限公司
诚缘药店
昌宁大厦
星火科技大厦
工商联科技大厦
北京市豆制品六厂
外
环
西
内
星
火
路
西
四
环
南
80
丰台区法院
丰台区老干部局
丰台图书馆
永安堂
丰台区检察院
近
园
丰台区民政局
丰台区司法局
丰台区公证处
丰台饭店
首师大附属丽泽中学
7:00–22:00
北
大
丰台区自来水公司
丰台区政府
7:00–11:00
14:00–19:00
文
丰台区国有资产管理局
丰台区质量技术监督局
北京铁路局干校
丰台师范附小
游
泳
北大地二里
冶金自动化研究院
丰台区少年宫
北京市第十中学体育分
丰台区粮食局
北大街
姜杰文化艺术大厦
文体路小
丰台区社区服务中心
宏科大厦
青少年活动中心
丰台区工人俱乐部
丰台影剧院
赛欧集团
赛欧大厦
正阳小
工商银行丰台支行
31 丰台镇
永善里
永
隆
中
街
丰台第一百货商场
杨家园子
阳
正
正阳桥
云柏鞋业
建
向
天悦
新华街五
新华街七里
工商银行桥南储蓄所
新华邮
30 丰台南路 科丰路 富丰路
新华街八里
丰台工人
看丹桥
华联超市
丰台区第八
春光四季购物中心
大中电器
大药
富丰桥
30 丰台 科丰 富丰
29 百强大道 科技园区 世界公园
科丰

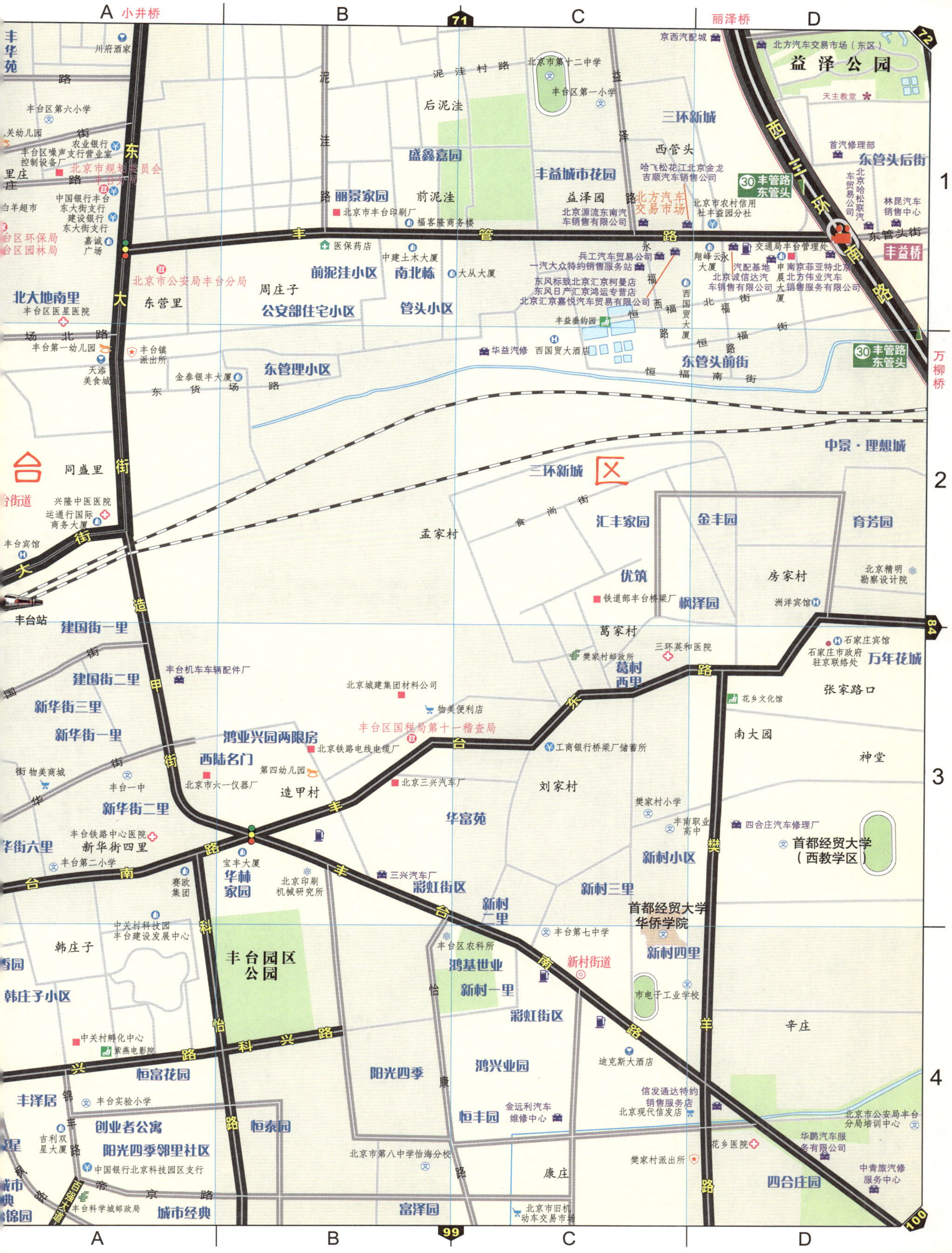

A 小井桥
B
C
丽泽桥
D
71
72
84
99
100
1
2
3
4
丰华苑
川府酒家
路
丰台区第六小学
关幼儿园
街
农业银行丰台支行营业室
丰台区噪声控制设备厂
北京市规划委员会丰台分局
里庄
中国银行丰台东大街支行
建设银行东大街支行
丰台区环保局
丰台区园林局
嘉诚广场
东
大
街
北大地南里
丰台区医星医院
东营里
北京市公安局丰台分局
场
北
路
丰台第一幼儿园
丰台镇派出所
天添美食城
金泰银丰大厦
东
货
场
路
东管理小区
泥
洼
路
泥洼村路
后泥洼
盛鑫嘉园
丽景家园
前泥洼
北京市丰台印刷厂
福客隆商务楼
丰
管
路
医保药店
中建土木大厦
前泥洼小区
南北栋
大从大厦
周庄子
公安部住宅小区
管头小区
北京市第十二中学
丰台区第一小学
三环新城
益
泽
路
西管头
丰益城市花园
益泽园
哈飞松花江北京金龙吉顺汽车销售公司
北方汽车交易市场
北京源流东南汽车销售有限公司
京西汽配城
北方汽车交易市场（东区）
益泽公园
天主教堂
首汽修理部
东管头后街
北京市农村信用社丰益园分社
北京贸易公司哈松汽
林昆汽车销售中心
30 丰管路东管头
东管头街
丰益桥
西三环南路
兵工汽车贸易公司
一汽大众特约销售服务站
东风标致北京汇京柯曼店
东风日产汇京鸿运专营店
北京汇京嘉悦汽车贸易有限公司
永
福
西
福
恒
丰益垂钓园
西国贸大厦
翔峰云大厦
永
汽配基地
北京诚信达汽车销售有限公司
交通局丰台管理处
南京菲亚特北京晨北方伟业汽车大销售服务有限公司
北
福
街
华益汽修
西国贸大酒店
恒
福
南
街
东管头前街
30 丰管路东管头
万柳桥
中景·理想城
台
同盛里
街道
兴隆中医医院
运通行国际商务大厦
丰台宾馆
大
街
丰台站
三环新城
区
食
尚
街
孟家村
汇丰家园
金丰园
育芳园
优筑
房家村
北京精明勘察设计院
洲洋宾馆
铁道部丰台桥梁厂
枫泽园
葛家村
建国街一里
街
建国街二里
丰台机车车辆配件厂
北京城建集团材料公司
三环英和医院
樊家村邮政所
葛村西里
路
石家庄宾馆
石家庄市政府驻京联络处
万年花城
张家路口
新华街三里
新华街一里
物美便利店
丰台区国税局第十一稽查局
鸿业兴园两限房
北京铁路电线电缆厂
台
工商银行桥梁厂储蓄所
花乡文化馆
南大园
神堂
西陆名门
第四幼儿园
北京市六一仪器厂
造甲村
北京三兴汽车厂
刘家村
物美商城
丰台一中
新华街二里
华富苑
樊家村小学
丰南职业高中
四合庄汽车修理厂
首都经贸大学（西教学区）
丰台铁路中心医院
新华街四里
华街六里
丰台第二小学
宝丰大厦
华林家园
北京印刷机械研究所
三兴汽车厂
彩虹街区
新村二里
新村三里
新村小区
樊
羊
路
首都经贸大学华侨学院
赛欧集团
南
台
科
中关村科技园丰台建设发展中心
丰台区农科所
丰台第七中学
新村街道
新村四里
韩庄子
丰台园区公园
鸿基世业
新村一里
韩庄子小区
市电子工业学校
恰
彩虹街区
辛庄
中关村孵化中心
紫燕电影院
科
兴
路
恒富花园
阳光四季
鸿兴业园
迪克斯大酒店
康
丰泽居
锦
丰台实验小学
创业者公寓
恒泰园
恒丰园
金远利汽车维修中心
信发通达特约销售服务店
北京现代信发店
北京市公安局丰台分局培训中心
吉利双星大厦
阳光四季邻里社区
北京市第八中学怡海分校
花乡医院
华鹏汽车服务有限公司
樊家村派出所
中青旅汽修服务中心
中国银行北京科技园区支行
帝
京
路
康庄
四合庄园
丰台科学城邮政局
城市经典
富洋园
北京市旧机动车交易市场

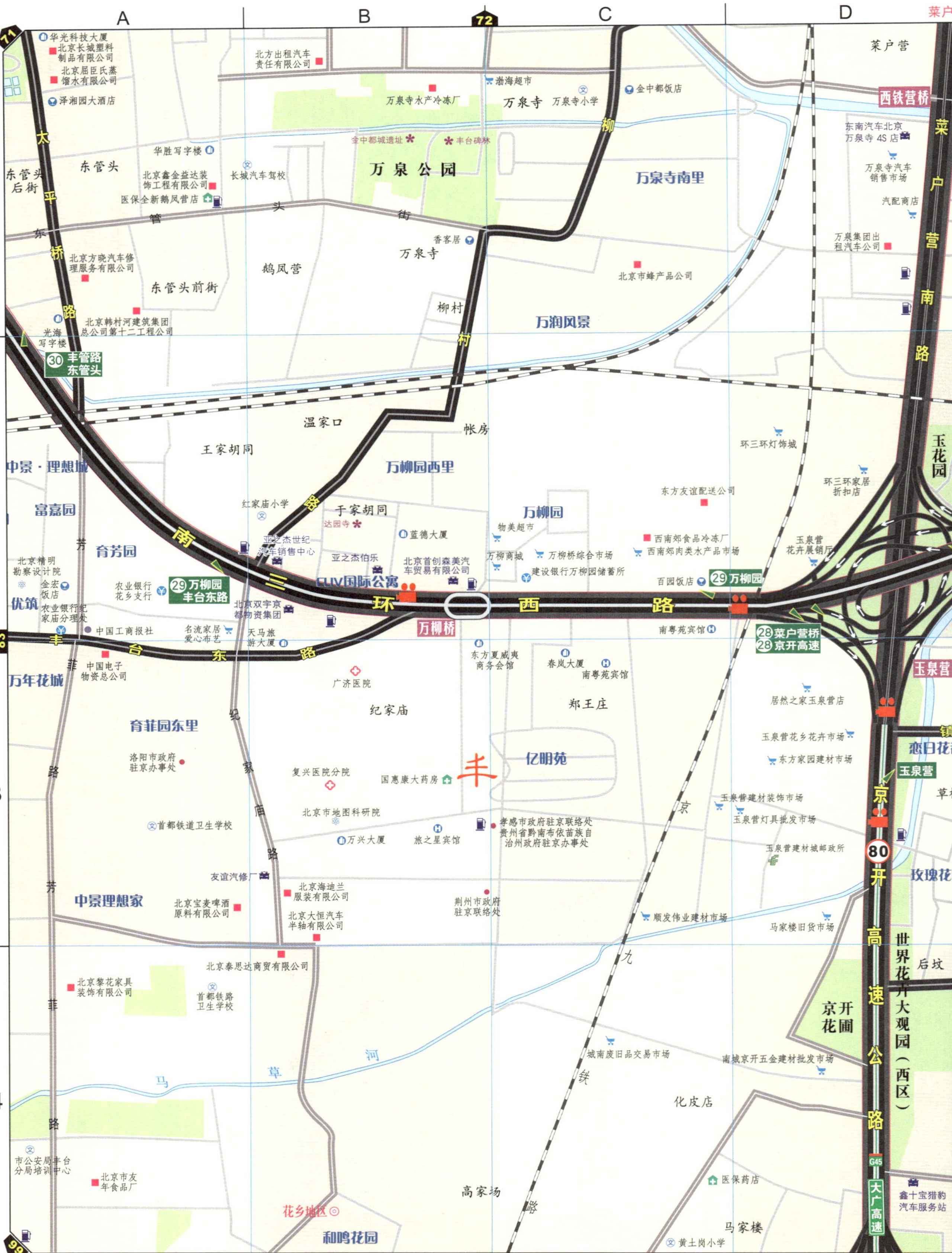

华光科技大厦
北京长城塑料制品有限公司
北京居臣氏蒸馏水有限公司
泽湘园大酒店
北方出租汽车责任有限公司
渤海超市
万泉寺水产冷冻厂
万泉寺
万泉寺小学
金中都饭店
菜户营
西铁营桥
东南汽车北京万泉寺4S店
金中都城遗址
丰台碑林
万泉公园
华胜写字楼
东管头
东管头后街
北京鑫金益达装饰工程有限公司
长城汽车驾校
万泉寺南里
万泉寺汽车销售市场
汽配商店
医保全新鹅凤营店
管头街
香客居
万泉寺
北京方晓汽车修理服务有限公司
鹅凤营
东管头前街
北京市蜂产品公司
万泉集团出租汽车公司
柳村
北京韩村河建筑集团总公司第十二工程公司
光海写字楼
万润风景
丰益桥
30 丰管路 东管头
太平桥路
柳村路
菜户营南路
温家口
帐房
王家胡同
环三环灯饰城
中景·理想城
万柳园西里
玉花园
环三环家居折扣店
富嘉园
红家庙小学
于家胡同
东方友谊配送公司
达园寺
万柳园
亚之杰世纪汽车销售中心
蓝德大厦
物美超市
西南郊食品冷冻厂
玉泉营花卉展销厅
育芳园
北京情明勘察设计院
亚之杰伯乐
北京首创森美汽车贸易有限公司
万柳商城
万柳桥综合市场
西南郊肉类水产品市场
金宏饭店
农业银行花乡支行
29 万柳园 丰台东路
EUV国际公寓
建设银行万柳园储蓄所
百园饭店
29 万柳园
优筑
农业银行纪家庙分理处
北京双宇京都物资集团
南三环西路
万柳桥
南粤苑宾馆
28 菜户营桥
28 京开高速
中国工商报社
名流家居爱心布艺
天马旅游大厦
丰台东路
东方夏威夷商务会馆
春岚大厦
南粤苑宾馆
玉泉营
万年花城
中国电子物资总公司
广济医院
纪家庙
郑王庄
居然之家玉泉营店
育菲园东里
玉泉营花乡花卉市场
恋日花
洛阳市政府驻京办事处
亿明苑
东方家园建材市场
复兴医院分院
国惠康大药房
丰
玉泉营
芳菲路
纪家庙路
玉泉营建材装饰市场
玉泉营灯具批发市场
北京市地图科研院
孝感市政府驻京联络处
贵州省黔南布依苗族自治州政府驻京办事处
首都铁道卫生学校
万兴大厦
旅之星宾馆
玉泉营建材城邮政所
80
友谊汽修厂
北京海迪兰服装有限公司
玫瑰花
中景理想家
北京宝麦啤酒原料有限公司
荆州市政府驻京联络处
顺发伟业建材市场
马家楼旧货市场
北京大恒汽车半轴有限公司
京开高速公路
世界花卉大观园（西区）
后坟
北京泰思达商贸有限公司
北京黎花家具装饰有限公司
首都铁路卫生学校
京开花圃
马草河
城南废旧品交易市场
南城京开五金建材批发市场
京九铁路
化皮店
市公安局丰台分局培训中心
北京市友年食品厂
医保药店
鑫十宝猎豹汽车服务站
G45 大广高速
高家场
花乡地区
和鸣花园
马家楼
黄土岗小学
新发地桥
71 72 83 99 100

A
B
C
D
1
2
3
4
73
74
80
60
86
100
101
开阳桥
霍道口
祖家庄
7:00-20:00
17:00-19:00
辽金城垣博物馆
玉林南路
金中都水关遗址
凉水河
鼎立家园
经纬超市
嘉特美公馆
鼎立水岸
百合园
翠林一里
晟丰阁
大中电器
北京古艺家具厂
西铁匠营
西铁匠营小学
释迦寺
右安门医院
国际贸易工程设计研究院
首都医科大学附属中学
翠林二里
西罗园四小
北京城市改建综合开发总公司
和平医院
华商科技大厦
翠林三里
翠林小学
万芳亭公园
南洋西里邮政所
西铁营社区卫生服务中心
右安门
南河沿
右安门街道
翠林里邮政所
27 嘉园路 马家堡西路
25 陶然桥 公益东桥 （南四环）
洋桥
汽修厂
北京牛氏山川汽车修理有限公司
华藏医院
吉祥园酒家
北京市路达汽车修理部
万芳桥
北京北方瑞通车辆销售服务有限公司
戏校排演场
嘉百佳超市
中顶村
中顶庙
家乐福（马家堡店）
搜宝国际中心
北方车辆大世界
右安南桥
马家堡安居小区
嘉园一里
27 右安门桥 马家堡西路 嘉园路
南三环西路
马家堡
未来明珠
马家堡西里
北京市公路局施工二处
运通行大厦
花园花卉市场
东风悦达·起亚 北京中企欣源专营店
丰田汽车修理中心
玉泉营花卉展销厅
永安堂
玺萌鹏苑
嘉园一里
升华电梯有限公司
马家堡
奥德行丰田
金太阳汽修站
嘉园小学
物美超市
马家堡小学
马家堡邮政所
苏宁电器
菜户营桥 京开高速
三元食品有限公司乳品厂
玺萌大厦
南珠苑
嘉园北街
角门北路
易初莲花购物中心草桥店
玉安园
美廉美超市
北京博爱医院（西区）
北京博爱医院
角门邮政所
北京矿冶研究总院二部
丰台区妇幼保健医院
草桥市政府驻京办事处
晨光小区
角儿堡
嘉园第一幼儿园
晨新园
北甲地
嘉园二里
大中电器 冠军超市
嘉园实验艺术幼儿园
角门西里
风景CLUB
草桥实业公司
美丽愿景
和园居
赵禹登中学
天悦园饭店
梦潮海岸商务会馆
麦当劳生活超市
时代风帆大厦
康缘居
草桥欣园一区
北甲地家贸市场
北游车专修
玉泉营
镇国寺北街
嘉园中街
角门西
建设银行草桥支行
工商银行恋日嘉园分理处
星河城
明日东方商厦
旭日嘉园
马家堡派出所
北京市文物公司
台
草桥欣园三区
玉芳园
玺萌苑
星河城冬季星空
区
瑞丽江畔
草桥欣园四区
草桥小学
夏季星空
宝贝星河幼儿园
明日嘉园
草桥欣园
铭诚写字楼
镇国寺
玺萌公馆
嘉园三里
美廉美超市
北京市印刷一厂
马家堡街道
枫南世嘉
顺城彩色印刷有限公司
地铁四号线
赵村店
玉泉新园
大连海鲜家常菜
北京市第十二中初中分校
大台子
草桥欣园二区
角门路
嘉园南街
八方客餐厅
东镇国寺
汇丰汽配市场
恋日汽车用品配件一条街
名都家苑
角门小区
兴瑞家园
星河苑1号院
星河苑2号院
京市第二清洁车辆厂
青机动车检测场有限公司
草桥汇丰汽配城
东亚三环中心
北京市水产科学研究院
丰台师范附小城南校区
林枫花园
未来假日花园
城南嘉园
益星园
蓝光·云鼎
枫竹苑北路
公益西桥
未来假日大厦
博瑞雷克萨斯
城南嘉园益明园
仁庄子
名流未来大厦
城南嘉园益城园
世界花卉大观园
南国水乡美食广场
枫竹苑南路
南四环
马家堡西路
马家堡路
开阳路
嘉园路
草桥东路
右安门外大街
右安门外斜街
右安路
顶村路
菜户营

陶然桥
永定门桥
万芳桥
公益东桥
大红门桥
万芳亭公园
西罗园街道
洋桥派出所
西罗园第一医院
北京市红十字洋桥医院
医保药店
工商银行马家堡支行
中国联通营业厅
西罗园四区
悠胜美地、建予园
永合馨苑
双合家园
赢家
沙子口
天天家园
宝华里
洋和园
西罗园幼儿园
洋桥北里
北京市印刷物资公司
西罗园派出所
北京京仁医院
西罗园宾馆
西罗园邮政局
汇达公寓
风格景园
西罗园三区
西罗园二区
西罗园一区
东城
百荣世贸商城
育英幼儿园
洋桥东里
洋桥西里
南洋西里邮政所
康城药店
西罗园第一中学
西罗园第一医院
木樨园世贸商业中心
京明大厦
双城公寓
木樨园
24 永定门桥 大红门桥 南苑路 G104
25 陶然桥 公益东桥
洋桥
南三环西路
南三环中路
80
木樨园桥
北京市政工程构件厂
京鹰汽车修理厂
北京市戏曲学校
工商银行西罗园分理处
北方车辆大世界
西罗园医院
中国外运公司
大中电器
京华饭店
24 永定门桥 大红门桥 (南四环)
木樨园家具城
珠江骏景
海户屯
海户西里
马家堡东里
东丽温泉家园
马家堡
首座绿洲
西罗园小学
晓月楼酒家
北京京剧院
广东茂名大厦
京品小区
西罗园南里
华温宾馆
木樨园长途汽车站
高庄
角门北路
北京博爱医院
大中电器
图书音像城
衡水市政府驻京联络处
正旗大厦
富莱德大厦
京海饭店
洋桥大厦
北京同仁京苑医院
弘泰大厦
角门通信营业厅
角门中学
角门东里
百姓佳超市
中国肉类食品综合研究中心
惠普生大药房
小红帽艺术幼儿园
北京市糖业烟酒公司
丰台
京华苑
临泓路小区
鑫福里
丰台区河道管理所
市皮革工业研究所
四川广汉饭庄
小天使艺术学校角门小学
公安汽修厂
司达旅行车销售处
北旅汽车制造有限公司
临泓路
北旅幼儿园
中贸联万客隆
鑫宝苑
北京同仁京苑社区服务中心
福海公园
苏家坡小学
北京天海服装批发中心
城南诚服装市场
城南诚商贸大厦
新世纪
京温服装市场
大红门服装商贸城
果园
华祥轻纺市场
司达小区
西马场北里
西马场第一小学
绥化市政府驻京联络处
西马场路
鑫利厚农贸市场
怡然家园
大红门工商所
建欣苑
苗圃西里
苗圃东里
北京铁路工程公司
医保药店
红门鞋城
国家木材交易市场
远洋自然
北京市马家堡飞木材厂
西马小区
角门南路
北京市木材厂销售大厅
大李窑
宏才路
建欣路
春泽路
大红门二小
西马场邮政所
西马场南里二区
7克拉
上海建筑
大红门西路
北京韩建集团有限公司
工商银行（自助）
东门里
大红门西里
首氪国力超市
金润家园
琴溪香经
西马厂南里
点晶小镇
大红门路
北京市宏波电器厂
大红门汽修部
燕南菜市场
丰台交通支队
大红门大队
大红门大队执法站
大红门大队事故组
巨兴泰平价商场
大红门第一小学
大红门邮政所
北京市木材厂
8:00–18:00
7:00–21:00
7:00–20:00
西马场小区社区服务站
金润大厦
北京煤炭利用研究所
北京北方金泰开元汽车销售公司
枫竹苑
三星庄园
三星庄
新新天地
快乐洋城
南苑五金厂
槐房路
马家堡路
马家堡东路
南苑路
永定门外大街
高桥西里
南苑乡文化娱乐中心
南苑地区
航空宾馆
大红门南里
73
74
85
100
101

玉蜓桥
75
76
88
101
102
A
B
C
D
1
2
3
4
时代芳群
芳星园一区
新奥洋房
景泰嘉园
蒲安西里
蒲华园
蒲黄榆第二幼儿园
芳群园第一小学
芳群园一区
芳群园二区
培智中心学校
北京市第十八中学
芳星园
群星路
天奇宾馆
刘家堡邮政所
蒲黄榆医院
东铁匠营街道社区服务中心
金荣园
芳群园三区
芳星园邮政所
芳星园中学
北京现代职业学校(南校)
北京市第一零四中学
医保全新万事吉祥药店
中成宾馆
刘家窑南里
刘家窑东里
东铁营一中
金汇中心
方庄地区
芳群园邮政所
北京市方庄第一医院
市车辆购置附加费征费一所
芳庄第二幼儿园
定安里小学
崇文区人民法院
定安里
万事吉商城
东铁营第一小学
北京翔云电子设备厂
方庄派出所
芳群第二幼儿园
芳群园四区
芳星园三区
芳星园第二小学
东木樨园
工商银行东铁匠营分理处
城市印象
定安东里
广州本田方庄特约销售服务店
芳群公寓
太阳天地
交通银行天坛支行芳群园支行
北京鸿纳邮品股份有限公司
金容苑
方庄丰田
北京市汽车修理公司三工厂
东南汽车北京方庄店
镇江市政府驻京联络处
21 方庄 东铁营
消费日报社
东铁匠营街道
恒松园
北京市邮政科学研究所
南方证券大厦
方庄桥
定安西里
嘉事堂
东罗园幼儿园
红泥大酒店
22 玉蜓桥 南二环
南三环东路
东铁营桥
农业银行崇文支行
北京安达汽车修缮厂
岳阳大厦
赵公口桥
23 景泰桥 光彩体育馆
刘家窑
宋庄家园
大陆写字楼
横一条
世纪星
瑞新会馆
23 景泰桥 光彩体育馆
22 玉蜓桥 东铁营
刘家窑桥
东铁匠营工人文化宫
北京市建筑锁厂
筑梦缘
南方庄
状元城
安富大厦
同仁堂制药二厂
铁营医院
三
丰台交通支队
方庄大队
方庄大队执法站
方庄大队事故组
嘉业大厦
江西大厦
金方大厦
罗园小学
万方写字楼
龙腾写字楼
赵公口长途客运汽车站
刘家窑
丰台区第二税务局
中国农机技术推广培训中心
木樨园
北京供电公司修配厂
京南旅馆
一栋苑
北京市测绘仪器厂
北京建材轻钢制品厂
福臻家园
北京付佳泰新型蓬盖材料厂
中国通信建设总公司
东罗园
人民政协报社
同仁园
东铁匠营第二小学
安利平药店
正邦嘉园
医保药店
光彩北路
建州华府
北铁匠营
市应用职业技校
市木樨园体育运动技术学院
同仁堂制药厂
国家啮齿类实验动物种子中心
北京市体育科学研究院
贾家花园
北京天然保健品厂
地铁五号线
东铁营派出所
光彩体育馆
成寿寺
方南花园
金万林办公楼
铁营医院
北京市大宝化妆品有限公司
丰润世家
北京市环保设备厂
北京市恩布拉科雪花压缩机有限公司
鹤巢居
北京市汽车制动泵厂
北京市制革厂
化工大楼
华芳嘉园
北方运通汽车修理厂
丰台职工大学分部
五间楼
宋家庄经济适用房
北京化工原料公司
北京汽车仪表厂分厂
丰台区乾坤医院
北京市网球运动管理中心
东铁匠营
五岳大厦
顺八条
北京市万利特轻工机械厂
马村
石榴园医保药店
东铁营第二中学
白庙村
北京红狮涂料公司
石榴庄
攸馨家园
伊里兰服装有限公司
阳光小学
一楠苑
金丰苑
万科红狮限价房
阳光幼儿园
3G木兰
北京中铁联合购物中心
石榴园北里
扑满山
慧时欣园
嘉和人家
北京市利德标牌厂
区
石榴庄邮政局
石榴庄警务区
万科红
北京市肉联厂饲料加工厂
宋家庄
时村
大红门时村警务区
北京长征汽修厂
光彩家园
石榴园南里
政华家园
石榴庄卫生所
仁和堂药店
裕园居
鑫兆雅园
北京市南北方工程机械修理厂
石榴园西街
石榴园派出所
北京市出租汽车公司第二汽车修理厂
石榴园中心幼儿园
物美超市
南顶村路
北京市通达必胜粘合剂厂
石榴庄
辛集市政府驻京联络处
农业银行光彩分理处
光彩水产批发市场
北京市研制液压密封件厂
康泽园
北京大红门南郊冷冻厂
北京园方星轻钢龙骨厂
石榴庄小学
双庙村
彩虹城一区
北京宏顺木材加工厂
大红门亮驿商城
亮驿商城
彩虹城三区
石榴庄南街
六合庄路
北京月盛斋清真食品有限公司
日新家园
江河苑宾馆
顶秀欣园
彩虹城四区
北京开关厂电碳分厂
北京市兴华木器厂
朝阳区
世华水岸B区
北京第一实验小学
大红门
世华水岸C区
北京市金漆镶嵌厂
红寺村
北京市礼花厂
北京华都集邮用品厂
北京达轩涂料公司
北京市红门黄酒厂
北京长城开关厂
东后街
南四环东路
石榴庄公园
丰台国税局税务稽查四所
南四环中路
光彩路
蒲黄榆路
定安路
芳古路
宋庄路
凉水河

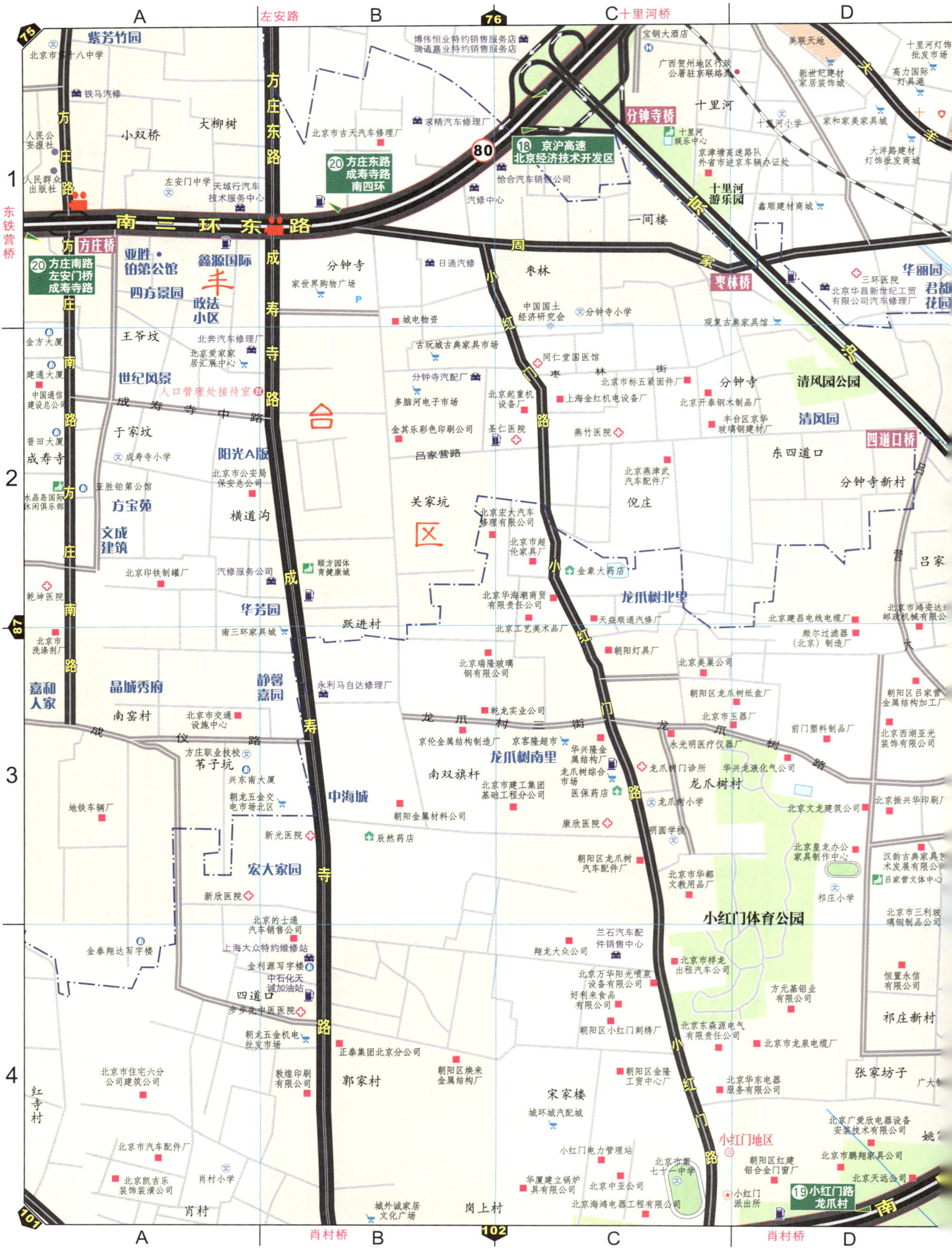

左安路
十里河桥
紫芳竹园
铁马汽修
方庄路
小双桥
大柳树
方庄东路
南三环东路
方庄桥
博伟恒业特约销售服务店
瑞通嘉业特约销售服务店
宝钢大酒店
广西贺州地区行政公署驻京联络处
美联天地
十里河灯饰批发市场
新世纪建材家居装饰城
高力国际灯具港
十里河
分钟寺桥
京沪高速 北京经济技术开发区
方庄东路 成寿寺路 南四环
恰合汽车销售公司
十里河小学
家和家美家具城
十里河娱乐中心
京津塘高速路队外省市进京车辆办证处
大洋路建材灯饰批发商城
十里河游乐园
鑫顺建材商城
一间楼
人民公安报社
人民群众出版社
左安门中学
天域行汽车技术服务中心
汽修中心
东铁营桥
亚胜·铂第公馆
鑫源国际
四方景园
政法小区
丰
分钟寺
家世界购物广场
日通汽修
周家
枣林
枣林桥
华丽园
君都花园
三环医院
北京华昌新世纪工贸有限公司汽车修理厂
方庄南路 左安门桥 成寿寺路
成寿寺路
小红门路
城电物资
中国国土经济研究会
分钟寺小学
观复古典家具馆
王爷坟
北奔汽车修理厂
北京爱家家居汇展中心
古玩城古典家具市场
同仁堂国医馆
世纪风景
人口管理处接待室
分钟寺汽配厂
枣林街
北京市标五紧固件厂
分钟寺
清风园公园
成寿寺中路
台
多脑河电子市场
北京起重机设备厂
上海金红机电设备厂
北京开泰钢木制品厂
丰台区京华玻璃钢建材厂
清风园
于家坟
金其乐彩色印刷公司
圣仁医院
燕竹医院
四道口桥
成寿寺
成寿寺小学
阳光A版
吕家营路
东四道口
亚胜铂第公馆
北京市公安局保安总公司
北京燕津武汽车配件厂
分钟寺新村
方宝苑
关家坑
北京宏大汽车修理有限公司
倪庄
文成建筑
横道沟
区
北京市起伦家具厂
颐方园体育健康城
北京印铁制罐厂
汽修服务公司
金象大药店
吕家营
乾坤医院
华芳园
北京华海潮商贸有限责任公司
龙爪树北里
北京建昌电线电缆厂
北京市鸿安达邮政机械有限公司
北京市洗涤剂厂
南三环家具城
跃进村
北京工艺美术品厂
天益顺通汽修厂
颇尔过滤器（北京）制造厂
朝阳灯具厂
北京瑞隆玻璃钢有限公司
北京美巢公司
嘉和人家
晶城秀府
静馨嘉园
永利马自达修理厂
朝阳区龙爪树纸盒厂
朝阳区吕家营金属结构加工厂
南窑村
北京市交通设施中心
乾龙实业公司
龙爪树三街
北京市玉器厂
前门塑料制品厂
北京西湖亚光装饰有限公司
成仪路
方庄职业技校
京伦金属结构制造厂
京客隆超市
华兴隆金属结构厂
永光明医疗仪器厂
龙爪树路
苇子坑
兴东南大厦
龙爪树南里
龙爪树综合市场
龙爪树门诊所
华兴龙液化气公司
南双旗杆
龙爪树村
地铁车辆厂
朝龙五金交电市场北区
中海城
北京市建工集团基础工程分公司
医保药店
龙爪树小学
北京文龙建筑公司
北京振兴华印刷厂
朝阳金属材料公司
新光医院
辰然药店
康欣医院
明圆学校
北京皇龙办公家具制作中心
汉韵古典家具艺术发展有限公司
宏大家园
朝阳区龙爪树汽车配件厂
北京市华都文教用品厂
吕家营文体中心
祁庄小学
新欣医院
小红门体育公园
北京市三利玻璃钢制品公司
北京的士通汽车销售公司
金泰翔达写字楼
上海大众特约维修站
兰石汽车配件销售中心
翔龙大众公司
北京市祥龙出租汽车公司
金利源写字楼
中石化天诚加油站
北京万华阳光喷泉设备有限公司
恒置永信有限公司
四道口
好利来食品有限公司
方元基铝业有限公司
步步先中医医院
朝阳区小红门刺绣厂
祁庄新村
朝龙五金机电批发市场
北京东森源电气有限责任公司
北京市龙泉电缆厂
正泰集团北京分公司
北京市住宅六分公司建筑公司
敦煌印刷有限公司
郭家村
朝阳区焕来金属结构厂
朝阳区金隆工贸中心厂
宋家楼
北京华东电器服务有限公司
张家坊子
红寺村
城环城汽配城
北京广爱欣电器设备安装技术有限公司
北京市汽车配件厂
小红门电力管理站
小红门地区
朝阳区红建铝合金门窗厂
北京市鹏翔家具公司
北京凯吉乐装饰装潢公司
肖村小学
北京市第七十一中学
华夏建立锅炉具有限公司
北京中亚公司
小红门派出所
北京天远公司
小红门路 龙爪村
南
肖村
城外诚家居文化广场
岗上村
北京海鸿电器工程有限公司
肖村桥

四方桥
77
78
90
102
103
荣华桥
大羊坊桥
大羊坊北桥
周庄家园
果园新村
满井
家和家美
林达海渔广场
15 垡头 小武基
欢乐谷之窗
东港厨房设备厂
小武基路
圣美印刷有限公司
新升小学
北京永衡真建筑材料检测公司
中国新闻出版社
运通博奥汽车销售公司
小武基
北京九龙家具厂
小武基桥
家和家美商城
周家庄
彩宝五金世界
京闽饭店
金来盛五金建材市场
晨天商务楼
北京商业银行十里河支行
阳光华威市场
莱城市政府驻京办事处
北京市第一清洁车辆场
80
白衣大厦
闽龙东路
小武基路
西燕东街
西大望南路
萧太后河
小武基小学
北京风神科贸有限公司
万家村
15 弘燕路 小武基
小武基实验小学
威达豪厨房设备有限公司
最富隆超市
北京天肯华颐环保科技有限公司
周庄综合楼
闽龙陶瓷市场
大洋路农贸市场
北京市设备安装工程公司
北京联佳运输有限公司
十八里店中学
华水磨石厂
果品批发中心
正阳新型冷沥青材料厂
鑫纪元木制品公司
格林豪泰酒店
北京威达盛隆公司
弘善学校
十八里店医院
朝阳区振兴工程机械修配厂
北京多达国际货运代理公司
中国宗教研究中心
北京韩信混凝土有限公司
北京市朝阳区三建第七建筑工程公司
北京雅艺纺织装饰公司
二堡子
电力管理站
凯恒世纪酒店
十八里店卫生服务中心
大洋路市场
北京东方万隆家具有限公司
十八里店中心幼儿园
南杨庄超市
北京金安达塑钢门窗厂
十八里店汽配城
十八里店地区
鑫三里屯汽配城
京津城际铁路
卡森蒂诺服装厂
朝
大羊坊路
十八里店派出所
北京佳总市政工程公司汽车修理厂
16 大羊坊路 十里河桥
北京市强劲公司
北京大进金属有限公司
北京市新亚中学
东方国联汽配市场
北京合力华通汽车服务有限公司
北京现代燕骏汽车销售服务店
东方远洋宾馆
北京市京港玻璃钢有限公司
十八里店小学
瑞豪精艺装饰公司
北京汽车工业进出口公司销售中心
十八里店北桥
东方远洋宾馆
六道口村
六道口桥
亚旭电子技术有限责任公司
北京双隆盛旗业公司工厂
东风标致北京嘉瑞雅店
北京洛五金有限公司
北京昌益博达商贸有限公司
十八里店社区卫生服务站
福建溪石集团北京公司
燕京汽修厂
十八里店村
北京真真食品有限公司
北京富民服装厂
阳
17A 分钟寺桥 （三环路）
海安电气公司
北京维信振业商贸有限公司
北京市特诚热力有限责任公司
亚商在线有限公司
吕营药店
北京三四零一汽车服务有限公司
北京市场道市政工程机械公司
17B 京沪高速 （天津 五环路）
北京市东华联综合市场
北京艺术家具厂
北京市京海家具有限责任公司
吕家营农贸市场
十八里店桥
百强希望学校
吕营南里
东方家园建材市场吕营店
瑞德福汽车修理有限责任公司
古典家具城
南洋医院
东风悦达·起亚北京众义达汇丰汽车销售服务有限公司
十八里店
北京拓展工贸发展有限公司
东方四环汽车检测有限公司
17 京沪高速
泛美国际货物储运公司
G2
腾龙立得汽修公司
区
古典家具厂
十八里店南桥
祁家庄
货流中心桥
北京市国际货物流通中心
贝尔佳纺织品（北京）公司
南通三建公司
京泰自由城
观筑庭园
祁家村
宜人家具厂
对外经济贸易大学（朝阳校区）
北京市公安交通管理局车辆管理所
北京环京货流保税有限公司
中国海关朝阳口岸
中国海关走私侦查分局
国家高速 G2 京沪高速 (原京津塘高速)
北京和众兴顺达物流有限公司
18 博大路 分钟寺桥
中国检验检疫所
国际货物流通中心
东四环路
博大路
公路
萧太后河
大羊坊沟
A
B
C
D
1
2
3
4

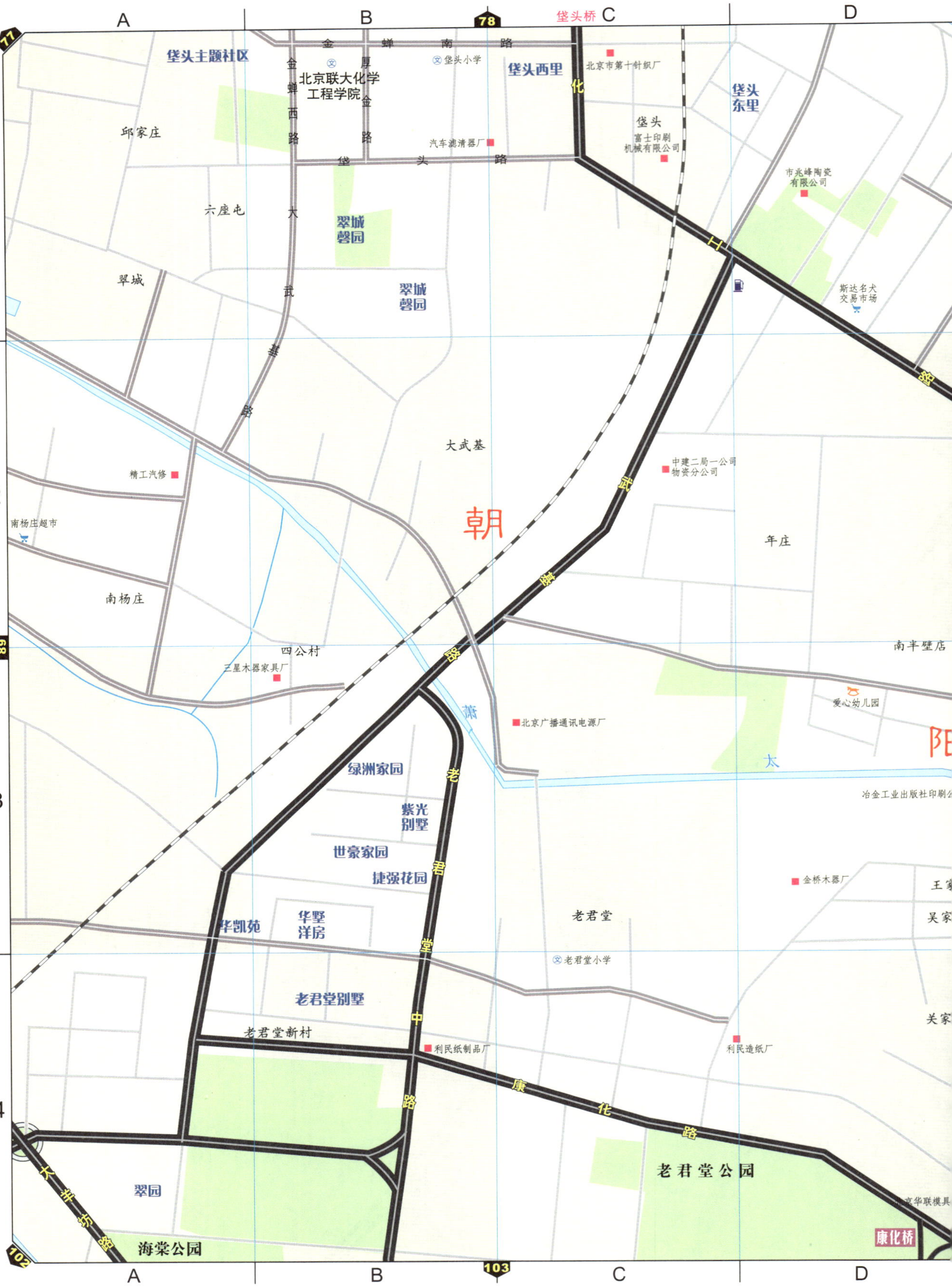
A
B
C
D
1
2
3
4
77
78
89
102
103
垡头桥
垡头主题社区
金蝉南路
金蝉西路
厚金路
北京联大化学工程学院
垡头小学
垡头西里
北京市第十针织厂
垡头东里
垡头
富士印刷机械有限公司
汽车滤清器厂
垡头路
邱家庄
六座屯
大武基路
翠城馨园
翠城
化工路
市兆峰陶瓷有限公司
斯达名犬交易市场
大武基
精工汽修
中建二局一公司物资分公司
南杨庄超市
朝阳
年庄
南杨庄
四公村
三星木器家具厂
南半壁店
爱心幼儿园
北京广播通讯电源厂
萧太
绿洲家园
紫光别墅
世豪家园
捷强花园
冶金工业出版社印刷
金桥木器厂
王家
吴家
老君堂
华凯苑
华墅洋房
老君堂小学
老君堂中路
老君堂别墅
关家
老君堂新村
利民纸制品厂
利民造纸厂
康化路
大羊坊路
老君堂公园
北京华联模具
翠园
康化桥
海棠公园

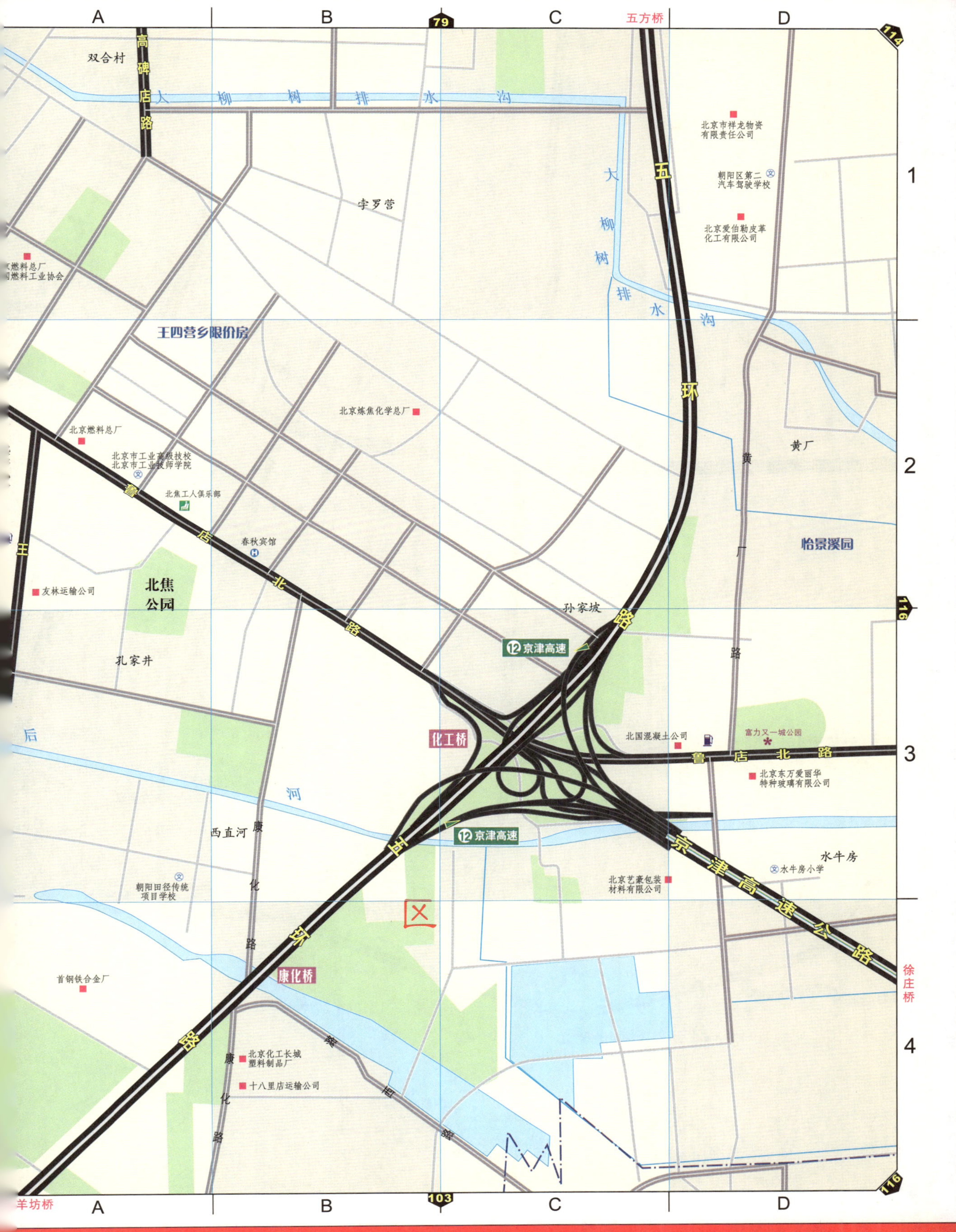

五方桥
79
114
116
103
116
徐庄桥
羊坊桥
A
B
C
D
1
2
3
4
双合村
高碑店路
大柳树排水沟
李罗营
北京市祥龙物资有限责任公司
朝阳区第二汽车驾驶学校
北京爱伯勒皮革化工有限公司
王四营乡限价房
北京炼焦化学总厂
北京燃料总厂
北京市工业高级技校
北京市工业技师学院
北焦工人俱乐部
春秋宾馆
北焦公园
友林运输公司
孔家井
孙家坡
黄厂
黄厂路
怡景溪园
五环路
京津高速
化工桥
北国混凝土公司
富力又一城公园
鲁店北路
北京东万爱丽华特种玻璃有限公司
后河
西直河
康化路
京津高速公路
水牛房
水牛房小学
北京艺豪包装材料有限公司
朝阳田径传统项目学校
区
康化桥
首钢铁合金厂
北京化工长城塑料制品厂
十八里店运输公司
王

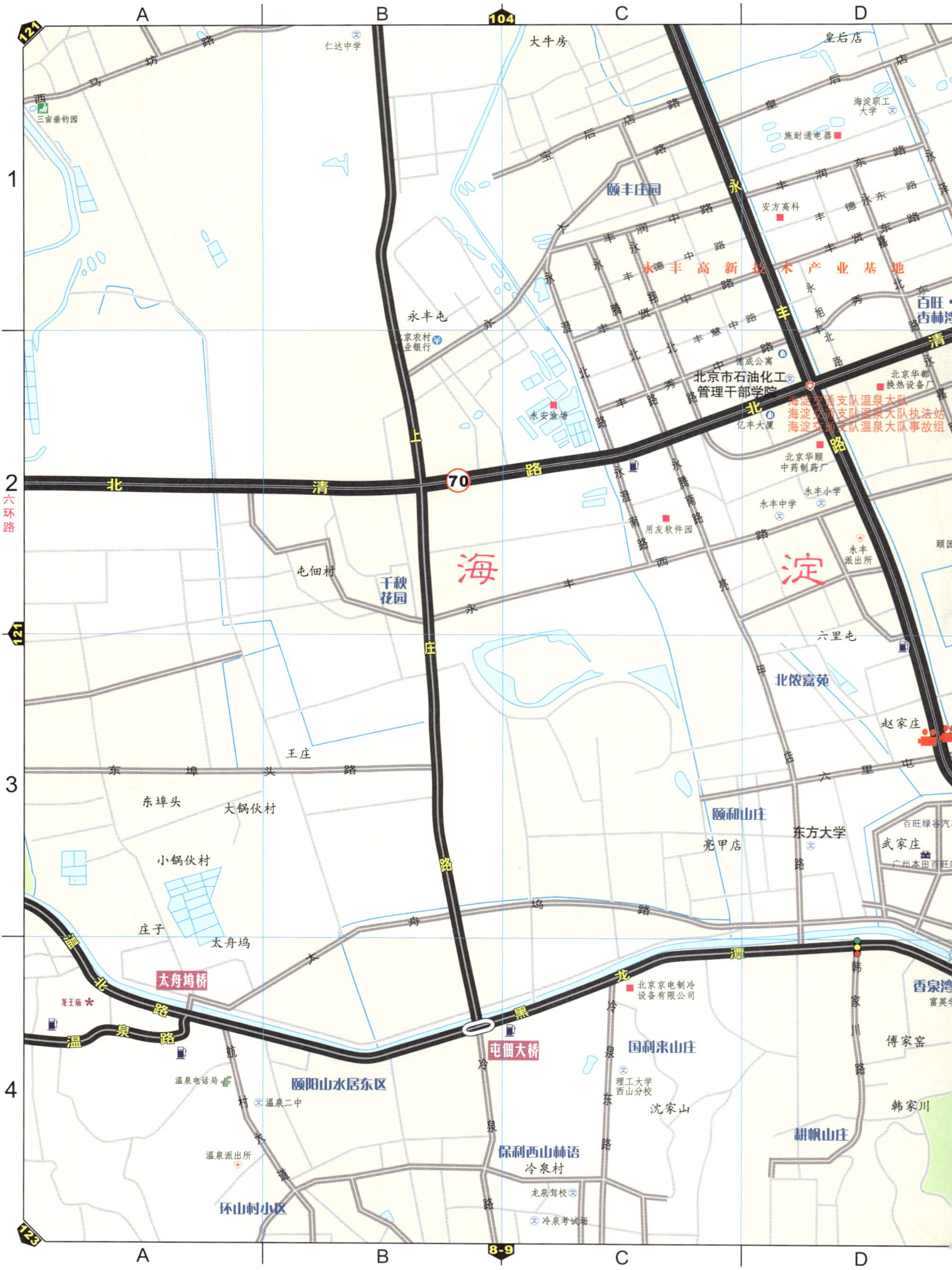

A
B
C
D
1
2
3
4
104
121
123
8-9
70
六环路
仁达中学
大牛房
皇后店
海淀职工大学
施耐通电器
三亩垂钓园
马坊路
宝后店路
皇后店路
颐丰庄园
安方高科
永丰高新技术产业基地
百旺·杏林湾
永丰屯
北京农村商业银行
永安渔场
北京市石油化工管理干部学院
德成公寓
亿丰大厦
北京华都换热设备厂
海淀交通支队温泉大队
海淀交通支队温泉大队执法站
海淀交通支队温泉大队事故组
北京华颐中药制药厂
永丰小学
永丰中学
用友软件园
永丰派出所
颐园
北清路
上庄路
永丰路
屯佃村
千秋花园
海
淀
永丰西路
六里屯
北馔嘉苑
赵家庄
王庄
东埠头路
东埠头
大锅伙村
小锅伙村
颐和山庄
东方大学
亮甲店
武家庄
百旺绿谷汽车
广州本田百旺
庄子
太舟坞
太舟坞路
太舟坞桥
龙王庙
温北路
温泉路
黑龙潭路
屯佃大桥
北京京电制冷设备有限公司
国利来山庄
香泉湾
富英
傅家窑
韩家川路
韩家川
温泉电话局
温泉二中
颐阳山水居东区
理工大学西山分校
沈家山
冷泉路
冷泉东路
航村大道
耕帆山庄
温泉派出所
保利西山林语
冷泉村
龙泉驾校
冷泉考试场
环山村小区

回龙观七期
龙城高尔夫练习场
华北电力大学
二拨子桥
龙城丽苑酒店
龙城丽宫国际酒店
京藏高速
龙城花园
永丰嘉园北区
中科院空间科学与应用研究中心
辛店村
航天城社区
永丰嘉园
北京配合饲料厂
二拨子工业园
二拨子
北京市北郊农场
北京市农业机械学校
北京人家
龙兴园
中国航天城
方正利成汽车销售公司
京昌回龙观建材城
中国空间技术研究院
东居物业学生公寓
枫叶泉公园
邓家庄
唐家岭
向上小学
龙城花园别墅四期
回龙观
北京丘比特食品有限公司
中国石化总公司长城高级润滑油公司分厂
土井村
领袖新硅谷
华通仓储公司
西三旗北路
博雅德园
西二旗
联想科技园
华控大厦
盈创动力大厦
秋露园
夏霖园
春晖园
中海枫涟山庄
中宇卫星通讯公司
港湾网络有限公司
西二旗
烽火科技大厦
西二旗智学苑
西北旺镇
西北旺新村
钻石大厦
东北旺
软件园三号路
中关村软件园
百度大厦
东方电子大厦
体育休闲公园
启明星辰大厦
方舟大厦
上地信息产业基地
中关村国际孵化园
西北旺小学
中国银联
汉王大厦
北辛村
东软大厦
恒伽金属有限公司
南瑞科技大厦
软件出口服务中心
创鲁能科技
国际软件大厦
东旭园
上地街道
中关村生物医药园
辰光大厦
南天电子
联想大厦
山后法庭
60
西北旺东村
海淀区委党校
方正
中关村发展大厦
百望山森林公园
兴隆庄
医保药店
东北旺农场
航空模拟器大厦
实创总公司
上地环岛
四方大厦
中科院药用植物园
中国医科院药用植物资源开发研究所
乔家庄
葡园盛景
上地三街
信息大厦
科实大厦
上地青年公寓
上地二街
上地大厦
润千秋佳苑
马连洼三园
马连洼
马连洼街道
竹园
菊园
马连洼南路
后营村
雅芳园
上地西里
康博大厦
众鼎大厦
天秀桥
肖家河桥
厢白旗桥
辛庄桥
西三旗桥
104-105
105
94
10-11
12
昌平区
永丰路
马连洼北路
京张路
A B C D
1 2 3 4

A
B
C
D
1
2
3
4
105
93
11
12-13
流星花园三区
龙回苑
龙锦苑东一区
凤光雅园
龙锦苑一区
回龙观城北商品交易市场
龙禧一街
龙禧苑一区
流星花园一区
流星花园二区
云趣园一区
凤雅园一区
三合庄村
育知路
龙锦三街
梁庄
和谐家园一区
龙锦苑二区
龙禧二区
龙锦苑四区
文华路
龙禧二街
龙禧三区
云趣园二区
百嘉城
天鸿集团
龙锦苑三区
旺龙花园
东亚上北中心
龙锦苑六区
龙锦苑五区
矩阵
和谐家园二区
上坡佳园
凤雅园二区
三合庄园
云趣园三区
北京时代广场
回龙观西大街
回龙观东大街
回龙观文化居住区
回龙观地区
凤雅园三区
通达花园
天慧园
昌平实验小学
龙腾苑二区
龙腾苑一区
龙跃苑一区
龙跃苑二区
龙跃苑东二区
华龙苑中里
华龙苑北里
天鑫家园
华联商厦（回龙观店）
龙腾苑三区
龙华园
龙冠大厦
新新城小区
龙泽苑西区
泽苑
龙腾苑六区
龙腾苑五区
黄土北店
智慧社
龙腾苑四区
龙跃苑四区
龙跃苑三区
龙跃苑东四区
龙跃苑东五区
昌
平
华龙苑水上乐园
华龙苑南里
北郊农场桥
回龙观西大街（回龙观）
龙锦二街（回龙观北）
京藏高速（原八达岭高速）
黄土店路（回龙观南）
龙泽
回龙观
霍营
同成街
黄土店站
新龙城
龙博苑六区
龙博苑一区
龙博苑二区
金隅集团住宅
碧水庄园A区
新龙城（二期）
吉晟别墅区
龙博苑三区
黄土南店
新康园
旗胜家园
五星青岛啤酒公司
建材技校
万润家园
昌平区地方税务所
回龙观医院
回龙观小学
东村家园
枫丹丽舍
建材城中里
北京工商学院
程远商务
建材城西二里
知本大厦
建材城西一里
建材城环岛
清河三中
建材城东一里
龙祥制版厂
回龙观桥
北郊汽配城
金燕龙大厦
欧德宝国际汽车城
龙乡小区
龙乡中区
北京石油管理干部学院
北新家园
领袖新硅谷
金榜园
北京外事学院
大伟北京花园酒店
程远大厦
二十一世纪大厦
西三旗电话局
北京市建材家具城
西三旗北路
邮电科学研究规划院
龙乡小区
华店新村
建材城西路
市涂料厂
天钺商务会馆
市液压铸造厂
金达园
龙兴园
北京市农业机械研究所
国家住宅产业化基地
育新花园
西三旗高新建材工业开发区
东陶机器北京有限公司
领袖·硅谷
西二旗大街
安宁庄路（清河 上地）建材城西路（西三旗）
沁春家园
西三旗桥
西三旗
辅仁教育中心
北京和田宽食品有限公司
北京行星减速机厂
万吉祥汽车贸易公司
汽修连锁店
北京神龙京津汽车销售有限公司
北京京沧汽车修理有限公司
育鹰小学
西三旗建材城
悦秀园
雪梨澳乡
市运输公司技工学校
西二旗中路
远大汽修厂
西三旗派出所
北京汽车驾驶学校
东升汽车驾驶学校
北京京海八达能源开发公司
西小口路
西小口
铭科苑
泰山饭店
北京市交通学校
安宁庄后街
安宁庄路
京藏高速
安宁里小区
西三旗生态园
东升拔丝厂
后屯
安宁庄
上林溪
永安堂
电子工业干部管理学院
西三旗花园
上第MOMA
天韵阁
家库商业会馆
当代城市花园
海
淀
区
莱镇家园
莱镇宁静湾
前屯
中国石化总公司长城高级润滑油公司
清河
雪梨澳乡E区
专家国际公寓
黑泉
金泰富地大厦
清河站
北京市供电局技校
君安家园
怡美家园
小营西路31号院
银燕大厦
安宁庄东路
小营桥
电力科学研究院
首钢冶金研究院
永泰绿色生态园
宜品上层
安宁庄前街
碧水风荷公园
毛纺北小区
清上园
北京信息科技大学（清河校区）
马坊
观林园
听松堂
四方集团大厦
海淀交通支队清河大队
海淀交通支队清河大队事故组
海淀交通支队清河大队执法站
东方清源医药大厦
嘉事堂
美欣家园
海淀卫校
蓝色澳林
宝盛北里
长城特种塑料厂
金领时代大厦
小营东路
小营西路（清河 上地）小营东路（东村）
北京市七一棉织厂
权金城大厦
怡湾园小区
北岸·布鲁
金隅美和园
科利华网络大厦
地铁十三号线
明珠大酒楼
燕语清园
燕清源
永泰园
永泰庄
宝盛西里
清河街道
清河大厦
清河派出所
建金大厦
永泰西里
宝盛里小区
后坟地
中央财经大学（分校）
橡树湾
阳光南里
海清园
永泰庄路
市公安局法医鉴定中心
观澳园
上地
上地佳园
海清源
毛纺路
力度家园
上清桥
二拨子桥
上地东路
上地桥
育知东路
同成街
黄平路
济远街
建材城西路
安宁庄西路

A
B
C
D
106-107
北七家桥
106
95
15
16-17
来广营北桥
1
2
3
4
京顺驾校
南七家村实验学校
国家计委顺义培训中心
国家发改委顺义培训中心
燕城苑
青海石油疗养院
燕丹农贸市场
南七家庄
燕丹
南獐子营
七星路
南太平路
九回广路
太平庄北街
海路
太平庄东路
北苑东路
太平庄东一路
歇路
大歇路
沙路
来广营北路
京承高速公路
华成学校
朝顺桥
沙子营
沙子营实验学校
昌平区
天通北苑三区
汇海医院
天通东苑三区
东方幼儿园
中汇医院
歇甲庄
天歇路
滨河路
清河
天通花园
天通苑中医院
白坊路
天通东苑二区
天通东苑一区
中滩村北三街
曙光辉腾科技公司
北京强京航空化学制品有限公司
北京荷美尔食品有限公司
曲美家具有限公司
沈家村
顺黄路
黄港桥
5 机场南线 顺黄路
北京和谐医院
金碧豪萨商务会馆
立先村
东方天星高尔夫球场
市朝阳区育惠学校
润泽庄园
北京市市政机械公司
区清河营小学
奶子房中学
北京福运泉野酸枣开发公司
雷家桥
北京巴士股份有限公司
奶子房东村
天润·福熙大道
中铁建国际城
奶子房小学
朝
阳
马家村
腾龙双语幼儿园
奶东村
北苑
新生村
奶子房西村
顺白路
吉祥寺桥
时代庄园
山水 LAVIE
利华学校
朝来绿色家园
红军营东路
来春园
白家村
北京京华医科大学
地铁十三号线
尚元素艺术馆
赢秋苑
广华居
小刘各庄
京承高速收费站
勇士营
朝来森林公园

A
B
C
D
1
2
3
4
107
110
111
101
112
18-19
裕祥花园
西田各庄
欧洲时尚
天龙玻璃制品厂
吉祥庄
小东坟
燕王庄
龙湖·艳澜山别墅
顺
义
区
花梨坎
安华街
龙湾别墅
优山美地C区
中海柏联别墅
西白辛庄
力迈学校
优山美地B区
嘉浩国际商住别墅城四区
河堤公园
北京力迈学校
名都园
中国国际展览中心(新馆)
莱盟湖别墅
欧陆广场
高尔夫俱乐部
上辛堡
美林香墅
欧陆苑
上辛堡农贸市场
凯赛公馆
裕京花园
金色河畔高尔夫球俱乐部
空港开发区
下辛堡
燕松电器有限责任公司
育星园学校
华清方圆
黄顺路
顺府庄园
北京市和平构件厂
孙河大桥
北向
北向西
北向东
机场南线高速公路
皖裔幼儿园
孙河启航小学
财富公馆
孙河中学
北京方圆平安食品开发有限公司
北京车身制造厂
天星工业区
西向路
区
孙河
天星调良国际马术俱乐部
学校
顺白路
温榆桥
北京华桑谷物资再生有限责任公司
孙河地区
马泉营
马泉营新村
胡姬花园
康营民族小学
马泉营南路
泉发花园
财富公馆
丽苑
香江路
太湖山庄
画家院
康营小区
香江花园别墅
北皋桥
温榆河

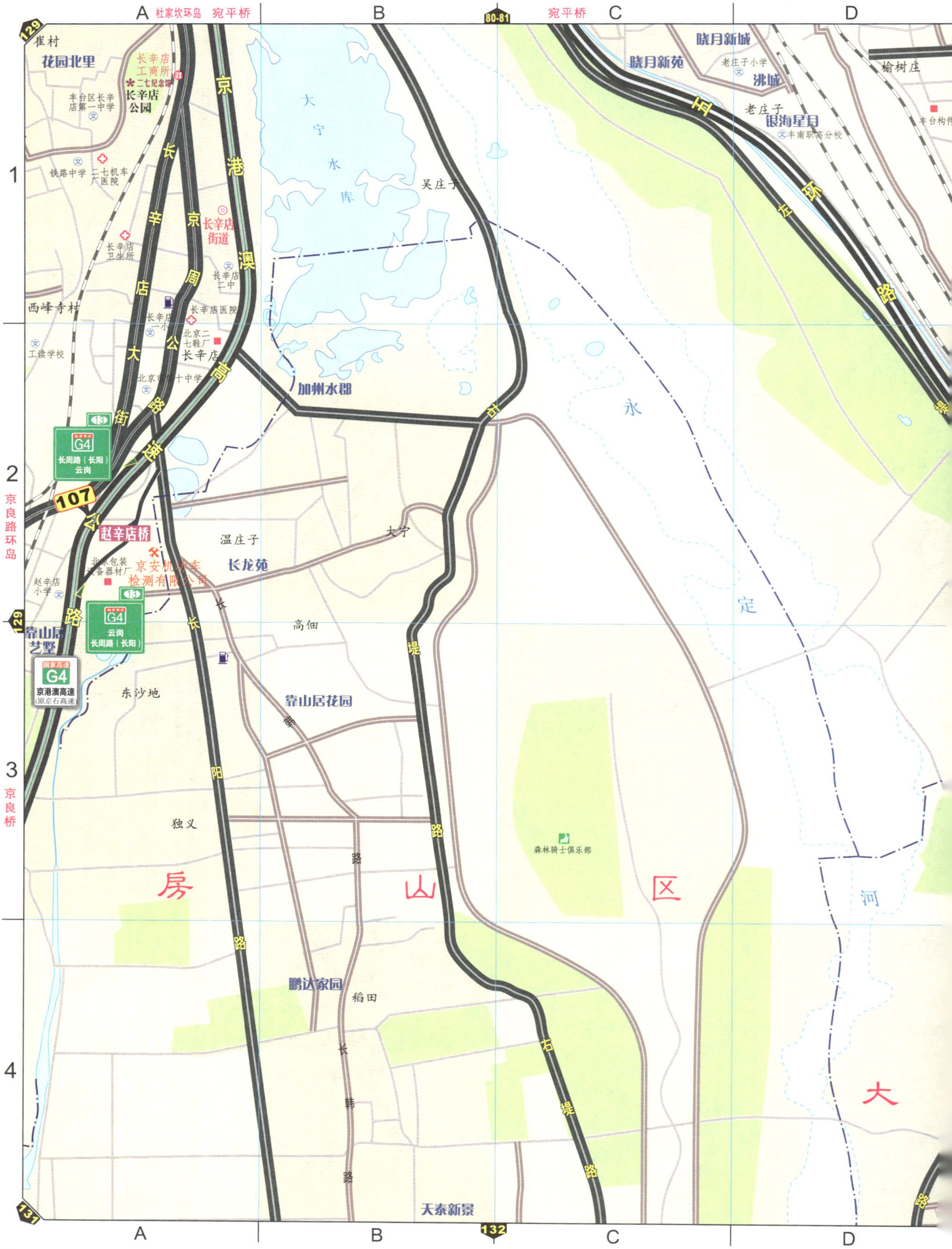
杜家坎环岛
宛平桥
80-81
宛平桥
129
崔村
花园北里
长辛店工商所
二七纪念馆
长辛店公园
丰台区长辛店第一中学
铁路中学
二七机车厂医院
大宁水库
吴庄子
晓月新城
晓月新苑
老庄子小学
沸城
老庄子
银海星月
丰南职高分校
榆树庄
丰台构件
五环路
长辛店街道
长辛店卫生所
长辛店二中
西峰寺村
长辛店一小
长辛店医院
北京二七鞋厂
长辛店
工读学校
北京市第十中学
京港澳高速公路
长辛店大街
长周路
加州水郡
永定河
G4
长周路（长阳）
云岗
107
京良路环岛
赵辛店桥
温庄子
大宁
北京包装设备器材厂
京安机动车检测有限公司
长龙苑
赵辛店小学
13
云岗
长周路（长阳）
靠山居艺墅
高佃
国家高速
京港澳高速
(原京石高速)
东沙地
靠山居花园
京良桥
长阳路
独义
森林骑士俱乐部
房山区
鹏达家园
稻田
长韩路
右堤路
大
天泰新景
131
132

A
B
C
D
富丰桥
82-83
84
100
133
132-133
1
2
3
4
看丹村
康辛路
富丰路
段庄
凯特驾校教练场
丰鑫汽车维修中心
杨树村商店
杨树庄
东老庄
北京华联储运公司
西南物流中心南工区
看丹合力混凝土公司
铁路电气化材料厂
丰
台
区
北京园林家具公司
北京六马股份有限公司
蓝各科技大厦
中关村科技园区丰台园
星火路
中核路
枫涛阁
商业机械研究所
京丰制药
金汤大厦
总部基地
丰台区科技园区丰台园管委会
中关村科技园区丰台园
海鹰小区
海鹰科技大厦
科丰桥
科技大道
30 丰台南路 科丰路 富丰路
29 百强大道 科技园区 世界公园
29 世界公园 科技园区 百强大道
新城市经典
百强大道
创业者公寓
中行分行
城市经典
天下儒寓
帝京花园
帝京路
恒泰园
怡海花园
富洋园
北京市第八中学怡海分校
恒丰园
康庄
樊家村派出所
花乡医院
青旅汽修服务中心
万泉寺汽车销售花乡分部
四合庄园
北京市旧机动车交易市场
南四环急救站
猎豹商务公司
花乡桥
28 花乡
南四环西路
马家楼桥
28 花乡
四合庄小学
福缘风景汽修
北方车辆大世界花乡市场
花乡桥丰田
大隆北方汽车用品批发市场
四合庄
育仁里
丰台保安公司
未来城
花乡桥仓储建材市场
蓝谷科技大厦
京丰复合彩印厂
南梗
虹蜂轻型建材厂
鹏润国际时尚交易中心
海泰科技产业大楼
秦李庄
车辅
白盆窑氧气厂
五圈
白盆窑花卉中心
益辰欣园
怡景嘉苑
御康公园
好景屋
总部国际
世纪东方大厦
六圈小学
六圈
蓝月亮幼儿园
亿城天筑
西白盆窑
未来城
国能总公司
琼丰金属制品厂
郭公庄
富锦嘉园
北京市鼓风机厂
华英园
加来小镇(棉花城)
北京国际花园
永合庄
永合庄小学
金丰国际企业家俱乐部
世界公园
啤酒原料加工厂
台湾小区
郭公庄幼儿园
郭公庄中学
中江国际俱乐部
葆台农工商联合公司
大溪地
葆台
大葆台西汉墓
下柳子
葆台小学
花乡世界名园
南大地
高立庄
思亲园陵园
丰台石油公司
北天堂
大王庙
高鑫公园
羊坊
高立庄住宅楼
高建制管公司
高立庄小学
交运驾校
春来园
京华医科大学西区
紫光园
宏盛路
新发地桥
京日东大食品有限公司
羊坊村农工商联合公司
剑桥双语幼儿园
东方时尚考试场
东方时尚驾校
同辉园
公交驾校
明春苑
北大附属实验学校
阳春小学
27 高家堡
高家堡
车辆管理所京南分所
明春西园
北京公交考试场
中华文化园
丰台工程机械修造厂机动车检测站
长丰园
兴
区
狼垡
砂石厂
永定河干渠
阳光双语幼儿园
汇联驾校
永林医院
25 狼垡 芦城
五环路
欣羊桥
李营
狼垡东桥
25 狼垡 芦城
顺驰领海
兴华桥
京开高速
狼垡西桥
京西郊奶厂
五环路
京山铁路
樊羊路
花丰路
葆台路
芦花路
狼垡路
京良路
兴华路
永芦北路

玉泉营桥
84-85
万芳桥
83
四合庄园
化皮店
中铁建青秀城
高家场
花乡地区
和鸣花园
黄土岗小学
马家楼
后黄土岗
大陆汽车俱乐部救援中心
26 玉泉营桥 京开高速
国际汽配批发中心
花乡花木集团销售大厅
草桥东路
嘉园路
益星园
公益西桥
城南嘉园（益城园）
城南大道
25 草桥
枫竹苑北路
枫竹苑南路
枫竹苑
益嘉园
北京博瑞雷克
花乡汽车园
北京鑫利宝经贸有限公司
花乡桥
南四环西路
南四环中路
27 新发地
28B 京开高速
26A 玉泉营桥（南三环）
25 草桥
公益西桥
24 马家堡路（南三环）
建材城批发市场
红墙饭店
巴庄子
亿城·天筑
京九铁路
玉泉营派出所
黄土岗中学
中央戏剧学院马家楼校区
宜兰园
黄土岗
京南汽车城
中远丰田
马家楼桥
草桥渔场
北京化工液体公司
中远华盾化工公司
大红门
丰台南路
新发地种业市场
新发地长途汽车站
公路局质量监测中心
潘家店
高庄子
南郊花圃
右安路
新发地北桥
二合庄
北方电缆集团
纺织服装培训学校
李庄子
银地家园B区
新发地电话局
批发市场粮油
新发地
东白盆窑
银地家园
新发地农副产品批发市场
北方免疫试剂研究所
南苑路
谢家庄
任家庄
开发公司特莱基地
二甲地
新发地外来人口管理站
黄陈路
槐房小学
花乡驾校
天伦锦城
白盆窑
银地家园C区
海子公园
槐房
槐房路
新宫村
槐房南里
美特容器有限公司
新发地水果批发市场
新发地小学
新发地木材交易市场
丰台区白盆窑小学
银地西路
丰
台
九龙宏盛家园
西红门良乡
丰南水泥制品厂
南苑植物油厂
北京龙门和田宽食品有限公司
北京古币香油厂
皇万和油脂有限公司
南苑西路
白盆窑路
汾庄
新发地桥
汉龙物流区
陈留村
翠海明苑
五明医院
范庄子
李庄子
西红门
京开高速公路
99
城苑中里
新发地民用建材市场
福源路
同盛街
新兴村
城苑南里
飞腾家园
欣荣北大街
耀艳大厦
京良路
九龙山庄
义力达通用机械公司
同兴园
宏都路
宏福园
宏盛园小区
王府别墅区
榆树圈
布洛城
福欣路
绿林苑
宏盛路
瑞海新城
日月星城
南四环西路
兴海家园
世博博客
福星花园
南天津庄
狼垡东桥
黄良路
世嘉博客
西红门地区
同福园
中国食品杂志社
宏福路
宏福东路
嘉则庄
兴海公园
星光佳园
欣旺北大街
新旺南大街
月桂庄园
欣荣南大街
南苑渔场
西红门桥
林枫家园
大
兴
区
红星清真食品厂
华大街
瑞海家园三区
北京优你特药业公司
同华园
李营桥
欣羊桥
宏达饮料有限公司
西红门南桥
23 黄村 京开高速 马家楼桥
24 黄村 兴业路
五环路
兴华桥
同华桥
老三余庄
顺驰领海
风景翠园
106
133
行政街
林校北路
金星桥
金西桥
A
B
C
D
1
2
3
4

洋桥
木樨园桥
86-87
88
肖村桥
102
旧忠桥
134-135
134
饮鹿池桥
A
B
C
D
1
2
3
4
南四环中路
南四环东路
南四环西路
槐房路
大红门路
南苑路
南苑东路
旧宫西路
警备西路
警备东路
万源北路
万源南路
万源中路
万源路
大红门
东后街
光彩路
凉水河
小龙河
凤河
灌渠
石榴庄公园
顶秀园
世华水岸
大红门南里
高桥西里
南苑地区
三星庄
真典藏三星庄
新天地
公益东桥
快乐洋城
公益庄
泰和园
文和西里小区
黄亭子
久敬庄
世嘉·丽晶
阳光倾城
阳光左右间
久敬佳园二区
南苑北里一区
和义庄
和义西里
和义南里
和义东里
北京师范大学丰台校区
王庄子
同合庄
八大排
赵王庄
益顺庄
新林庄
松林庄
嘉禾庄
新华里
大泡子
房钓公园
吉祥园
南苑公园
南苑新城
南苑街道
和义街道
南苑北里
新进庄
西洼地
三角地
鑫兴大院
怡馨花园
益丰园
东高地街道
东高地
树桥村
红楼北里
红星楼
南郊农场
南场西
南场东
成合园小区
云龙家园
有余庄
清和园
清乐园
吉庆庄
庑殿一
庑殿二
庑殿三
清欣园
万源西里
万源东里
梅源里
万源南里
菊源北里
菊源里
六营门小区
宇航小区
芳源里
南北居
绿城阳光名苑
南街四
南小街
南街一
南街二
南街三
绿城星洲花园
芳源里
南义盛庄
五福堂
西广德庄
南侯庄
菊源南里
玉善庄
德茂桥
德茂庄
傅家庄
上林苑
德茂小区
西宏苑
寿宝庄
大兴区
朝阳区
104
105
五环路
24 马家堡路 万芳桥
23 南苑路 G104 木樨园桥
22 旧宫 大红门
21 小红门
榴乡桥
大红门桥
大红门东桥
北京航天博物馆
长征宾馆
南苑医院
三营门中学
北京市客车厂
北京塑料十九厂
北京京都酒厂

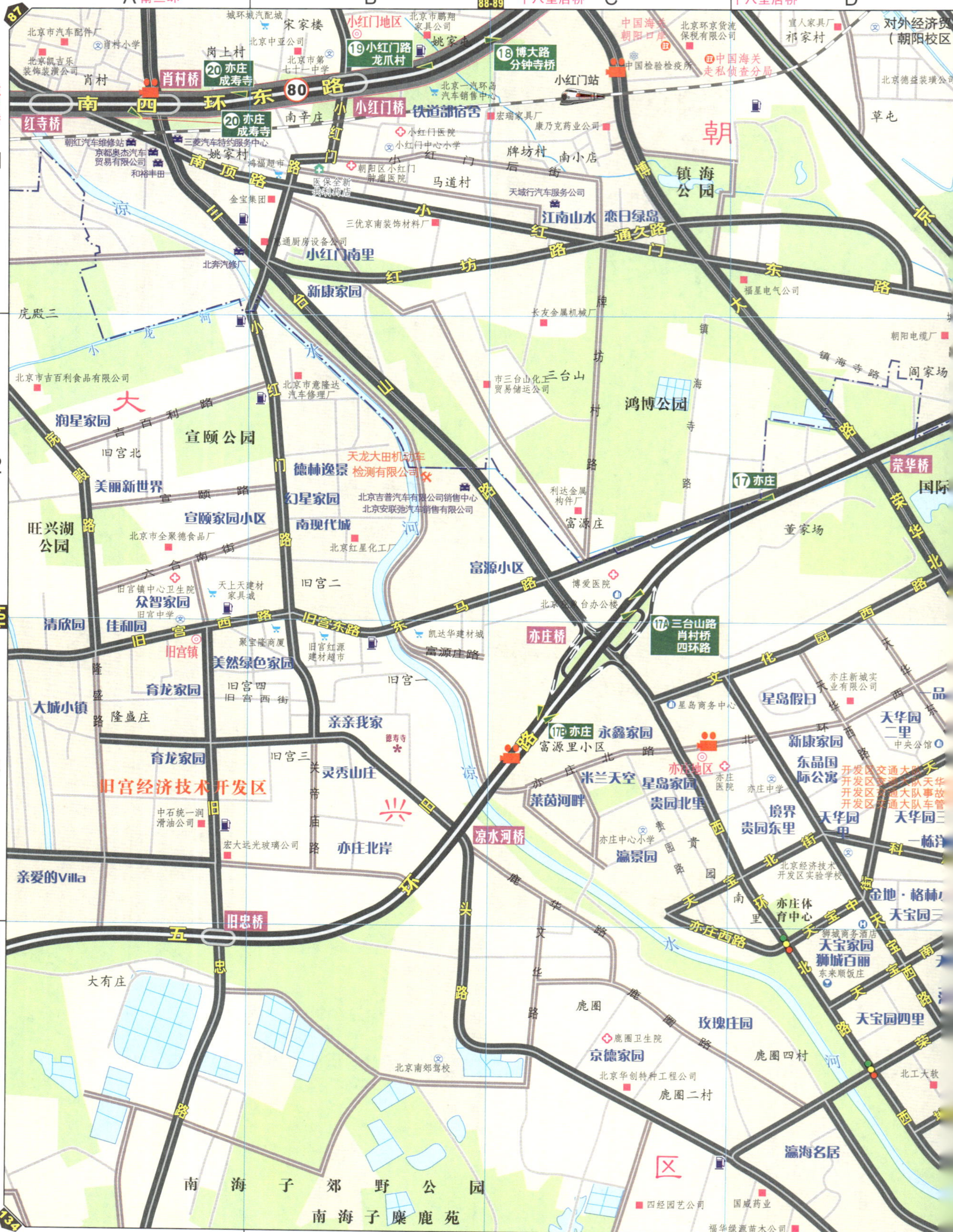

A
B
C
D
南三环
十八里店桥
1
2
3
4
87
88-89
101
134
134-135
花乡桥
红寺桥
德茂桥
肖村桥
小红门桥
亦庄桥
荣华桥
凉水河桥
旧忠桥
19 小红门路 龙爪村
20 亦庄 成寿寺
18 博大路 分钟寺桥
17 亦庄
17A 三台山路 肖村桥 四环路
17B 亦庄
80
南四环东路
南顶路
小红门路
小红门南里
小红门地区
新康家园
德林逸景
幻星家园
南现代城
富源小区
富源里小区
宣颐公园
宣颐家园小区
润星家园
美丽新世界
旺兴湖公园
众智家园
清欣园
佳和园
大城小镇
育龙家园
旧宫经济技术开发区
亲爱的Villa
美然绿色家园
亲亲我家
灵秀山庄
亦庄北岸
旧宫镇
旧宫西路
旧宫东路
旧忠路
鹿圈
鹿圈四村
鹿圈二村
京德家园
玫瑰庄园
瀛海名居
镇海公园
鸿博公园
江南山水
恋日绿岛
通久路
牌坊村
三台山
三台山路
富源庄
董家场
星岛假日
米兰天空
星岛家园
莱茵河畔
贵园北里
贵园东里
瀛景园
境界
天华园
天宝家园
狮城百丽
天宝园四里
金地·格林
东晶国际公寓
新康家园
亦庄体育中心
亦庄地区
博爱医院
南海子郊野公园
南海子麋鹿苑
凉水河
小龙河
五环路
南小街
小红门后街
马道村
姚家村
肖村
岗上村
宋家楼
祁家村
草屯
旧宫一
旧宫二
旧宫三
旧宫四
旧宫北
隆盛庄
大有庄
庑殿三
朝
大
兴
区

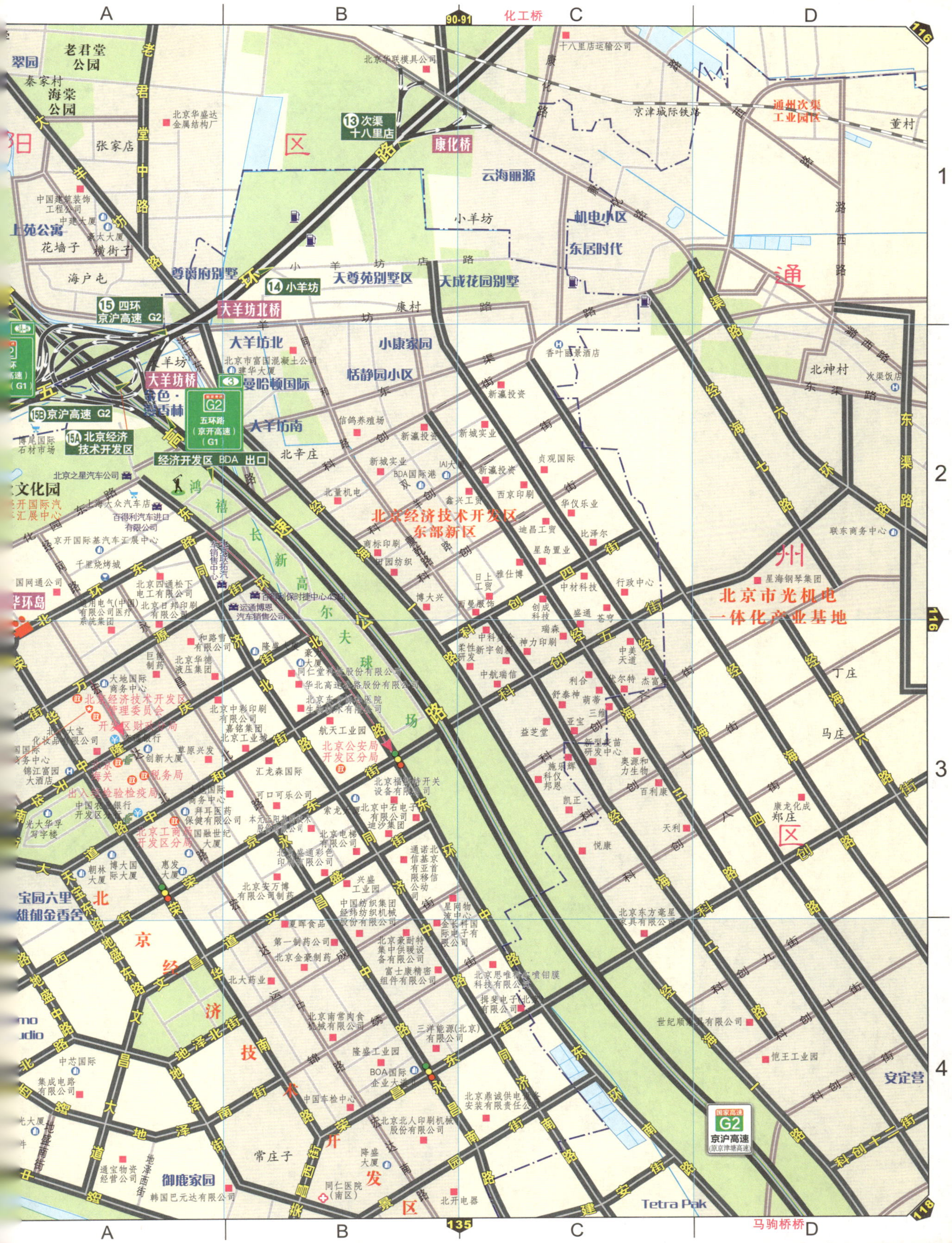

A
B
C
D
1
2
3
4
昌平西关环岛
百葛桥
学子桥
京藏高速
北六环（顺义）（门头沟）
北六环（门头沟）（顺义）
西沙屯桥
西沙桥
楼自庄桥
军庄桥
百葛路
六环路
楼自庄
北京统一食品有限公司
西沙屯
小寨
大洼
京藏高速（原八达岭高速）
北京玫瑰别墅
中国文联学校
北京航空航天大学（北校区）
大王庄
沙河服务中心区地社
昌
平
北庄户
满井桥
满井东村
亚美利加上北别墅区
沙河地区
百沙路（百善）（小汤山）
百沙路（百善）（小汤山）沙河
满井西村
顺沙路
路庄
西闸村
东闸
白水洼小学
鸭子坑
马满路
中国软件管理学院
西坨
东坨
踩河新村
李庄子
北沙河
民园小区
三水青清立园
民康医院
昌泰禽业有限公司
白水洼
白水洼路
京桥大学
上庄路
京藏高速公路
朝宗桥
梅所屯
北京电焊机厂
巩华城
罗家坟
阳坊镇桥
梅所屯路
海
沙河
沙河中学
沙河站
扶京门路
东小营
沙阳路
华夏毛纺有限公司
北京福田汽车股份有限公司
上庄二中
永泰庄
沙阳花园
首钢股份有限公司第一线材厂
老牛湾路
北京科技研修学院
东庄
上庄中心小学
北玉河
山北绿色
八家路
翠湖花园
皂甲屯
南玉河
淀
南玉河路
杨庄子
定福黄庄
市兴峰羊绒制品工业公司
老牛湾
上庄
丁家坟
阎庄子
白家坟
翠湖别墅
孙家坟
常乐村
马坊中路
西半壁店
区
李家坟
袁家坟
常乐村
北京新型调味品厂
上庄小学
上庄派出所
东玉河
果庄子
上庄镇
上庄家园
西玉河
嘉事堂药店
张庄子
生命科学园
马坊路
东马坊小学
东马坊
北崔家窑
刘庄子
颐西庄园
中关村生命科学园会展中心
西马坊
大牛房
皇后店
西马坊路
仁达中学
皇后店路
创新大厦
小牛坊
永丰路

A
B
C
D
1
2
3
4
高教园桥
58 北京高教园区
59 顺沙路
孟祖桥
百善桥
东沙屯
林溪别院
百葛路
南百路
六环路
顺沙路
阿苏卫
阿牛路
百善工业小区
北京昌华摩擦材料有限公司
百善收费站
善缘小区
百善
百善镇
百善镇医院
北京经济技术学院
百善庄园
顺沙桥
阿苏卫桥
小汤山桥
小坨
沙河高教园区
善缘嘉苑
区
二德庄
希杰食品有限公司
辛力屯工业园
松辛路
东廓工业小区
东廓工业小区
北京华瑞公司
昌平区农村职业学校
松兰堡
于辛庄路
王于路
汤上路
于辛庄
北京科技经营管理学院
上东廓
牛房圈
付家坟
辛立屯
下东廓
百辰生态园
半壁街
吕各庄
沙河水库
106
温榆河
小沙河
碧水庄园
北京顶好制油有限公司
古庄子
中海瓦尔登湖别墅
窦各庄
七里渠卫生院
水庄园
青藤园
豫园
宏福集贸市场
宏福苑小区
白各庄
郑各庄
七里渠乡派出所
七里渠北
沙河白各庄工业区
阳坊
定泗路
定泗桥
回龙观工业小区
永丰国际信息园
京藏高速公路
七小路
七北路
郑平路
昌平交通支队沙河大队
昌平大钟寺工业区
七里渠南
科学院北京天文台
北郊精神病医院
科技园综合楼
宏福大厦
水城会议中心
各庄桥
领秀慧谷
朱辛庄
朱辛庄路
北京国际商务学院
白鹭园
思立华生态园
北七家
平西府
朱辛庄限价房
G6
16
七北路（北七家）
北清路（北安河）
珠江国际中心
北京农学院
马连店
和山庄
园墅
辛庄桥
北京农学院实验楼
文华西路
流星花园三区
华北电力大学
龙回苑
风光雅园
龙锦苑一区
龙锦苑东一区
二拨子桥
回龙观桥
93-94
95

A
B
C
D
1
2
3
4
昌平区
天通苑
百善桥
105
94
95
典雅庄园
小汤山镇
广成大厦
顺沙路
小汤山镇医院
汤山假日会议中心
御汤山
常兴家园
大赴任庄
大赴任庄路
纳帕溪谷
小汤山地热开发公司
九汤花园
翠柳居
小赴任庄
汤上路
柳兴路
湾流汇金溪别墅
橘郡
小东流
官牛坊桥
保利垄上
马坊收费站
复地元墅
北京邮电管理干部学院
昌平垂钓宫
蔺沟桥
后蔺沟
赴沟路
汤立路
马坊北桥
小汤山桥
六环
彼岸青滩高尔夫俱乐部
水印长滩
小汤山现代农业科技示范园
前蔺沟
马讲路
讲礼中学
马坊
马坊新桥
北京太阳城
讲礼建材市场
昌平区生态渔业科技园
银龄公寓
对外经济贸易大学（北区）
北京师范大学亚太实验学校
温榆河
红栌温泉山庄
长河玉墅
北京对外经济贸易管理干部学院
北京市商业学校
温榆河会
汇晨老年公寓
北京市海宏水泥构件厂
温哥华森林
北京同仁堂中药二厂
北七家中心小学
北京市畜牧公司职工中等专业学校
东北路
拉菲特城堡
北亚花园
昌
东沙各庄
平
北七家中学
羊各庄
蓬莱苑
北七家科技园区
东洋路
育才学校
上城国际花园
东二旗批发市场
北七家建材城
北七家镇
定泗路
八仙别墅
望都家园
鼎众国际家园
冠雅苑小区
七星路
七北路
威尼斯花园
蓬莱苑
信息谷大学科学园
修正制药
园中园
新王府
温都水城
王府公寓
名佳花园
宏福大厦
平西府派出所
北七路
中科院遗传所新生物技术基地
北京洋
平西府小区
万众工业园区
朝开小关检测场
太海路
黄平路
亚运村汽车交易市场
回南路

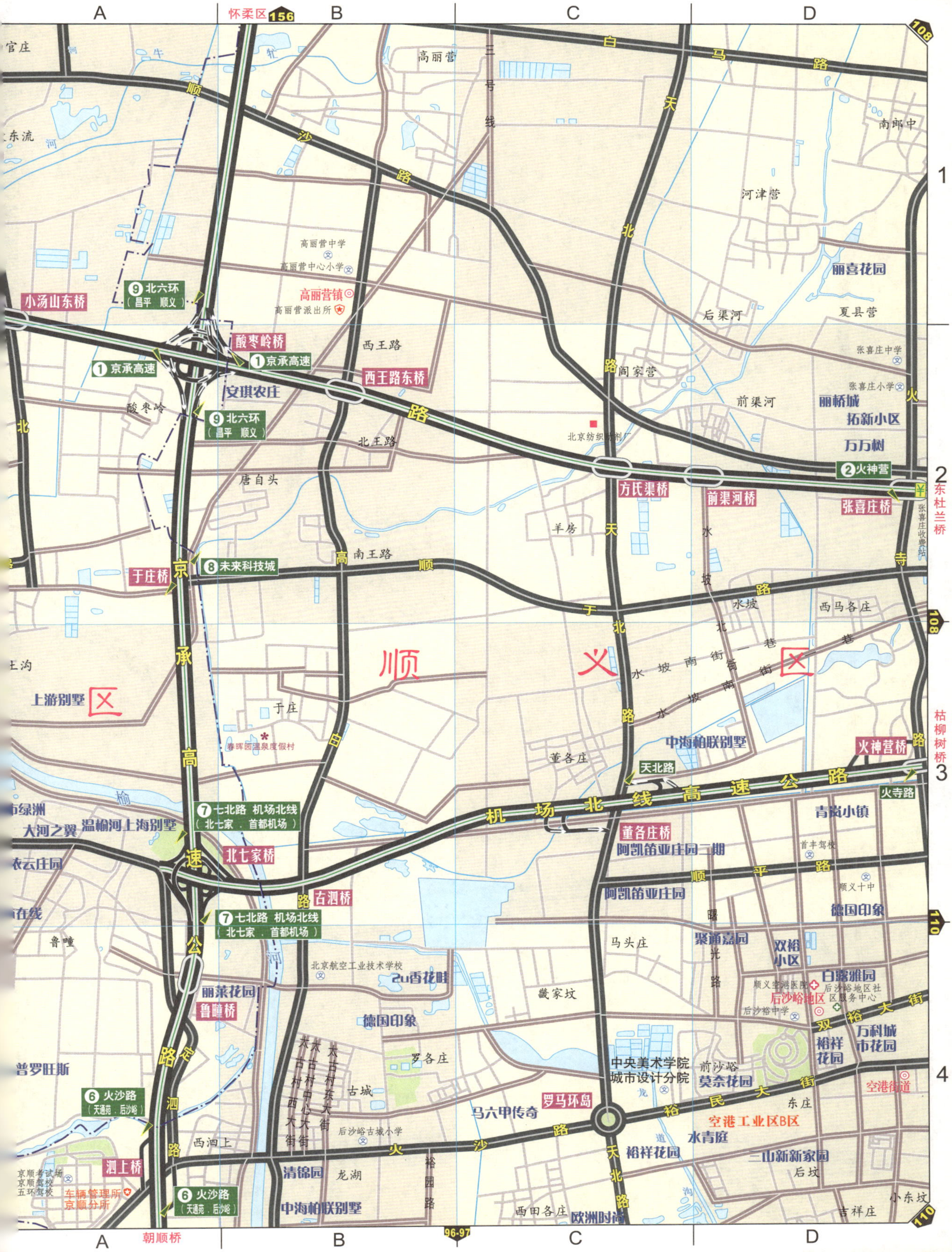
怀柔区 156
108
110
96-97
朝顺桥
顺义区
高丽营
高丽营镇
高丽营中学
高丽营中心小学
高丽营派出所
河津营
南郎中
丽喜花园
后渠河
夏县营
张喜庄中学
张喜庄小学
前渠河
丽桥城
拓新小区
万万树
小汤山东桥
北六环
京承高速
酸枣岭桥
酸枣岭
西王路
西王路东桥
安琪农庄
北王路
北京纺织机械厂
阎家营
方氏渠桥
前渠河桥
张喜庄桥
火神营
东杜兰桥
唐自头
羊房
南王路
于庄桥
未来科技城
水坡
西马各庄
上游别墅
于庄
春晖园温泉度假村
中海柏联别墅
水坡南街
火神营桥
枯柳树桥
天北路
董各庄
机场北线高速公路
火寺路
青岚小镇
七北路 机场北线
北七家 首都机场
温榆河上海别墅
大河之翼
北七家桥
古泗桥
董各庄桥
阿凯笛亚庄园二期
阿凯笛亚庄园
首丰驾校
顺义十中
德国印象
马头庄
聚富嘉园
双裕小区
白鹭雅园
北京航空工业技术学校
2u香花畦
丽莱花园
鲁疃桥
鲁疃
藏家坟
顺义空港医院
后沙峪地区
后沙峪地区社区服务中心
后沙峪中学
双裕大街
裕祥花园
万科城市花园
普罗旺斯
罗各庄
古城
中央美术学院城市设计分院
前沙峪
莫奈花园
空港街道
火沙路
天通苑 后沙峪
马六甲传奇
罗马环岛
裕民大街
东庄
空港工业区B区
水青庭
后沙峪古城小学
西泗上
泗上桥
京顺考试场
京顺驾校
五环驾校
车辆管理所京顺分所
清锦园
龙湖
裕园路
裕祥花园
三山新新家园
后坟
中海柏联别墅
西田各庄
欧洲时尚
吉祥庄
小东坟
白马路
天北路
顺沙路
顺于路
京承高速公路
高白路
顺平路
曙光路
定泗路
火寺路
龙道河

怀柔
北郎中
小官庄
后晏子
欧韵诺威
前晏子
大官庄
白庙
马家堡
蓝家营
西小营
石家营
向前村
毛家营
自强小学
张喜庄
姚店
小中河
荆卷
北京良种繁殖场
马卷
泰卷
马坡中学
顺源北路
秦武姚
马坡地区
天北路
白马路
良正卷
马坡路口
白各庄
顺
庙尔卷
丽高花园
泥河
街门村
南卷
三家店
西杜兰
文化营
六元农庄
东杜兰
西海洪
寺上
酸枣岭桥
顺沙六环路
张喜庄东桥
京密路
白地大厦
东海洪
六元桥
东杜兰桥
六元桥收费站
北法信
海洪桥
东马各庄
顺于路
北京桑普电器有限公司
大江洼
北京鲲鹏食品集团公司
法信府前街
焦各庄
石门桥
卧龙环岛
前进花园一区
前进新村
石门
宠城花园
顺义二中
顺义区环保局
北京市高精树脂厂
怡海房地产开发公司
商务大厦
顺榆东路
顺达路
顺畅路
迎晨桥
顺义区
石门街
沙井
望泉家园
望泉寺
顺航路
顺驰大道
刘家河
大唐影视制作中心
南法信地区
南法信
沙井桥
北七家桥
机场北线高速公路
枯柳树环岛
枯柳树桥
枯柳树
物流园四街
顺义区气象局
六元桥
首都机场
仁和桥
卧龙公园
京密路
陈街路
火寺路
顺沙路
西外街
六环路
小中河
101
111
107
110
A
B
C
D
1
2
3
4

A
B
C
D
1
2
3
4
密云县
北小营小学
北小营镇
中日合资顶上服装有限公司
半壁店
怡生园国际会议中心
后礼务
西丰乐
前礼务
龙湖香醒漫步
马坡花园
顺义新城
龙湖香醒溪苑
东丰乐
奥林匹克水上公园
马辛庄
马坡花园二区
北京阿奇工业电子有限公司
乔波室内滑雪场
小孙各庄
香悦四季
金宝花园
向阳村
马坡地区社区服务中心
乡村会议中心
双丰街道
潮白河桥
高尔夫集团公司
恒丰花园
北京乡村赛马场
阳光花园
大营
后郝家疃
黄家场
区
北京乡村高尔夫俱乐部
北上坡
龙阁街
前郝家疃
柳行
东马坡
龙涛阁别墅区
龙苑北街
北京国际高尔夫俱乐部
肖家坡
北京龙苑别墅
高尔夫会员别墅区
龙苑南街
树行
北彩
南星都街
牛一中分校
维也纳森林枫桥别墅
华中园别墅
北京市第二人民警察学校
北京美尔雅服装有限公司
顺义区劳动局职业技能培训中心
复兴村新
北兴
龙府花园
杜刘庄
太平
双兴小区
阳光水岸
双兴东区
复兴
中山东街
后倴伯
东兴小区
前进
胜利小区
南彩镇
北京市北方开关厂
平谷区
顺义区
光明街道
北京市鼎盛建筑构件厂
宏利钢管厂总公司
北京市北方仪器仪表厂
杜各庄中学
河北村
府前中街
府前东街
大东庄环岛
前倴伯
肿瘤医院
结核病防治所
首都医科大学
顺义校区
中医医院
顺义区医院
顺义一中
建新北区
建新东街
建新西街
大东庄
裕龙花园
顺义公园
赵古营
北京现代职业技术学院
建新南区
燕京桥
111
左堤路
右堤路
顺安路
潮白河
马路
顺平路
顺平辅线
滨河北路
滨河南路
光明南街
光明北街
新顺南大街
中山北大街

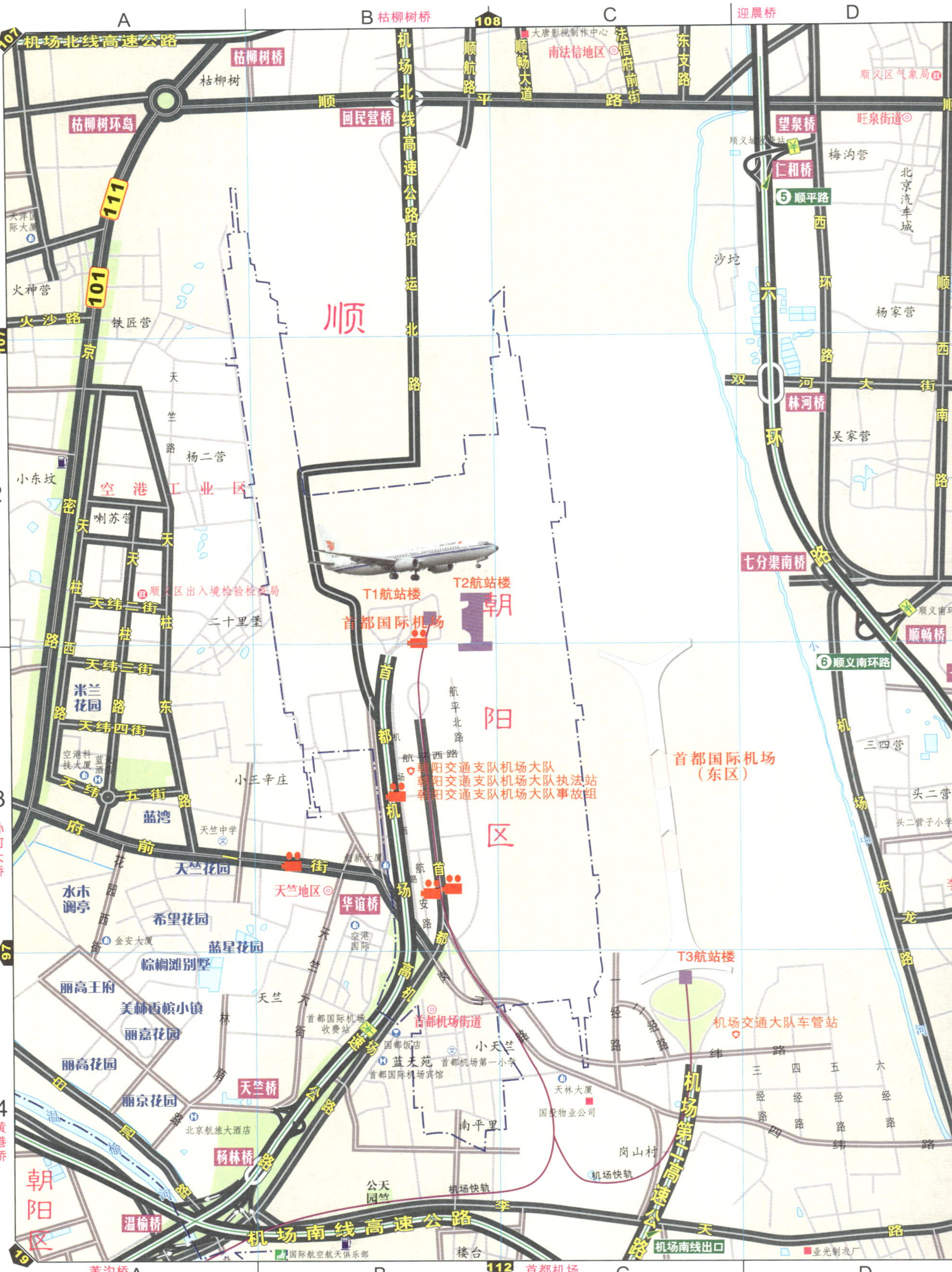
A
B 枯柳树桥
108
C
迎晨桥
D
机场北线高速公路
枯柳树桥
枯柳树
枯柳树环岛
顺
回民营桥
平
路
机场北线高速公路货运北路
顺航路
顺畅大道
法信府前街
东支路
大唐影视制作中心
南法信地区
顺义区气象局
望泉桥
旺泉街道
仁和桥
梅沟营
5 顺平路
北京汽车城
沙坨
六环路
西环路
顺西南路
杨家营
111
101
大洋国际大厦
火神营
火沙路
铁匠营
107
京密路
天竺路
杨二营
小东坟
空港工业区
喇苏营
天柱路
天柱东路
天柱西路
顺义区出入境检验检疫局
天纬二街
天纬三街
天纬四街
天纬五街
二十里堡
米兰花园
空港科技大厦
蓝天酒店
小王辛庄
蓝湾
天竺中学
府前街
孙河大桥
顺
T1航站楼
T2航站楼
首都国际机场
朝
阳
区
航平北路
航平西路
朝阳交通支队机场大队
朝阳交通支队机场大队执法站
朝阳交通支队机场大队事故组
首都国际机场（东区）
双河大街
林河桥
吴家营
七分渠南桥
顺义南环
顺畅桥
6 顺义南环路
三四营
机场东路
头二营
头二营子小学
东龙路
天竺花园
花园西街
创新大厦
水木澜亭
天竺地区
华谊桥
希里花园
航安路
首都机场高速公路
首都机场路
金安大厦
空港国际
97
蓝星花园
棕榈滩别墅
丽高王府
美林香槟小镇
丽嘉花园
丽高花园
丽京花园
天竺大街
林荫路
首都国际机场收费站
天竺桥
首都机场街道
国都饭店
蓝天苑
首都国际机场宾馆
小天竺
首都机场第一小学
南平里
天林大厦
国货物业公司
T3航站楼
机场交通大队车管站
经二路
纬一路
纬二路
三经路
四经路
五经路
六经路
纬四路
岗山村
机场快轨
机场第二高速公路
四元路
温榆河
黄港桥
北京航旅大酒店
杨林桥
朝阳区
温榆桥
公天园竺
机场南线高速公路
李天路
机场南线出口
楼台
国际航空航天俱乐部
业光制衣厂
19
苇沟桥 A
B
112 首都机场
C
D
1
2
3
4

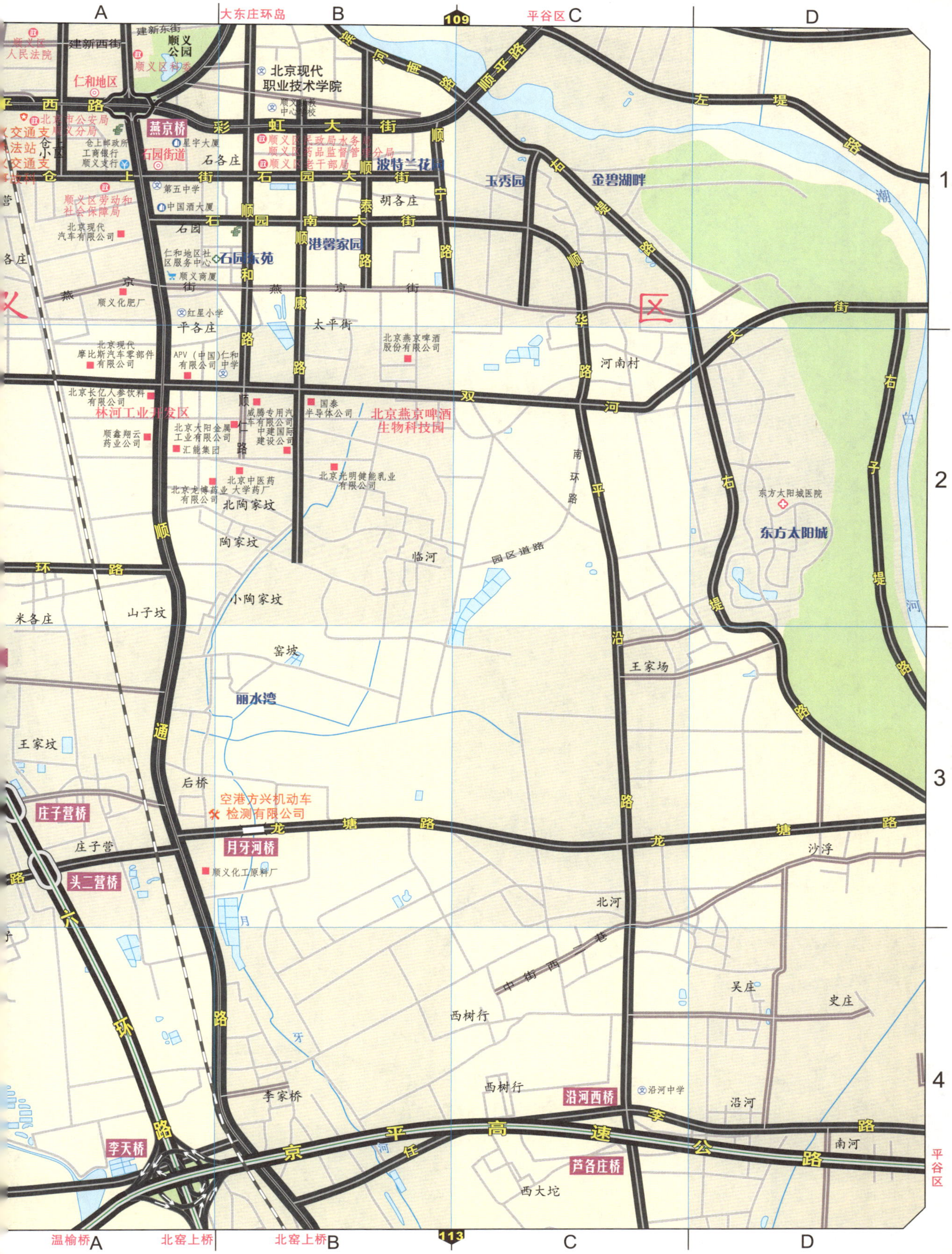
大东庄环岛
平谷区
109
建新东街
建新西街
顺义公园
顺义区人民法院
顺义区科委
仁和地区
北京现代职业技术学院
燕京桥
西 路
彩 虹 大 街
北京市公安局顺义分局
星宇大厦
顺义区民政局水务局
顺义区药品监督管理分局
顺义区老干部局
仓上邮政所
工商银行顺义支行
石园街道
石各庄
波特兰花园
顺 平 路
潮 白 河
左 堤 路
右 堤 路
玉秀园
金碧湖畔
第五中学
中国酒大厦
顺义区劳动和社会保障局
胡各庄
北京现代汽车有限公司
石 园 南 大 街
港馨家园
石园东苑
仁和地区社区服务中心
顺义商厦
燕 京 街
顺义化肥厂
红星小学
平各庄
太平街
顺 康 路
北京燕京啤酒股份有限公司
河南村
北京现代摩比斯汽车零部件有限公司
APV（中国）仁和有限公司
仁和中学
北京长亿人参饮料有限公司
林河工业开发区
双 河 大 街
国泰半导体公司
威腾专用汽车有限公司
中建国际建设公司
北京燕京啤酒生物科技园
顺鑫翔云药业公司
北京大阳金属工业有限公司
汇能集团
北京中医药大学药厂
北京龙博药业有限公司
北京光明健能乳业有限公司
北陶家坟
陶家坟
南环路
华 平 路
东方太阳城医院
东方太阳城
临河
园区道路
环 路
小陶家坟
米各庄
山子坟
窑坡
王家场
丽水湾
王家坟
后桥
空港方兴机动车检测有限公司
庄子营桥
龙 塘 路
月牙河桥
庄子营
头二营桥
顺义化工原料厂
沙浮
北河
沿 河 路
顺 通 路
六 环 路
中街西二巷
吴庄
史庄
西树行
李家桥
沿河西桥
沿河中学
沿河
李 路
京 平 高 速 公 路
任 河
李天桥
芦各庄桥
南河
西大坨
113
温榆桥
北窑上桥
A
B
C
D
1
2
3
4

首都机场
110
首都机场T3航运站楼
A B C D
97
财富公馆
温榆桥
后苇沟
棕榈滩别墅
国际航空航天俱乐部
中航联公司储运部
天竺高尔夫俱乐部球场
楼台
首都机场高速公路
首都机场辅路
北皋桥
苇沟桥
前苇沟小学
前苇沟
李天路
机场南线高速公路
管头桥
管头
雁鸣山庄
业光制衣厂
樱花园六区
莱茵湾
樱花园
南半壁店
小营
顺
新星花园别墅
民航通信导航设备制造厂
北京路通威汽车销售服务有限公司
北京晨德宝汽车销售有限公司
蟹岛路
金港汽车公园
金河湾山庄
爱博汉
森林公园
吴各庄
葛渠
19
东苇路
小店
朝阳汽车检测场
烟湖温泉度假村
金盏西村
金盏小区
金盏村
晴翠园
北京国安华亚飞鹰足球学校
金港南路
金盏老年公寓
金盏小学
金盏郁金香花园
金盏派出所
金盏中学
伊力诺依家具公司
北京启蒙学校
摩锐水世界
金盏地区
金盏医院
杨树岗
机场第二高速
温榆西路
温榆河
南皋路
金盏路
金盏南路
东窑路
雷庄
朝
温榆河大道
东窑
天安生态公园
市三华电子有限责任公司
中铁十六局集团电务工程有限公司
北马房渔场
金盏渔场
31
朝阳金盏植物园
北马房
皮村
行宫店
70
北京市保泽厨房设备有限公司
北京冠龙公司
银行干部训练班
徐尹路
皮村路
市朝阳良种奶牛场
东高路
曹各庄
沙窝路
北京市碧湖康乐园
后街
四季庄园
阳
东坝大街
北京朝阳中奥国际学校
市朝阳农场
海洼子
楼梓庄路
康心体育乐园
东坝路
楼梓庄中学
楼梓庄医院
前曹各庄
黎各庄
东风
昆仑电线厂
山东体校北京朝阳艺校教学训练基地
东坝中心小学
滨河路
北京市振兴住宅建筑材料厂
坝河
白玉兔化工厂
43
三岔河
北京市第十六中学
北京住总安装公司
东坝地区
区
区农业机械厂学校
农机研究所
驹子房
康各庄
北京城建集团京桥公司基础工程公司
东苇路
沙窝
梓村
朝阳区煤建公司
焦沙路
康各庄路
北京佳保乐油脂厂
东坝郊野公园
焦庄
马各庄渔场
马各庄
马各庄路
高杨树
高安屯
55
平房桥
114
1 2 3 4

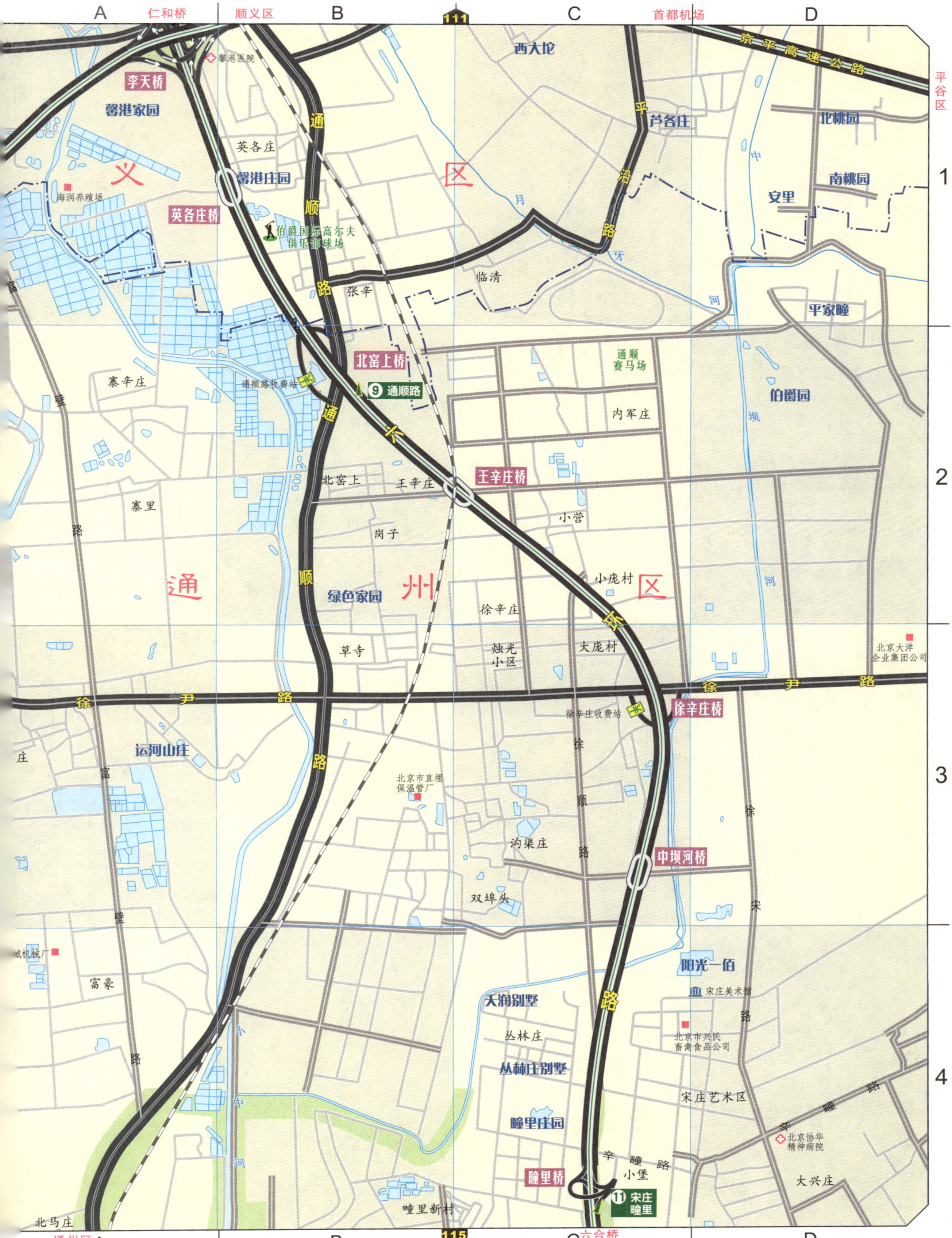
仁和桥
顺义区
111
首都机场
平谷区
西大圪
京平高速公路
李天桥
馨港医院
馨港家园
英各庄
芦各庄
北桃园
南桃园
安里
义
区
馨港庄园
海润养殖场
英各庄桥
伯爵国际高尔夫俱乐部球场
通顺路
平沿路
临清
张辛
平家疃
北窑上桥
通顺路收费站
9 通顺路
通顺赛马场
内军庄
伯爵园
寨辛庄
六环路
北窑上
王辛庄
王辛庄桥
寨里
岗子
小营
壁富路
通
州
区
绿色家园
小庞村
徐辛庄
草寺
烛光小区
大庞村
北京大洋企业集团公司
徐尹路
徐辛庄收费站
徐辛庄桥
运河山庄
北京市直埋保温管厂
徐顺路
中坝河
中坝河桥
沟渠庄
双埠头
徐宋路
富豪
阳光一佰
宋庄美术馆
天润别墅
丛林庄
北京市兴民畜禽食品公司
丛林庄别墅
宋庄艺术区
疃里庄园
北京协华精神病院
辛疃路
小堡
疃里桥
11 宋庄 疃里
大兴庄
疃里新村
北马庄
通州区
115
六合桥
A
B
C
D
1
2
3
4

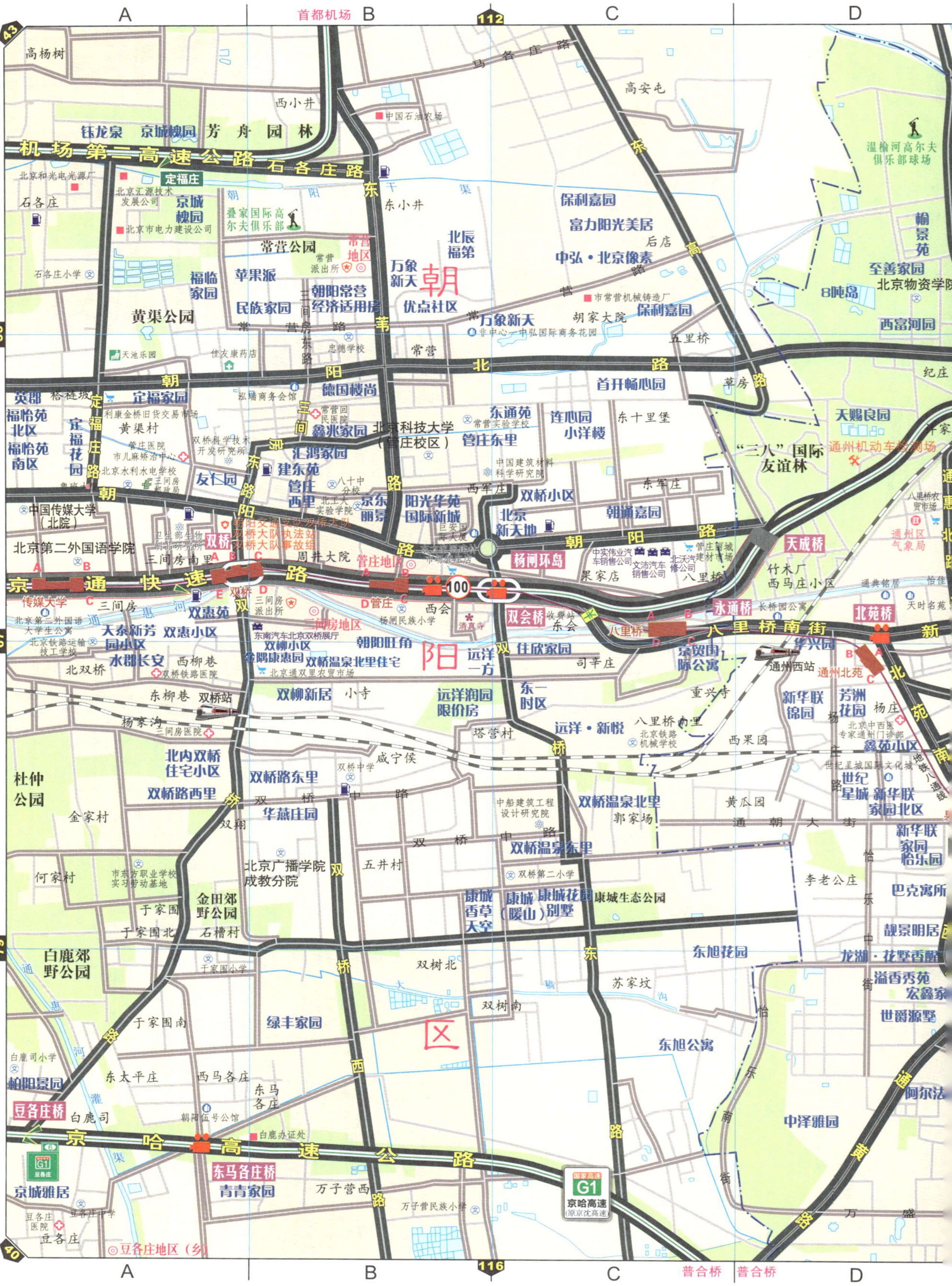

A
B
C
D
首都机场
112
43
55
67
79
40
116
1
2
3
4
平房桥
白家楼桥
大黄庄桥
远通桥
五方桥
高杨树
西小井
马各庄路
高安屯
中国石油农场
钰龙泉
京城槐园
芳舟园林
机场第二高速公路
石各庄路
定福庄
北京和光电光源厂
北京汇源技术发展公司
京城槐园
石各庄
北京市电力建设公司
叠家国际高尔夫俱乐部
常营公园
常营派出所
常营地区
东小井
东干渠
北辰福第
万象新天
朝
优点社区
石各庄小学
福临家园
苹果派
民族家园
朝阳常营经济适用房
黄渠公园
常营路
常营
忠德学校
保利嘉园
富力阳光美居
后店
中弘·北京像素
市常营机械铸造厂
胡家大院
保利嘉园
万象新天
非中心——中弘国际商务花园
五里桥
东五环
温榆河高尔夫俱乐部球场
榆景苑
至善家园
北京物资学院
8吨島
西富河园
天池乐园
佳友康药店
朝阳北路
英郡
格林拔
定福家园
泓境商务会馆
德国楼尚
首开畅心园
草房
纪庄
天赐良园
利康金桥日货交易市场
黄渠村
常营回民医院
鑫兆家园
北京科技大学(管庄校区)
东通苑
常营实验学校
管庄东里
连心园
小洋楼
东十里堡
"三八"国际友谊林
通州机动车驾驶场
福怡苑北区
福怡苑南区
定福花园
定福庄路
管庄医院
市儿麻研治中心
北京水利水电学校
三间房邮政局
双桥科学技术开发研究所
汇鸿家园
建东苑
友仁园
管庄西里
八十中分校
北工大实验学校
中国建筑材料科学研究院
西军庄
双桥小区
东军庄
朝涌嘉园
京东丽景
阳光华苑国际新城
北京新天地
中国传媒大学(北院)
卫生部生物制品研究所
双桥
交通支队双桥大队
北京第二外国语学院
三间房南里
周井大院
管庄地区
杨闸环岛
中实伟业汽车销售公司
文沛汽车销售公司
北沃汽修公司
管庄建材城市场
果家店
八里桥
天成桥
竹木厂
西马庄小区
通典铭居
怡佳
八里桥农贸市场
通州区气象局
京通快速路
传媒大学
三间房
北京第二外国语大学生公寓
北京铁路运输技工学校
天泰新芳园小区
双惠苑
双惠小区
三间房派出所
东南汽车北京双桥展厅
三间房地区
管庄
西会
杨闸民族小学
清真寺
双会桥
收费站
东会
永通桥
长桥园公寓
北苑桥
天时名苑
八里桥南街
新华
水郡长安
西柳巷
双铁铁路医院
北双桥
朝阳旺角
双柳小区
金隅康惠园
双桥温泉北里住宅
北京通双里农贸市场
远洋一方
阳
佳欣家园
司辛庄
京贸国际公寓
华兴园
通州西站
通州北苑
北苑
东柳巷
双桥站
双柳新居
小寺
远洋润园限价房
东一时区
重兴寺
新华联锦园
芳洲花园
杨庄
杨家沟
三间房医院
塔营村
远洋·新悦
八里桥南里
北京铁路机械学校
西果园
北京中西医专家通州门诊部
鑫苑小区
杜仲公园
北内双桥住宅小区
双桥路东里
双桥中学
咸宁侯
世纪星城国际文化城
世纪星城
新华联家园北区
双桥路西里
双桥路
金家村
双翔
华藏庄园
中船建工程设计研究院
双桥温泉北里
郭家场
黄瓜园
通朝大街
新华联家园
怡乐园
何家村
市东方职业学校实习劳动基地
北京广播学院成教分院
五井村
双桥中路
双桥温泉东里
双桥第二小学
李老公庄
巴克寓所
于家围
金田郊野公园
康城香草天空
康城(暖山)
康城花园别墅
康城生态公园
怡乐中街
于家围北
石槽村
靓景明居
白鹿郊野公园
于家围小学
双桥东路
东旭花园
龙湖·花墅香醍
双树北
苏家坟
溢香秀苑
宏鑫家
通惠河
双树南
世爵源墅
绿丰家园
区
东旭公寓
于家围南
白鹿司小学
柏阳景园
东太平庄
西马各庄
东马各庄
双桥西路
怡乐南街
通黄路
阿尔法
豆各庄桥
白鹿司
朝阳伍号公馆
白鹿办证处
京哈高速公路
中泽雅园
东马各庄桥
青青家园
万子营西
万子营民族小学
G1 京哈高速(原京沈高速)
京城雅居
豆各庄医院
豆各庄中学
豆各庄
豆各庄地区(乡)
万盛
普合桥

A 西六环
B
113
C 丛林庄桥
D
小堡
疃里桥
大兴庄
疃里新村
北马庄
北马庄桥
路苑北里
李庄
中加学校
西刘庄
陈列馆路
东港生活城
安顺北里
尚东庭
六合村
宋庄镇
东路苑
珠江国际家园
自然佳境
西潞苑小区
苏坨
新潮嘉园二区
潞苑中路
西潞苑
六合桥
小潞邑
北京树人学校
枫露苑
京东机动车考试场
京东驾校
耿庄
枫露南里
潞苑南里
通
后屯
枫露花园
潞苑南大街
12 三河
温榆河大桥
龙旺西里
龙旺庄
孙各庄
三惠桥
丁各庄桥
常屯
运通花园
华龙公园
12 通州北关 东五环
王家场
北关桥
北京市结核病胸部肿瘤研究所
通燕高速
耿庄桥
月亮河城堡
北皇木厂
新建村
芙蓉园
京贸国际城
月亮河假日店
水恋晶城
紫金苑
召里
古城西桥
永顺地区
姜厂子
上游加华印象（二期）
后窑
观音庵
运河文化广场
霍屯
东杨庄
古城大街
潞城镇
永顺村
河畔丽景
魏庄
武夷花园
荔炫风
紫运园
前上坡
世外桃源
西海子公园
运河园
水仙园
荔景园
古城
胡各庄中学
北京中学
新华街道
运通医院
通州区
潞河名苑
杨坨
辛安屯
大台
新华大街
BoBo自由城
三元村
玉带河西街
运河东街
州
故黄家坟
顾家坟
西上园
上营
北苑街道
潞河名苑
中仓街道
玉带河桥
河东大街
通州区交通局
东方生活街
北小园
郝家府
北京潞河医院
北京护士学校
通州区粮食局
玉带河大街
运河明珠家园
乔庄北区
乔庄
乔蕾园 白领居易
新城南关
协辛庄
皓月苑
通州交通支队
通州交通支队潞河大队
通州交通支队潞河大队事故组
通州交通支队车管站
西上园
实验中学
清新家园
东关大桥
杨坨桥
果园
艺苑西里
大晟嘉园
日光清城
果园环岛
玉桥街道
乔庄东区
柳岸景园
潞阳桥
挪威的森林
运河西大街
通州肛肠医院
北京市公安局 通州分局
京艺大朗
美然·百度城
九棵树
远洋东方
柳岸方园
幸福艺居
北京造纸七厂
小圣庙桥
北三间房
妇幼保健院
北京中医学校
梨园小镇
北三间房
瑞都国际中心
孙王场
新通国际花园
区
小圣庙
云景西里
时尚槟堡
梨园南街
梨园
晋风庄园
小街
京贸国际大厦
世纪龙鼎
云景里
洼子
孙庄
车里坟
云景豪庭
金桥时代
临河里
德邑新时空
云景南大街
临河
小街之春嘉园
群芳园二区
群芳园小区
梨园主题公园
临河里小区
砖厂
幸福时光
花洞溪
15 通州
天地美墅
九棵树中路
都市T站
土桥新桥
万盛中二街
魏家坟
颐瑞东里
土桥
欣桥家园
北马头
自由DNA
加州镇
梨园地区
东小马庄
北京东方化工厂
15 天津
祥和乐园
北京门窗公司
瑞都公园世家
群芳南街
万坤盛世
金庄
楼子庄
岗家坟
皇家公寓
皇家新村
北许场
103
A
B
117
施园桥
C
京沈高速
D
燕郊
1
2
3
4

五方桥
果园环岛
化工桥
马驹桥桥
豆各庄中学
豆各庄医院
豆各庄
豆各庄地区
豆各庄中心小学
孟家屯村
孟家坟
怡景城花园
怡景溪园
怡景城一扬州园
郎辛庄
郎各庄
北京化学工业集团工程塑料厂
万子营民族小学
双旭花园
双旭北路
双桥西路
黑庄户地区
黑庄户中学
黑庄医院
朝阳水处理剂厂
富力又一城
鲁店北路
红军公园
小鲁店
北京市双桥印刷厂
大鲁店
朝阳区
北渠
马家湾
普合桥
京哈
萧太后河
口子桥
江场
通马路
铺外路
星湖工业区
胡家垡
张台路
董村
华捷食品有限公司
东石村桥
东石
桂家坟
外郎营
周坡庄
小路
永隆屯
星湖园
第五生产星湖绿色生态观光园
大铺路
蒋辛庄
东渠路
新华联科技大厦
六环路
白庄
京津城际铁路
亦庄站
京津高速公路
次一村
次渠
世纪天创
垡子
潞西路辅大路
府东苑
华馨园
潞西路
孟庄
玉江佳园
麦庄
大地
次渠桥
北京市连江集团
次渠怡花园
北小营
东小路
西太平庄
新河二桥
佘庄
新河
302市道
京华造纸厂
崔家窑
高古庄桥
安定营
桑园
高古庄
水南
凉水河
北堤

A
B
C
D
1
2
3
4
115
京塘路
土桥新桥
果园环岛
瑞都公园世家
京公路局技工学校
万坤盛世
自由DNA
金庄
楼子庄
岗家坟
祥和乐园
皇家公寓
皇家新村
北许场
京塘路
103
103
天津市
日南新街
欣桥家园
群芳南街
张家湾桥
张家湾中学
高楼金
花庄
皇木厂
张家湾镇
北京铜牛股份有限公司
将军坟
后庄
太玉园
南许场
芳草园
通州工业开发区
周庄
小西甸
月亮湾小镇
张家湾
光华路
梧桐路
通
德邑新时空
大高力庄
张台路
立禅庵
北京市公路局水泥制品厂
17 京哈高速 G1 五方桥
唐小庄
马营桥
美天华逸
施园
施园桥
小辛庄
国家高速
G1
京哈高速
(原京沈高速)
马营
瓜厂
凉水河桥
水产养殖场
东六环(大兴)
通州城区(顺义)
东六环(通州城区)(顺义)(大兴)
台湖镇
玉甫上营
17 京哈高速 G1
唐大庄
牌楼营
北何各庄
张台
东下营
东西下营桥
湖光小区
州
北姚园
齐善庄
大辛庄
香河县
碱厂
南姚园
京通集团
高速公路
六环路
张采路
张凤路
尖垡桥
北京通华集团公司
十里庄
尖垡
三间房
枣林庄
仓头
兴武林
枣林庄民族小学
北火垡
九德路
区
窑上
小枕路
南火垡
小沈庄
陆辛庄
垡头
五木服装有限责任公司
垡头路
潞观
北京华裕塑料集团公司
西路
北大化
北京市合成洗衣粉厂
南大化
干渠东路
柳营
大北关
小北关
高营
通宝制药厂
坨堤
天津市
119
京津高速
京津高速

A
B
C
D
1
2
3
4
103
116
135
次渠桥
大羊坊桥
太和东桥
北堤
凉水河
南堤
凉水河桥
团瓢庄桥
后堰上
前堰上
驸马庄
团瓢庄
陈各庄
马驹桥中学
马二街
马三街
大葛庄
驰普城
马大路
大姚辛庄
六环路
马驹桥六号桥
南小营
G2 六环路 (通州城区)(大兴)
13
京沪高速
马驹桥五号桥
马驹桥四号桥
马驹桥镇
后银子
G2 六环路 (大兴)(通州城区)
漷马路
马驹桥三号桥
前银子
西张各庄
大周易
漷马路
史村
东田阳
302 市道
西田阳
古庄
小周易
朱大路
西马庄路
正运通公司
周营
郭村
杨秀店
柴务
牛坊
凤港减河
京沪高速公路
北京长营工业园
李家务
朱脑村
长牛路
大兴区
北辛庄
留民营生态农场
留民营
伎上营
新七营
北京建朝环保设备有限公司
北泗上
G2 京沪高速 (原京津塘高速)
解州营
长子营镇
赵县营
窦营
沁水营

A
B
C
D
117
京塘路
高营
坨堤
通宝制药厂
亚细亚电梯厂
北京汉将木业制作有限公司
牛堡屯新街
西永和屯
东永和屯
后街
后坨
后南关
牛堡屯
通州粉碎机厂
前南关
洪泽铝制品有限公司
中街
通州酒厂
北仪阁
小杜社
前街
彩旋风家具
新光电器设备厂
杜社
通
州
区
京津城际铁路
京津高速公路
张采路
漷马路
九德路
漷柏路
张凤路
小耕垡
六郎庄
大耕垡
港
减
河
凤
西马各庄
小松垡
北京市宏利化工厂
东马各庄
于家务民族中学
于家务中学
于家务小学
文化广场
大松垡
于家务回族乡
永于路
于觅路
西马坊
于家务福源面粉厂
北京渔轻公司
德农北方育种研究中心
果村
柏福
柏福桥
满庄
神驹
西垡盖伦希望小学
崔各庄
西垡
天津市
京沪高速
1
2
3
4

华彬庄园
温南路
水南路
亭自庄北路
乃干屯
丈头
亭丈辛路
土文路
土楼
北小营
北神路
北京水泥厂
西北地
上念头
念头工业区
二分场
葛流路
昌路
马池口地区
马池口地区社区服务中心
北京长城通恒仪表有限公司
亭自南路
葛村
吉利大学
亭自庄
葛北路
百葛路
香江别墅
四家庄
昌平区二一学校
土城村西桥
53 百葛路
土城村桥
土城
昌平区
土西路
西马坊
西马坊路
阳马路
史四路
史家桥
昌路
六环路
史家桥
宏辛庄
八口
中国坦克博物馆
阳八路
阳坊
东贯市东路
八口桥
阳坊镇医院
阳坊文化中心
阳坊大都饭店
阳坊镇
阳坊镇北桥
东贯市路
辛力屯
佛山陵园
阳坊胜利文化园
阳东路
东贯市
白水洼路
西贯市
52 沙阳路
海淀区
白虎涧风景区
佛山福路
温南路
阳坊镇桥
后白虎涧
后二路
观山亲庭
温阳路
阳坊镇收费站
北京鹏达制衣公司
江村
沙阳路
后章村
辛力屯路
阳坊工业园
温北路
52 沙阳路
前章村小学
八家南路
聂各庄路
下河路
前白虎涧
南沙河北干渠
前章村
前章村路
苏家坨桥
后沙涧
海淀区
121
军庄桥

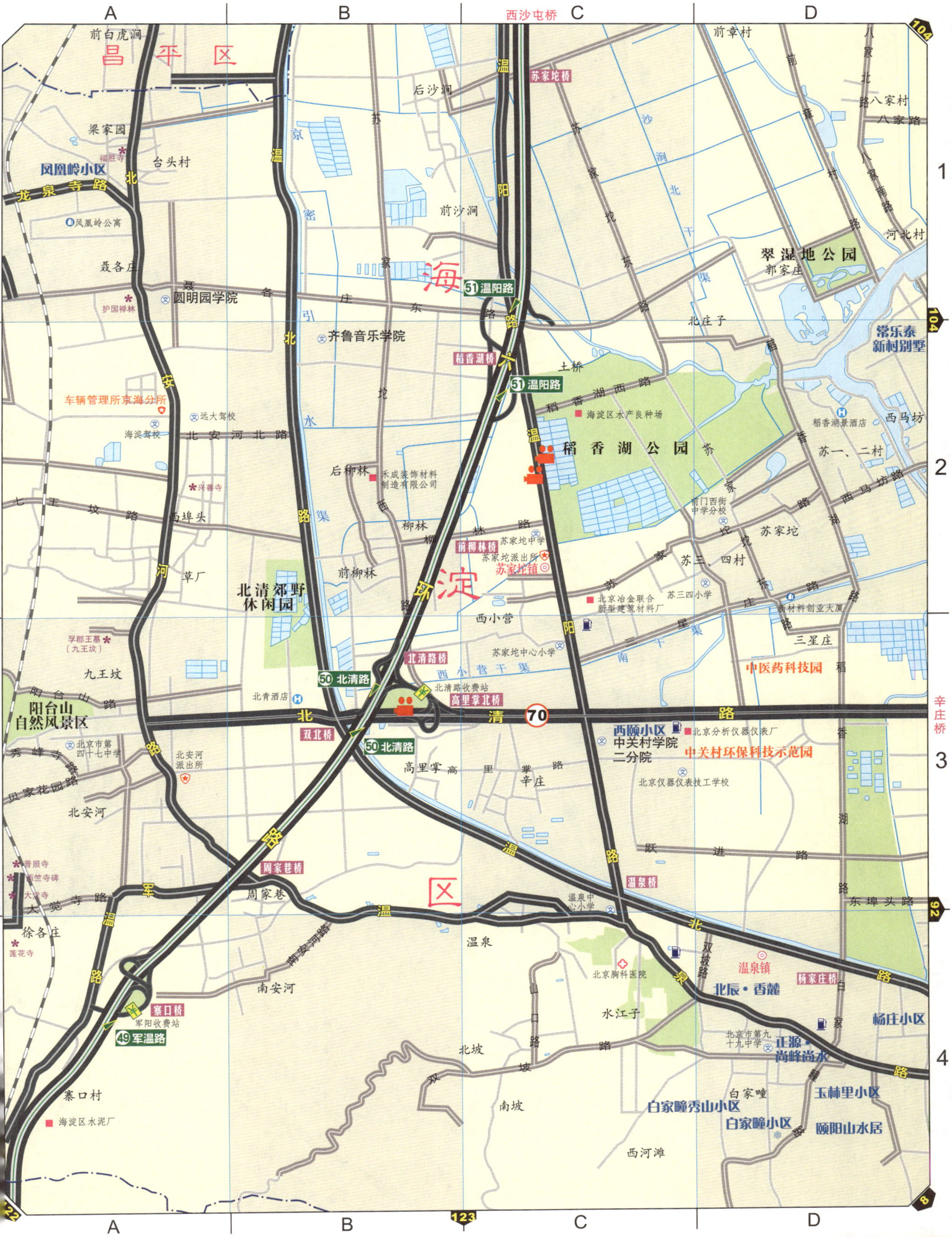

A
B
C
D
1
2
3
4
西沙屯桥
昌平区
海淀区
前白虎涧
梁家园
福胜寺
台头村
凤凰岭小区
龙泉寺路
凤凰岭公寓
聂各庄
圆明园学院
护国禅林
车辆管理所京海分所
远大驾校
海淀驾校
北安河北路
兴善寺
七王坟路
高埠头
草厂
北清郊野休闲园
孚郡王墓（九王坟）
九王坟
阳台山路
阳台山自然风景区
秀峰寺路
北京市第四十七中学
贝家花园路
北安河派出所
北安河
普照寺
西竺寺碑
大觉寺
大觉寺路
徐各庄
莲花寺
寨口村
海淀区水泥厂
后沙涧
前沙涧
京密引水渠
温北路
安河路
苏家坨路
聂各庄东路
齐鲁音乐学院
稻香湖桥
后柳林
禾成装饰材料制造有限公司
柳林
前柳林
西柳林路
前柳林桥
六环路
北清路
北清桥
双北桥
北清路收费站
北青酒店
高里掌北桥
高里掌
高里掌路
周家巷桥
周家巷
温泉
南安河
南安河路
寨口桥
军阳收费站
军温路
北坡
山口路
双坡
南坡
苏家坨桥
温阳路
苏家坨东路
沙涧北干渠
前章村
前章村路
八家北路
八家村
八家路
八家南路
河北村
翠湖湿地公园
郭家庄
北庄子
常乐泰新村别墅
土桥
稻香湖西路
海淀区水产良种场
稻香湖公园
稻香湖景酒店
西马坊
苏一、二村
西马坊路
苏家坨中学
苏家坨派出所
苏家坨镇
前门西街中学分校
苏家坨
苏三、四村
苏三四小学
北京冶金联合新型建筑材料厂
新材料创业大厦
西小营
三星庄
二干渠
苏家坨中心小学
西小营干渠
中医药科技园
辛庄桥
西颐小区
中关村学院二分院
北京分析仪器仪表厂
中关村环保科技示范园
北京仪器仪表技工学校
辛庄
跃进路
稻香湖路
温泉桥
温泉中心小学
温泉镇
东埠头路
双坡路
北京胸科医院
北辰·香麓
杨家庄桥
杨庄小区
水江子
北京市第九十九中学
正源·尚峰尚水
白家疃
白家疃秀山小区
白家疃小区
玉林里小区
颐阳山水居
西河滩
白家疃路
温北路
温泉路
51 温阳路
50 北清路
49 军温路
70
104
92
8
122
123

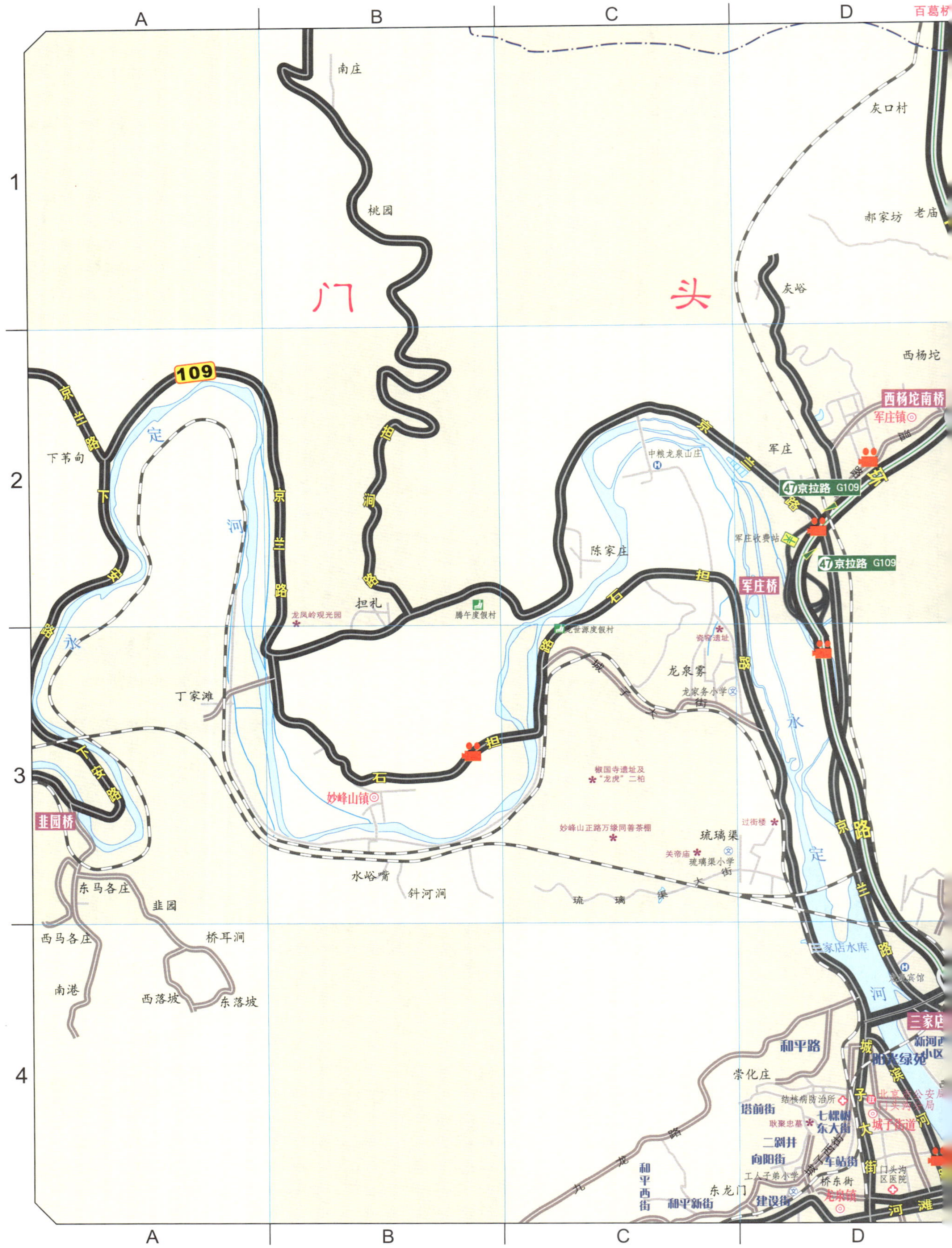
A
B
C
D
1
2
3
4
百葛桥
南庄
灰口村
桃园
郝家坊
老店
门
头
灰峪
西杨坨
109
西杨坨南桥
军庄镇
京拉路
定
河
下苇甸
下
安
路
永
京
兰
路
担
礼
涧
中粮龙泉山庄
军庄
47 京拉路 G109
军庄收费站
陈家庄
军庄桥
龙凤岭观光园
腾午度假村
龙世源度假村
石
瓷窑遗址
龙泉雾
龙家务小学
城
子
大
街
丁家滩
椒园寺遗址及“龙虎”二柏
妙峰山镇
妙峰山正路万缘同善茶棚
过街楼
琉璃渠
关帝庙
琉璃渠小学
韭园桥
水峪嘴
斜河涧
东马各庄
韭园
西马各庄
桥耳涧
南港
西落坡
东落坡
三家店水库
三家店
和平路
崇化庄
结核病防治所
塔前街
耿聚忠墓
七棵树东大街
二斜井
向阳街
工人子弟小学
车站街
桥东街
东龙门
和平西街
和平新街
建设街
龙泉镇
门头沟区医院
城子街道
北京市公安局门头沟分局
滨
河
九
龙
路
阳光绿苑
新河西小区
河滩

A
B
C
D
121
92
8
20
32
44
124-125
1
2
3
4
西河滩
簸箕水
家湾
海
沟
区
东山
淀
西杨坨桥
孟悟
新村
东杨坨
军庄镇社区服务中心
香峪
碧云寺
中山堂
香山静宜商务会馆
碧云寺路
香炉峰
熊希龄墓
琉璃塔
香山别墅
香山公园派出所
香山公园
香山饭店
区
北马场
南马场
隆恩寺第四纪冰川擦痕
石
潭峪路
潭峪
慈善寺
南马场水库
双泉寺
双泉寺村
景
转马台
满井
陈家沟
福惠寺
隆恩寺路
黑陈路
店
河涧
南宫
秀府
龙府射击场
佟家村
山
板凳沟
鸿德寺
宝珠洞（七处）
香界寺（六处）
证果寺（八处）
南宫
黑石头小学
北京工业职业技术学院
敬德寺村
黑石头农工商联合公司
八大处公园
龙王堂（五处）
大悲寺（四处）
姚家寺塔
石门路
黑石头村
区
三山庵（三处）
灵光寺（二处）
旱庄子
五里坨中学
新隆恩寺村
五里坨街道
东老店
五里坨医院
五里坨小学
五里坨派出所
黑石头路
报隆庵
全国宣传干部培训中心
六一小学
八大处路
曙光小学
下石府
长安寺（一处）
西山饭店
西下庄
五里坨
红旗小学
上石府
八大处中学
引
河
水
渠
北京市现代建筑材料公司
西现代城
法海寺森林公园
先锋小学
金顶山路
雍王府
申王府
北京市市政二程局医院
柳林庄
西小府
京山线处理厂
高井
金王府
北京市工人疗养院
卧龙岗桥
金安桥

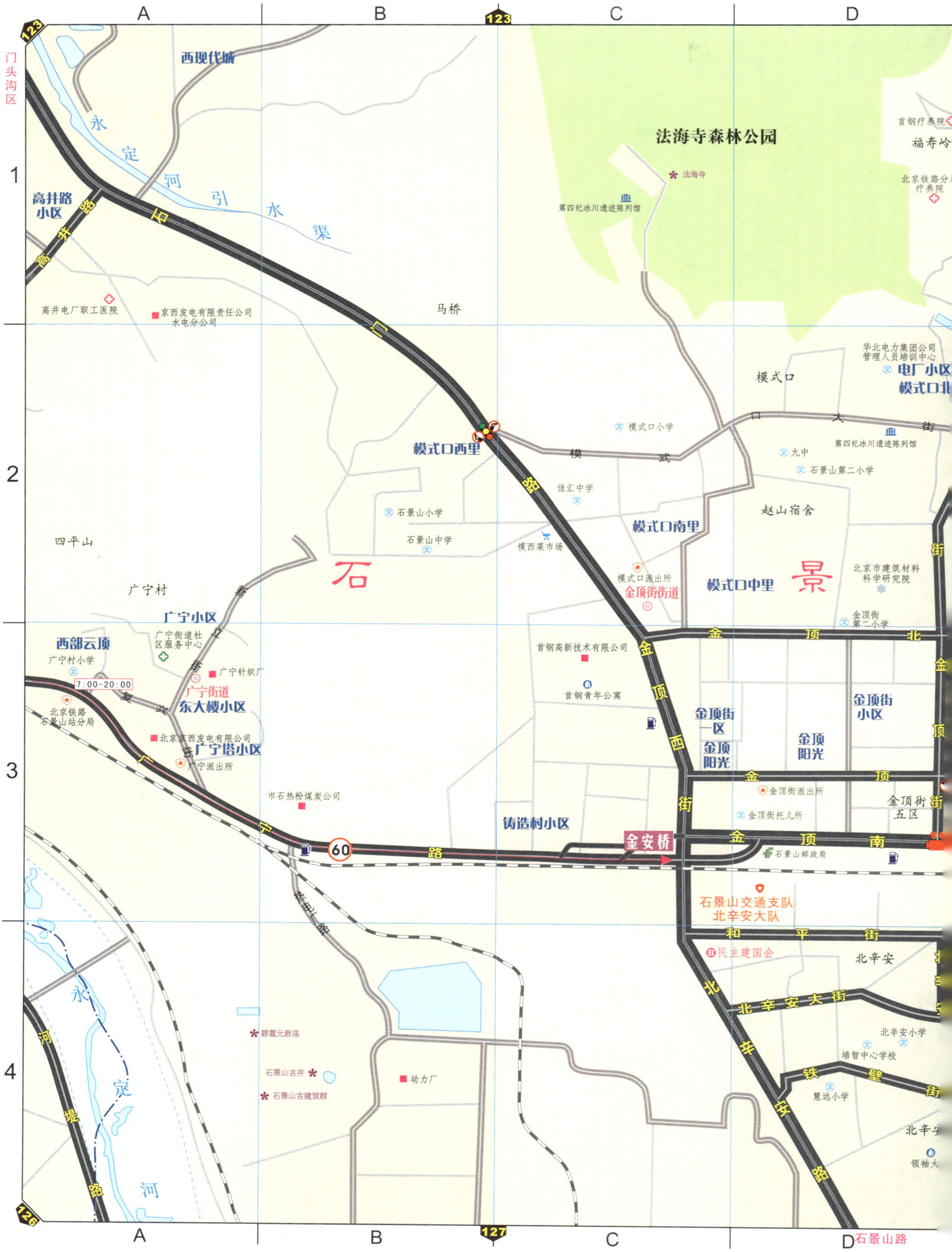
A
B
C
D
1
2
3
4
123
126
127
门头沟区
西现代城
永定河引水渠
法海寺森林公园
法海寺
第四纪冰川遗迹陈列馆
首钢疗养院
福寿岭
北京铁路分局疗养院
高井路小区
高井路
石门路
高井电厂职工医院
京西发电有限责任公司水电分公司
马桥
华北电力集团公司管理人员培训中心
电厂小区
模式口北
模式口
模式口大街
模式口小学
九中
第四纪冰川遗迹陈列馆
石景山第二小学
模式口西里
佳汇中学
石景山小学
石景山中学
模西菜市场
模式口南里
赵山宿舍
四平山
石
景
模式口派出所
金顶街街道
模式口中里
北京市建筑材料科学研究院
广宁村
新立街
广宁小区
金顶街第二小学
西部云顶
广宁村小学
广宁街道社区服务中心
广宁针织厂
首钢高新技术有限公司
金顶北街
7:00-20:00
广宁街道
东大楼小区
首钢青年公寓
北京铁路石景山站分局
金顶西街
金顶街一区
金顶阳光
金顶街小区
北京京西发电有限公司
广宁塔小区
广宁派出所
金顶街
金顶阳光
金顶街派出所
金顶街五区
市石热粉煤炭公司
金顶街托儿所
铸造村小区
广宁路
60
金安桥
金顶南路
石景山邮政局
石景山交通支队北辛安大队
和平街
民主建国会
北辛安
北辛安大街
北辛安小学
培智中心学校
碧霞元君庙
石景山古井
石景山古建筑群
动力厂
慧远小学
铁壁街
北井安路
永定河
河堤路
北辛安
领袖大
石景山路

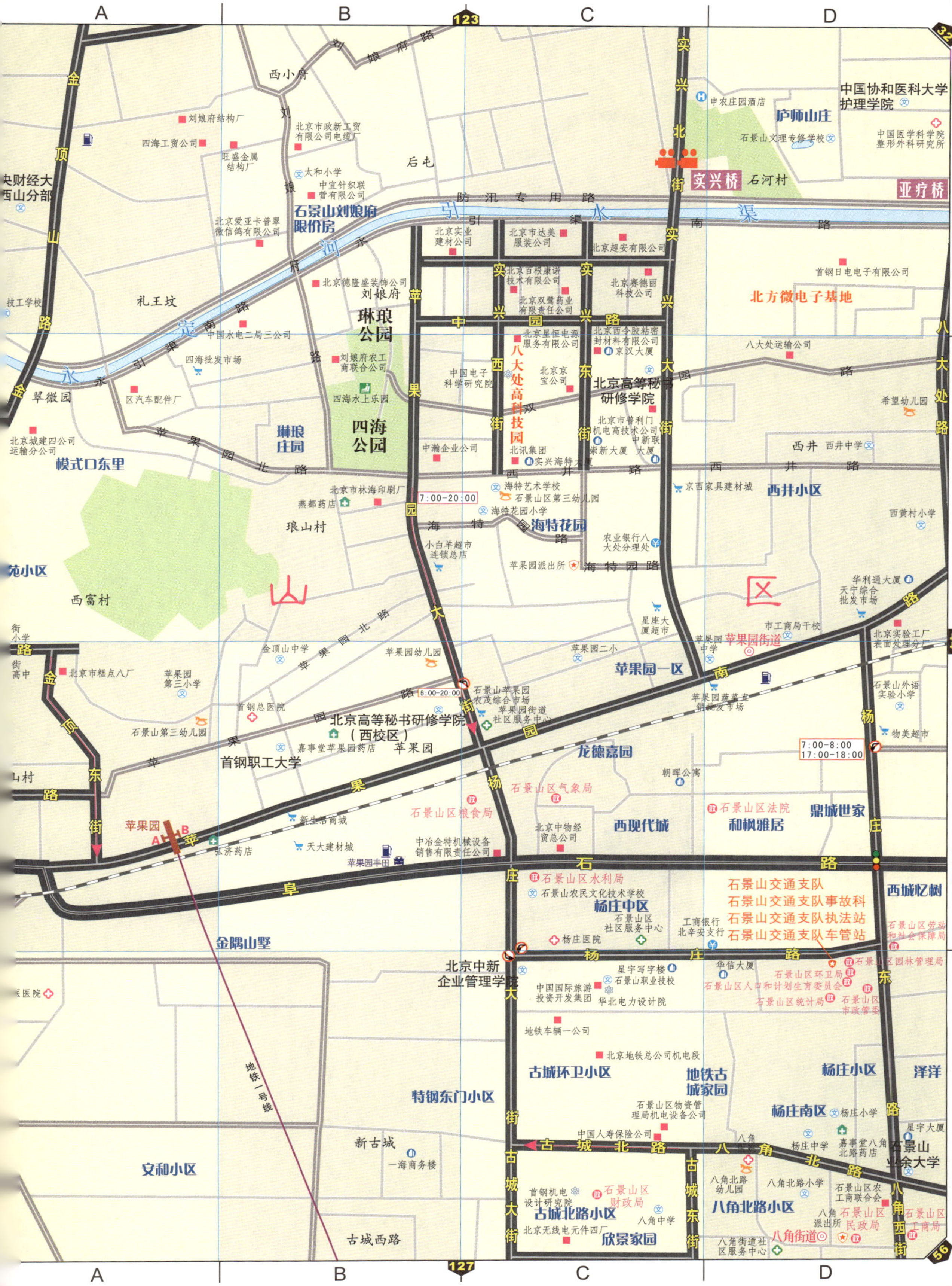
A
B
C
D
123
32
1
2
3
4
44
56
127
刘娘府路
西小府
刘娘府结构厂
四海工贸公司
旺盛金属结构厂
北京市政新工贸有限公司电缆厂
太和小学
后屯
中宜针织联营有限公司
石景山刘娘府限价房
北京爱亚卡普翠微信鸽有限公司
防汛专用路
引水渠
引渠南路
北京实业建材公司
北京市达美服装公司
北京超安有限公司
北京德隆盛装饰公司
刘娘府
琳琅公园
礼王坟
永定河引水渠
中国水电二局三公司
四海批发市场
刘娘府农工商联合会公司
四海水上乐园
四海公园
区汽车配件厂
翠微园
北京城建四公司运输分公司
琳琅庄园
苹果园北路
模式口东里
实兴桥
石河村
申农庄园酒店
庐师山庄
石景山文理专修学校
中国协和医科大学护理学院
中国医学科学院整形外科研究所
亚疗桥
首钢日电电子有限公司
北方微电子基地
八大处运输公司
希望幼儿园
西井中学
西井路
西井小区
西黄村小学
北京市林海印刷厂
燕都药店
琅山村
西富村
苹果园派出所
海特园路
海特花园
海特花园小学
海特艺术学校
石景山区第三幼儿园
小白羊超市连锁总店
农业银行八大处分理处
实兴北街
实兴西街
实兴东街
实兴大街
兴园路
中兴路
八大处高科技园
北京高等秘书研修学院
北京白根康诺技术有限公司
北京双鹭药业有限责任公司
北京赛德丽科技公司
北京星恒电源服务有限公司
北京西今胶粘密封材料有限公司
京汉大厦
中国电子科学研究院
北京京宝公司
北京市普利门机电高技术公司
中新联大厦
崇新大厦
北讯集团
实兴海特大厦
中瀚企业公司
苹果园大街
山
区
星座大厦超市
华利通大厦
天宁综合批发市场
工商局干校
北京实验工厂表面处理分厂
苹果园中学
苹果园街道
苹果园二小
苹果园一区
苹果园蔬菜批发市场
石景山外语实验小学
物美超市
金顶山中学
苹果园幼儿园
苹果园北路
北京市糕点八厂
苹果园第三小学
首钢总医院
石景山第三幼儿园
石景山苹果园农贸综合市场
苹果园街道社区服务中心
北京高等秘书研修学院（西校区）
嘉事堂苹果园药店
苹果园
苹果园南路
首钢职工大学
龙德嘉园
朝晖公寓
石景山区气象局
石景山区粮食局
新生活商城
天大建材城
弘济药店
中冶金特机械设备销售有限责任公司
苹果园丰田
北京中物经贸总公司
西现代城
石景山区法院
和枫雅居
鼎城世家
金顶东街
金顶山路
金顶街
杨庄大街
杨庄东路
石景山路
阜石路
晋元桥
石景山区水利局
石景山农民文化技术学校
杨庄中区
石景山区社区服务中心
工商银行北辛安支行
石景山交通支队
石景山交通支队事故科
石景山交通支队执法站
石景山交通支队车管站
西城忆树
石景山区劳动和社会保障局
金隅山墅
杨庄医院
杨庄路
北京中新企业管理学院
星宇写字楼
石景山职业技校
中国国际旅游投资开发集团
华北电力设计院
华信大厦
石景山区环卫局
石景山区人口和计划生育委员会
石景山区园林管理局
石景山区统计局
石景山区市政管委
地铁车辆一公司
北京地铁总公司机电段
古城环卫小区
地铁古城家园
杨庄小区
泽洋
特钢东门小区
石景山区物资管理局机电设备公司
杨庄南区
杨庄小学
星宇大厦
地铁一号线
新古城
一海商务楼
中国人寿保险公司
古城北路
八角北路
杨庄中学
嘉事堂八角北路药店
石景山业余大学
安和小区
首钢机电设计研究院
石景山区财政局
古城北路小区
八角中学
北京无线电元件四厂
欣景家园
古城大街
古城东街
八角北路幼儿园
八角北路小学
八角北路小区
石景山区农工商联合会
石景山区派出所
石景山区民政局
石景山区工商局
八角西街
八角街道
八角街道社区服务中心
古城西路
7:00-20:00
6:00-20:00
7:00-8:00
17:00-18:00

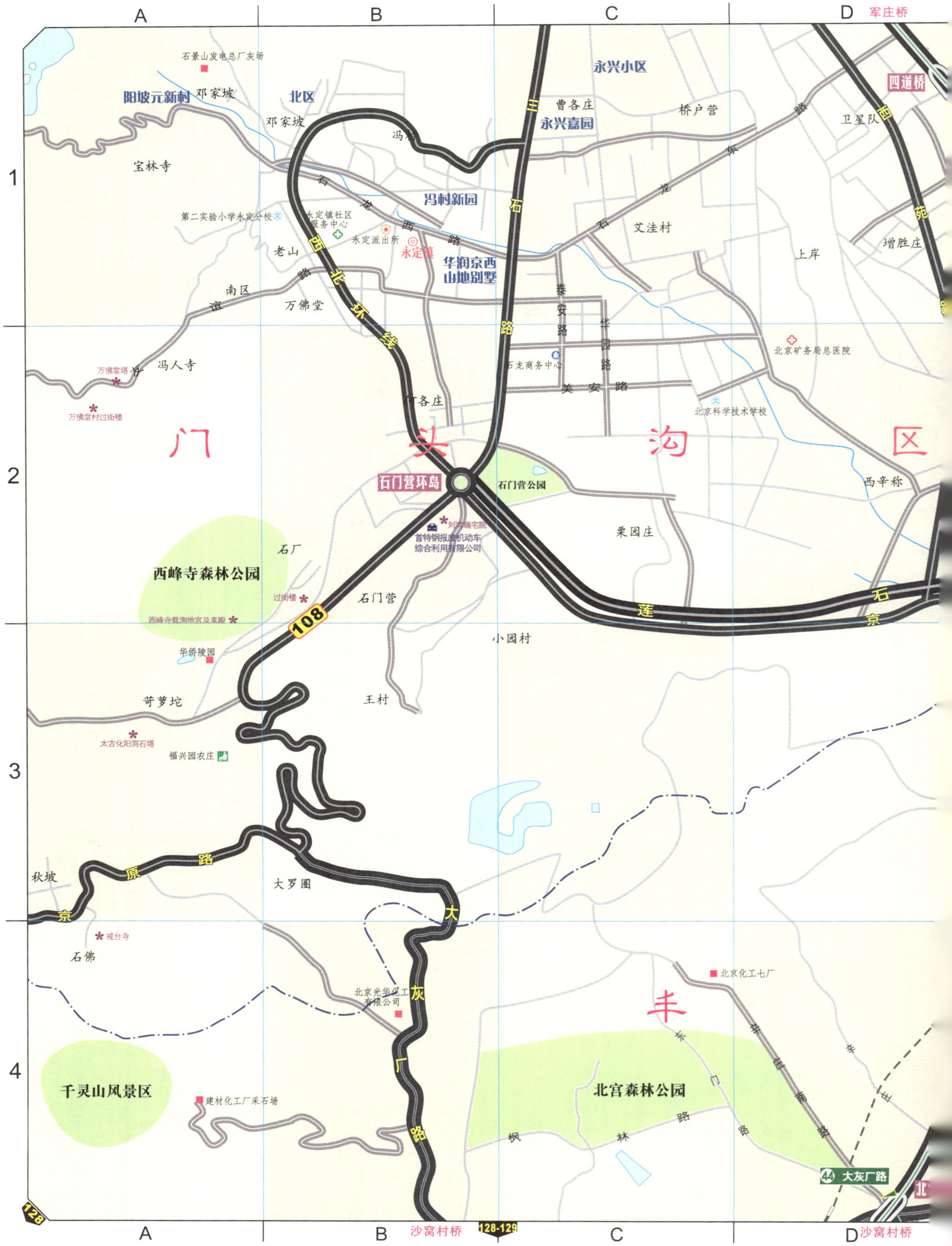

A
B
C
D
军庄桥
1
2
3
4
石景山发电总厂灰场
阳坡元新村
邓家坡
北区
邓家坡
永兴小区
曹各庄
永兴嘉园
桥户营
四道桥
卫星队
宝林寺
冯村
冯村新园
第二实验小学永定分校
永定镇社区服务中心
永定派出所
永定镇
华润京西山地别墅
老山
艾洼村
上岸
增胜庄
南区
万佛堂
泰安路
华园路
北京矿务局总医院
万佛堂塔
冯人寺
石龙商务中心
美安路
万佛堂村过街楼
何各庄
北京科学技术学校
门
头
沟
区
石门营环岛
石门营公园
西辛称
刘鸿瑞宅院
首特钢报废机动车综合利用有限公司
栗园庄
石厂
西峰寺森林公园
过街楼
石门营
108
西峰寺载洵地宫及享殿
小园村
华侨陵园
苛萝坨
王村
太古化阳洞石塔
福兴园农庄
秋坡
京原路
大罗圈
戒台寺
石佛
北京化工七厂
北京光华化工有限公司
丰
大灰厂路
千灵山风景区
建材化工厂采石场
北宫森林公园
东门路
枫林路
辛庄南路
44 大灰厂路
石龙西路
西北环线
石龙东路
西苑
三石路
莲石京
128
128-129
沙窝村桥

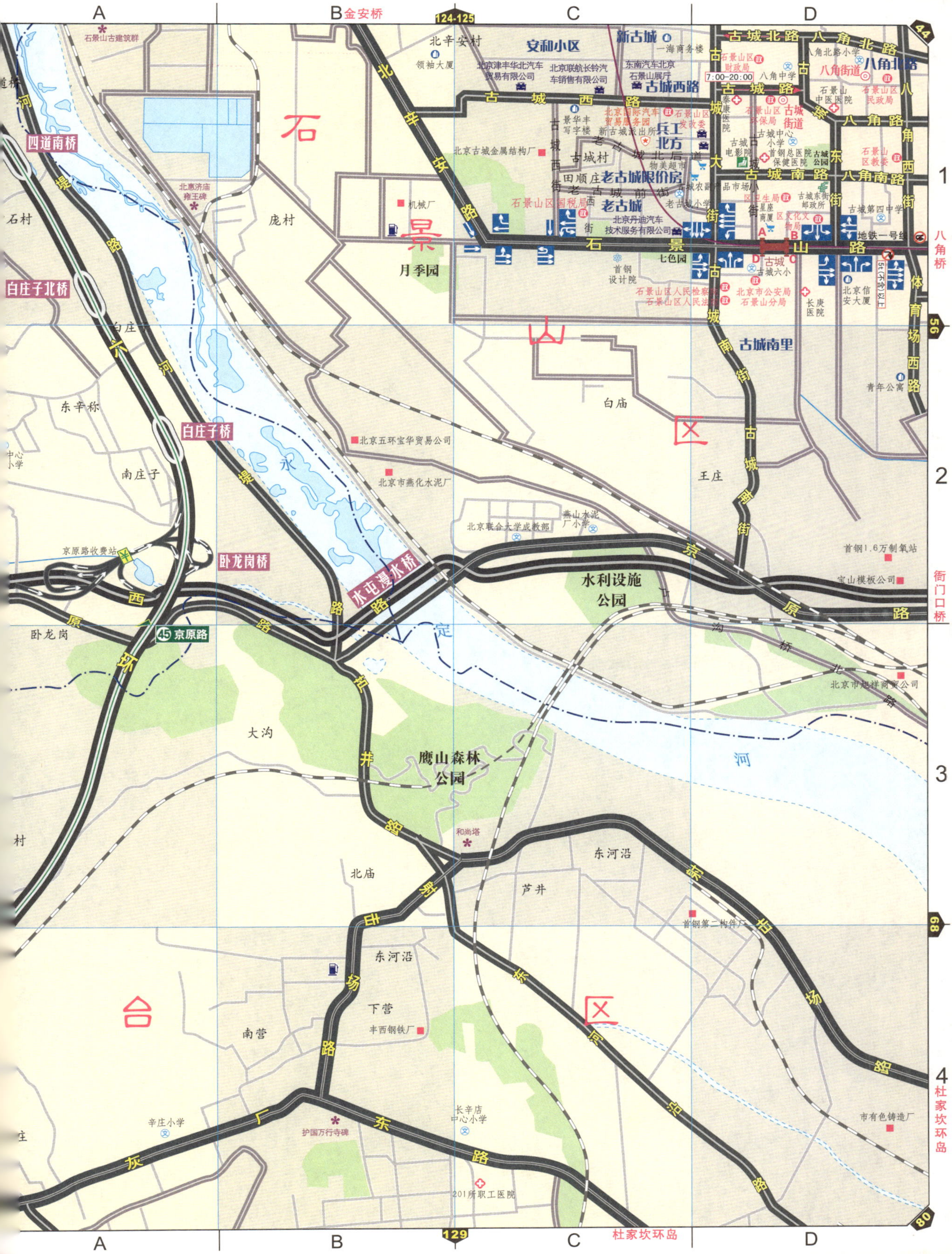
A
B
C
D
1
2
3
4
金安桥
124-125
44
56
68
80
129
石景山古建筑群
北辛安村
领袖大厦
安和小区
新古城
一海商务楼
北京津丰华北汽车贸易有限公司
北京联航长铃汽车销售有限公司
东南汽车北京石景山展厅
古城西路
古城北路
八角北路
八角北路小学
八角中学
八角街道
石景山区财政局
7:00-20:00
古城路
石景山中医医院
石景山区民政局
八角路
石景山区环保局
古城街道
北京国际汽车贸易服务园
石景山区安委会
兵工
北方
景华丰写字楼
新古城派出所
老古城北后街
古城村
北京古城金属结构厂
物美超市
首钢总医院保健医院
古城公园
石景山区教委
古城南路
八角南路
田顺庄
老古城限价房
古城农副产品市场
老古城
老古城前街
古城小学
石景山区国税局
北京丹迪汽车技术服务有限公司
区卫生局
古城东街
古城第四中学
邮政所
星座商厦
区文化文物局
地铁一号线
八角桥
石景山路
机械厂
石
景
山
区
月季园
七色园
首钢设计院
古城六小
石景山区人民检察院
石景山区人民法院
北京市公安局石景山分局
长庚医院
北京信安大厦
体育场西路
古城南里
古城南街
古城大街
青年公寓
四道南桥
堤
河
庞村
北惠济庙雍王碑
石村
白庄子北桥
白庄
六环路
东辛称
白庄子桥
白庙
北京五环宝华贸易公司
区
王庄
中心小学
南庄子
北京市燕化水泥厂
永
北京联合大学成教部
燕山水泥厂小学
首钢1.6万制氧站
京原路收费站
卧龙岗桥
水屯漫水桥
京原路
水利设施公园
宝山模板公司
衙门口桥
卧龙岗
45 京原路
定
北京市旭祥商贸公司
大沟
庞村
鹰山森林公园
河
村
和尚塔
北庙
东河沿
芦井
首钢第二构件厂
新古城
东河沿
下营
台
南营
丰西钢铁厂
区
河沿路
杜家坎环岛
辛庄小学
长辛店中心小学
护国万行寺碑
灰厂东路
201所职工医院
市有色铸造厂
庄
杜家坎环岛

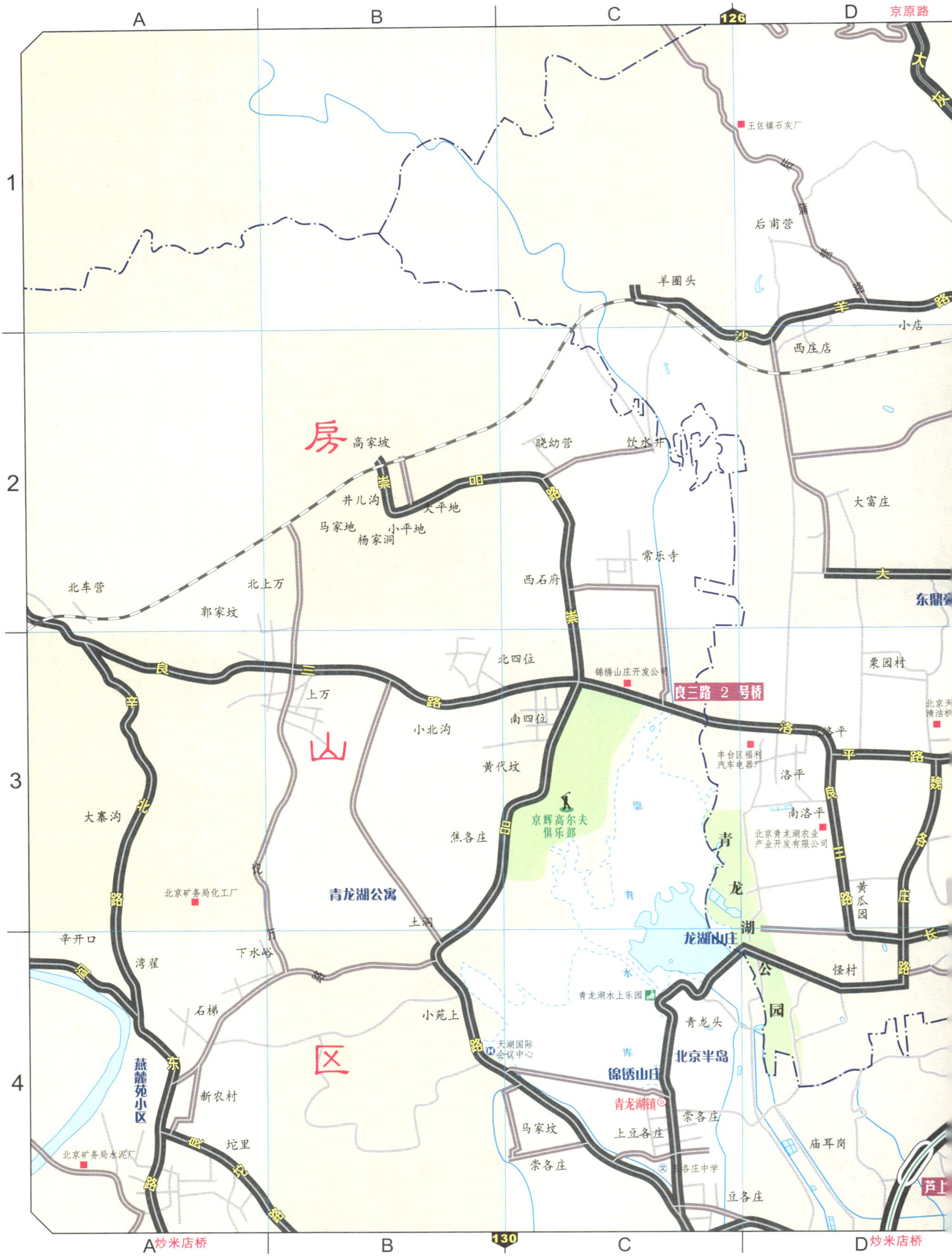
126
京原路
王佐镇石灰厂
后甫营
羊圈头
小店
西庄店
房
高家坡
晓幼营
饮水井
大富庄
井儿沟
大平地
马家地
小平地
杨家洞
常乐寺
西石府
北车营
北上万
郭家坟
东鼎
北四位
栗园村
锦绣山庄开发公司
良三路 2 号桥
上万
南四位
北洛平
小北沟
丰台区福利汽车电器厂
洛平
黄代坟
山
京辉高尔夫俱乐部
南洛平
大寨沟
北京青龙湖农业产业开发有限公司
焦各庄
青
龙
湖
公
园
北京矿务局化工厂
青龙湖公寓
黄瓜园
辛开口
土洞
龙湖山庄
湾翟
下水峪
怪村
青龙湖水上乐园
石梯
小苑上
青龙头
燕麓苑小区
天湖国际会议中心
区
北京半岛
锦锈山庄
新农村
青龙湖镇
马家坟
崇各庄
坨里
上豆各庄
庙耳岗
北京矿务局水泥厂
崇各庄
崇各庄中学
豆各庄
芦上
炒米店桥
130
炒米店桥

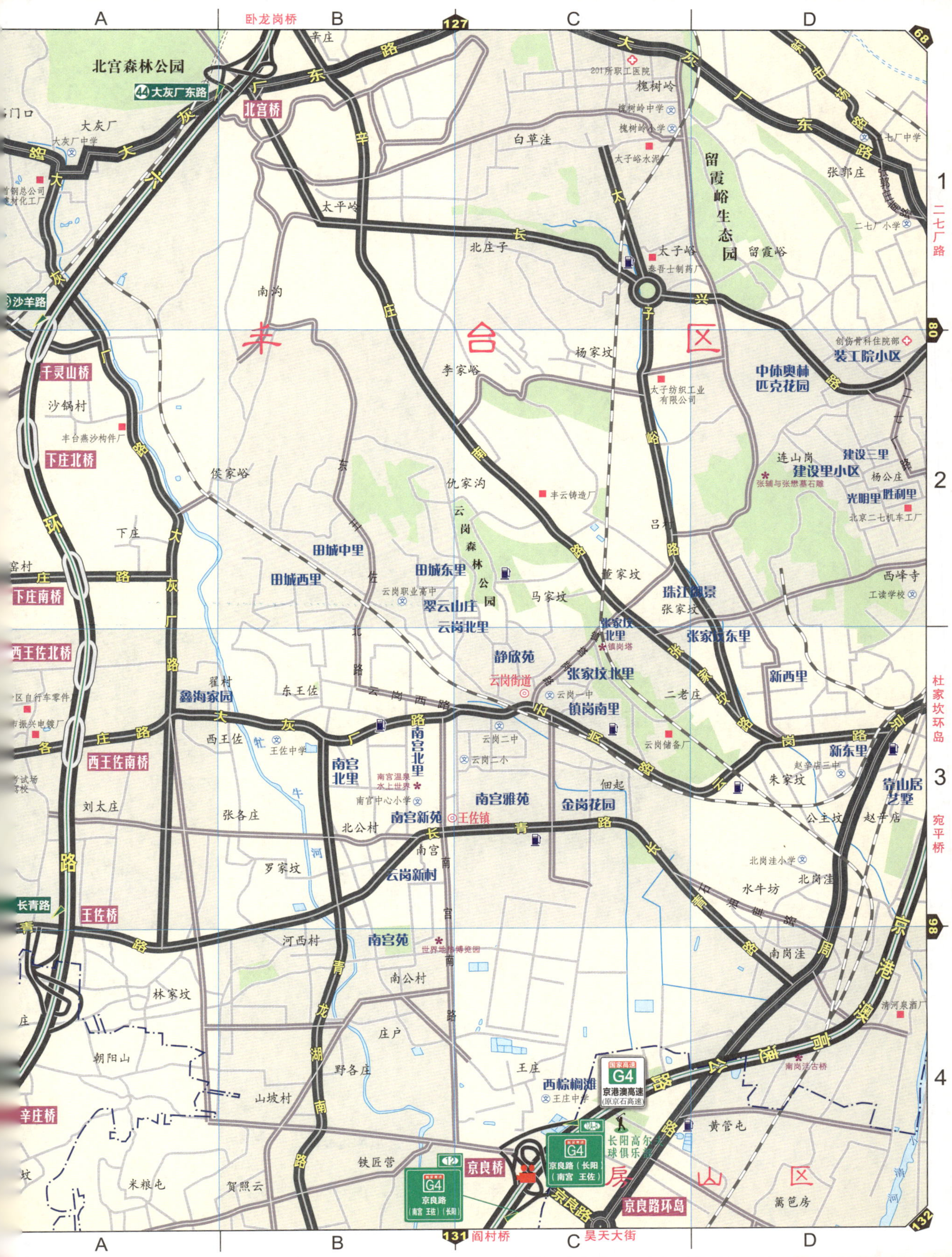
A
B
C
D
卧龙岗桥
127
68
80
86
132
131
1
2
3
4
二七厂路
杜家坎环岛
宛平桥
阎村桥
昊天大街
北宫森林公园
44 大灰厂东路
北宫桥
辛庄
大灰厂
大灰厂中学
201所职工医院
槐树岭
槐树岭中学
槐树岭小学
白草洼
太子峪水泥厂
留霞峪生态园
留霞峪
张郭庄
七厂中学
二七厂小学
太平岭
北庄子
太子峪
泰吾士制药厂
南沟
沙羊路
丰台区
杨家坟
李家峪
创伤骨科住院部
装卫院小区
中体奥林匹克花园
太子纺织工业有限公司
千灵山桥
沙锅村
丰台燕沙构件厂
下庄北桥
侯家峪
仇家沟
丰云铸造厂
连山岗
建设三里
建设里小区
张辅与张懋墓石雕
杨公庄
光明里
胜利里
北京二七机车工厂
下庄
窑村
下庄南桥
田城中里
田城西里
田城东里
云岗森林公园
云岗职业高中
翠云山庄
马家坟
董家坟
珠江绿景
张家坟
西峰寺
工读学校
云岗北里
张家坟北里
镇岗塔
张家坟东里
西王佐北桥
静欣苑
云岗街道
张家坟北里
新西里
翟村
鑫海家园
东王佐
云岗一中
镇岗南里
二老庄
西王佐
王佐中学
南宫北里
南宫温泉水上世界
南宫中心小学
云岗二中
云岗二小
云岗储备厂
新东里
赵辛店三中
朱家坟
佃起
靠山居艺墅
西王佐南桥
刘太庄
张各庄
南宫新苑
王佐镇
南宫雅苑
金岗花园
公王坟
赵辛店
北公村
南宫
北岗洼小学
北岗洼
罗家坟
云岗新村
水牛坊
长青路
王佐桥
河西村
南宫苑
世界地热博览园
南岗洼
南公村
林家坟
清河泉酒厂
庄户
南岗洼古桥
朝阳山
野各庄
王庄
西棕榈滩
G4 京港澳高速 (原京石高速)
王庄中学
山坡村
黄管屯
长阳高尔夫球俱乐部
辛庄桥
铁匠营
G4 京良路 (长阳) (南宫 王佐)
京良桥
米粮屯
贺照云
京良路环岛
篱笆房
房山区
大灰厂路
大灰厂东路
京港澳高速公路
长青路
云岗路
大灰厂路
京良路
长兴路
青龙湖南路
南宫南路
六环路

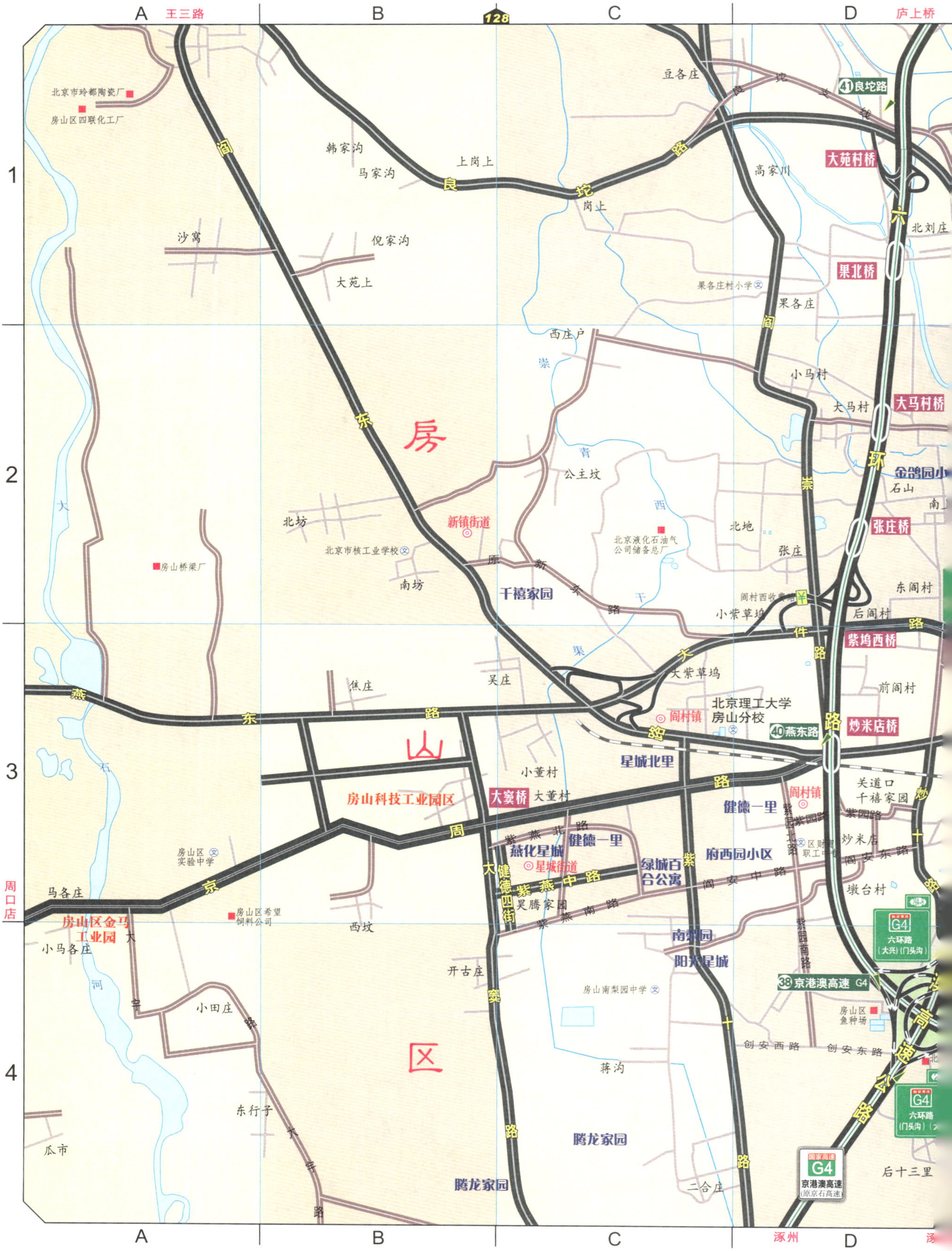
A
B
C
D
1
2
3
4
王三路
128
庐上桥
周口店
涿州
北京市玲都陶瓷厂
房山区四联化工厂
韩家沟
马家沟
上岗上
良陀路
岗上
豆各庄
41 良坨路
良陀支线
大苑村桥
高家川
北刘庄
沙窝
倪家沟
大苑上
果各庄村小学
果北桥
果各庄
西庄户
小马村
大马村
大马村桥
阎东路
房
崇青西干渠
公主坟
石山
北坊
新镇街道
北京市核工业学校
房山桥梁厂
北京液化石油气公司储备总厂
北地
张庄
张庄桥
南坊
原新东路
千禧家园
阎村西收费站
东阎村
后阎村
小紫草坞
大件路
紫坞西桥
大石河
燕东路
焦庄
吴庄
大紫草坞
阎村镇
北京理工大学房山分校
前阎村
40 燕东路
炒米店桥
山
小董村
星城北里
关道口
千禧家园
房山科技工业园区
大窦桥
大董村
阎村镇
健德一里
紫园路
周京路
紫燕北路
健德一里
燕化星城
星城街道
大健德四街
绿城百合公寓
紫燕中路
府西园小区
阎安中路
阎安东路
炒米店
房山区实验中学
墩台村
马各庄
昊腾家园
紫燕南路
房山区金马工业园
房山区希望饲料公司
西坟
小马各庄
南湖园
紫园南路
G4 六环路 (大兴)(门头沟)
阳光星城
开古庄
38 京港澳高速 G4
大宁路
大窦路
小田庄
房山南梨园中学
房山区鱼种场
创安西路
创安东路
京石高速公路
蒋沟
区
东行子
六环路
十路
腾龙家园
瓜市
腾龙家园
二合庄
G4 京港澳高速 (原京石高速)
G4 六环路 (门头沟)
后十三里
六环路
炒十路

A
B
C
D
1
2
3
4
129
98
132
宛平桥
杜家坎环岛
狼垡西桥
葫芦垡桥
芦上坟
米粮屯
贺照云
京良桥
京良环岛
西棕榈滩
金苹果小区
篱笆房
苑村
小苑村
丰
台
区
青龙湖南路
京港澳高速公路
京周路
房山交通支队
良乡大队
房山交通支队
良乡大队事故组
柳州水郡
哑叭河
长阳
碧桂园小区
黄辛庄小区
华典家园
长阳西路
北京电力设备厂、电器厂
龙华园
詹庄
黄辛庄东里
桃园别墅区
北京英迪经贸学院
昊天温泉家园
北广阳城
房
安庄
安南小区
房山交通支队
房山交通支队事故科
房山交通支队车管站
行宫园小区
房山区
吴店
吴店西里
北京送变电线路器材厂
北京送变电公司
小状元双语幼儿园
碧海大饭店
波园温泉小区
张家场
碧溪垂钓园
碧溪温泉饭店
南广阳城
杨家井
固村
鱼儿沟
孟家洼
房山区人民法院
昊天假日酒店
北京市电力技工培训学校
北京电力设备总厂
后店
军旅港湾
小南庄
北方温泉会议中心
梅花庄
阳光北大街
碧溪花园
北潞冠家园
芳家
北潞春家园
体育场
房山区体育局
青少年体育运动学院
宜春里
拱辰西里
电业中学
德宝公寓
辛瓜地
太平庄
通尚苑
小坟
太平庄西里
圣景苑
太平庄东里
西潞园
月华小区
北关西路
北关东路
拱辰北大街
拱辰南大街
西潞北大街
西潞南大街
拱辰家园
拱辰街道
昊天公园
伟业嘉园
良乡大学城
水碾屯
水碾屯小学
东关
苏庄西区
苏庄
区妇幼保健医院
北京国大投资大厦
北京师范大学良乡附属中学
五交化大楼
西潞街道
良乡三中
四街
罗府家园
五街
长虹北里
南关
良乡中学
东杨庄
玉竹园
昊天嘉园
前岗
北京理工大学(南校区)
祥和经典
长虹西路
长虹东路
纸房
阎村桥
夏庄
良乡工业开发区
房山区烟草专卖局
良乡建材城
鸿顺园小区
小庄子
北京经贸职业学院
北京工商大学
常庄
阳光南大街
黄良路
佳世苑
元武屯
G4
大南关
徐庄
于管营
御生堂工业园
龙馨苑小区
北京市良乡机动车检测场有限公司
瑞雪春小区
雨田中学
区
北京西保悦新型建筑材料厂
富江
白杨东路
黑古台
鲁村
凯旋大街
佳顺制油限公司
富庄
碧云天
梨村
肖庄
良乡收费站
古兰桥
36 良官路
良官路
六环路
刺猬河桥
刺猬河
白房子
小营
养殖小区
南刘庄
大十三里
刘丈
邢家坞
良乡地区
后石羊
小官道

A
B
C
D
宛平桥
98
129
131
1
2
3
4
京良路环岛
古兰桥
天泰新景
蓝色港畔
森林骑士俱乐部
立垡
北京农业职业学院(主校区)
房
山
区
军留庄
长阳镇社区服务中心
长阳镇
马厂
永立桥
狼堡西桥
花卉中心
北京交通
大兴电
长阳半岛
长阳体育公园
长营
高岭
精英集团
北京外国语大学外研培训中心
郝庄子
北京高登企业有限公司
长阳中心校西营小学
杨庄子
杨庄子牛场
三元绿荷牛奶养殖中心
施尺塑料有限公司
鹅房
芦城工业区
张家场
张家场小学
牛家场
保合庄
京南顺鑫市场
芦城体育路运动技术学校
朱岗子
小马厂
阎仙垡
太阳葡萄酒厂
仁和酒厂
碧海川普龙商务会馆
后辛庄
大堂河
宝兴高尔夫俱乐部球场
大兴区第一职业中学
胡家场
前辛庄
太福庄
东方双鹰高尔夫俱乐部球场
北京宝龙现代办公用品有限公司
葫芦垡
六合林场
六合庄
孙庄
五房库房办公楼
葫芦垡桥
35 长韩路
长阳桥
收费站
马村
新立村
马村桥
新立西桥
新立东桥
长阳路
长韩路
京良路
左堤路
右堤路
芦求路
芦求北路
五环路
长杨路
黄鹅路
清源
火车站北巷
厚将路
新求路
六环
黄良路
永定河
创新路

A 李营桥
B 李营桥
C 西红门桥
D
99
100
101
狼垡芦城
狼垡东桥
李营
北兴路
兴华桥
顺驰领海
黄村京开高速马家楼桥
西红门南桥
同华桥
老三余庄
风景翠园
郁花园西区
郁花园
双星桥
金西路
新三余村
香留园小区
金惠园一区
青岛嘉园
双高花园小区
大兴工业开发区
金西桥
五环路
双高路
香留园
盛春坊
中国人民公安大学南校区
兴涛园
大兴工业区
前高米店
金星桥
金星西红门
莱茵河源
黄亦路
筑家
翡翠苑小区
康盛园
北程庄
骏城
水晶之星
康顾园
康和园
后高米店
泰中花园
敬贤桥
团河桥
西芦城
东芦城
康庄子
首邑上城
那尔水晶城
金苑路
大兴交通支队
大兴交通支队事故科
西红门
福苑小区
滨河西里北区
清源街道
枣园路
枣园小区
丽园西区
丽园路
丽园东里
洪村
彩虹新城
兴华园
团河行宫别墅
黄鹅路
圣和巷
北京石油化工学院
清源西里
国家教育行政学院
北京印刷学院
兴华园
滨河东里
金华里
团河行宫遗址公园
团河农场
团河会议中心
团河农场
2
清源西路
清源东路
观音寺街道
三合北里
富强西里
富强东里
双河北里
新安里小区
永兴庄
清城名苑
团河路
团河苑
三合庄
三合南里
阳光乐府
双河南里
星瑞家园
黄村西大街
黄村东大街
永华北里
怡兴园
华昱家园
兴政西里
大兴区
观音寺北里
双河南路
大洼
姜庄子
佟家场
车站北里
观音寺小区
永华路
宋庄
林校路街道
建兴家园
广厦家园
观音寺南里
林校北路
3
海北路
车站中里
中央文化管理干部学院
海子角小区
海子角东里
刘村
文和庄北里
林校南里
海子角南里
海子角东街
海子角工业开发区
绿色庄园
磁各庄桥
大兴区国税局
文和庄东里
饮马井
辛店
大兴京城高尔夫球场
文和庄南里
黄村桥
车站南里
海子角西里
矿林庄
北京宏祥商务公馆
北京康驰国际赛车场
念坛水库
106
31A 京开高速
天宫院街道
环路
王立庄
双龙桥
4
双源桥
31B 京开高速
盛源桥
天贵桥
念坛村
33 芦求路
桂村
G45 大广高速
小龙庄
后大营
北藏村镇
A
B 天宫院桥
C
D

公益东桥
德茂桥
敬贤桥
京开高速
双龙桥
丰台区
大兴
寿宝庄
南义盛庄
上林苑
德茂佳苑
南海子
裕德庄
忠兴庄
西毓顺庄
西毓顺桥
团河西红门
大生庄
昆仑石
大白楼
金华园
金星工业园区
志远西桥
志远东桥
饮鹿池桥
六环路
金荣园
金星庄
义和庄
兴海园
玉璟园
三槐堂
瀛海庄
瀛海派出所
瀛海地区
小三槐堂
小白楼
团河桥
建新庄
双泡子村
团河行宫别墅
团河行宫遗址公园
江民中学
瀛海工业区
振亚庄
天时化工厂
兴海大厦
四义庄
同心庄
团河北村
团河南村
四义庄工业区
金星牛场
中国文化第一村
北普陀影视城
南宫
北野场
南大红门桥
京福路
中新建庄
北磁各庄
富多鑫天德机动车检测有限公司
孙河桥
磁大路
磁各庄桥
三间房桥
东赵村桥
三间房
东赵村
海北路
大兴交通支队车管站
刘村
新凤园
磁各庄收费站
林源木业厂
双兰德化工厂
恒福利家具厂
百事有限公司
天时化工厂
孙村
孙村派出所
北京现代艺术学校
小铺头
邢各庄
西磁各庄
凯迪思电子有限公司
霍村
东磁各庄
寺上
枣林村
孙村工业大院
郭上坡
李村
侯村
大张本庄
金日东园
薄村
北京永进工贸有限公司
泥营
北京市来旺化工厂
小张本庄
中美合资福安公司
北京馨巢混凝土制品厂
东芦垡
羊坊

A
B
C
D
102-103
大羊坊桥
116
国家高速
G2
京沪高速
瀛海名居
御鹿家园
通宝物资经营公司
韩国巴元达有限公司
常庄子
同仁医院（南区）
北开电器
悦康源通医药
中航技北京工业园写字楼
拓普康北京科技有限公司
Tetra Pak
四经园艺公司
国威药业
福华绿源苗木公司
公园
北京芳芳食品饮料有限公司
北京顺兴葡萄酒有限公司
北京科禄格机电设备有限公司
北京毛线厂
北京中科宏圣科贸有限公司
开发区职教园
天鹅堡.别墅
北京经济技术开发区
北京经济技术开发区扩地西区
北京京空京开电器设备有限公司
北京洋洋工贸有限公司
宝善庄
清合庄
北京金华农科技有限责任公司
泰和园三里
青年公寓
羽中树脂厂
北京前进棉织厂
绿得金现代生态观光园
西五号村
鹿海园一里
头号村
北京金源经开污水处理有限公司
壮丁屯
北门口
西后街
马一街
大兴庄
北京中芯花园
富有庄
九号村
鹿海园
泰和路
博兴三路
濠水桥园
新海北里二区
辛屯
新海家园
北京师范大学科培中心校区
Up生活
西店
大白村
四合庄
四合庄二
四海庄三
四海庄四
四海庄
四海庄二
海宴庄
北京奔驰厂
BDA样本
金地格林小镇
天鹅堡
马村
马驹桥一号桥
马驹桥二号桥
烧饼庄
北京色织厂
东亚·瑞晶苑
融科香雪兰溪
小白村
华东电气股份有限公司
24 亦庄
太和桥
太和东桥
同义庄
淳文山庄
姚村
通州
区
下十号村
千顷堂
瑞和庄二
瑞和庄一
宏农庄
瑞太路
太和村
石太庄
温馨家园
302 市道
张村
小张湾
六环路
红星化工助剂厂
北辛屯桥
北辛屯
北店
曹庄
东合盛
合生·世界村
房辛店
宏屈路
屈庄
北京兴起食品有限公司
垡上
中大屯
西大屯
东大屯
老观里
大回城
东辛屯
顾庄
沙堆营
东回城
孝义营
尚庄
杨各庄
青采路
104
105
廊坊市
1
2
3
4
马驹桥
118

丰宁、围场、赤峰
密云县北部
136-137
137上
138-139
密云县
古北口
冯家峪
高岭
不老屯
石城
太师屯
新城子
溪翁庄
北庄
西田各庄
檀营
穆家峪
大城子
巨各庄
十里堡
河南寨
东邵渠
长哨营
榆树湾
北湾子
东辛庄
山嘴
东岭西沟
东岭水库
后火石岭
北砬根
黑石头
东四道河
大南沟
黄砬
前火石岭
沟里王家
司营子
水泉沟
高家
大沟
西仓峪
项栅子
黄梁西沟
鲇鱼塘
黄梁根
长仙洞
番字石刻馆
蛐蛇梁
西万车沟
番字牌
鸡冠山旅游度假村
沈家
石湖根
大平台
东石门
北栅子
北山
棋盘石
西石门
大北沟
将军石
古城堡
洪桐峡谷
罗道沟
喇嘛栅子
罗圈厂
大峪沟
北化石岭
白马关
小西天
南台子
南化石岭
下窝铺
响水峪
杏树沟里
对台子
蚂蚁梁
鸡冠山
大洼尖
响水峪旅游度假村
大张家沟
彭家
东湾子
罗道沟
下营
北甸
梁根
西沟门
沟里
怀胎顶
王虎沟
肖家
大仓峪
白庙子
迎风峪
官道沟
双窑沟
北台子
双窝铺
朱家峪
大岭
狼虎哨
后安岭
清凉谷度假山庄
水泉峪
白河北
北对峪
西口外
北皂树
山神庙
大地
西白莲峪
三岔口
前安岭
青石岭民俗村
智慧谷
南皂树
东白莲峪
北石
红星
蚂蚱峪
何家店
四合堂
上峪古城堡
头道子
龙云山风景区
贾峪民俗村
独秀峰旅游度假村
东白莲峪
下西沟
二平台
云梦仙境
黄峪口
石炮沟
冯家峪
暖水峪
清凉谷风景区
张家坟民俗村
西洼
沙坨子
黄峪口
石洞子
水峪沟
十黑道人溪
水泉峪
捧河沿民俗村
西湾子
西庄子
水峪沟门
郑宝峪
天仙瀑
黄土梁
精灵谷风景区
天门山
柳家沟
石佛桥
老伙房
京都第一瀑
董宝峪
宝峪岭
学艺厂
五道岭
北京圣水山国际乡村俱乐部
米子峪
后山铺民俗村
降蓬山
沙峪里
转山子
白河峡谷
梦园烧烤
青菁顶自然风景区
赶河厂
二道河
河北
云蒙山
不老生态园
黄土坎
采梨
大关桥
白乙化纪念碑
黑龙潭
石塘路
云蒙山森林公园
郎房峪
九道湾大峡谷
采野葡萄
采野菜
董各庄
采蘑菇
石塘路站
贡梨之乡观光采摘园
大峡谷山庄
香水顶
拣栗子
石城
（南石城）
北杨各庄
桃源仙谷风景区
乡村新居
石城民俗村
云蒙山长城遗址公园
对家河
王庄
幽谷神潭旅游区
水堡子民俗村
云蒙峡风景区
云蒙山风景区
紫云山风景区
梨树沟民俗村
椴树岭
五座楼山
五座楼森林公园
果园山庄度假村
怀柔区
怀柔城区
密云
143
145
138
S309
S310
S205
G111

A
B
C
D
1
2
3
4
河北省
下窝铺
高营子
马营子满族乡
朝岭子
于营子
南沟门
乱水泉
马架子
荒于洼
歪坨山
司马台长城旅游区
红叶观赏点
山水城度假村
二道河
明泽园度假村
司马台民俗村
司马台 125
下窝铺
白岭关长城
头道沟
四道沟
东沟
雾灵湖度假村
雾灵山庄
新城子
小口
二郎庙
将军台山庄
静舒苑山庄
遥桥峪民俗古堡
遥桥峪
遥桥峪水库
搭梁地
西山咀
雾灵十八峰
云岫谷风景区
云湖山庄
太古石
马场
横城子
吉家营
坡头
雾灵山自然风景区
塔沟
塔沟东洼
东梁
南火道
通天峪
梧桐树沟顶
云水居
九龙十八潭风景区
石岩井
鹰窝楼
杨石塘
小西沟
大角峪
花园
大沟
雾灵山清凉寺
雾灵山
红叶观赏点
曹家路民俗村
雾灵山龙潭景区
杨坡坑
雾灵山
三岔口
S312
流水沟站
收费站
卧虎山风景区
古北口抗日阵亡将士墓
古北口站
古北口
蟠龙山长城
古北口文化文物旅游区
河西民俗村
河东民俗村
潮关
柳林营民俗村
古北口隧道 120
龙峪沟门
金山岭长城
古北口古长城景区
付家
砖垛子
南关
杨庄子
龙洋
北甸子
上窝铺
沙岭沟
西台
承德市
G101
116
汤河
香草艺术庄园
金水湾民俗客栈
司马台 125
司马台民俗村
黄土梁
古北口 10km
司马台长城 10km
朱家村路口
黄花山
涝洼
马场
北台
110
里瓦山
黄花岭
贾峪
下会
放马峪
高岭民俗村
高岭
宝家洼
辛庄
后南台
前南台
黑古沿
头道岭
东庄禾
车道峪
沙峪
仙居谷风景区
令公
石岩井
南沟
石湖峪
二道河
石塘子
鹰窝楼
寨子沟
苗耳洞
甸子
下甸子
上甸子
石金沟
金家沟
大开岭
下河站
下河
梁家沟
小开岭
高家窝铺
白河涧
白河涧水库
瑶亭北沟
瑶亭
小漕村漂流旅游区
城子
小漕村
桑园
古北口 17km
高岭 6km
新城子
桑园路口 106km
松树掌
松树峪办证处
松树峪
太师屯 113
杨家峪
张家
东学各庄 103
东学各庄
大梁
石门水库
大漕村
瓜地
石匣
东关
武将会
芹菜岭
栗榛寨
栗榛寨水库
东驼古沟门
西台子
陈家峪
王家
邵家台
不老山庄
史庄子
半城子
半城子水库
沙岭子
田庄
田庄水库
界牌峪
小桃园
大沟
郝家台
香水峪
北香峪
南香峪
南香峪东沟
马家岭
四合村
芹菜岭
车道岭
萝卜峪
兵马营站
丑山子
居连峪
白土沟
兵马营
李子峪
大窝铺
柳树沟
大屯
天文台
密云站
学各庄
永乐
陈各庄
山安口
太师庄
光明村
上金山
太师屯（葡萄园）
流河沟
东田各庄
尚庄子
后八家庄
卧佛山
暖泉会
牛角峪
达峪沟
点兵台
营房
杨家堡
北庄
朱家湾
水库
顺义区
139
怀柔城区

密云水库
五座楼森林公园
梨树沟民俗村
果园山庄度假村
黑山寺风景区
橄榄枣
三峪自然风景区
云龙涧风景区
春园饭庄
云蒙山庄
水库宾馆
云水山庄
刘老王鱼城 69016058
红叶观赏点
密云水库
三合园艺场
溪翁庄
月亮河庭院酒店
明湖山庄
云佛山滑雪场
白草洼民俗村
云峰宾馆
走马庄民俗村
云湖度假村
黑卧91号
青龙峡风景区
青龙湖度假村
黄金山顶公园
石马峪民俗村
兴智者民俗苑
北京巴蜀文化园
大水峪民俗村
国际会议中心
晓兵农家大院
云佛山度假村
君创伟业运动休闲俱乐部
新兴生态采摘园
密云红酒庄园
云北机动车检测场
密云机动车检测场
密云车管站
金地庄园葡萄种植园
仙塔公园
北京六六彩馨航空运动俱乐部
北京京鹰高尔夫俱乐部
巨龙庄园
穆家峪路口 76km
密云
檀营
果园
密云县
长城大厦
长城环岛
新农村路口 65.2km
潮河游乐园
飞行俱乐部
北京瑞海姆田园度假村
鼓楼
新东路南口 67
密云县经济技术开发区
密顺路口 65.2km
北京云鼎山国际生态旅游度假中心
园代肖拜佳寨
十里堡
立达大厦
双井路口
顺密路口 60
程家庄路口 59
统军庄路口 57
河南寨
南山滑雪场
泰谷山旅游区
下屯水库
银冶岭水库
神堂谷
石峨李子观光采摘园
紫鹿山庄
唐指山水库
唐指山风景区
杨雁路口 44
顺义区
焦庄户民俗村
焦庄户地道战遗址纪念馆
西湖山庄
龙湾屯
怀柔城区
怀北
北房
杨宋
木林
巨各庄
穆家峪
136
145
158

密云县南部
A
B
C
D
1
2
3
4
137
162
163
承德
北庄
后八家庄
南岭
流河峪民俗村
白龙潭度假村
白龙潭风景区
前八家庄
揽湖风景区
红叶观赏点
观湖楼酒家
前庄子
猴山
抗峪
东庄
石门山
苇子峪民俗村
苇子峪西沟
黄各庄
徐庄子
龙潭沟民俗村
大豹子港
北大岭
土门
干峪沟
四干顶
大岭南沟
西圈
云谷山庄
北藏厂
万岭
汉峪
西黄梁
苍术会
北沟
庄头峪
香酥园
上峪
红叶观赏点
牛郎峪
张泉
口门
梯子峪
锥峰山
龙泉谷风景区
西草荚
荆子峪
查子沟
楼后沟
红旗水库
锥锋山林场
程各庄
柏崖
北沟
墙子路站
墙子路
高家峪
高庄子北沟
水树峪
楼峪
庄户地
碰河寺
大龙门
杨各庄
庄户峪
下栅子
下梁会
二道河
石门外
达岩
达峪民俗村
金鼎湖滑雪场
大城子
大城子站
大王庄
沙厂
金鼎湖
张家台
庄头
河下
张庄子
梨花顶
后甸
方耳峪
聂家峪南沟
巨各庄站
巨各庄
久远庄
康各庄
前厂
张家台
西寺峪
东寺峪
核桃洼
艾台子
赵家庄
八家庄
坡子山
镇罗营休闲旅游区
赵家台
关上
北水峪
海子
西台子
大水泉
大溶洞民俗旅游区
孙家沟
牛角峪
桃花观赏区
见子庄
五里庙
狗背岭
张家庄
茶叶山
镇罗营
镇罗营红霄梨采摘区
下营
杨家台水库
西长峪
玻璃台旅游区
长峪沟
西牛角峪
东四道岭民俗村
东牛角峪
张家台
玻璃台民俗村
西峪水库
上镇
史家台
狗背岭
李家峪
梯子峪
李家沟
道谷峪
瓦官头
四座楼旅游区
四座楼
百帝宫旅游区
卧龙峪
木厂峪
飞龙谷风景区
泉水峪民俗村
老泉口民俗村
中华寿桃采摘区
花峪
梨树沟
梨树沟门
平
谷
区
大华山
熊儿寨
白羊林场
塔洼沟门
精品杏采摘园
湖洞水旅游区
大峪子
桃花观赏区
东沟民俗村
老象峰风景区
北店
小峪子
陈庄子
麻子峪
北土门
刁窝民俗村
东山下民俗村
世外桃源旅游区
挂甲峪民俗村
桃花海
后北宫
福吉卧
行宫民俗村
京东大峡谷
龙潭水库
黄松峪水库
苏子峪民俗村
大众度假村
小金山桃花景区
魏家湾
楼南沟
前北宫
神仙洞
刘家店
蜜枣蜜梨采摘园
山门沟
北寨民俗村
北寨东沟
峡谷度假村
黄松峪
雷音洞
白云寺
牛角峪
鱼子山民俗村
白浅山
千亩苹果采摘园
太后民俗村
井儿峪
大樱桃采摘园
老官地
大岭桃花观赏区
贡柿采摘园
河
北
省
G101
S311
S355
S204
古北口 31km
京承旧路
白龙潭
白龙潭桥 93km
92
90
102 北庄
93 程各庄
87 大城子
79 金鼎湖
75

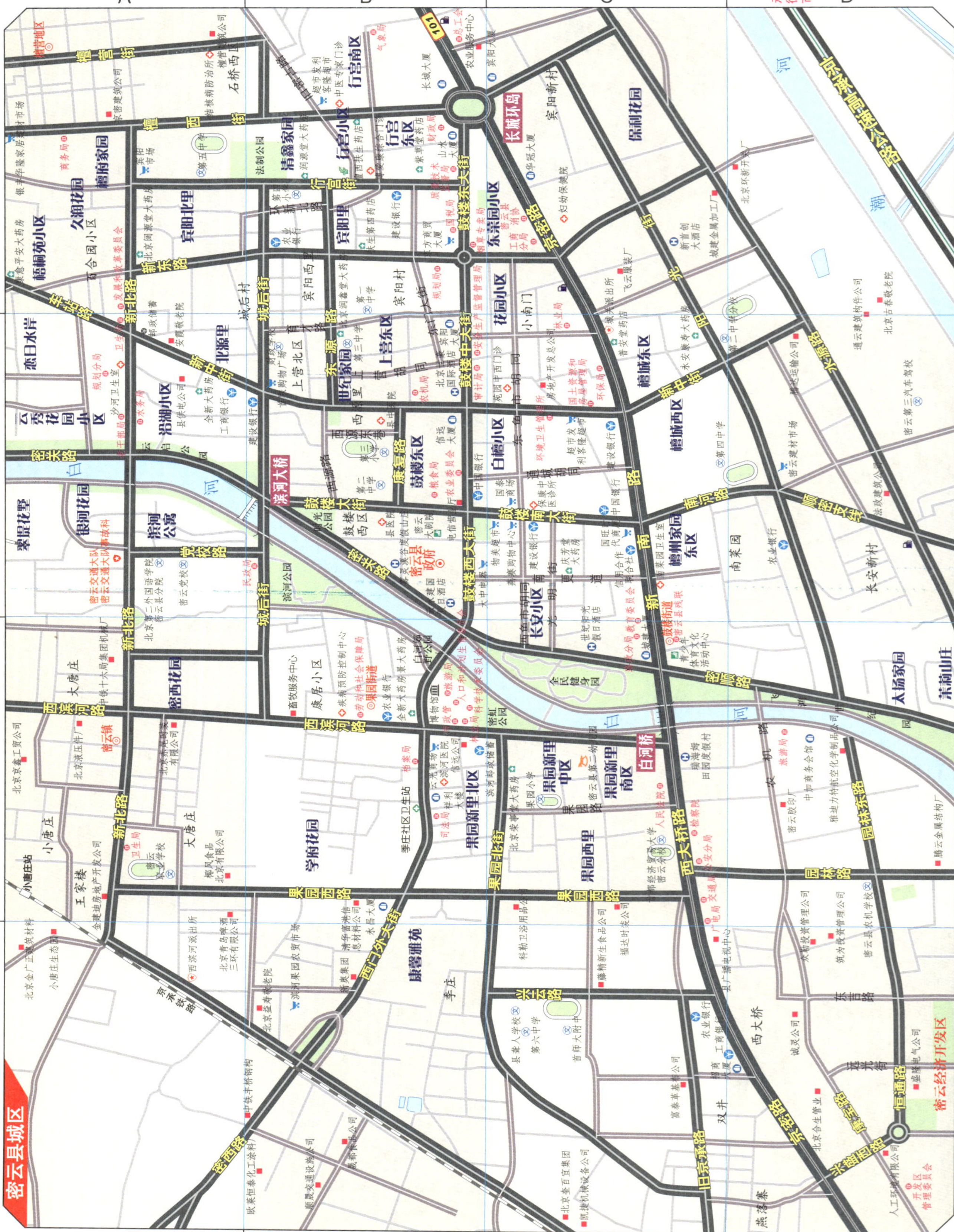
密云县城区
檀营街
檀西街
石桥西
檀府家园
久阳花园
梧桐苑小区
石合园小区
车站路
新北路
新东路
宾阳北里
清鑫家园
法制公园
行宫小区
行宫东区
行宫南区
长城环岛
宾阳新村
保利花园
京密路
鼓楼东大街
东菜园小区
宾阳里
宾阳西里
上营北区
上营东区
东源路
世纪家园
城后街
城后村
鼓楼中大街
花园小区
小南门
檀城东区
新中街
北源里
沿湖小区
恋日水岸
云秀花园小区
密关路
滨河大桥
鼓楼西大街
鼓楼南大街
康复路
鼓楼东区
白檀小区
檀城西区
南河路
檀州家园东区
顺密支线
长安新村
银河花园
蒙晨花园
滨河公寓
党校路
密云县政府
滨河公园
长安小区
新南路
鼓楼街道
密顺路
太扬家园
潇湘山庄
果园街道
康居小区
西滨河路
密西花园
果园新里北区
果园新里中区
果园新里南区
白河桥
西大桥路
园林东路
园林路
学府花园
果园西路
果园西里
果园北街
西门外大街
康馨雅苑
兴云路
小唐庄
大唐庄
王家楼
李庄
西大桥
双井
旧县镇路
京承铁路
密西路
京密路
鼓楼东路
兴盛南路
东吉路
宏通路
密云经济开发区
燕落寨
密云水库
白河
潮河
六环路
承德市

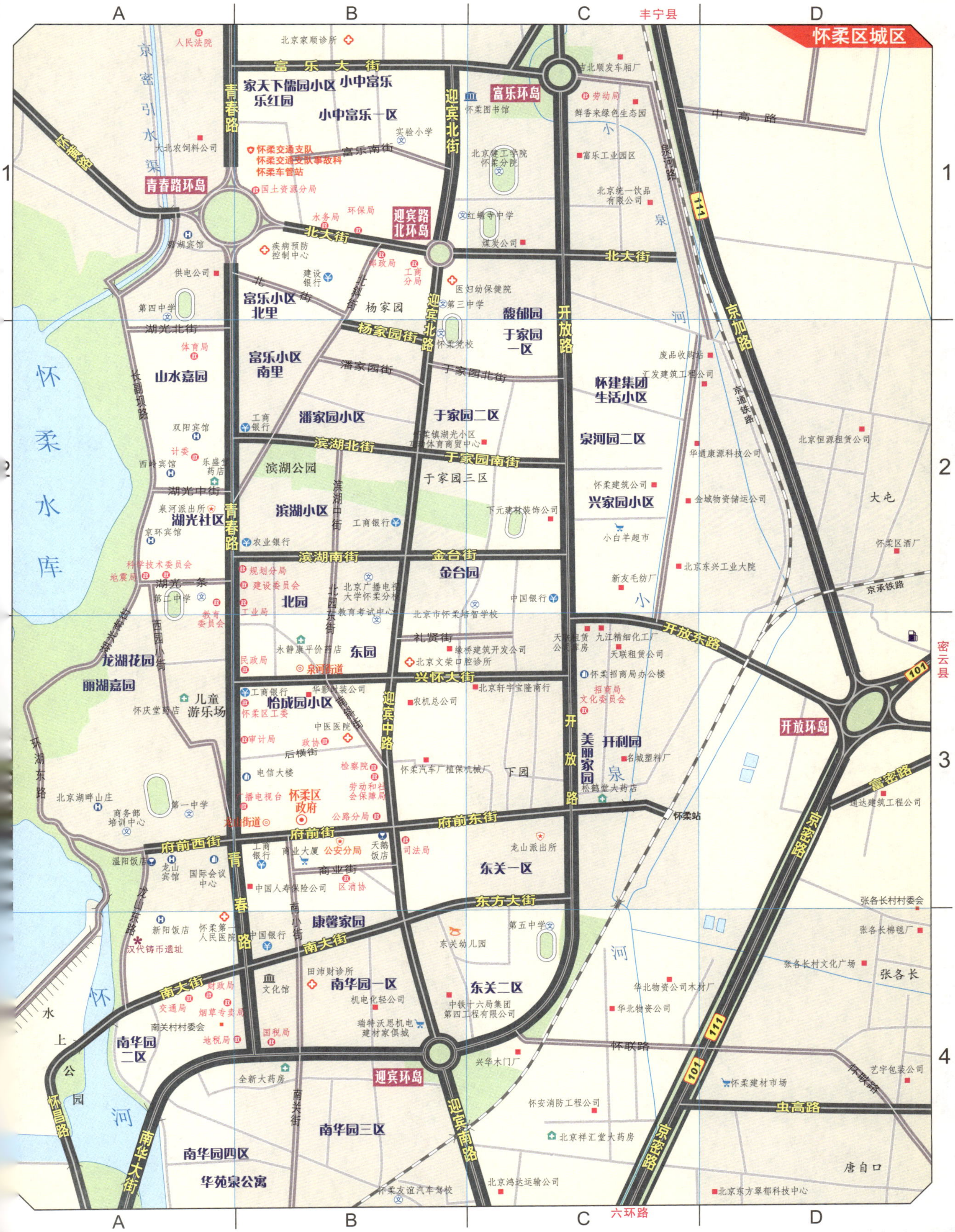
怀柔区城区
丰宁县
密云县
六环路
富乐大街
青春路
迎宾北街
开放路
北大街
京加路
中高路
泉河路
京通铁路
京承铁路
开放东路
富密路
京密路
怀联路
虫高路
怀耀路
怀昌路
南华大街
迎宾南路
迎宾中路
南大街
东方大街
府前东街
府前街
府前西街
兴怀大街
金台街
滨湖南街
滨湖北街
于家园南街
于家园北街
杨家园街
潘家园街
北斜街
湖光北街
湖光中街
湖光一条
长副坝路
西园小街
环湖东路
龙山东路
商业街
南关街
后横街
礼贤街
北园东街
滨湖中街
富乐南街
京密引水渠
怀柔水库
怀河
小泉河
青春路环岛
迎宾路北环岛
富乐环岛
开放环岛
迎宾环岛
家天下儒园小区
小中富乐
乐红园
小中富乐一区
富乐小区北里
富乐小区南里
杨家园
馥郁园
于家园一区
于家园二区
于家园三区
潘家园小区
山水嘉园
滨湖公园
滨湖小区
湖光社区
金台园
北园
东园
怡成园小区
龙湖花园
丽湖嘉园
儿童游乐场
怀建集团生活小区
泉河园二区
兴家园小区
美丽家园
开利园
东关一区
东关二区
康馨家园
南华园一区
南华园二区
南华园三区
南华园四区
华苑泉公寓
怀柔区政府
大屯
张各长
唐自口
下园
怀柔站

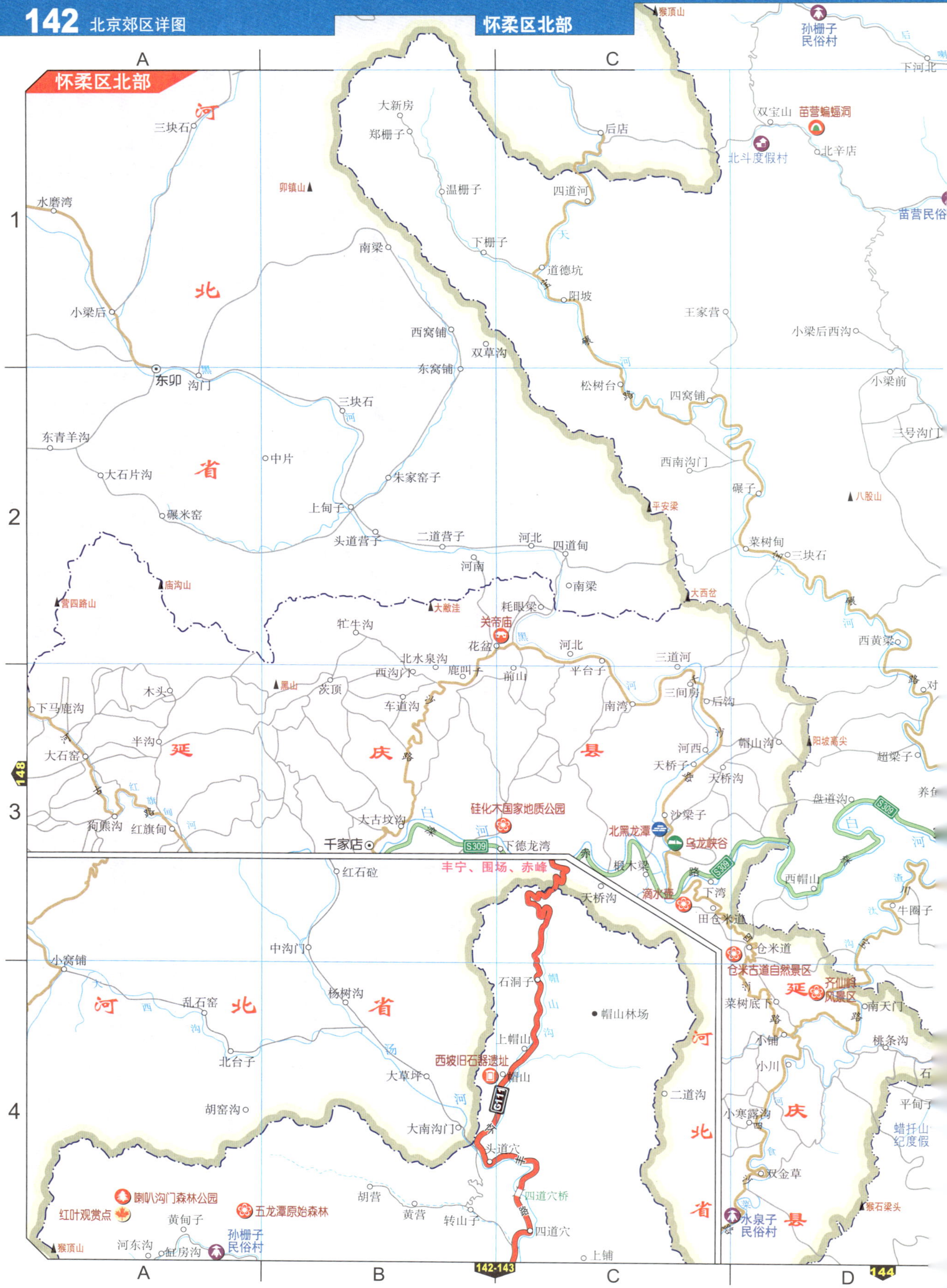
怀柔区北部
河北省
延庆县
三块石
水磨湾
小梁后
东卯
沟门
东青羊沟
大石片沟
碾米窑
中片
上甸子
头道营子
二道营子
朱家窑子
南梁
西窝铺
东窝铺
双草沟
大新房
郑栅子
温栅子
下栅子
道德坑
阳坡
四道河
后店
松树台
四窝铺
西南沟门
碾子
菜树甸
三块石
河北
四道甸
河南
南梁
耗眼梁
关帝庙
花盆
忙牛沟
北水泉沟
西沟门
鹿叫子
前山
河北
平台子
三道河
三间房
后沟
南湾
下马鹿沟
木头
半沟
大石窑
狗熊沟
红旗甸
茨顶
车道沟
大古坟沟
千家店
下德龙湾
硅化木国家地质公园
北黑龙潭
乌龙峡谷
沙梁子
天桥子
天桥沟
河西
帽山沟
盘道沟
西帽山
椴木梁
滴水壶
下湾
田仓米道
仓米道
仓米古道自然景区
齐仙岭风景区
菜树底下
南天门
小铺
小川
小寨露沟
双金草
水泉子民俗村
桃条沟
平甸子
蜡扦山纪度假
猴石梁头
牛圈子
王家营
小梁后西沟
小梁前
三号沟门
八股山
西黄梁
对
超梁子
阳坡高尖
平安梁
大西岔
孙栅子民俗村
双宝山
苗营蝙蝠洞
北斗度假村
北辛店
苗营民俗
下河北
猴顶山
卯镇山
庙沟山
营四路山
大敞洼
黑山
丰宁、围场、赤峰
红石砬
中沟门
小窝铺
乱石窑
北台子
杨树沟
大草坪
大南沟门
胡窑沟
石洞子
帽山林场
上帽山
西坡旧石器遗址
帽山
二道沟
天桥沟
头道穴
四道穴桥
四道穴
上铺
胡营
黄营
转山子
喇叭沟门森林公园
红叶观赏点
五龙潭原始森林
黄甸子
河东沟
西房沟
孙栅子民俗村
猴顶山
S309
G111
148
142-143
144
A
B
C
D
1
2
3
4

河北省
密云县
怀柔城区
龙潭庙水库
西甸子
石坡子
石墙子
西庙沟
西三岔
金台子
王栅子
大营子
扁洞子
大水坑南口
马营子
杨树沟
大西营
西南沟
西府营
中榆树甸
雕窝
龙潭
东岔
喇叭沟门
官帽山
后沟
前沟
大甸子
对角沟门
上台子
新石器遗址
北八道河
大地
龙潭沟
大庙
北石门
七道河西沟
七道河
三岔口
红砬沟
二道河
西沟门
三道窝铺
二道窝铺
七道梁民俗村
北干沟
朱家庄
山嘴
杨树湾
榆树湾
大石门
老西沟
长哨营
旧石器遗址
山货大集
古洞沟
北湾子
东辛店
上孟营
下孟营
老沟门
窑台沟门
银河沟
东岭西沟
后火石岭
东四道河
三道沟门
怡仙园度假村
东黄梁
东南沟
大南沟
大沟
沟里王家
司营子
前火石岭
西仓峪
古石沟门
项栅子
大栅子
连石沟
卜营
黄梁西沟
黄梁根
鲇鱼塘
长仙洞
番子石刻馆
河东
大蒲池沟
尤村
汤河口
庄户沟门
槟榔沟
蝙蛇梁
鸡冠山旅游度假村
西万车沟
番字牌
太平台
上窝铺
沈家
汤河口桥
怀丰路汤河口办证处
北栅子
石湖根
西帽湾
东帽湾
大黄塘
西石门
东石门
大北沟
北山
将军石
西孤石
罗道沟
喇嘛栅子
罗圈厂
大峪沟
北化石岭
南台子
小西天
南化石岭
小黄塘
对台子
杏树沟里
旧石器遗址
转年
东湾子
鸡冠山
大张家沟
杨树下
彭家
小河东
怀胎顶
西沟门
沟里
肖家
王虎沟
后安岭
狼虎哨
安营
清凉谷度假山庄
北台子
双窝铺
朱家峪
小黄木厂
白河北
西口外
前安岭桥
白河峡谷漂流
三岔
前安岭
青石岭民俗村
马道沟
智慧谷
山神庙
大地
西白莲峪
蚂螂峪
黄木厂
西湾
安州坝
龙云山风景区
贾峪民俗村
北京燕岭山湖乐园
龙潭涧风景区
沟口子
二平台
黄峪口
碾子湾
老公营
京北第一漂
琉璃庙
清凉谷风景区
琉璃庙镇生态旅游观光园
东峪
张家坟民俗村
沙坨子
黄峪口
云蒙仙境
柏查子隧道 88.1
梧桐岭
下张家坟
长岭沟门
柏查子民俗村 87.8
梧桐豪
得田沟
崎峰山度假村
清水湾山庄
天仙瀑
精灵谷风景区
撵河沿民俗村
西湾子
崎峰山自然风景区
老伙房
红叶观赏点
京都第一瀑
五道岭
龙泉峪
降蓬山
崎峰茶
后山铺桥 84.1
梦园烧烤园
青菁顶自然风景区
142
145
136
G111
S309
S310
S321
A
B
C
D
1
2
3
4
142下
142–143
144–145
喇叭沟门
长哨营
汤河口
宝山
琉璃庙
怀柔区
渤海
怀北
雁栖
九渡河
泉河
怀柔
北房
桥梓
庙城
杨宋

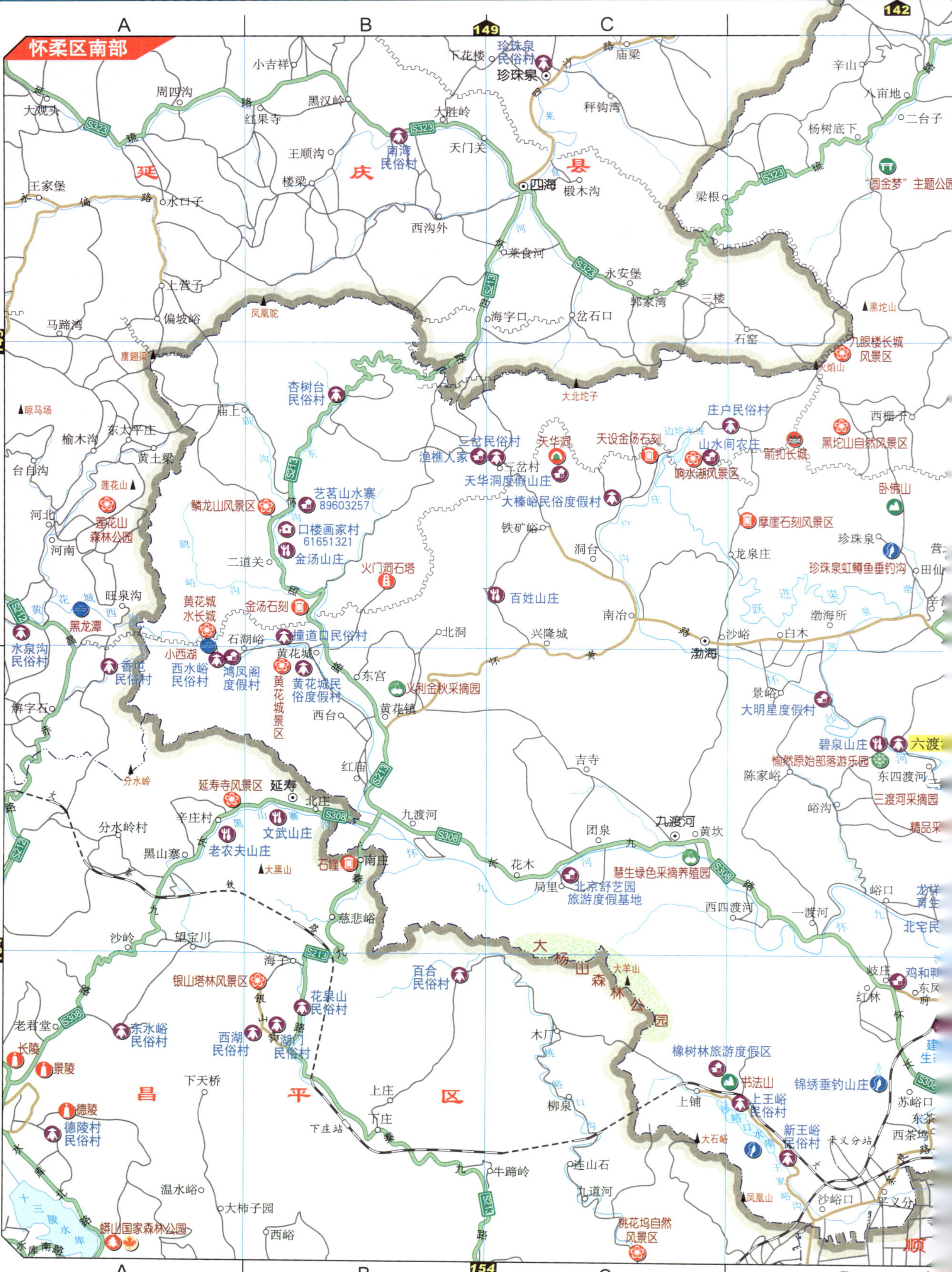
怀柔区南部
延庆县
昌平区
珍珠泉
四海
渤海
九渡河
延寿
黄花镇
黄花城水长城
黄花城景区
莲花山森林公园
鳞龙山风景区
艺茗山水寨 89603257
口楼画家村 61651321
金汤山庄
火门洞石塔
金汤石刻
撞道口民俗村
杏树台民俗村
南湾民俗村
珍珠泉民俗村
三岔民俗村
渔樵人家
天华洞度假山庄
天华洞
天设金汤石刻
大榛峪民俗度假村
庄户民俗村
山水间农庄
响水湖风景区
箭扣长城
九眼楼长城风景区
黑坨山自然风景区
摩崖石刻风景区
珍珠泉虹鳟鱼垂钓沟
百姓山庄
义利金秋采摘园
大明星度假村
碧泉山庄
愉然原始部落游乐园
三渡河采摘园
慧生绿色采摘养殖园
北京舒艺园旅游度假基地
延寿寺风景区
文武山庄
老农夫山庄
石幢
黑龙潭
水泉沟民俗村
香屯民俗村
西水峪民俗村
鸿凤阁度假村
黄花城民俗度假村
银山塔林风景区
花果山民俗村
西湖民俗村
湖门民俗村
东水峪民俗村
百合民俗村
大杨山森林公园
橡树林旅游度假区
书法山
上王峪民俗村
新王峪民俗村
锦绣垂钓山庄
桃花坞自然风景区
蟒山国家森林公园
长陵
景陵
德陵
德陵村民俗村
十三陵水库
"圆金梦"主题公园
S323
S213
S308
S212
149
142
154

“虹鳟鱼一条沟”
行车完全攻略
从北三环太阳宫桥上京承高速，行至怀柔出口(40.5千米)处下高速，沿京密路往北，行进至47千米处见开放环岛，盘桥左行进入怀柔区，沿开放东路往西，见开放路右转，一直往北，见富乐环岛直行，沿怀丰路行至雁栖环岛，环岛左转沿着山间公路一直北行(走主路，不要下岔道)，再走10千米左右会看到一条泻洪槽从山里蜿蜒而下，在这条槽沟里会陆续看到数十家以经营虹鳟鱼为生的“水上人家”，这里就是莲花村的“虹鳟鱼一条沟”了。继续往里走4千米是“山吧”和“那里”两个比较有特色的度假村。“山吧”是以木质房屋强调回归自然而闻名；而“那里”则完全相反，是以纯现代小居风格来吸引游客。
距雁栖环岛14千米
那里 61627156
山吧 61627396
神堂峪景区
雁栖环岛
富乐环岛
开放环岛
北房路口52.6km
开发区路口53km
开放环岛47km
梨园路口57.4km
怀柔立交45.5km
庙城立交45km
赵各庄路口42.5km
怀柔区
密云县
顺义区
六环路

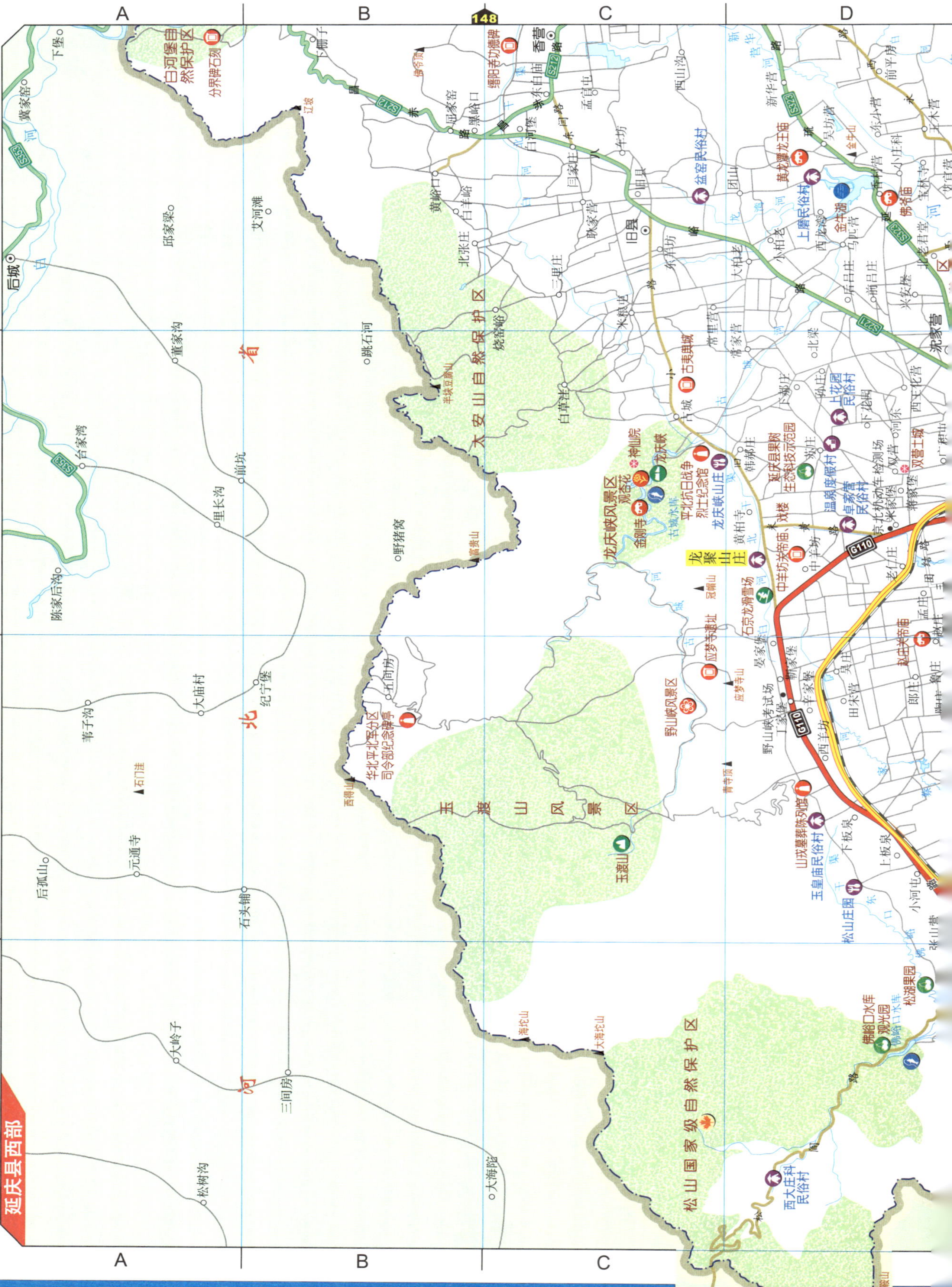
延庆县西部
白河堡自然保护区
太安山自然保护区
玉渡山风景区
松山国家级自然保护区
龙庆峡风景区
野山峡风景区
龙聚山庄
旧县
香营
后城
北
河
省
石门庄
三间房
大海陀
松树沟
后孤山
元通寺
石头铺
纪宁堡
大庙村
羊子沟
陈家后沟
台家湾
里长沟
前坑
董家沟
邱家梁
艾河滩
跳石河
野猪窝
古城
玉渡山
松山庄园
西大庄科民俗村
佛峪口水库观光园
松湖果园
张山营
小河屯
上板泉
下板泉
西羊坊
中羊坊
古城水库
G110
S323
S221
S353
S212
148

A
B
C
D
1
2
3
4
149
152
昌平城区
昌平区
怀来县
张家口市
北京市
延庆
延庆县
康庄
八达岭
大榆树
柳沟
岔道
八达岭自然保护区
居庸关
居庸关长城
八达岭长城
水关长城
石佛寺石佛
詹天佑纪念馆
野生动物世界
野鸭湖
东花园
官厅水库
妫河
G6 京藏高速
G7 京新高速
G110
S216
S220
S217
146–147
148–149

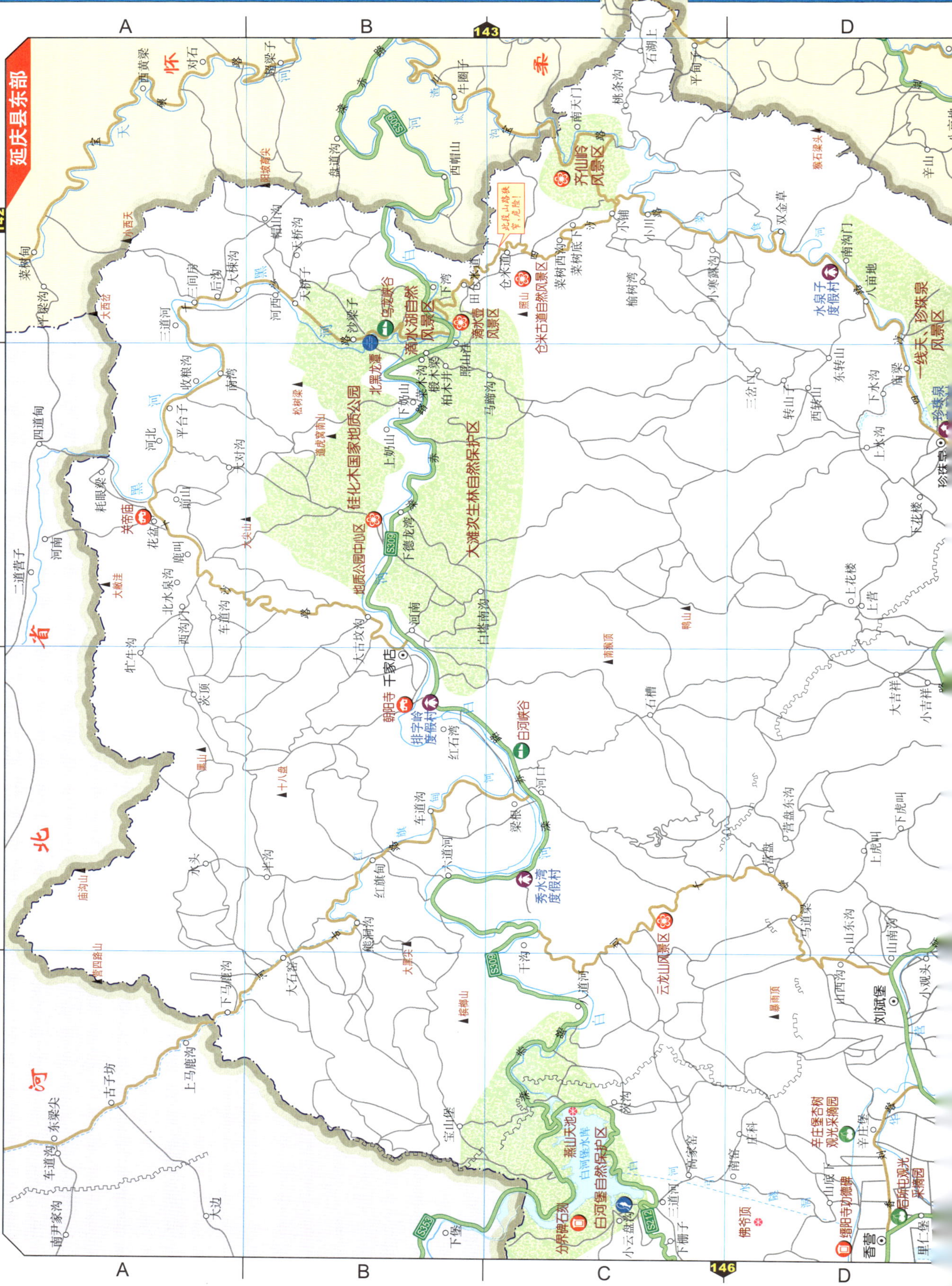

延庆县东部
乌龙峡谷
滴水湖自然风景区
滴水壶风景区
北黑龙潭
硅化木国家地质公园
地质公园中心区
大滩次生林自然保护区
千家店
朝阳寺
排字岭度假村
白河峡谷
秀水湾度假村
云龙山风景区
仓米古道自然风景区
齐仙岭风景区
水泉子度假村
一线天、珍珠泉风景区
珍珠泉
关帝庙
燕山天池
白河堡水库
白河堡自然保护区
分界碑石刻
辛庄堡杏树观光采摘园
缙阳寺
刘斌堡
香营
沙梁子
河西
四道甸
二道营子
花盆
耗眼梁
车道沟
北水泉沟
西沟门
牤牛沟
下德龙湾
上奶山
下奶山
栗木沟
根木井
柏木井
照山井
马蹄沟
河南
白塔南沟
大古玫沟
红石湾
河口
梁根
六道河
红旗甸
能材沟
大石窑
下马鹿沟
上马鹿沟
古子坊
东梁尖
车道沟
南尹家沟
宝山堡
下堡
小云盘
三道河
下栅子
南家窑
庄科
营盘
营盘东沟
上虎叫
下虎叫
马道梁
山东沟
山西沟
小观头
大吉祥
小吉祥
石槽
上营
上花楼
下花楼
双金草
小川
小铺
菜树底下
菜树西沟
小寨蹊沟
榆树湾
三岔口
转山子
西转山
东转山
上水沟
下水沟
南梁
辛山
平何子
石湖上
桃条沟
南天门
西帽山
牛圈子
盘道沟
黑龙河
白河
怀
来
北
省
河
S309
S308
S353
S312
142
143
146
A
B
C
D
1
2
3
4

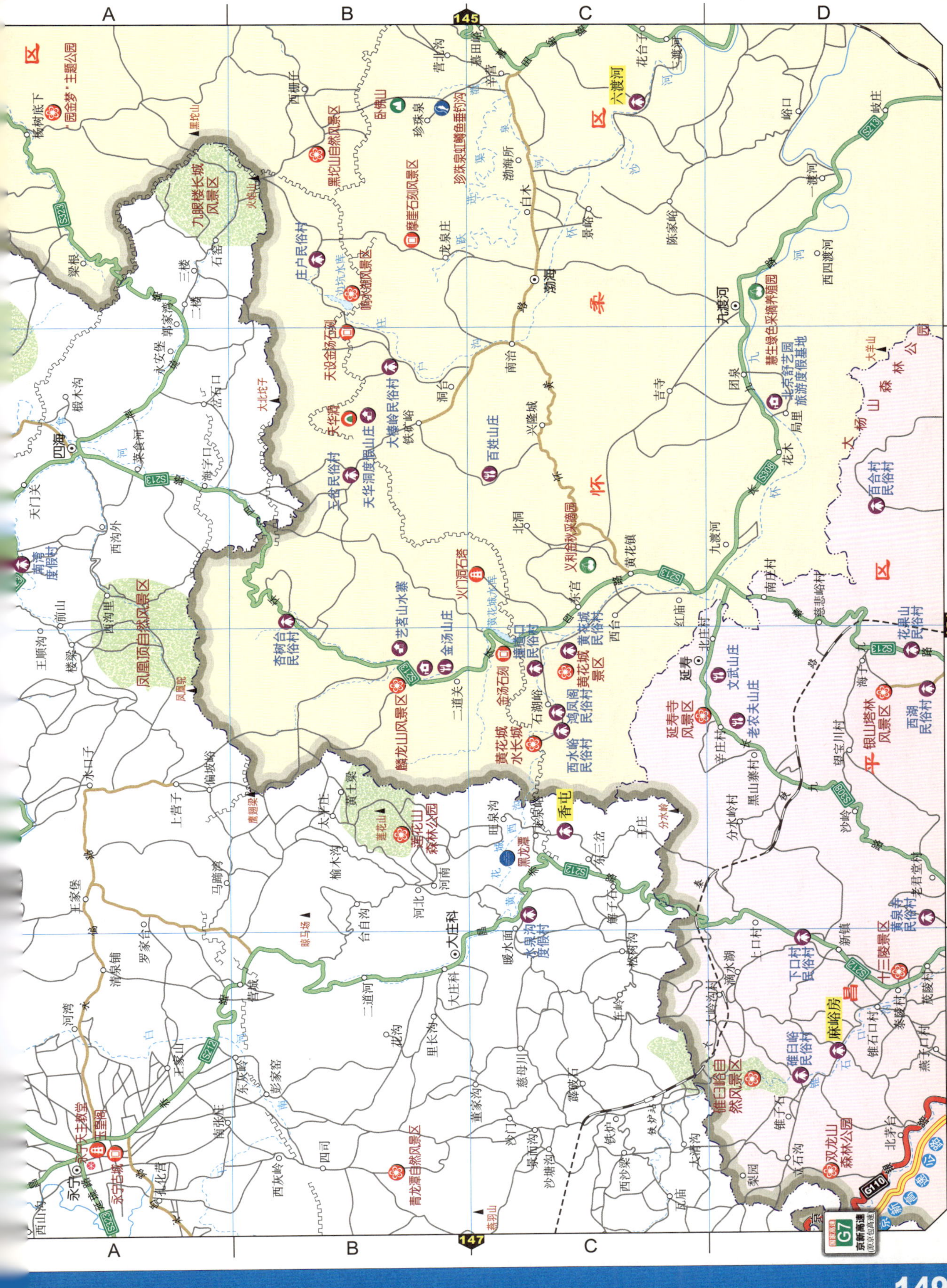

A
B
C
D
1
2
3
4
145
147
154
九眼楼长城风景区
黑坨山自然风景区
卧佛山
珍珠泉
珍珠泉虹鳟鱼垂钓沟
摩崖石刻风景区
庄户民俗村
响水湖风景区
天设金汤石刻
大榛岭民俗村
天华洞
天华洞度假山庄
王仓民俗村
百丝山庄
义利金秋采摘园
六渡河
九渡河
黄花镇
渤海
南冶
四海
永宁
大庄科
香屯
麻峪房
凤凰坨自然风景区
杏树台民俗村
艺宫山水寨
金汤山庄
燕龙山风景区
火门洞石塔
黄花城民俗村
黄花城风景区
黄花城水长城
鸿凤阁民俗村
西水峪民俗村
延寿寺风景区
延寿
文武山庄
老农夫山庄
十三陵景区
下口村民俗村
锥石口
银山塔林风景区
西湖民俗村
百合村民俗村
北京舒艺园旅游度假基地
慧生绿色采摘养殖园
莲花山森林公园
水泉沟度假村
青龙潭自然风景区
双龙山森林公园
永宁古城
玉皇阁
天主教堂
昌平城区
京新高速
G7
G110
S213
S308
S323
S212
南湾度假村

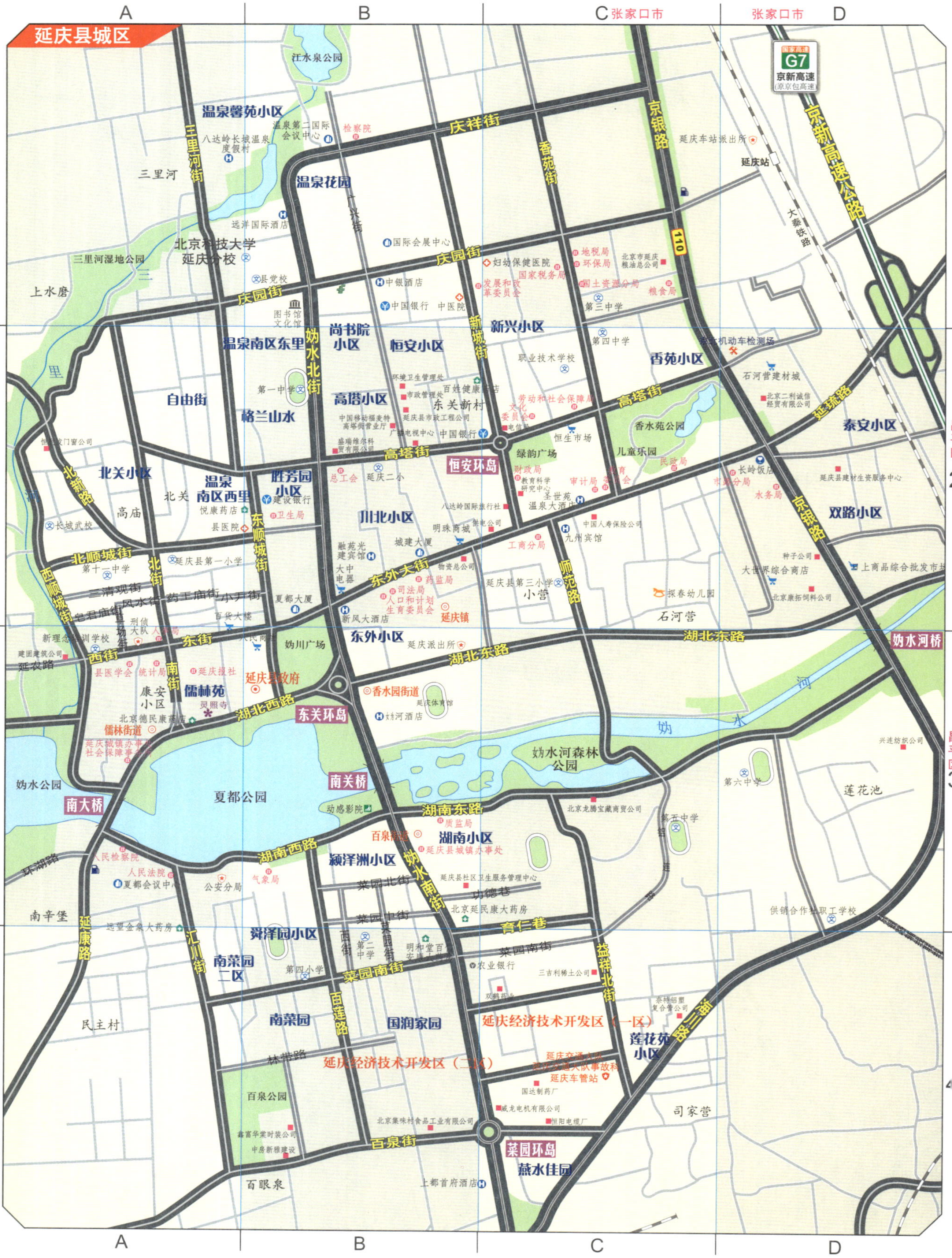
延庆县城区
张家口市
张家口市
昌平区
昌平区
G7
京新高速
京新高速公路
京银路
110
大秦铁路
延庆站
延庆车站派出所
庆祥街
庆园街
高塔街
湖北东路
湖北西路
湖南东路
湖南西路
东外大街
妫水北街
妫水南街
新城街
香苑街
师范路
京银路
延琉路
三里河街
东顺城街
西顺城街
北顺城街
北新路
北街
南街
东街
西街
延农路
延康路
环湖路
汇川街
百连路
菜园北街
菜园中街
菜园南街
菜园南街
育仁巷
功德巷
益祥北街
林带路
百泉街
三清观街
药王庙街
风水街
小井街
宅君庙街
刑街
三里河
温泉馨苑小区
温泉花园
温泉南区东里
温泉南区西里
尚书院小区
恒安小区
新兴小区
香苑小区
泰安小区
双路小区
高塔小区
自由街
格兰山水
北关小区
胜芳园小区
川北小区
东外小区
康安小区
儒林苑
湖南小区
颍泽洲小区
舜泽园小区
南菜园二区
南菜园
国润家园
莲花苑小区
燕水佳园
东关新村
汪水泉公园
三里河湿地公园
香水苑公园
妫水河森林公园
夏都公园
妫水公园
百泉公园
妫川广场
绿韵广场
儿童乐园
恒安环岛
东关环岛
南关桥
南大桥
菜园环岛
妫水河桥
妫水河
延庆县政府
延庆镇
香水园街道
百泉街道
儒林街道
延庆经济技术开发区（一区）
延庆经济技术开发区（二区）
北京科技大学延庆分校
延庆县第一小学
延庆县第三小学
第一中学
第三中学
第四中学
第五中学
第六中学
第十一中学
第二中学
第四小学
延庆二小
国际会展中心
中国银行
中银酒店
中医院
妇幼保健医院
县医院
县党校
图书馆
文化馆
延庆派出所
检察院
上水磨
高庙
北关
小营
石河营
莲花池
南辛堡
民主村
司家营
百眼泉
上都首府酒店
新凤大酒店
九州宾馆
长岭饭店
夏都大厦
百货大楼
明珠商城
城建大厦
动感影院
农业银行
公安分局
人民法院
人民检察院
气象局
质监局
工商分局
药监局
司法局
财政局
审计局
地税局
环保局
国家税务局
国土资源分局
粮食局
民政局
水务局
市场分局
延庆车管站
石河营建材城
上商品综合批发市场
大世界综合商店
供销合作社职工学校
灵照寺
北京德民康大药房
北京延民康大药房

昌平区城区
A
B
C
D
1
2
3
4
军都苑
松园
建安里
亢山佳园
亢山广场
府学路
宁馨园
福地家园
龙水路
北京化工大学(北校区)
松园小区
昌盛园二区
昌盛园
昌盛园四区
世涛天朗小区
振兴路
城南街道
松园路
亢山路
昌盛路
中国政法大学
中国石油大学
东关南里小区
南环东路
京科苑
燕平路
富康路
佳莲小区
东关北里
东关路
清秀园
欧亚花园
清秀园南区
水关新村
创新路
东环路
缤纷年代
北城根
百花园
鼓楼东街
鼓楼北街
鼓楼南街
昌平公园
红坊院小区
南环里
南环路
金隅万科城
润杰经典创新园
永安路
永安里
北环路
和平街东里
北环里
天泽苑
昌平区政府
政府街
花样年华小区
新悦家园
永安小区
西环路
静心苑
西环里
佳明里
西关路
政府街西路
御路苑
蓝郡花园
御路苑小区
永安公园
南环西路
综合体育馆
北京长城研修学院
京藏高速公路
G6 京藏高速
西关环岛
京银路
110
烈士陵园
小百泉庄
新村
六环路
京通铁路
昌平北站
昌平长途客运汽车站
延庆县

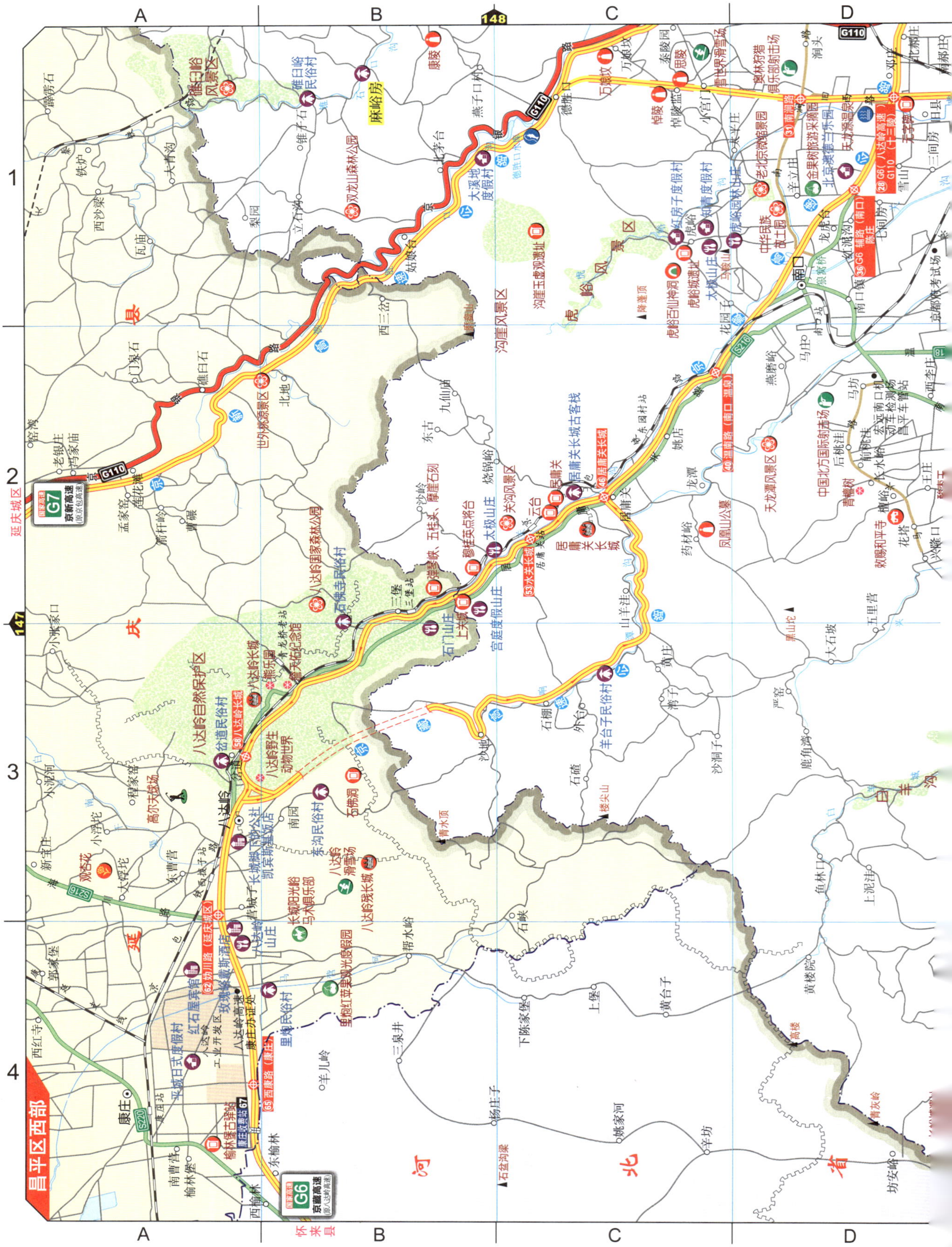
昌平区西部
延庆县
河北省
延庆城区
怀来县
G6 京藏高速
G7 京新高速
G110
八达岭
八达岭自然保护区
八达岭野生动物世界
居庸关
居庸关长城古客栈
沟崖风景区
虎峪风景区
天龙潭风景区
凤凰山公墓
石佛寺民俗村
上关城
石门山庄
宫庭度假山庄
丰台子民俗村
长城阳光峪马术俱乐部
南口
康庄
帮水峪
石峡
三泉井
下陈家堡
上堡
黄台子
黄楼院
杨庄子
姚家河
辛坊

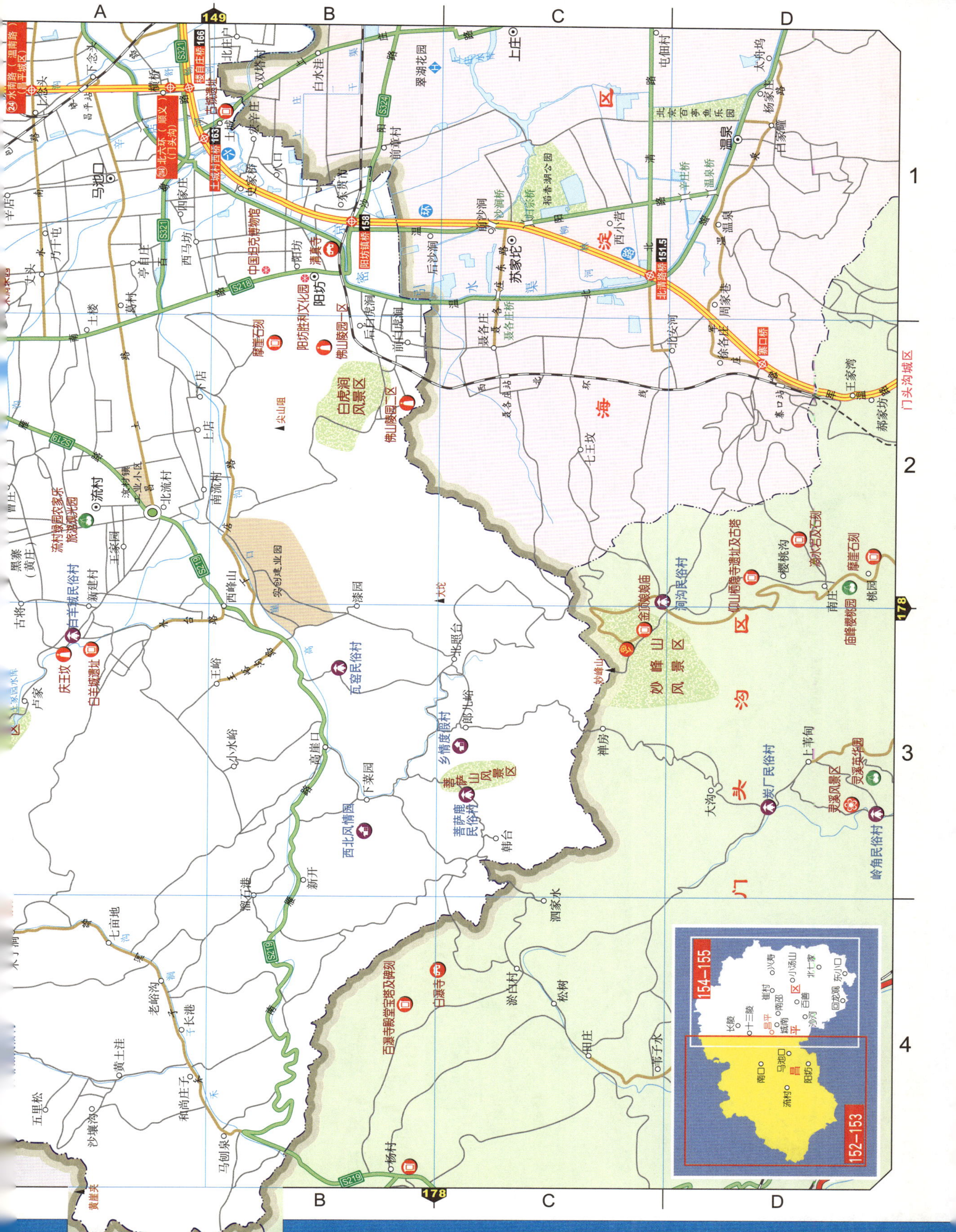
A
B
C
D
1
2
3
4
149
178
马池口
阳坊
流村
苏家坨
温泉
上庄
北清路桥
白虎涧风景区
佛山陵园一区
佛山陵园二区
摩崖石刻
阳坊胜利文化园
中国坦克博物馆
清真寺
土城遗址
西峰山
南流村
北流村
流村镇工业小区
流村绿色农家乐旅游观光园
白羊城民俗村
白羊城遗址
庆王坟
王家园
新建村
古将
黑寨（黄庄）
卢家
王峪
瓦窑民俗村
北照台
漆园
乡情度假村
郎儿峪
菩萨鹿山风景区
菩萨鹿民俗村
西北风情园
下苇园
高崖口
小水峪
韩台
新开
溜石港
七百地
老峪沟
长港
黄土洼
和尚庄子
五里松
沙塘沟
马刨泉
黄崖关
杨村
百濡寺殿堂宝塔及碑刻
白瀑寺
淤白村
松树
田庄
苇子水
泗家水
禅房
大沟
炭厂民俗村
灵溪风景区
灵溪农华园
岭角民俗村
上苇甸
妙峰山
妙峰山风景区
金顶娘娘庙
涧沟民俗村
仰山栖隐寺遗址及古塔
樱桃沟
南庄
桃园
庙峰樱桃园
摩崖石刻
涧沟古石刻
门头沟区
门头沟城区
海淀区
王家湾
郝家坊
寨口站
寨口桥
徐各庄
周家巷
北安河
七王坟
聂各庄
聂各庄桥
后沙涧
前沙涧
西小营
稻香湖公园
翠湖花园
前章村
白水洼
双塔村
北庄户
东贯市
西贯市
屯佃村
北京百望山乐园
太舟坞
杨家庄
白家疃
辛庄桥
温泉桥
沙涧桥
阳坊镇桥
土城村西桥
楼自庄桥
北六环（顺义）（门头沟）
水南路（温南路）（昌平城区）
西马坊
四家庄
亭自庄
葛村
丈头
丹千屯
辛店
土楼
尖山咀
大坨
安创建业园
154—155
152—153
昌平
昌平区
十三陵
长陵
崔村
兴寿
小汤山
北七家
百善
沙河
回龙观
东小口
南邵
城南
南口
马池口
阳坊
流村

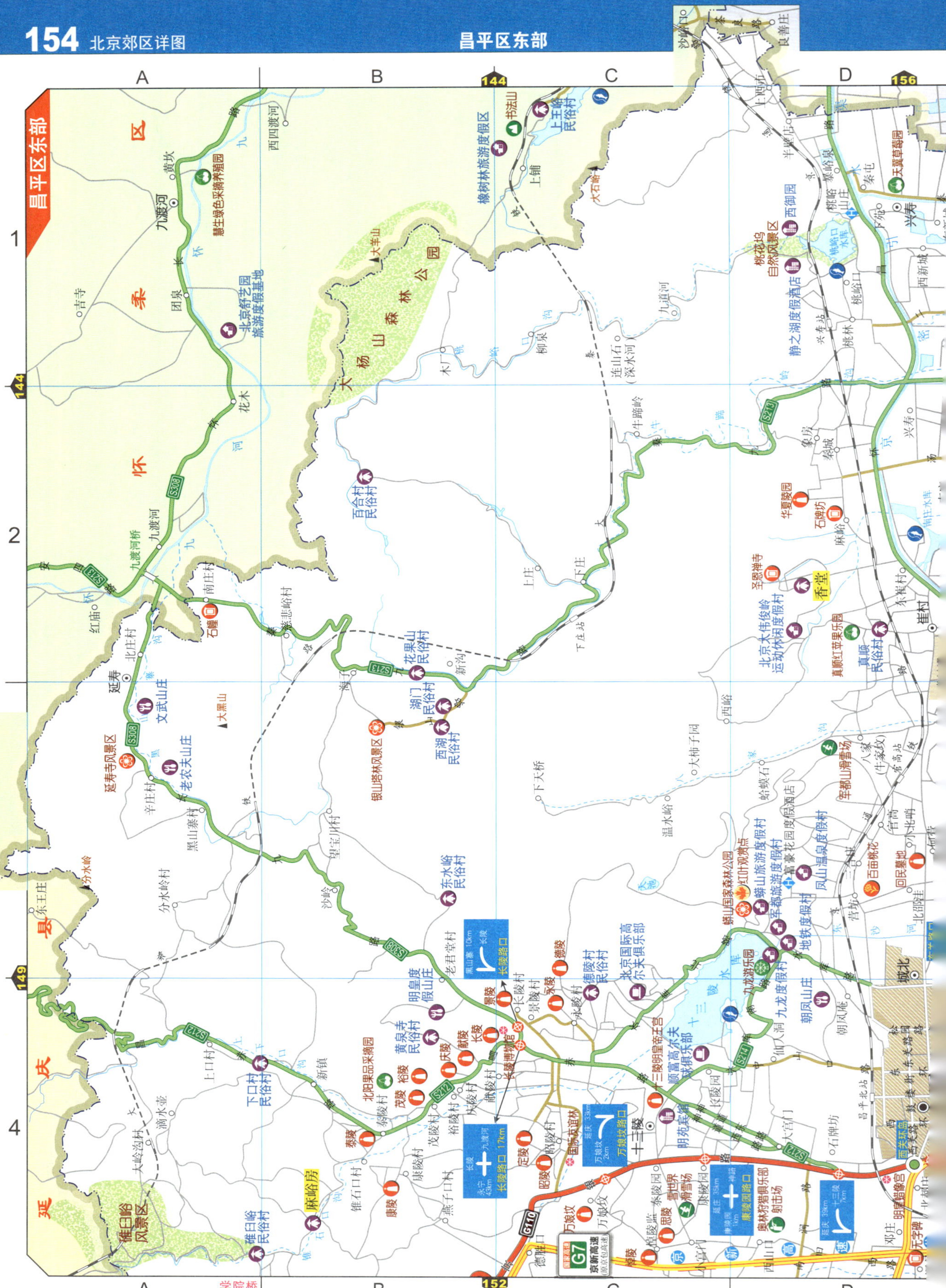
昌平区东部
A
B
C
D
1
2
4
144
149
152
156
怀柔区
延庆县
九渡河
黄坎
团泉
花木
九渡河桥
红庙
石幢
南庄村
北庄村
延寿
文武山庄
延寿寺风景区
老农夫山庄
辛庄村
黑山寨村
分水岭村
东王庄
上口村
下口村民俗村
新镇
沙岭
银山塔林风景区
西湖民俗村
湖门民俗村
花果山民俗村
百合村民俗村
东水峪民俗村
大杨山森林公园
橡树林旅游度假区
书法山
上镇
西四渡河
下庄
上庄
牛蹄岭
连山石(深水河)
柳泉
木厂
下天桥
温水峪
大柿子园
西峪
崔村
香堂
真顺民俗村
兴寿
桃林
桃峪口
下苑
秦屯
西御园
静之湖度假酒店
石牌坊
麻峪
华夏陵园
圣恩禅寺
长陵
献陵
庆陵
裕陵
茂陵
泰陵
康陵
定陵
昭陵
景陵
永陵
德陵
思陵
长陵村
景陵村
永陵村
德陵村民俗村
老君堂村
明皇度假山庄
黄泉寺民俗村
锥石口村
燕子口村
康陵村
麻峪房
十三陵水库
九龙游乐园
九龙度假村
朝凤山庄
朝凤庵
十三陵
胡庄
大宫门
城北
西关环岛
万娘坟
长陵路口
万娘坟路口
康陵园路口
G7
京新高速
G110
S308
S213
S212
S214

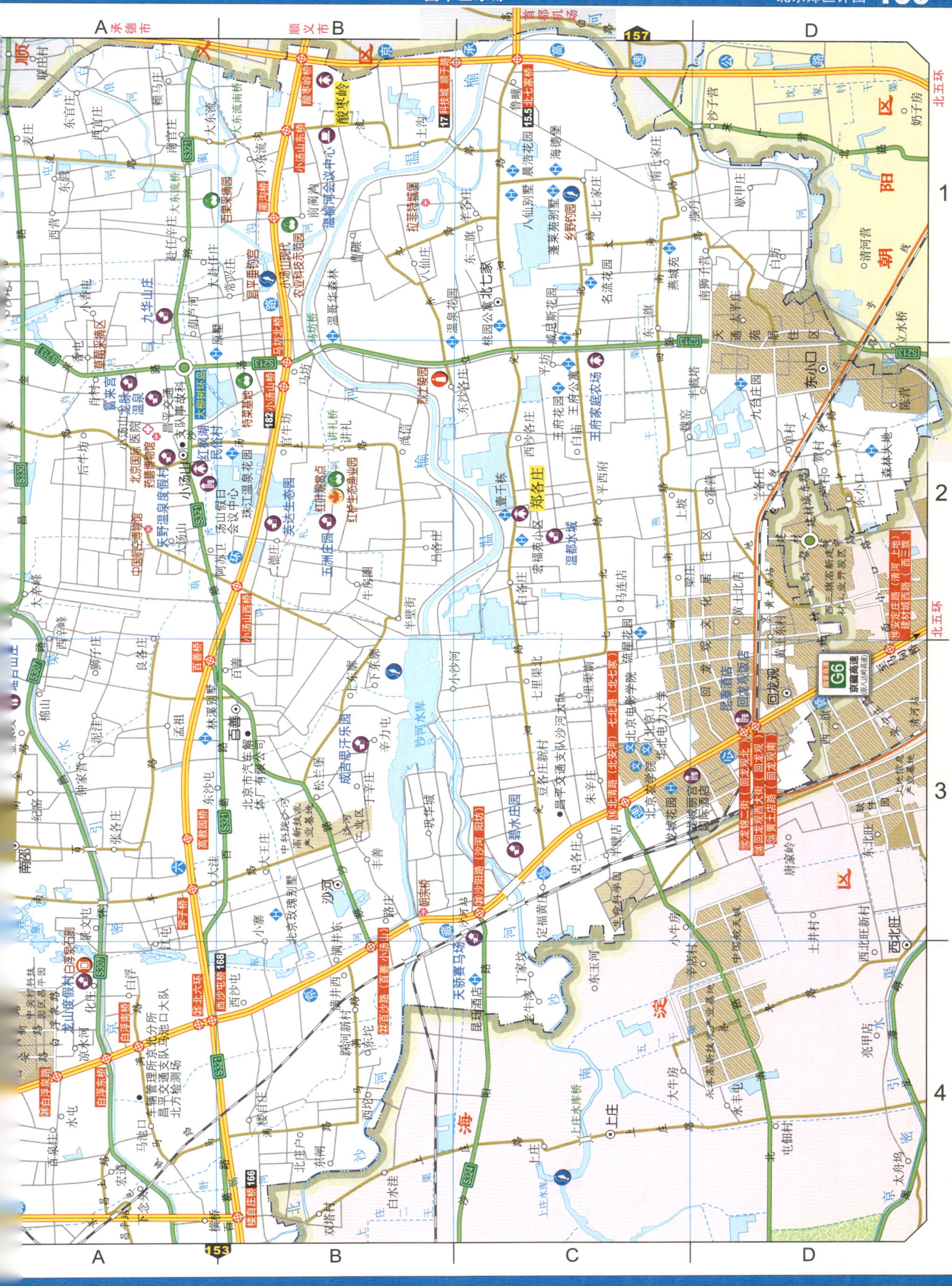
A
B
C
D
1
2
3
4
顺义市
承德市
首都机场
北五环
朝阳区
海淀区
小汤山
北七家
郑各庄
沙河
百善
东小口
回龙观
上庄
西北旺
九华山庄
温都水城
碧水庄园
王府家庭农场
京藏高速
G6
S321
S213
S307
S324
S330
157
153
沙河水库
天通苑
立水桥
清河营
小汤山医院
昌平垂钓园
上庄水库

顺义区西部
承德市
怀柔城区
榆林
怡生园国际会议中心
乔波国际会议中心
乔波冰雪世界
潮白河
牛栏山桥
牛栏山
牛栏山路口
元圣宫
古银杏树
北孙各庄
北年丰
杨宋
(杨宋庄)
仙台
郭庄
解村
南年丰
庙城
焦村
霍各庄
赵各庄
高各庄
郑重庄
桃山
孙史山
桥梓
(前桥梓)
千亩牡丹园
西茶坞
武各庄
营尔
寺上
北石槽
南石槽
东石槽
刘各庄
中滩营
大柳树营
二张营
龙王头
富各庄
卢正营
官志营
相各庄
红铜营
忻州营
大辛庄
小高丽营
豹房
后桑园
前桑园
赵全营
西陈各庄
范各庄
北郎中
北京启金研发中心
柏是生物工程公司
西降州营
樱山营
东水泉
西水泉
板桥
燕华营
北石槽御杏园
西范各庄
良善庄
下西市
西赵各庄
百合园
BAIGUYUAN
半壁店
解放村
河庄营
联庄村
前晏子
后晏子
蓝家营
小官庄
大官庄
马家堡
石家营
毛家营
白庙
姚店
马卷
马坡
良正卷
庙卷
马坡垂钓园
衙门村
南卷
秦武姚
荆卷
向前村
姚各庄
小孙各庄
双丰
北京乡村赛马场
龙湾别墅区
龙湾阁别墅区
维世纪森林公园
西马坡
金宝花园别墅
金宝花园酒店
金宝花园
恒丰花园
阳光花园
北京乡村高尔夫俱乐部
北京国际高尔夫俱乐部
奥林匹克水上公园
向阳闸桥
三高科技农业试验示范区
马辛庄
前礼务
后礼务
后沙峪
前郝家疃
西小营
南郎中
河津营
夏县营
后渠河
张喜庄
阎家营
顺丽鑫观光采摘园
万科艺园
龙冰湾温泉度假村
高丽营
西王路
小汤山东桥
怀柔 15km
顺义
沙河 31km
平义分
沙峪口
沙峪口水库
G101
S330
S307
S308
S321
S203
44 杨雁路
40.5
14 京密路(怀柔城区 顺义)
35.5
13 北台路
31
12 天北路
26
11 昌金路
22
10 白马路(马坡)
20
9 北六环(昌平 顺义)
145
144
158
154
155
A
B
C
D
1
2
3
4

A
B
C
D
1
2
3
4
159
166
平谷区
通州城区
顺义区
光明
石园
仁和
胜利
旺泉
南彩
后沙峪
天竺
李桥
金盏
空港
首都国际机场
首都国际机场东区
首都机场
朝阳区管辖
顺义财会中心
大龙水上乐园
顺翔卡丁车俱乐部
河南村桥
彩虹大桥
东大桥环岛
林河工业开发区
顺义公园
沿河蔬菜高科技示范园
李桥新世纪梨园
和顺和勤亲王碑
天竺出口加工区
北京万科城市花园
裕祥花园
丽斯花园
丽京花园
莱蒙湖别墅
中国国际展览中心(新馆)
裕京花园
龙湾别墅
嘉浩别墅花园
古城遗址
春晖园温泉度假村
金色河畔高尔夫俱乐部
绿岛白帆俱乐部
国际航空航天俱乐部
天泽宾馆
国都饭店
火神营路口
铁匠营路口
马连店路口
枯柳树环岛
罗马环岛
五环路
158-159
156-157

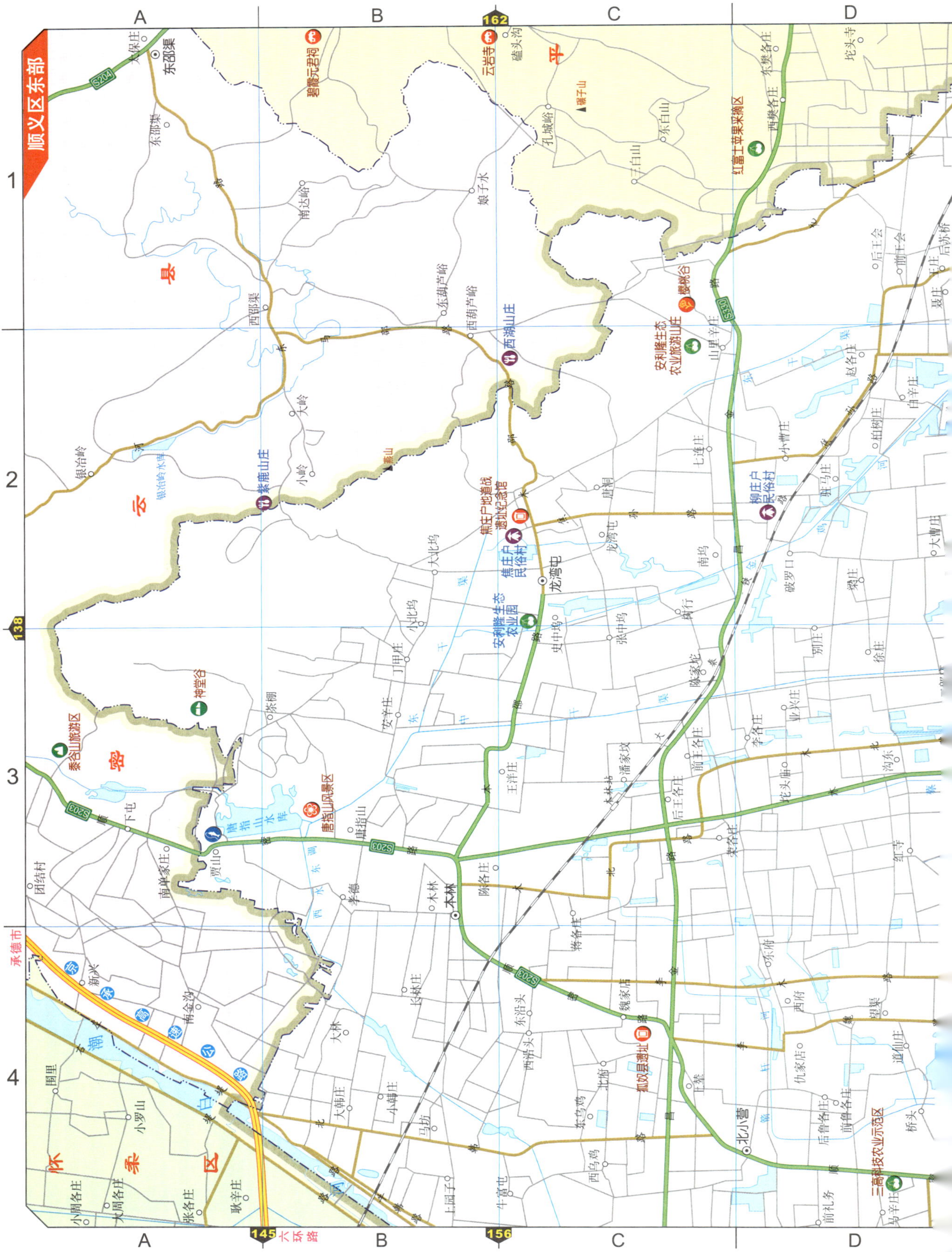
顺义区东部
A
B
C
D
1
2
3
4
162
138
145
156
六环路
承德市
东邵渠
大保庄
东部渠
南达峪
西邵渠
碧霞元君祠
云岩寺
磕头沟
娘子水
孔城峪
三白山
东白山
红富士苹果采摘区
西樊各庄
东樊各庄
坨头寺
东葫芦峪
西葫芦峪
西湖山庄
樱桃谷
安利隆生态农业旅游山庄
山里辛庄
后王会
前王会
聂庄
赵各庄
白辛庄
柏树庄
小曹庄
驻马庄
大曹庄
柳庄户民俗村
七连庄
大岭
小岭
银冶岭
银冶岭水库
紫庵山庄
焦庄户地道战遗址纪念馆
焦庄户民俗村
龙湾屯
唐洞
南坞
大北坞
小北坞
丁甲庄
安利隆生态农业园
史中坞
张中坞
柳行
陈家坨
破罗口
梁庄
别庄
徐庄
茶棚
神堂谷
秦谷山旅游区
安辛庄
王泮庄
潘家坟
前王各庄
后王各庄
李各庄
业兴庄
坨头庙
沟东
唐指山水库
唐指山风景区
唐指山
下屯
团结村
南单家庄
贾山
李庵
木林
陈各庄
宋各庄
红寺
荞各庄
长林庄
东府
西府
望渠
道仙庄
仇家店
东沿头
西沿头
魏家店
狐奴县遗址
北府
王辛庄
大林
大韩庄
小韩庄
马坊
东乌鸡
西乌鸡
北小营
后鲁各庄
前鲁各庄
桥头
三高科技农业示范区
前礼务
马辛庄
新兴
南金沟
围里
小罗山
上园子
牛富屯
耿辛庄
张各庄
大周各庄
小周各庄
怀柔区
密云县
平谷区
京承高速公路
S204
S203
S330
潮白河

平谷区
164
河北省
通州区
167
157
张镇
杨镇
北务
李遂
大孙各庄
莲花山滑雪场
大孙各庄新农村优质葡萄采摘园
京东大产汤
汉石桥水库
燕婕大酒店
于地民俗村
北务瓜菜采摘基地
木燕路
五洲大地度假村
北京顺鑫绿色度假村
望潮苑民俗度假村
郁金香
嘉宾国际
李桥新世纪采摘园
双河观光采摘果园
财源中心
东方太阳城
北庄头桥
张各庄
刘辛庄
雁户庄
吕布屯
大故现
小故现
田各庄
港西
顾家庄
南聂庄
柴家林
宗家店
户耳山
西辛庄
东华山
西华山
大段村
小段村
谢辛庄
大三渠
小三渠
良山
麻林山
东庞里
西庞里
东焦各庄
于家庄
沙岭
曹庄
杜庄
齐家务
松各庄
李辛庄
后陆马庄
前陆马庄
西湘各庄
湘王庄
西丰家府
东丰家府
荆坨
东庄户
井上
张家务
辛庄子
高各庄
王辛庄
小店
沙子营
汉石桥
下坡
下营
老庄户
田家营
太平辛庄
阎家渠
王各庄
南辛庄户
北务
庄子
小珠宝
东地
珠宝屯
马庄
前营
柏兴庄
大兴庄
于辛庄
太平庄
宣庄户
魏辛庄
沟北
东营
西营
李家渠
崇国庄
苏庄
官庄
堡子
北庄头
南庄头
沮沟
赵庄
陈庄
李庄
后衙各庄
前衙各庄
九王庄
杜刘庄
河北村
北彩
南彩
前俸伯
葛代子
易郡
柳各庄
沙浮
史庄
北河
吴庄
南河
沿河
永青庄
北桃园
南桃园
安里
平家疃
西杨庄
后赵村
南各庄
东山西
孤山营
北曹庄
安各庄
后车坊
双营
沈家庄
五福庄
石官营
军下
程官营
贾官营
北大府庄
董庄子
大蒋庄
小蒋庄
许各庄
四福庄
早立庄
李桥
大坝洼庄
小坝洼庄
龙延庄
薛家庄
大石各庄
大洛泡
大田庄
郭家务
大营各庄
后岭上
前岭上
王户庄
大孙各庄
小塘
吴庄
小宋各庄
南双营
S305
S331
S332
S306
S324
A
B
C
D
1
2
3
4

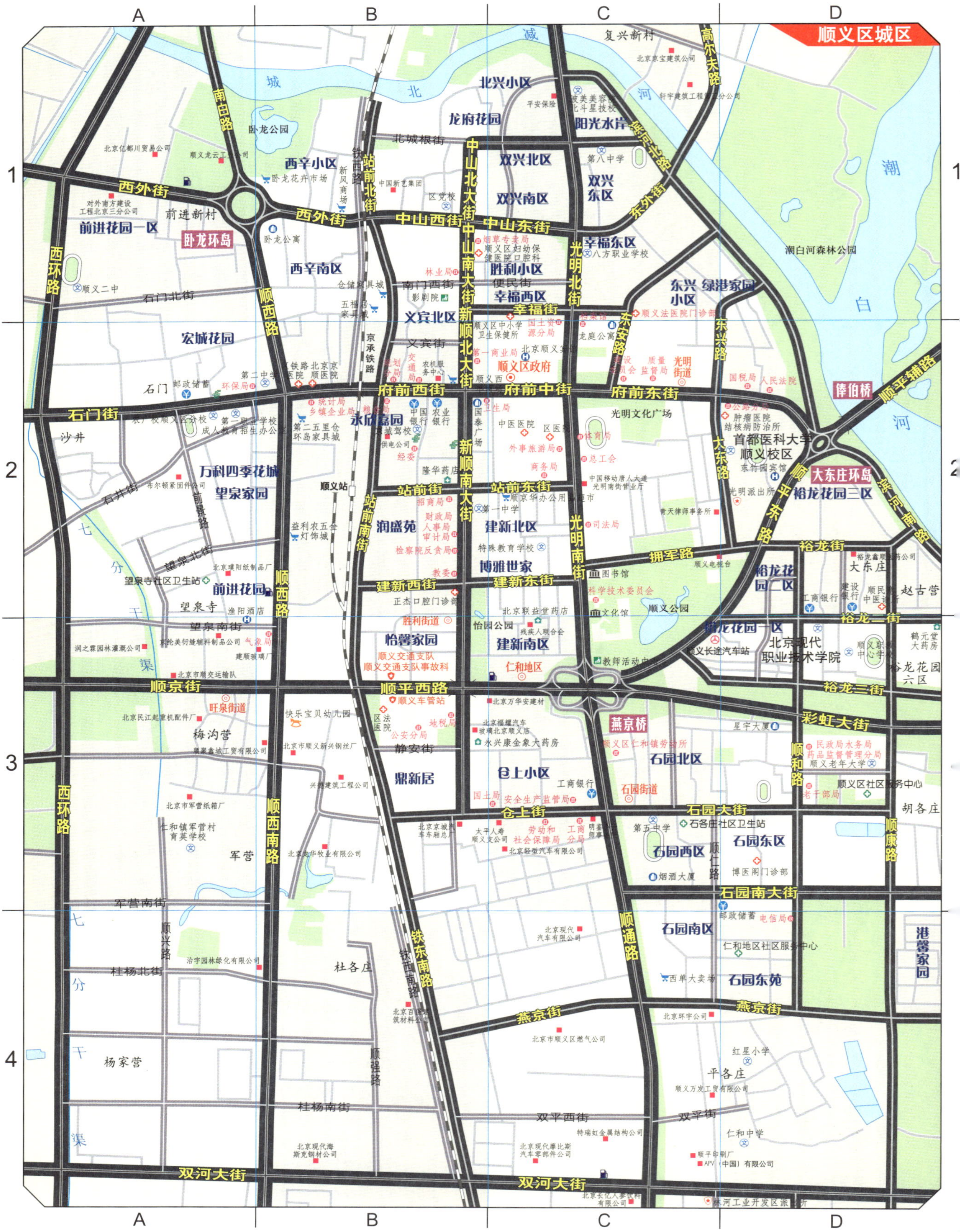
顺义区城区
A
B
C
D
1
2
3
4
复兴新村
北京京宝建筑公司
减
河
城
北
北兴小区
龙府花园
阳光水岸
高尔夫路
平安保险
北斗星技校
轩宇建筑工程分公司
卧龙公园
南臼路
北京亿都川贸易公司
顺义龙云工贸公司
西辛小区
卧龙花卉市场
新风商场
铁西路
站前北街
北城根街
中国新艺集团
区党校
中山北大街
双兴北区
第八中学
双兴东区
双兴南区
东外街
西外街
对外南方建设工程北京三分公司
前进新村
前进花园一区
卧龙环岛
卧龙公寓
西环路
顺义二中
石门北街
西辛南区
中山西街
中山东街
烟草专卖局
顺义区妇幼保健医院口腔科
胜利小区
幸福东区
八方职业学校
光明北街
林业局
仓储家具城
南门西街
影剧院
便民街
幸福西区
五福居家具城
东兴小区
绿港家园
潮白河森林公园
潮
白
河
幸福街
顺义法医院门诊部
文宾北区
顺义区中小学卫生保健所
国土资源分局
龙庭公寓
东安路
东兴路
宏城花园
顺西路
京承铁路
文宾街
第一商业局
北京顺义宾馆
顺义区政府
质量监督局
光明街道
国税局
人民法院
俸伯桥
顺平辅路
第二中学
北京铁路医院
北京顺医院
农机服务中心
顺义西
石门
邮政储蓄
环保局
府前西街
府前中街
府前东街
石门街
统计局
乡镇企业局
永欣嘉园
中国银行
农业银行
国泰商场
卫生局
光明文化广场
公路分局
肿瘤医院
结核病防治所
首都医科大学顺义校区
东付园宾馆
沙井
成人教育招生办公室
第二五里仓
环岛家具城
驾校
供电公司
中医医院
区医院
体育局
外事旅游局
总工会
商务局
万科四季花城
望泉家园
布尔顿紧固件公司
前景路
石井街
新顺南大街
隆华药店
顺义站
站前街
站前东街
顺义华办公用
中国移动唐人大道光明南街营业厅
光明派出所
大东庄环岛
裕龙花园二区
七
分
干
渠
站前南街
润盛苑
招商局
财政局
人事局
审计局
检察院反贪局
第一中学
建新北区
司法局
青天律师事务所
益利农五金灯饰城
特殊教育学校
光明南街
拥军路
裕龙街
望泉北街
北京瑞阳纸制品厂
望泉寺社区卫生站
前进花园
教委
博雅世家
建新西街
建新东街
图书馆
科学技术委员会
顺义电视台
裕龙花园二区
大东庄
工商银行
建设银行
顺民医院
中医医院
赵古营
望泉寺
渔阳酒店
正杰口腔门诊部
北京联益堂药店
顺义公园
文化馆
望泉南街
润之霖园林灌溉公司
气象局
建顺玻璃厂
胜利街道
恰馨家园
顺义交通支队
顺义交通支队事故科
怡园公园
残疾人联合会
建新南区
仁和地区
教师活动中心
裕龙二街
裕龙花园一区
顺义长途汽车站
北京现代职业技术学院
鹤元堂大药房
裕龙花园六区
裕龙三街
北京市顺交运输队
顺京街
顺平西路
顺义车管站
北京万华安建材
燕京桥
彩虹大街
旺泉街道
北京民江起重机配件厂
梅沟营
快乐宝贝幼儿园
北京市顺义新兴钢丝厂
法医院
地税局
公安分局
静安街
永兴康金象大药房
顺义区仁和镇劳动所
石园北区
星宇大厦
民政局水务局
药品监督管理分局
顺义老年大学
顺和路
鼎新居
仓上小区
工商银行
国土局
安全生产监督局
石园街道
顺义区社区服务中心
老干部局
胡各庄
北京市军营纸箱厂
兴鹏建筑工程公司
仁和镇军营村育英学校
军营
西环路
顺西南路
北京光华牧业有限公司
仓上街
太平人寿顺义支公司
劳动和社会保障局
工商分局
北京轻型汽车有限公司
石园大街
第五中学
石各庄社区卫生站
石园东区
石园西区
顺仁路
烟酒大厦
博医阁门诊部
顺康路
军营南街
石园南大街
邮政储蓄
电信局
顺兴路
铁东南路
铁西南路
北京现代汽车有限公司
顺通路
石园南区
仁和地区社区服务中心
港馨家园
杜杨北街
治宇园林绿化有限公司
杜各庄
西单大卖场
石园东苑
燕京街
北京环宇公司
北京市顺义区燃气公司
红星小学
平各庄
杨家营
顺强路
顺义万发工贸有限公司
杜杨南街
双平西街
双平街
特瑞虹金属结构公司
仁和中学
北京现代海斯克钢材公司
北京现代摩比斯汽车零部件公司
APV（中国）有限公司
双河大街
林河工业开发区

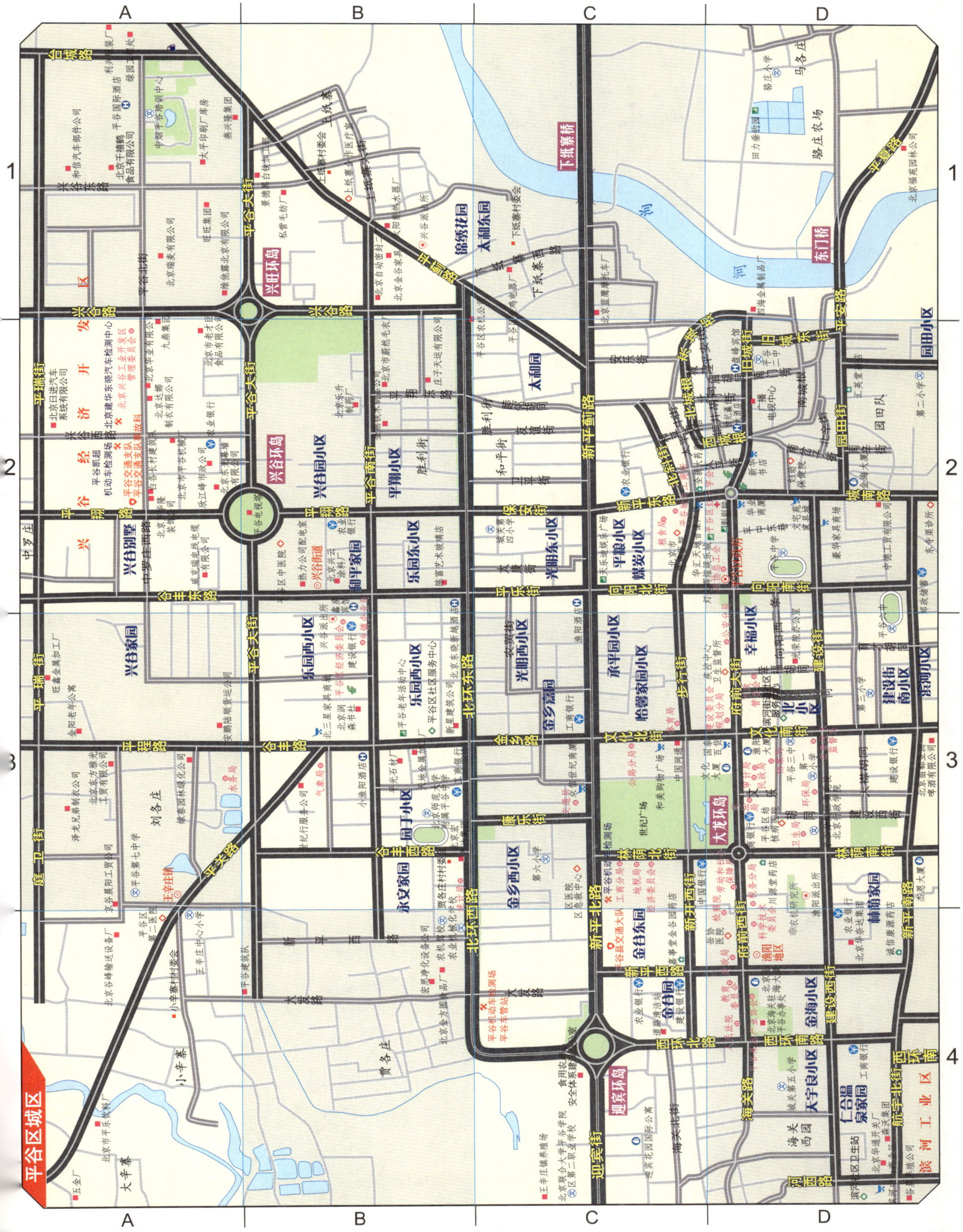
A
B
C
D
1
2
3
4
台城路
平谷大街
兴谷路
兴旺环岛
下纸寨桥
锦绣花园
太和东园
东门桥
平安街
平翔路
兴谷环岛
兴谷园小区
平翔小区
胜利街
和平街
太和园
新平蓟路
保安街
光明东小区
乐园东小区
和平家园
兴谷别墅
谷丰东路
平乐街
兴谷家园
乐园西小区
北环东路
光明西小区
金乡嘉园
承平园小区
恰馨家园小区
步行街
府前大街
辛福小区
建设街
金乡路
文化北街
平翔路
平瑞街
庄卫街
谷丰路
刘各庄
平关路
员丁小区
永安家园
谷丰西路
康乐街
金乡西小区
大龙环岛
林荫北街
林荫南街
新平北路
金谷东园
府前西街
新开西街
新平南路
北环西路
新平西路
西环北路
西环南路
建设西街
金海小区
大宁良小区
迎宾环岛
迎宾街
海关路
平谷区城区
泃河工业区
河西路
新平西路
光明街
北城根
西城根
旧城街
园田街
园田小区
城南路
平乐街
向阳南街
向阳北街
大兴胡同
建设街南小区
滨河小区
林荫家园
仁合嘉园
大宁良小区
兴谷开发区
兴谷经济开发区
平谷区

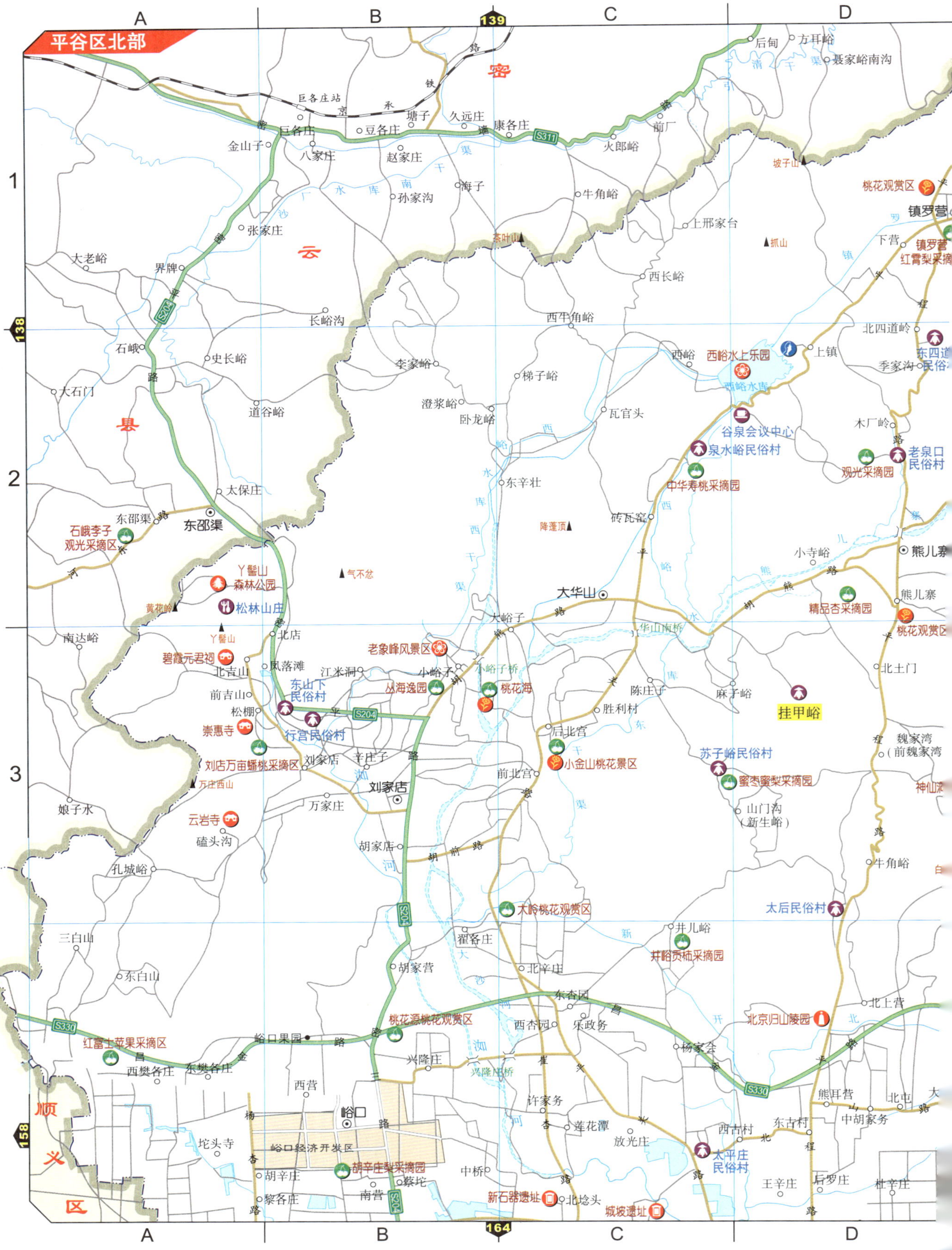
平谷区北部
密云县
顺义区
巨各庄站
京承铁路
密古路
巨各庄
豆各庄
塘子
久远庄
康各庄
前厂
后甸
方耳峪
聂家峪南沟
金山子
八家庄
赵家庄
火郎峪
坡子山
海子
孙家沟
牛角峪
张家庄
上邢家台
桃花观赏区
镇罗营
抓山
茶叶山
下营
镇罗营红霄梨采摘
大老峪
界牌
西长峪
长峪沟
西牛角峪
北四道岭
石峨
史长峪
李家峪
上镇
西峪
西峪水上乐园
西峪水库
梯子峪
东四道岭民俗村
季家沟
大石门
澄泉峪
卧龙峪
瓦官头
道谷峪
谷泉会议中心
木厂岭
泉水峪民俗村
老泉口民俗村
观光采摘园
中华寿桃采摘园
东辛壮
太保庄
东邵渠
石峨李子观光采摘区
砖瓦窑
降蓬顶
小寺峪
熊儿寨
丫髻山森林公园
气不忿
大华山
熊儿寨
松林山庄
精品杏采摘园
桃花观赏区
黄花岭
丫髻山
北店
大峪子
华山南桥
南达峪
碧霞元君祠
老象峰风景区
北土门
北吉山
凤落滩
江米洞
小峪子
小峪子桥
东山下民俗村
丛海逸园
桃花海
陈庄子
麻子峪
挂甲峪
前吉山
松棚
胜利村
崇惠寺
行宫民俗村
后北宫
魏家湾（前魏家湾）
刘店万亩蟠桃采摘区
刘家店
辛庄子
苏子峪民俗村
小金山桃花景区
前北宫
蜜枣蜜梨采摘园
万庄西山
神仙洞
刘家店
万家庄
山门沟（新生峪）
娘子水
云岩寺
磕头沟
胡家店
胡前路
牛角峪
孔城峪
太后民俗村
大岭桃花观赏区
三白山
井儿峪
翟各庄
井峪贡柿采摘园
东白山
胡家营
北辛庄
东杏园
北上营
桃花源桃花观赏区
西杏园
乐政务
北京归山陵园
红富士苹果采摘区
峪口果园
杨家会
西樊各庄
东樊各庄
兴隆庄
兴隆庄桥
西营
许家务
熊耳营
北屯
峪口
中胡家务
莲花潭
西古村
东古村
坨头寺
峪口经济开发区
放光庄
胡辛庄
胡辛庄梨采摘园
太平庄民俗村
中桥
王辛庄
后罗庄
杜辛庄
蔡坨
黎各庄
南营
新石器遗址
北埝头
城坡遗址

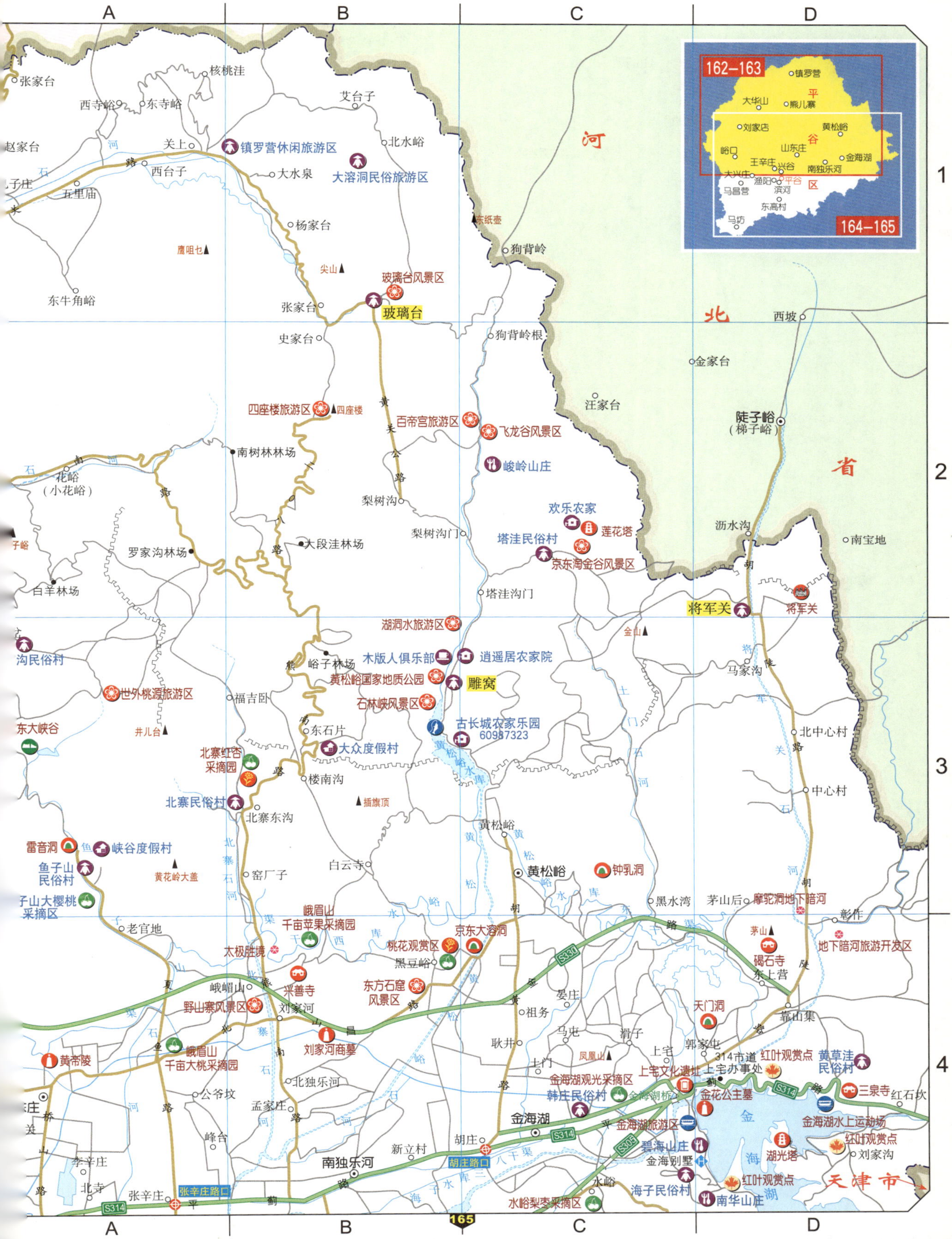
A
B
C
D
1
2
3
4
162–163
164–165
镇罗营
大华山
熊儿寨
刘家店
黄松峪
峪口
山东庄
金海湖
王辛庄
兴谷
南独乐河
大兴庄
渔阳
平谷
马昌营
滨河
东高村
马坊
平
谷
区
河
北
省
张家台
核桃洼
西寺峪
东寺峪
艾台子
赵家台
关上
镇罗营休闲旅游区
北水峪
西台子
大水泉
大溶洞民俗旅游区
五里庙
杨家台
东纸壶
狗背岭
鹰咀屯
尖山
玻璃台风景区
玻璃台
东牛角峪
张家台
史家台
狗背岭根
西坡
金家台
汪家台
四座楼旅游区
四座楼
百帝宫旅游区
飞龙谷风景区
陡子峪
（梯子峪）
南树林林场
峪岭山庄
花峪
（小花峪）
梨树沟
欢乐农家
莲花塔
塔洼民俗村
京东淘金谷风景区
罗家沟林场
大段洼林场
梨树沟门
沥水沟
南宝地
白羊林场
塔洼沟门
将军关
金山
湖洞水旅游区
木版人俱乐部
逍遥居农家院
沟民俗村
峪子林场
黄松峪国家地质公园
雕窝
马家沟
世外桃源旅游区
福吉卧
石林峡风景区
古长城农家乐园
60987323
东大峡谷
井儿台
东石片
北中心村
北寨红杏
采摘园
大众度假村
楼南沟
中心村
北寨民俗村
北寨东沟
插旗顶
黄松峪
雷音洞
峡谷度假村
鱼子山
民俗村
黄花岭大盖
白云寺
窑厂子
钟乳洞
黑水湾
茅山后
摩驼洞地下暗河
子山大樱桃
采摘区
峨眉山
千亩苹果采摘园
京东大溶洞
老官地
茅山
彰作
太极胜境
桃花观赏区
碣石寺
地下暗河旅游开发区
黑豆峪
东上营
峨嵋山
兴善寺
东方石窟
风景区
晏庄
靠山集
野山寨风景区
刘家河
祖务
天门洞
马屯
滑子
刘家河商墓
郭家屯
耿井
上宅
黄帝陵
峨眉山
千亩大桃采摘园
凤凰山
上宅文化遗址
314市道
上宅办事处
红叶观赏点
黄草洼
民俗村
北独乐河
金海湖观光采摘区
金花公主墓
三泉寺
公爷坟
韩庄民俗村
金海湖桥
红石坎
孟家庄
金海湖
金海湖旅游区
金海湖水上运动场
峰台
胡庄
碧海山庄
湖光塔
红叶观赏点
李辛庄
南独乐河
新立村
胡庄路口
八干渠
金海别墅
刘家沟
北寺
张辛庄
张辛庄路口
水峪
海子民俗村
红叶观赏点
天津市
S314
S330
S303
南华山庄
水峪梨枣采摘区
165

A
B
C
D
162
159
1
2
3
4
顺义区
万庄西山
刘家店
万家庄
刘家店
云岩寺
百里桃花走廊
金山观景
前北宫
苏子峪民俗村
蜜枣蜜梨采摘园
山门沟（新生峪）
神仙洞
桃棚
雷音洞
峡谷度假村
鱼子山民俗村
白浅山
老关地
胡家店
孔城峪
大岭桃花观赏区
翟各庄
井儿峪
井峪贡柿采摘园
太后民俗村
胡家营桥
胡家营
北辛庄
超大集团绿色果蔬观光采摘园
桃花源桃花观赏区
峪口果园
西杏园
东杏园
乐政务
北上营
北京归山陵园
东樊各庄
杨家会
黄帝陵
兴隆庄
兴隆庄桥
西营
峪口
许家务
熊耳营
北屯
大北关
山东庄
坨头寺
峪口经济开发区
莲花潭
放光庄
西古村
东古村
中胡家务
小北关
胡辛庄
胡庄梨采摘园
中桥
太平庄民俗村
李辛庄
黎各庄
南营
寨坨
北埝头
杜辛庄
北寺
新石器遗址
东柏坡
北城子
城坡遗址
大桃、贡柿采摘园
中罗庄
北杨家桥
周庄子
西柏店
白各庄
齐各庄
桥头营
东洼
S314
大坎
南杨家庄
桥头
韩屯
良庄子
唐庄子
小辛寨
王辛庄
兴谷环岛
兴旺环岛
西沥津
兴谷
厂门口
吉卧
大兴庄民俗村
贾各庄
上纸寨
王都庄
大官庄
小官庄
大兴庄
鲁各庄
迎宾环岛
建设大厦
陈良屯
三福庄
S305
岳各庄
龙家务
贤王
魏辛庄
云峰寺
官庄路口
金海大厦
盘峰宾馆
平谷区
马各庄
西双营
平谷站
北定福庄
管家庄
周村
渔阳
腾飞环岛
滨河
马昌营
西石桥
东双营
南定福庄
东石桥
东寺渠桥
张各庄
东鹿角桥
东发科技开发区
杨各庄
杨庄户
西陈各庄
东陈各庄
有机桃采摘园
后芮营
北台头
夏各庄
薄各庄
安固
双营有机果园
杨稻路
稻地
王官屯
前芮营
西鹿角
西海子
西高村
南埝头
毛官营
天井
红提葡萄采摘园
塔山考试场
文峰塔
王各庄
临泉湖旅游区
青杨屯
前台头
东高村
坨塔头
果各庄
平三路（东高村）
望京山
北张岱
克头
河奎
张岱新庄
崔家庄
南张岱古墓葬埋藏区
洳河湾工业开发区
侯家庄
洼里
大庄户
大旺务
渔阳国际滑雪场
扎鲁山
北石渠
崔杏路
赵家务
英城
南张岱
东撞
赵庄户
授子庄
沁园春观光采摘园
南张岱西桥
门楼庄
西大平庄
马坊站
高家庄
鲍家庄
新建村
英城桥
密三路
曹家庄
打铁庄
南宅庄户
普贤屯
掘山头
青龙山
六环路
小屯
南宅
扣头山
河北村
西大街
东店
塔寺
三条街
后蒋福山
李蔡街
石佛寺
奖里庄
二条街
马坊
前蒋福山
北务村
大唐回
河北省
S274
马坊工业区
大棚草莓采摘园
聂各庄
河北省
S204
京平高速公路

平谷区南部
河北省
天津市
天　津　市
北寨红杏采摘园
北寨民俗村
庙沟
黄花岭大盖
康石岭
白云寺
欢乐农家度假村
黄松峪
钟乳洞
中心村
茅山后
黑水湾
摩驼洞地下暗河
彰作
红石门民俗村
杨木鞍
峨嵋山千亩苹果采摘园
太极胜境
大东沟
茅山
碣石寺
地下暗河旅游开发区
大棚桃采摘园
峨嵋山
兴善寺
东方石窟风景区
黑豆峪
京东大溶洞
东上营
小东沟
烟筒岭农场
野山寨风景区
刘家河
黑豆峪村观光采摘桃园
祖务
晏庄
靠山集
天门洞
刘家河商墓
耿井
马屯
凤凰山
滑子
郭家屯
314市道
红叶观赏点
黄草洼民俗村
北独乐河
土门
上宅
上宅办证处
上宅文化遗址
东老虎山
金海湖桥
三泉寺
公谷坟
孟家庄
韩庄民俗村
西老虎山
金花公主墓
红石坎
上堡子
上安子
歪嘴坨
东马各庄
胡庄
金海湖
金海湖旅游区
湖光塔
金海湖水上运动场
新立村
峰台
碧海山庄
红叶观赏点
南独乐河
胡庄路口
金海别墅
S314
海子民俗村
辛庄
红叶观赏点
首都师范大学培训中心
泥河
张辛庄路口
大枣采摘园
水峪
大枣采摘园
南华山庄
洳水
海子水库
罗汉石
S301
桑园
张辛庄桥
洳水桃花观赏区
垭子峪林场
望马台
陈太务
向阳村
风道石沟
偏桥子
纪太务
甘营
甘营大枣生态观光旅游采摘园
京东盛丰蔬果采摘园
魏太务
烟筒峪
南太务
凤凰山
南太务桥
南山村
小岭
石塘峪
三角峪
骆驼鞍
沟河北
罗城子
魏家河
盘龙瀑风景区
小盘山
洪水庄
梁庄子
砖瓦窑
赵家峪
盘山
盘山风景区
卢家峪
太平滩
S110
双庵
大岭后
天成寺
西流水
田家峪
北桃园
里沟
营房
塔院
东八里沟
杨家峪
官庄
牛口岭
闯子岭
贾峪
大石峪
野沟
大彩各庄
新房子
庄果峪
小米庄
太平庄
肘各庄
东路庄
响水寺
贾各庄
许家台
水泉
S302
天津市区
京平高速公路
津蓟高速公路
163
A
B
C
D
1
2
3
4

首都机场13航站楼
首都机场
顺义城区
157
168
174
A
B
C
D
1
2
3
4
五环路
五元桥
四环路
大羊坊桥
首都机场高速
机场南线高速
京平高速
京哈高速
(原京沈高速)
G1
京通快速路
京津高速
顺
义
朝
阳
区
大兴区
管头桥
前苇沟
金盏
金盏东村
长店村
黑桥村
雷庄
东窑
皮村
北马房
曹各庄
西北门
楼梓庄
三岔河
东坝
七棵树桥
单店
焦庄
沙窝
马各庄
东小井
高安屯
平房桥
石各庄
平房
京城梨园
常营公园
常营
五里桥
东十里堡
东白家楼
黄渠村
北三间房
高井
大黄庄桥
兴隆公园
高碑店
远通桥
双桥
双桥东
杨闸环岛
管庄
三间房
北双桥
通州收费站
京贸国际公寓
高碑店
杜仲公园
半壁店
咸宁侯
于家围
苏家屯
王四营
白鹿司
五方桥
白鹿收费站
定辛庄
万子营
豆各庄
通马路
黑庄户
郎各庄
化工桥
孙家坡
西直河
西直河桥
董村
北神树
东石
大鲁店
胡家垡
星湖工业区
口子
宋家堡
江场
红楼旅游观光园
桂家坟
周坡庄
外郎营
小葛渠
吴各庄
葛渠
寨辛庄
英各庄
英各庄桥
长辛
临清
张辛
北窑上桥
北窑上
王辛庄桥
通顺赛马场
绿色家园
小营
小庞村
徐辛庄
徐辛庄桥
大庞村
尹各庄
尹各庄桥
沟渠庄
中坝河桥
双埠头
黎各庄
加油站
富豪
丛林庄
疃里新村
潞苑北街桥
小堡
北京协和精神病院
北马庄
北马庄桥
刘庄
全国民兵武器装备陈列馆
六合桥
小潞邑
六合村
榆景苑
路苑家园小区
北京齐天乐园
耿庄
孙各庄
后屯
北京物资学院
北关桥
三惠桥
"三八"国际友谊林
天成桥
燃灯佛舍利塔
月亮河度假村
运河文化广场
奥运公园
永顺
西海子公园
古运河码头
通州区
新华
西马庄收费站
北苑环岛
北苑
中仓
大清真寺
运河园
东杨庄
杨坨
霍屯
古城
辛安屯
郝家府
复兴庄桥
果园环岛
玉桥
李老公庄
怡乐园
云景西里
大稿村
孙庄
小稿村
大马庄
梨园
梨园狗市
魏家坟
加州小镇
砖厂
土桥站
土桥新桥
北马头
皇木厂
世外桃源旅游度假村
曹园
高楼金
铺头
将军坟
田府
大高力庄
张家湾清真寺
张家湾镇城墙遗址
通运桥
宽街
台湖第五生产队农村生产实践园
前营
台湖
第五生产队星湖绿色生态观光园
西下营
东下营
唐大庄
施园桥
北姚园
南桃园
齐善庄
碱厂
大棚
小圣庙
小圣庙桥
潞阳桥
运通桥
杨坨桥
古城桥
路县
南桃园
平家疃
温榆河
S101
S201
S302
S202
S207

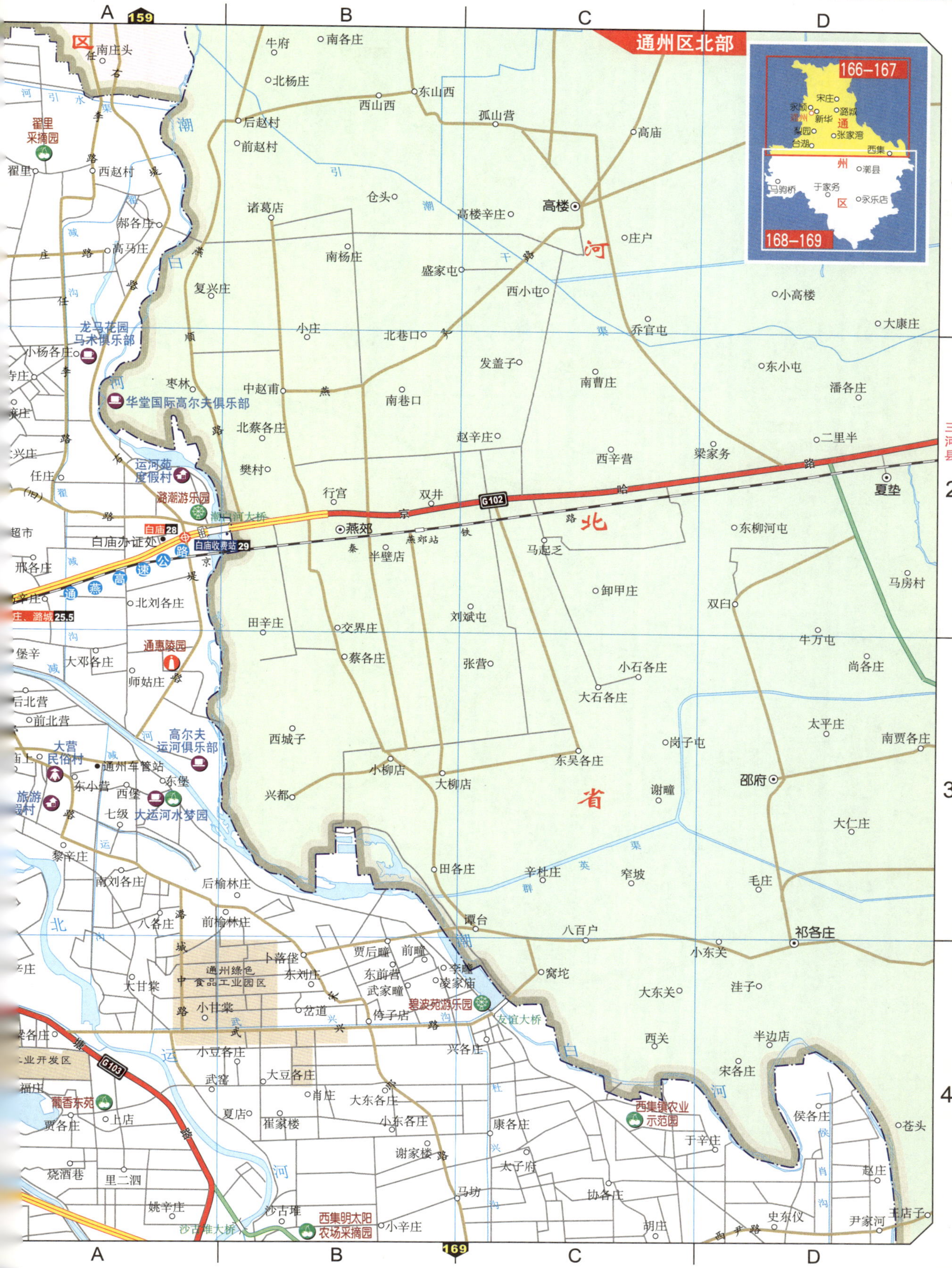
通州区北部
166–167
168–169
宋庄
永顺
潞城
新华
通
张家湾
梨园
台湖
西集
州
漷县
马驹桥
于家务
区
永乐店
南庄头
翟里采摘园
翟里
西赵村
郝各庄
高马庄
龙马花园马术俱乐部
小杨各庄
华堂国际高尔夫俱乐部
运河苑度假村
潞潮游乐园
潮白河大桥
白庙 28
白庙办证处
白庙收费站 29
京通燕高速公路
北刘各庄
通惠陵园
大邓各庄
师姑庄
高尔夫运河俱乐部
大营民俗村
通州车管站
东小营
西堡
东堡
七级
大运河水梦园
旅游村
黎辛庄
南刘各庄
后榆林庄
前榆林庄
八各庄
通州绿色食品工业园区
大甘棠
小甘棠
小豆各庄
武窑
大豆各庄
肖庄
大东各庄
夏店
崔家楼
小东各庄
谢家楼
葡香东苑
上店
贾各庄
烧酒巷
里二泗
姚辛庄
沙古堆
沙古堆大桥
西集明太阳农场采摘园
小辛庄
牛府
南各庄
北杨庄
西山西
东山西
后赵村
前赵村
孤山营
高庙
仓头
诸葛店
高楼辛庄
高楼
庄户
南杨庄
盛家屯
复兴庄
西小屯
小庄
北巷口
乔官屯
小高楼
大康庄
发盖子
南曹庄
东小屯
潘各庄
枣林
中赵甫
南巷口
北蔡各庄
赵辛庄
西辛营
梁家务
二里半
樊村
行宫
双井
G102
京哈路
夏垫
燕郊
燕郊站
半壁店
马起乏
东柳河屯
马房村
卸甲庄
双白
田辛庄
交界庄
刘斌屯
牛万屯
蔡各庄
张营
小石各庄
尚各庄
大石各庄
西城子
岗子屯
太平庄
南贾各庄
小柳店
大柳店
东吴各庄
邵府
兴都
谢疃
大仁庄
田各庄
辛杜庄
窑坡
毛庄
潭台
八百户
祁各庄
小东关
卜落垡
贾后疃
前疃
东刘庄
东前营
李疃
凌家庙
武家疃
岔道
侉子店
碧波苑游乐园
友谊大桥
窝坨
大东关
洼子
兴各庄
西关
半边店
宋各庄
西集镇农业示范园
康各庄
于辛庄
侯各庄
苍头
太子府
赵庄
协各庄
马坊
史东仪
胡庄
尹家河
王店子
河北省
三河县
潮白河
G103

A
B
C
D
166
175
174
1
2
3
4
五环路
太和东桥
六环路
大兴区
北神树
先机电产业一体化基地
东石
桂家坟
周坡庄
永隆屯
碱厂
南姚园
十里庄
尖垡桥
蒋辛庄
尖垡
仓头
三间房
垛子
兴武林
京津城际铁路
次渠
府东苑
白庄
北火垡
窑上
南火垡
丁庄
孟庄
玉江佳园
大地
次渠桥
马庄
北小营
麦庄
徐庄
陆辛庄
垡头
郑庄
西太平庄
徐庄桥
新河
北大化
北京葡萄大观园
祥田
天地和庄园
崔家窑
高古庄桥
生物工程与新区
南大化
大北关
小北关
安定营
桑园
高古庄
柳营
药园区
北海
北堤
水南
后堰上
高营
坨堤
西永和屯
东永和屯
凉水河桥
南堤
前堰上
后南关
壮丁屯
北京物流产业园区
附马庄
团瓢庄桥
团瓢庄
陈各庄
大姚辛庄
前南关
大葛庄
京津塘高速马驹桥办证处
南小营
小杜社
前街
北仪阁
辛屯
马驹桥桥 13
马驹桥六号桥
南仪阁桥
马驹桥一号桥
马驹桥
后银子
前银子
大杜社
小耕垡
小白村
马驹桥二号桥
西张各庄
史村
S303
大周易
东田阳
惠灵山陵园
六郎庄
大耕垡
姚村
国家环保产业园区
西田阳
西马各庄
古庄
小周易
小松垡
东马各庄
张村
于家务民族中学
小张湾
周营
郭村
柴务
于家务
房辛店
杨秀店
大松垡
正运通酒店
牛坊
西马坊
朱脑村
李家务
柏福
果村
牛房桥
满庄
大回城
沙堆营
垈上营
北辛庄
崔各庄
东回城
孝义营
留民营民俗村
靳七营
北泗上
神驹
石州营
解州营
沁水营
长子营
（上长子营）
西垈
东垈
霍州营
窦营
安场
小黑垡
后伏
龙兴庄园
聚德富
下长子营
河津营
孙庄
大黑垡桥
前伏
上黎城
李玉和采摘园
东店
白庙
潞城营
佟庄
大黑垡
小海子
西杭子
北蒲州营
宁家湾
北辛店
大谷店
南蒲州营
永和庄
万亩葡萄旅游观光采摘园
桃王99精品采摘园
采育 26
后甫
车固营
南辛庄
马凤岗
周营
西辛店
南刘庄
吴寺
鲍辛庄
北山东营
采育
东庄
前甫
公和庄
罗庄
部各庄
屯留营
岳街
南山东营
沙河村
仇庄
下黎城
大里庄
高店
后野厂
朱庄
东平壁店
倪家村
龙门庄
前野厂
和顺场
西北台
东北台
沙窝营
辛庄营
S222
潘铁营
赤鲁
再城营
张各庄
李堡
铜佛寺
大皮营民俗村
104国道凤河营办证处
广佛寺
小皮营
韩营
利市营
西华营
山西营民俗村
康营
G104
G105
通州马房
于家务
大同营
庙洼营
凤河营
堤上营
伊指挥营
红寺
河北省
廊坊市
S202
S226
京福路
京沪高速

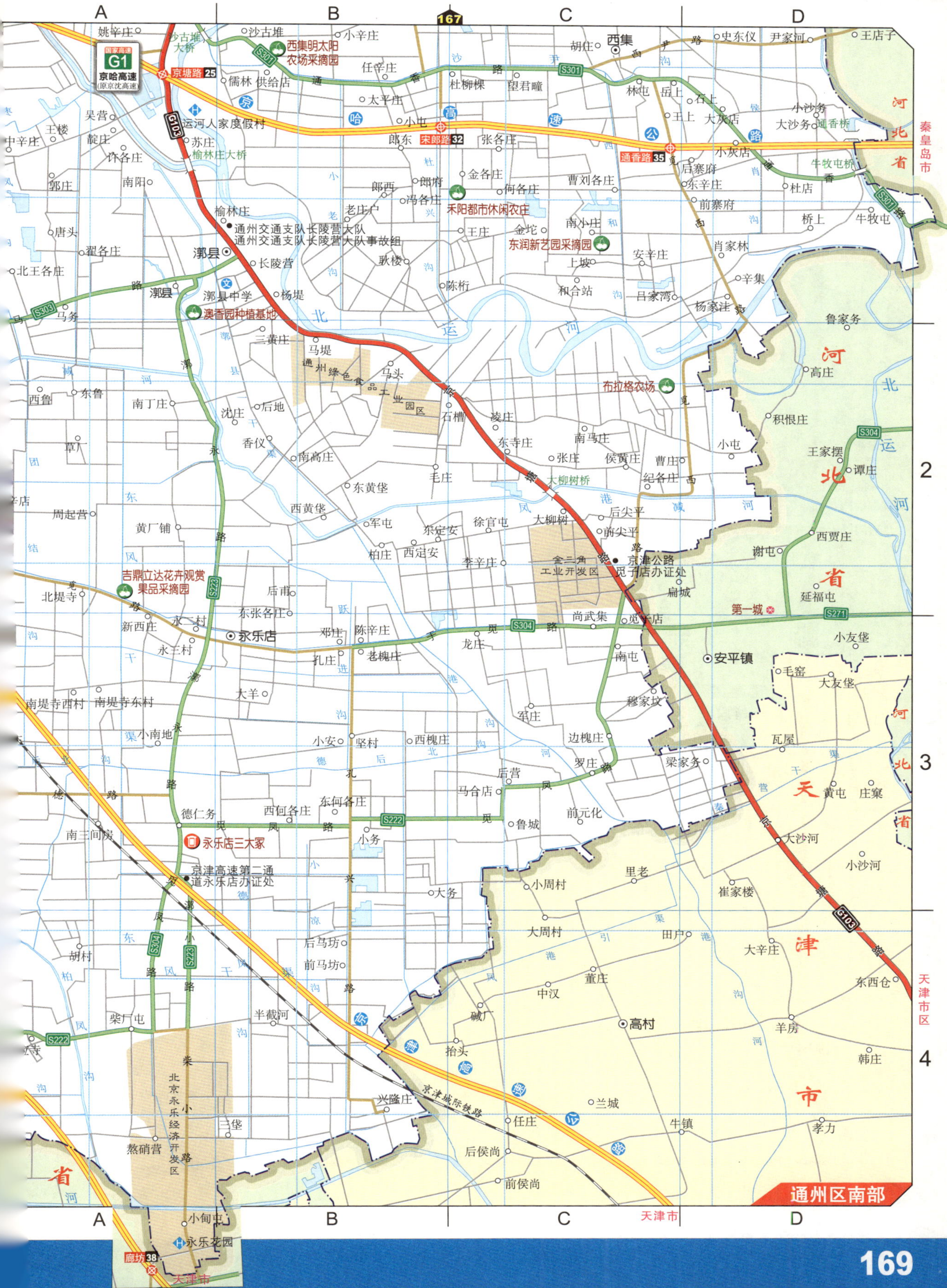

通州区南部
167
国家高速
G1
京哈高速
(原京沈高速)
京塘路 25
宋郎路 32
通香路 35
廊坊 38
G103
S301
S303
S304
S271
S223
S222
沙古堆大桥
沙古堆
小辛庄
西集明太阳农场采摘园
任辛庄
儒林
供给店
太平庄
杜柳棵
望君疃
胡庄
西集
史东仪
尹家河
王店子
林屯
岳上
石上
王上
大庆店
小沙务
大沙务
通香桥
运河人家度假村
小屯
郎东
张各庄
姚辛庄
吴营
王楼
中辛庄
靛庄
苏庄
榆林庄大桥
许各庄
南阳
郭庄
金各庄
郎府
郎西
冯各庄
何各庄
曹刘各庄
小庞店
后寨府
东辛庄
杜店
牛牧屯桥
前寨府
禾阳都市休闲农庄
老庄户
榆林庄
通州交通支队长陵营大队
通州交通支队长陵营大队事故组
王庄
金坨
南小庄
东润新艺园采摘园
桥上
牛牧屯
唐头
翟各庄
漷县
长陵营
耿楼
肖家林
上坡
安辛庄
北王各庄
陈桁
辛集
漷县中学
杨堤
和合站
吕家湾
杨家洼
马务
澳香园种植基地
北运河
鲁家务
三黄庄
马堤
通州绿色食品工业园区
马头
高庄
布拉格农场
西鲁
东鲁
南丁庄
沈庄
后地
石槽
凌庄
积根庄
草厂
香仪
南高庄
东寺庄
南马庄
小屯
张庄
侯黄庄
曹庄
纪各庄
王家摆
谭庄
毛庄
东黄垡
大柳树桥
周起营
西黄垡
后尖平
黄厂铺
军屯
东定安
徐官屯
大柳树
前尖平
西贾庄
柏庄
西定安
谢屯
李辛庄
金三角工业开发区
京津公路
觅子店办证处
吉鼎立达花卉观赏果品采摘园
北堤寺
后甫
扁城
延福屯
第一城
东张各庄
尚武集
觅子店
新西庄
永二村
永乐店
邓庄
陈辛庄
小友垡
永三村
龙庄
孔庄
老槐庄
南屯
安平镇
毛窑
大友垡
大羊
南堤寺西村
南堤寺东村
穆家坟
军庄
小南地
小安
坚村
西槐庄
边槐庄
瓦屋
梁家务
罗庄
后营
黄屯
庄窠
马合店
德仁务
西何各庄
东何各庄
前元化
南三间房
鲁城
大沙河
永乐店三大家
小务
京津高速第二通道永乐店办证处
小沙河
里老
小周村
崔家楼
大务
大周村
田户
大辛庄
后马坊
胡村
前马坊
董庄
东西仓
中汉
半截河
碱厂
高村
柴厂屯
羊房
抬头
韩庄
北京永乐经济开发区
兴隆庄
京津城际铁路
兰城
三垡
任庄
牛镇
孝力
熬硝营
后侯尚
前侯尚
小甸屯
永乐花园
河北省
秦皇岛市
天津市
天津市区

通州区城区
A
B
C
D
1
2
3
4
通州机动车检测场
北京顺通印刷厂
纪庄
北京物资学院
西富河园
同沃医药经营公司
京卫大药房
朝阳北路
温榆河
通顺路
北京市久立托运公司
富河园
长盛南阳窗业公司
中交海神救险制品公司
北京爱维动物医院
北京胸科医院
京东垂钓园
温榆河大桥
龙马乐园
京水水利工程安装公司
齐天乐园
新华联培训中心
北京工业大学试验学院通州分校
工商银行
耿庄
珠江国际城
潞苑南大街
至善家园
龙旺西里
王家场
澜花语岸
运通花园
兴图泰合书店
王家场东方药材加工厂
通州区华龙老年公寓
龙旺庄
龙旺庄西路
龙旺庄农贸市场
耿庄立交桥
六环路
运潮减河
运河大桥
通州北关桥
"三.八"国际友谊林
天成桥
京通快速路
北京市财政学校
永顺北街
永顺西里
华企大厦
通惠北路
永顺路
天康元大药房
劳动和社会保障局
永顺地区
红十字会
新华北路
前营
牛作坊
姜厂子
燃灯塔
北京高博利宠物医院
月亮河马术俱乐部
月亮城堡公寓
月亮河高尔夫休闲俱乐部
运河文化广场
京贸国际城
芙蓉园
芙蓉东路
牡丹雅园
盛业嘉园
水恋晶城
北京市通州区社区服务中心
气象局
西马庄
竹木厂
永顺街
永顺南里
中国银行
审计局
西海子公园
司空小区
北大街
第三中学
京杭
通胡大街
水仙园
武夷花园
三元村
运河园
东果园
东关大桥
八里桥建材市场
馨康健大药房
招待所
莱弗迪服装厂
发展和改革委员会
通州区政府
北京百年堂药店
博飞大厦
西海子西街
新华街道
新华东街
BoBo自由城
运河奥体公园
五环路
通惠河
北京国际商务学院
北苑桥
北苑
八里桥南街
新华西街
中山大街
乡镇企业局
华联商厦
供电局
市济才中学
黄家坡
通州区职业技能培训学校
东上园
中上园
故城东路
南大街
新华南路
金宏星通信技术公司
杨庄北里
新华联锦园
通州北苑
通州西站
西关大街
光华集团
清真寺
北苑街道
通惠南路
帅府园
新城南街
后南仓
华兴园
杨庄北街
盛仁堂医药有限公司
城乡建设委员会
中仓街道
南街社区卫生站
西顺城街
东顺城街
西上园
上营
运河明珠家园
北京潞河医院
东方宾馆
小园
玉带河西街
北京护士学校
车站路
中仓派出所
商业局
北京日用化工二厂
京通医院
京秦铁路
通州东站
北京中西医专家通州门诊部
杨庄路
复兴北里
潞河中学北街
新城东里
粮食局
玉带河东街
西营前街
质量技术监督局
北京潞河中学
乔庄北区
乔庄东区
石油公司
杨庄
北苑南路
复兴南里
雅丽社区
北京物资学院成人教育学院
通州站
艺苑东里
北京东赫公司
运乔蓝天幼儿园
金晌食品有限公司
永安堂药店
中复电讯
北京同仁堂药酒厂
艺苑西里
玉桥西路
玉桥中路
冠泰大酒店
乔庄北街
杨庄南里
新华联家园
达富苑
果园
果园环岛
葛布店北里
国税局
运河中学
玉桥街道
农业局
计生委
世纪星城
通朝大街
运河西大街
恰乐园一区
新华联家园
翠屏西路
翠屏北里
馨园
九棵树
通州肛肠医院
检察院
林业局
公路分局
通州交通支队
玉桥西里
规划局
玉桥南里
通州区动物医院
邮政局
李老公庄电信局
葛布店东里
柳岸家园
幸福艺居
玉桥东里
北京探矿机械厂
北京英华职业技术学校
恰乐北街
巴克寓所
格瑞雅居
翠屏北里
瑞都国际
惠新中泰宾馆招待所
环保局
财政局
人民法院
妇幼保健院
北京潞福康大药房
恰乐园二区
梨园北街
梨园东里
北京旺真堂大药房
北京中医学校
地方税务局
半壁店
馥福康药房
恰乐园三区
恰乐中街
龙湖·葛澜香提
翠屏南里
翠景北里
九棵树西路
云景北里
梨园西里
梨园
半壁店村卫生室
恰乐南街
北泡塑料集团
西小马庄
北京顾地塑胶公司
云景东路
梨园
九棵树东路
梨园南街
寿德堂大药房
八通世纪电子技术公司
北京工具厂
北京冷冻机械厂
金鑫家园
北京奥特鑫源物资公司
北京市新连发纸制品公司
云景西里
云景豪庭
京贸国际大厦
京洲北街
中泽园
世爵别墅
万盛北里
梧桐苑
龙鼎园
云景里
华业东方玫瑰
临河里
小街之春嘉园
永顺动物医院
嘉事堂药店
金桥时代家园
北京金属结构厂
大稿村
后场
市现代音乐学校
天地美墅
五金机电公司
临河里路
砖厂北里
京洲南街
群芳三园
群芳一园
梨园主题公园
北京土桥砖瓦厂
国盛堂世纪大药房
日新东路
九新路
砖厂南里
通马路
阿尔法社区
小稿村
砖厂中路
土桥
京塘路
京洲园
万盛北里
日新路
梨园中学
群芳中一街
九棵树中路
魏家坟
大高力庄路
东洲正业集团
南场
群芳
颐瑞西里
加州小镇
光辉前程装饰公司
颐瑞东里
辛庄
北京烟草物流中心
群芳四园
梨园地区
群芳二园
北京鸿杰工贸公司
化工大厂
大马庄
东小马庄
万盛南里
康赛木业公司
一源开发公司
万盛南街
群芳南街
大稿沟
九合科技
曹园
市公路局技工学校
北京诺达绿康建材公司
东方双语幼儿园
金庄
楼子庄
岗家坟
北京中德博南门窗公司
A
B
C
D

大兴区城区
A
B
C
D
1
2
3
4
五环路
六环路
翡翠城三期
兴涛园
金星路
金星西路
金星桥
万路通汽修中心
翡翠苑
康盛园
康和园
人民法院
人民检察院反贪污贿赂局
金星公园
筑·家
泰中美超市
北京纸箱厂
广茂大街
中国银行
康顺园
铁道设计研究院
北程庄村委会
骏城
大友钱成饭店
水晶之星
中建一局集团安装公司
福鑫汽修
金苑路
开发区社区服务中心
奥宇大厦
奥亚大厦
凯驰大厦
大兴工业开发区
大兴开发区派出所
团河派出所
森科医药有限公司
出版传播与印刷管理学院
市政管理学校（北区）
安装大厦
康庄路
福海大厦
兴城公园
康庄子村委会
康庄子
黄村八中
市政管理学校
兴业北路
枣园北里
远南集团
北京市京华客车有限责任公司大兴分公司
兴华大街
首邑上城
兴城嘉园
那尔水晶城
兴华高级中学
滨河西里北区
滨河路
科苑路
福苑西区
福苑东区
丽园小区
枣园路
福海路
宇现汽修厂
清宁路
日月居宾馆
滨河西里
兴丰北大街
丽园B区
枣林巷
枣园小区
建设银行
枣园东里
清源街道服务中心
清源街道
气象局
京开高速公路
清广路
海户新村村委会
清平路
丽园路
圣和巷
中国天主教神哲学院
永兴堂药店
四海饭店
丽园东里
彩虹新城
大兴第二中学
清泰路
滨河东里
柳林路
协和制药二厂
中纪委监察部北京培训中心
北京石油化工学院
兴华园
清源北路
华北器材电力公司
低温设备厂
校长大厦
国家教育行政学院
清源西里
清华巷
金华里
建设委员会
南成庄
艺苑大厦
北京印刷学院
中国印刷博物馆
北京行政学院
金华寺东路
清源西路
三友汽修厂
清源路
黄村地区
清源东路
红星隆市
海信电器有限公司
黄村公园
建设银行
实习宾馆
观音寺街道
希望饭店
伟豪铝业有限公司
自南公司
陈庄子
好再来汽修
兴业中路
教师进修学校
富华巷
兴丰南大街
富强东里
龙河路
双河北里
兴旺公园
三合北里
清城茗苑北区
富强西里
国美电器
工商银行
农业银行
大兴一幼
星城搬家有限公司
朝利夫
农业银行
体育局
瑞康家园
新安里小区
北京市兴华单厂
富强西路
富强路
九头鸟酒家
建设银行
大兴区行政中心
山海飞龙建材市场
红桃家具装饰城
三合路
竹源甲鱼城
明月海鲜大酒楼
黄村西里
丽园阳光
团河路
三合庄
兴业南路
清城茗苑
北京新华门诊
黄村四中
新安里市
建业星辰宾馆
时代龙河
双河街
三合南里
天锦园
市实用技术学校
康宁园家具城
黄村三中
黄村中里
黄村东里
双河南里
三中西巷
三中巷
星瑞家园
阳光乐府
黄村大街
财政局
同庆鹤堂
工商银行
黄村西大街
黄村东大街
兴丰派出所
大兴二小
怡兴园
老干部活动中心
大兴区医院
工商银行
大兴五小
观音寺北里
双河南巷
永华北里
兴政西里
京南小商品市场
市场东巷
华昱家园
街心公园
南湖路
双河南路
黄良铁路
兴政家园
大兴区政府
观音寺小区
佟家场
佟场村委会
永华路
九华桥
艺苑桐城
仁和堂药店
车站北里
兴政街
大兴广播电视中心
双观巷
观音寺街
黄村一中
幸福家园
观音寺南里
永华路
雪峰涂料厂
大兴农业机械化学校
大兴区自来水公司
红楼西巷
林校路街道
黄村五中
建兴家园
广厦家园
大兴桥
SOS儿童村
大兴区少年宫
义和庄路
京山铁路
黄村火车站
林校北路
海北路
黄村站
车站中里
北京林业国际培训中心
林校中里
绿色庄园

A
B
C
D
1
2
3
4
174
184
大兴区西部
大兴区
黄村
清源
兴丰
观音寺
林校路
天宫院
西红门
北臧村
庞各庄
魏善庄
青云店
瀛海
亦庄
旧宫
长阳
丰台区
房山
G104
G105
G106
S315
S316
南海子郊野公园
南海子麋鹿苑
德寿寺
宁佑庙
北京大兴京城高尔夫俱乐部
北京康驰国际赛车场
念坛水库
中国印刷博物馆
团河行宫遗址公园
团河行宫别墅
中华文化园
中国西瓜博物馆
外研社国际会议中心
中关村科技园区大兴生物医药基地
国家新媒体产业基地
王立庄苹果采摘园
京上草原度假村
北京高尔夫球场
巴园子
永定河
新发地桥
宛平桥
梨园桥
双源桥
南大红门桥
西红门南桥
黄村桥
天宫院桥

A
B
C
D
175
185
1
3
4
安定
伙达营
圣泽林庄园
东白塔清真寺
佟营清真寺
清真寺
佟营
小刘各庄
赵家园
孙家营
林家场
大渠
伯子
田家营
内官庄
前辛房
后辛房
芦各庄
绿色田野观光农场
星明湖度假村
刘家场
马各庄
佟家务
平地
伍各庄
礼贤清真寺
礼贤
礼贤工业园区
小马坊
李各庄
荆家务
柏树庄
王化庄
张家场
李家场
沙窝
段家务
龙头
祁各庄
辛家安
大马坊
团辛庄
团城
毕各庄
西宋各庄
东宋各庄
南庄
公各庄
郭家务
香营
崔指挥营清真寺
崔指挥营
南化各庄
刘各庄
曹各庄
辛村
贾家屯
石佛寺
北化各庄
小押堤
高各庄
大古营
南王力
北王力
古庄
马家场
北寺堡
南寺堡
寺堡辛庄
吴家场
白家务
南辛庄
夏营
杨更生
张更生
安育
王各庄
靳各庄
火头营
高小寨
苗小寨
王小寨
兴隆场
太平庄
刘场
义和场
小营
大狼垡
孙场
加禄垡
南顿垡
王庄
东白疃
西白疃
杨各庄
东郏河
北京御鹿苑农业观光园
董各庄
贺南
南各庄
南各庄工业园
南各庄万亩生态经济林
东押堤
西押堤
南黑垡
庞各庄西瓜甜瓜观光园
李家巷
北顿垡
东梨园
钥匙头
西梨园
贺北
西郏河
宛南
西梁各庄
东梁各庄
东庄营
张家务
朱家务
崔庄屯
曹庄屯
东张华
西张华
康张华
南张华
王家屯
马家屯
北京野生动物园
太子务
106国道榆垡办事处
十里铺
辛安庄民俗村
辛安庄采摘园
北五里
固安县
宋各庄
丽水佳园
张新庄
南小营
南园子
辛庄
东安村
孙各庄
薛营桥
梨花桥
黄垡桥
大礼桥
新桥
G106
薛营
薛营清真寺
西黄垡
东黄垡
小黄垡
辛立桥
新桥村
东瓮各庄
西瓮各庄
西甜瓜采摘园
榆垡
榆垡工业小区
东胡林
西胡林
西胡林天主教堂
求贤天主教堂
求贤村
东黑垡
西黑垡
东南次
西南次
河南村
龙熙温泉度假酒店
张公垡
留士庄
清真寺
恭勤夫人墓
钟皆家族墓
常各庄
魏各庄
履磕村
邓家屯
无碍禅师塔
刘家铺民俗村
东麻各庄
西麻各庄
西麻各庄林场
西瓮各庄林场
大练庄
闫家铺
福上村
曹各庄
梨花村
北京新概念梨花庄园
前关科普教育基地
定福庄
石垡
辛庄
东北村
东庄
官庄
西新堤
东枪
东相
赵村
韩家铺
永定河神遗址
南地
田家营
北蔡
南蔡
长安城
北
河
省
永
定
河
174-175
172-173
大兴区
旧宫
瀛海
青云店
亦庄
魏善庄
安定
采育
长子营
西红门
黄村
清源
林校路
北臧村
庞各庄
礼贤
榆垡

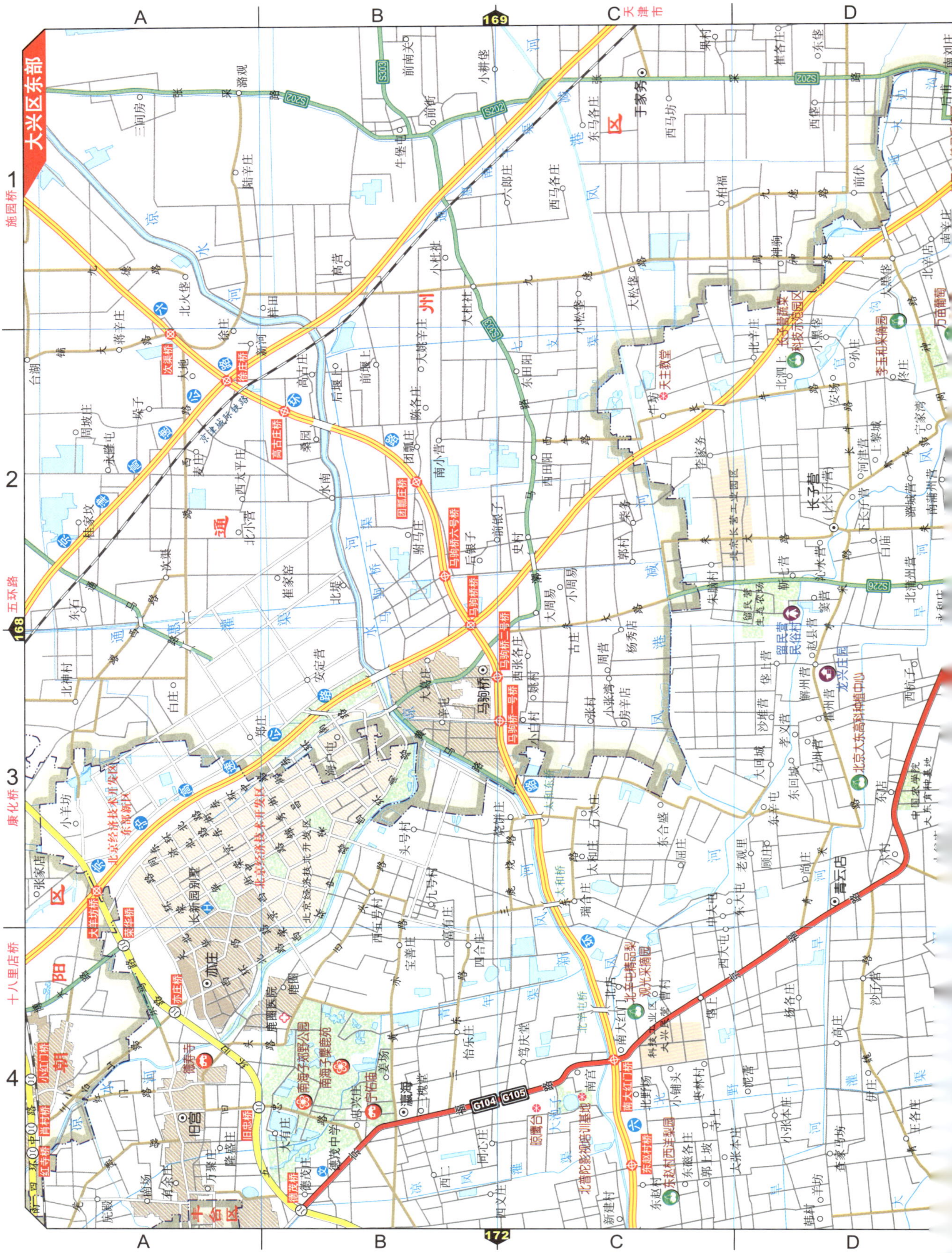
大兴区东部
A
B
C
D
1
2
3
4
169
172
168
天津市
施园桥
五环路
康化桥
十八里店桥
于家务
西马坊
东马各庄
西马各庄
六郎庄
小耕垡
前南关
前街
牛堡屯
三间房
陆辛庄
北火垡
大松垡
小松垡
大杜社
小杜社
高营
通
州
区
马驹桥
亦庄
旧宫
瀛海
青云店
长子营
朱脑村
留民营
凤河营
南海子公园
天主教堂
北京经济技术开发区
南苑
德茂庄
德茂中学
宁佑庄
团瓢庄
马驹桥一号桥
马驹桥二号桥
马驹桥六号桥
马驹桥桥
团瓢庄桥
高古庄桥
徐庄桥
次渠桥
大羊坊桥
亦庄桥
旧忠桥
南大红门桥
北京长营工业园区
北京大东高科种植中心
南大红门
北大红门
采育
礼贤
西红门
北京中医医院
鹿圈
鹿圈医院
安定营
东石
次渠
北神村
周营
孙各庄
G104
G105
S202
S303
S326

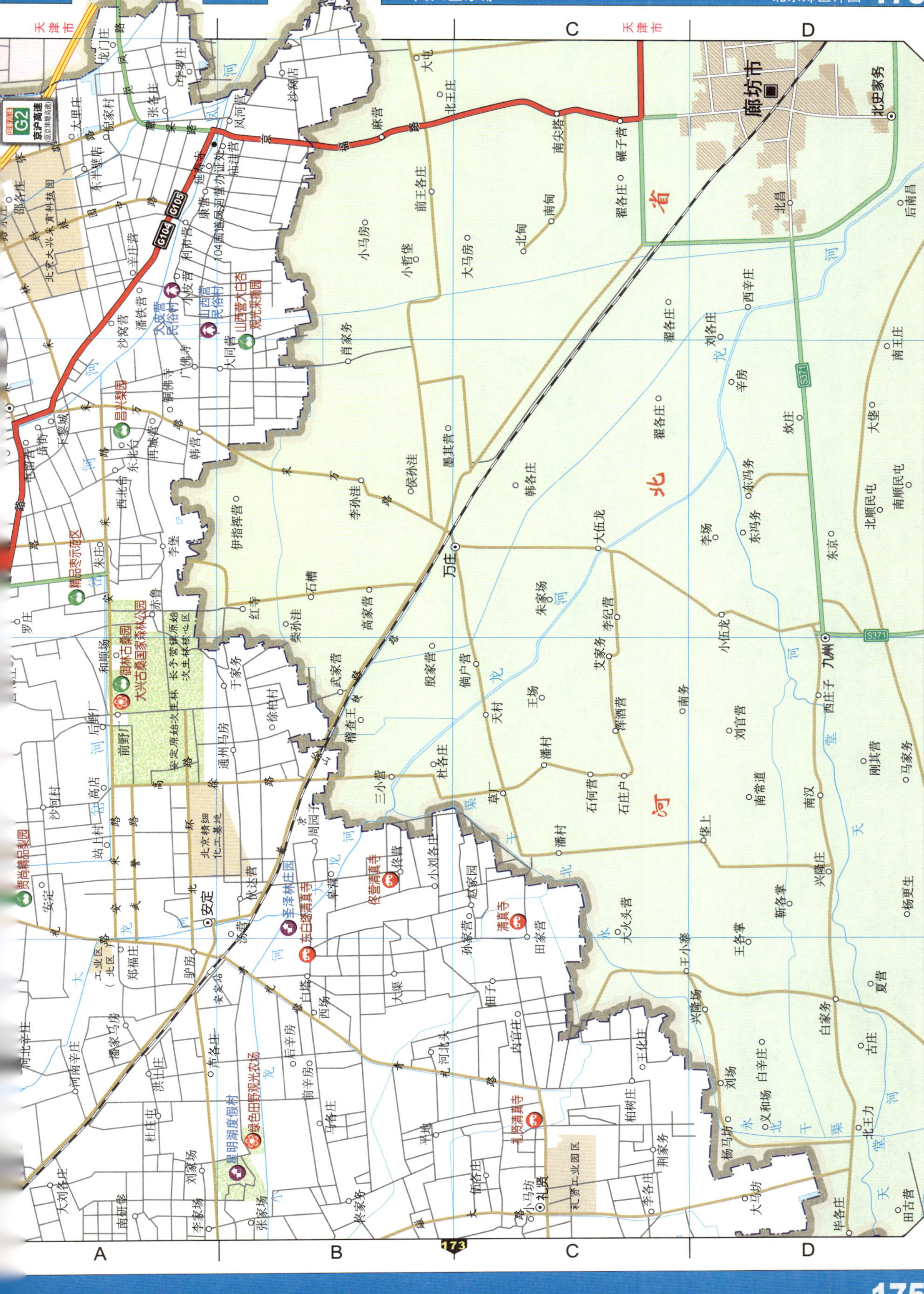
天津市
廊坊市
北史家务
省
北
河
京沪高速
G2
G104
G105
S371
万庄
九州
安定
礼贤
大兴区东部
山西营民俗村
大皮营民俗村
山西营大白杏观光采摘园
昌兴梨园
精品枣示范区
御林古桑园
大兴古桑国家森林公园
贡尚精品梨园
圣泽林庄园
东白塔清真寺
佟营清真寺
清真寺
星明湖度假村
绿色田野观光农场
礼贤清真寺
北京精细化工基地
礼贤工业园区
工业区(北区)
凤河营
沙窝店
利市营
康营
小皮营
潘铁营
沙窝营
大同营
广佛寺
铜佛寺
韩营
再城营
东北台
西北台
李堡
朱庄
赤鲁
罗庄
和顺场
后野厂
前野厂
沙河村
高店
站上村
安定
郑福庄
驴房
汤营
伙达营
东白塔
西场
大渠
佃子
孙家营
田家营
内官庄
王化庄
河北辛庄
河南辛庄
潘家马房
洪士庄
杜庄屯
刘家场
大刘各庄
南研垡
李家场
张家场
佟家务
伍各庄
小马坊
平地
荆家务
李各庄
柏树庄
大马坊
北王力
毕各庄
田古营
杨马坊
刘场
义和场
白辛庄
古庄
白家务
夏营
兴隆场
王小营
王各营
大火头营
靳各营
兴隆庄
杨青生
马家务
刚其营
南汉
南常道
刘官营
西庄子
堡上
石庄户
石何营
潘村
草厂
杜各庄
三小营
天村
倘户营
王场
谭酒营
南务
艾家务
李纪营
朱家场
小伍龙
大伍龙
李场
东冯各
东京
北顺民屯
南顺民屯
大堡
炊庄
辛房
刘各庄
翟各庄
西辛庄
南王庄
后南昌
北昌
翟各庄
碾子营
南尖塔
南甸
北甸
大马房
北王庄
大屯
前王各庄
麻营
小香堡
小马房
肖家务
伊指挥营
李孙庄
侯孙庄
墨其营
韩各庄
石槽
高家营
红寺
吴孙庄
武家营
殷家营
于家务
徐柏村
通州马房
稽查王务
周园子
小刘各庄
赵家园
沙窝店
东平庄
大里庄
倪家村
张各庄
东罗庄
龙门庄
邵各庄
辛庄营
朱家务
A
B
C
D
1
2
3
4
173

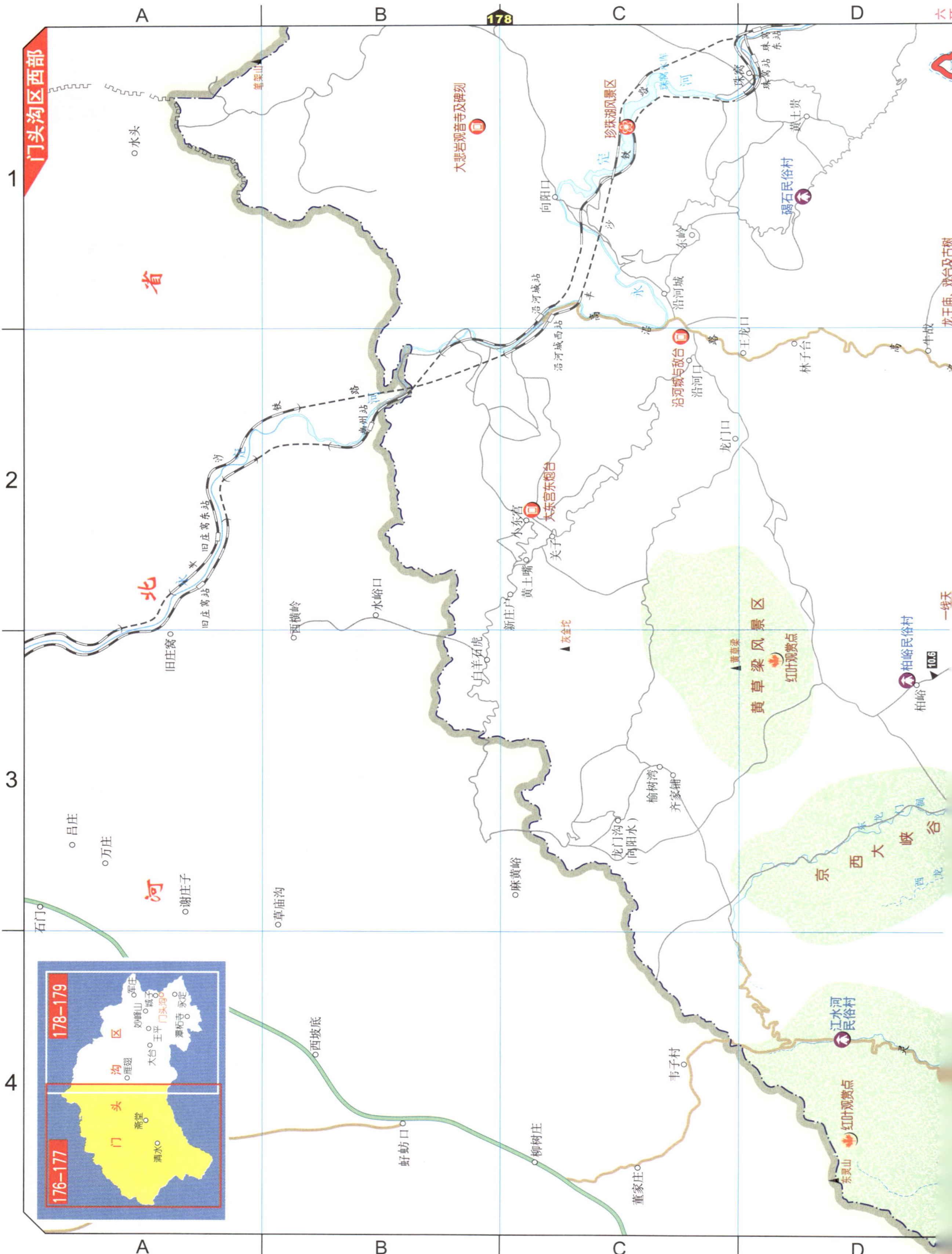
门头沟区西部
A
B
C
D
1
2
3
4
178
河
北
省
水头
大悲岩观音寺及碑刻
珍珠湖风景区
珠窝
黄土贵
碣石民俗村
向阳口
东岭
沿河城
沿河城站
沿河城西站
沿河城与敌台
沿河口
王龙口
林子台
龙王庙、戏台及古树
龙门口
大东宫东炮台
小东宫
关子
黄土嘴
新庄户
旧庄窝东站
旧庄窝站
旧庄窝
西横岭
水峪口
白羊石虎
黄草梁风景区
红叶观赏点
柏峪民俗村
柏峪
一线天
榆树湾
齐家铺
龙门沟（西阳水）
京西大峡谷
吕庄
万庄
谢庄子
石门
草庙沟
麻黄峪
西坡底
韦子村
江水河民俗村
红叶观赏点
东灵山
虾蚄口
柳树庄
董家庄
178–179
176–177
门头沟区
清水
斋堂
雁翅
大台
王平
妙峰山
潭柘寺
永定
军庄
城子
门头沟

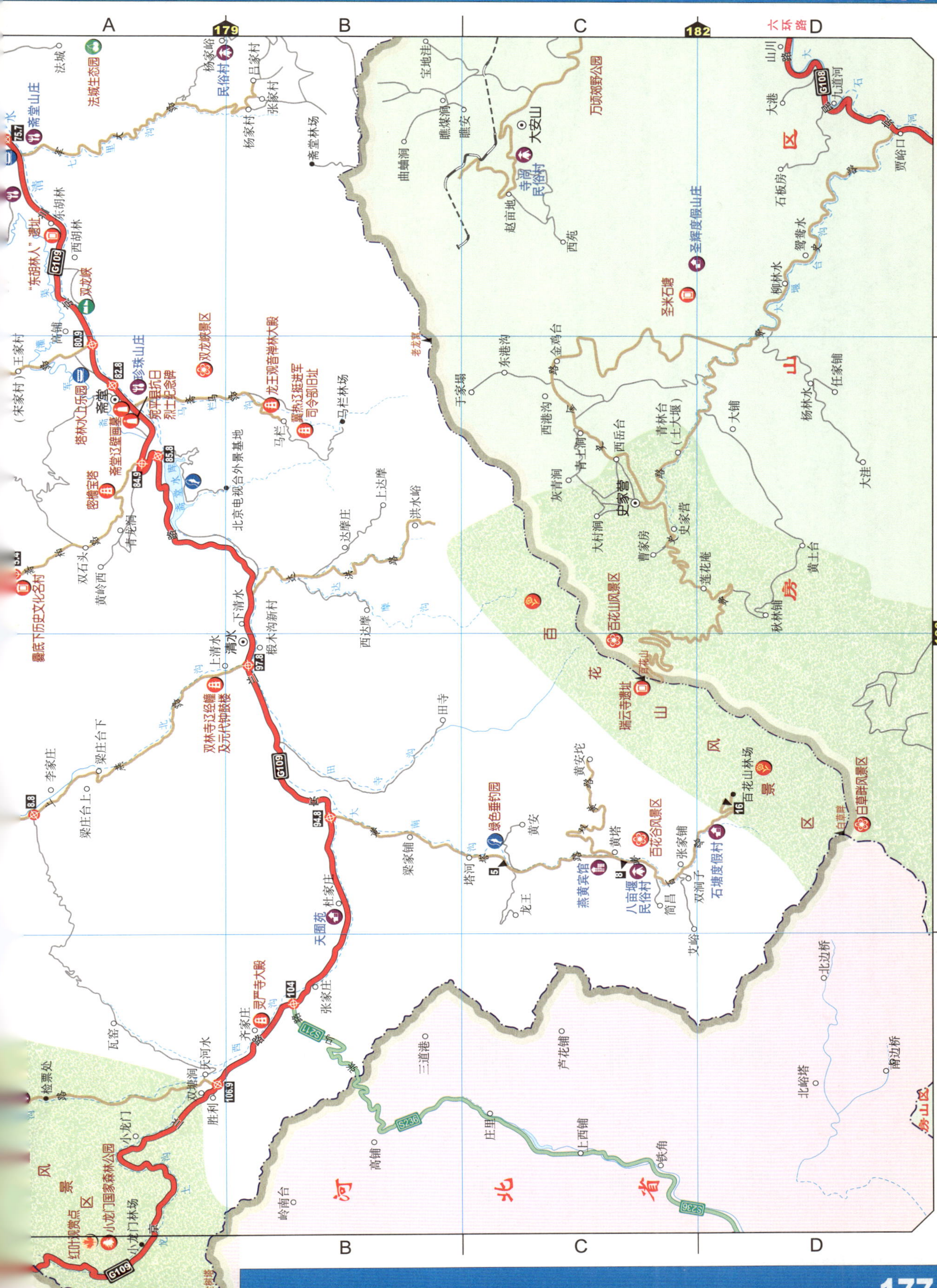
A
B
C
D
1
2
3
4
179
182
183
斋堂
清水
史家营
大安山
百花山风景区
百花山
双龙峡景区
珍珠山庄
塔林水上乐园
北京电视台外景基地
白草畔风景区
百花谷风景区
石塘度假村
八亩堰民俗村
燕黄宾馆
绿色垂钓园
天南苑
小龙门国家森林公园
红叶观赏点
圣米石塘
圣辉度假山庄
寺河民俗村
万顷郊野公园
法城生态园
斋堂山庄
民俗村
G109
G108
S236
S271
房山区
河北省

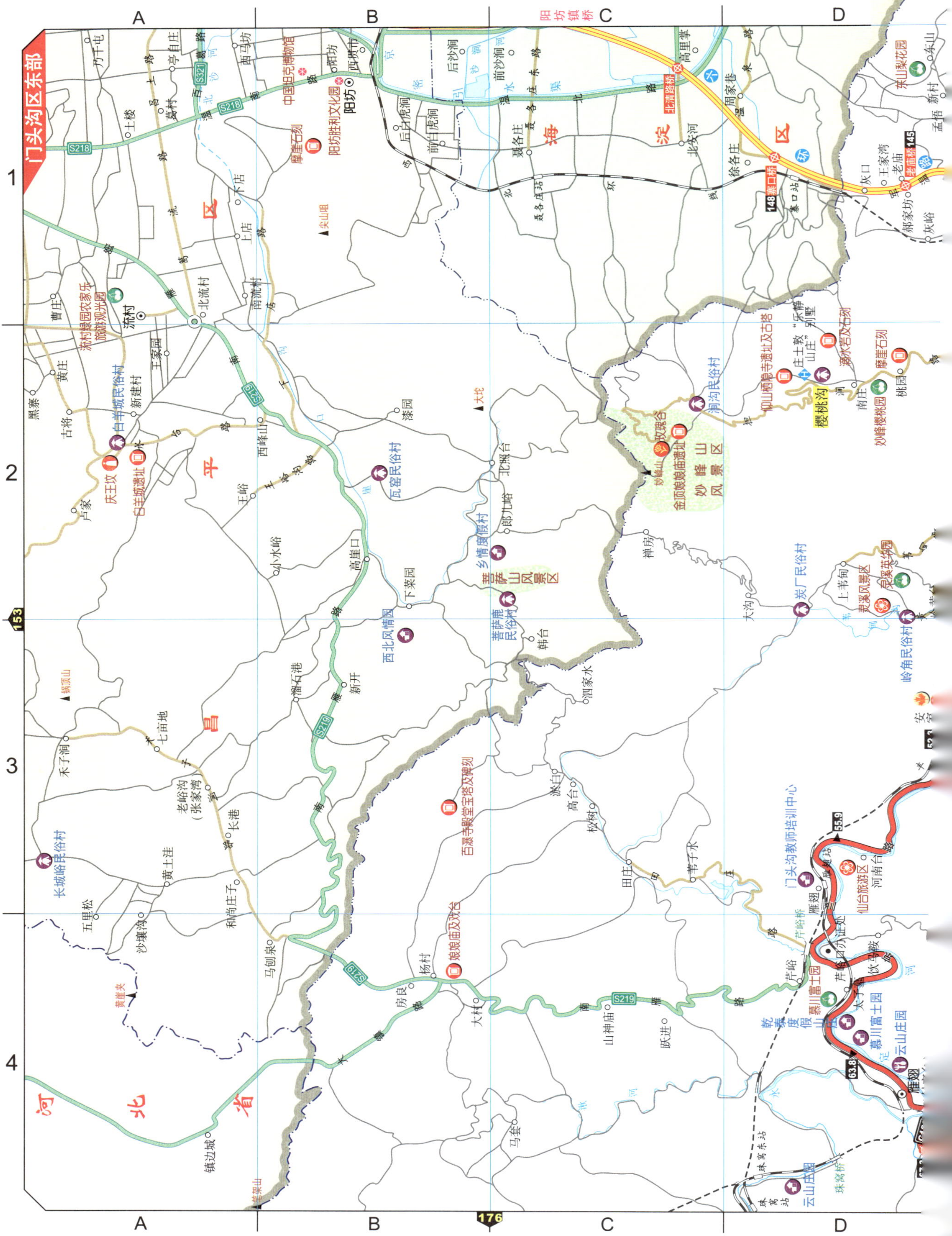
门头沟区东部
A
B
C
D
1
2
3
4
阳坊镇桥
海淀
昌平区
海淀区
河北省
丁子屯
西马坊
阳坊
西贯市
中国坦克博物馆
阳坊胜利文化园
摩崖石刻
后沙涧
前沙涧
后白虎涧
前白虎涧
聂各庄
北安河
高里掌
北清路桥
周家巷
徐各庄
寨口桥
寨口站
灰口
王家湾
老庙
郝家坊
灰峪
东山梨花园
孟庄
土楼
葛村
亭自庄
下庄
上店
北流村
南流村
流村
流村绿园农家乐旅游观光园
曹庄
黄庄
王家园
新建村
黑寨
古将
白羊城民俗村
白羊城遗址
庆王坟
西峰山
王峪
卢家
漆园
瓦窑民俗村
北照台
郎儿峪
乡情度假村
菩萨鹿山风景区
菩萨鹿民俗村
韩台
小水峪
高崖口
下苇园
西北风情园
溜石港
新开
涧沟民俗村
玫瑰谷
金顶娘娘庙遗址
妙峰山风景区
妙峰山
仰山栖隐寺遗址及古塔
庄士敦“乐静山庄”别墅
滴水岩及石刻
樱桃沟
南庄
桃园
妙峰樱桃园
摩崖石刻
禅房
大沟
炭厂民俗村
上苇甸
灵溪风景区
灵溪农家园
岭角民俗村
泗家水
尖山
大光
锅顶山
七亩地
禾子涧
老峪沟（张家湾）
长港
长城峪民俗村
黄土洼
和尚庄子
五里松
沙塘沟
马刨泉
石景寺殿堂宝塔及碑刻
娘娘庙及戏台
杨村
房良
大村
山神庙
跃进
淤白
高台
松树
苇子水
田庄
门头沟教师培训中心
雁翅
仙台旅游区
河南台
芹峪桥
芹峪
雁翅镇
饮马鞍
太子墓
嘉川富士园
乾嘉度假山庄
云山庄园
马套
镇边城
珠窝东站
珠窝站
珠窝桥
云山庄园
黄崖头
黄草梁
S218
S219
S321
153
176
145
148
55.9
63.8

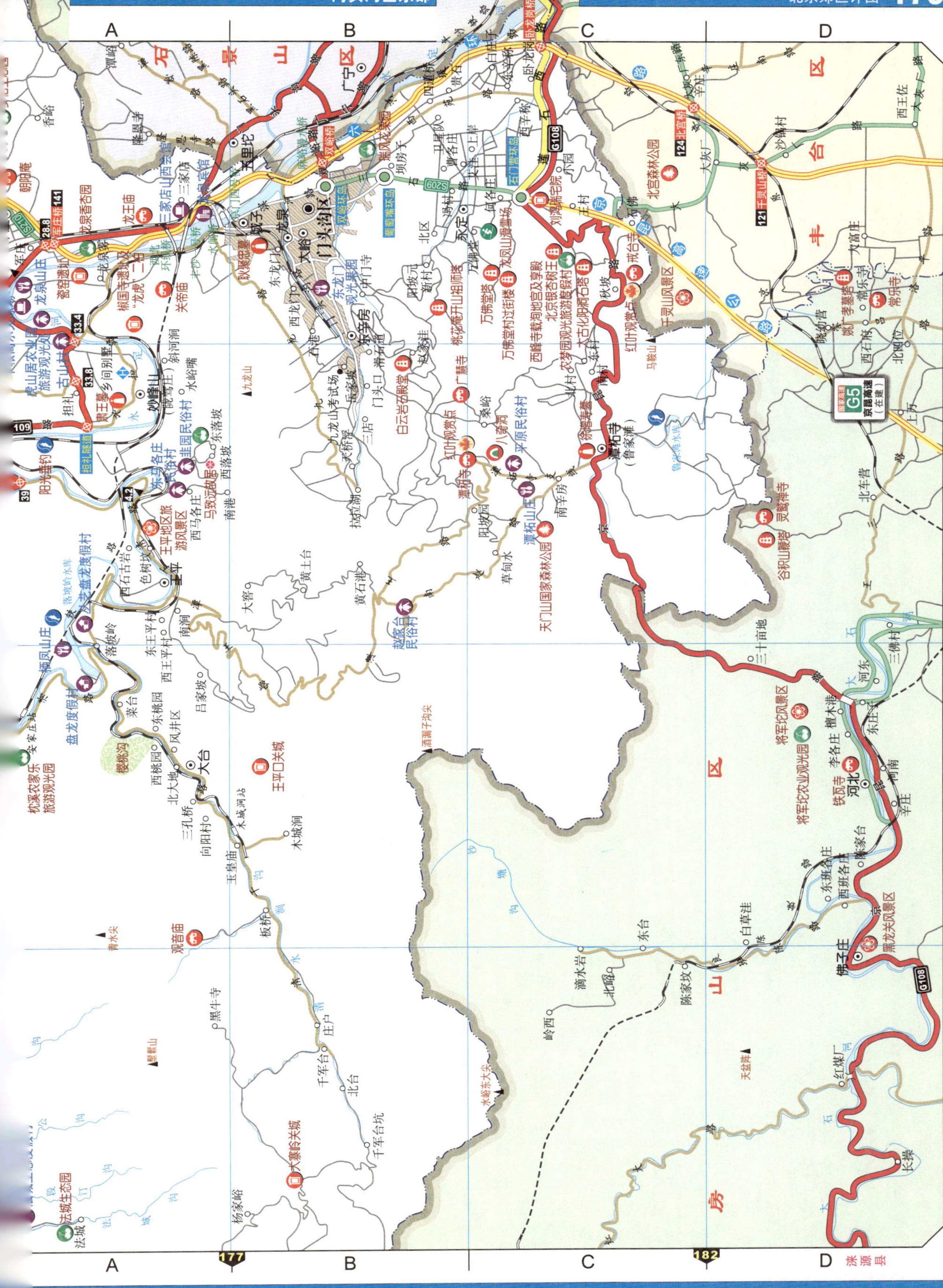
石景山区
丰台区
房山区
门头沟区
广宁
五里坨
城子
龙泉
大峪
东辛房
永定
潭柘寺
戒台寺
妙峰山
王平
大台
军庄
河北
佛子庄
千军台
长操
红煤厂
天门山国家森林公园
千灵山风景区
北京森林公园
将军坨风景区
黑龙关风景区
京昆高速（在建）
G5
G108
S209
梨园桥
涞源县

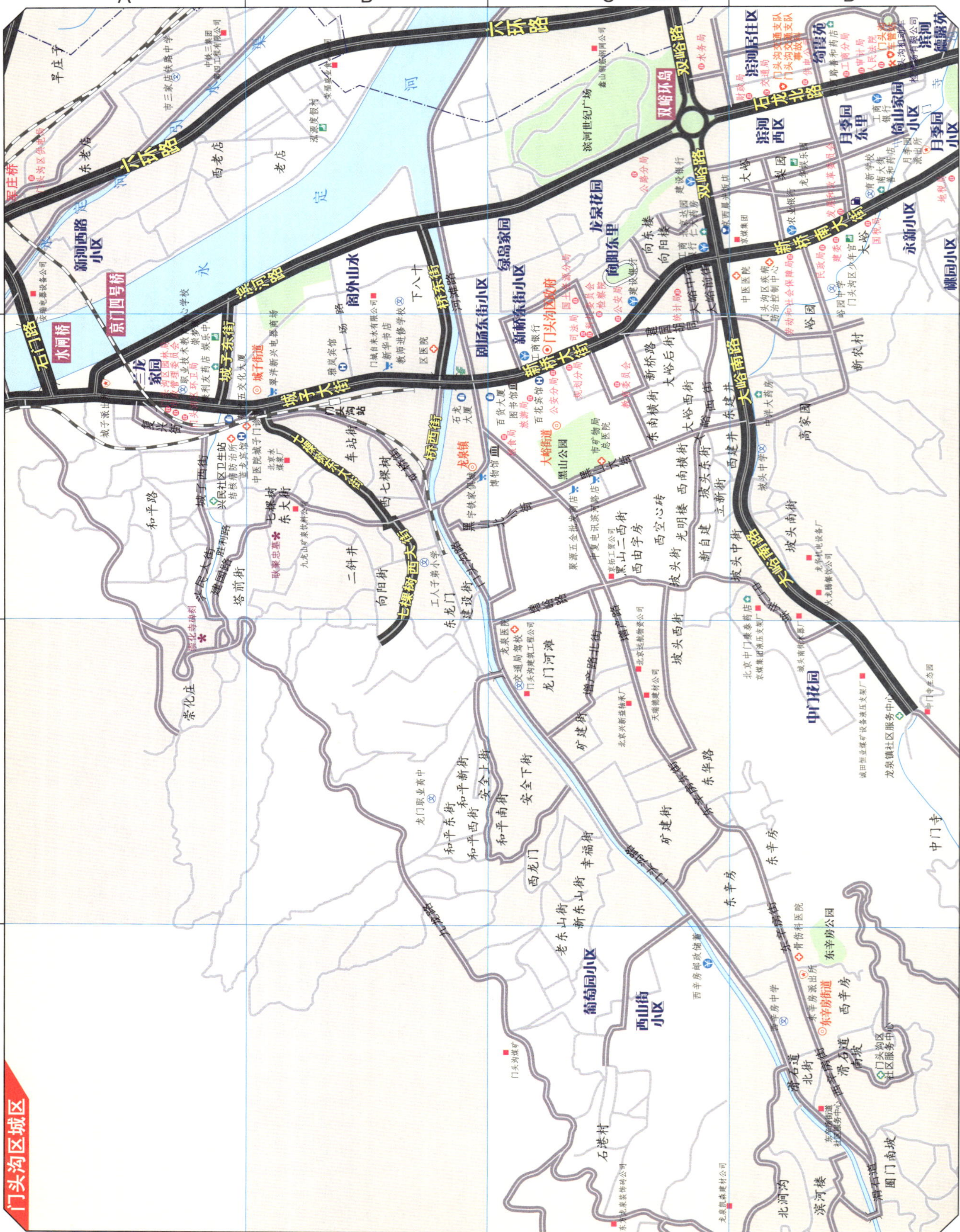

A
B
C
D
1
2
3
4
侯庄子桥
六环路
双峪路
双峪环岛
滨河世纪广场
滨河西区
石龙北路
月季园东里
月季园小区
向阳东里
龙泉花园
绿岛家园
新桥东街小区
河滩东街小区
新桥大街
新桥南大街
大峪南路
门头沟区政府
大峪街道
黑山公园
龙泉镇
城子大街
城子东街
城子街道
滨河路
京门四号桥
水闸桥
石门路
新河西路小区
圈外山水
桥东街
桥西街
七棵树西大街
七棵树东大街
城子西街
东龙门
东辛房
东辛房街道
葡萄园小区
西山街小区
中门花园
中门寺
石港村
北涧沟
滑石道
圈门南坡
永定河

房山区城区
A
B
C
D
1
2
3
4
北广阳城
广阳西路
长阳大街
原香小镇
小西庄
北京理工大学
阳光北大街
东杨庄
北京工商大学
北京经贸职业学院
良乡大学城
良乡东路
小庄子
昊天北大街
昊天大街
北京英迪经贸学院
后店
良乡站
花园巷小区
四合巷小区
伟业嘉园
昊天公园
玉竹园
拱辰大街
良乡大学城西（东杨庄）
碧顺园小区
华冠家园
松林西路
龙华苑小区
吴店西里
吴店
行宫东街
行宫园小区
黄辛庄东里
黄辛庄
五环路
房山区政府
政通路
良乡北大街
华典家园
青少年体育运动学校
金鹏园别墅
体育场路
良乡社区
多宝路
昊天温泉家园
北关东路
拱辰北大街
拱辰南大街
长虹东路
良官路
良乡中路
南关东路
南关西路
罗府家园
长虹北里
宜春里
拱辰西里
北关西路
拱辰星园
西路北大街
西路南大街
靓园别墅区
隆腾园小区
鱼儿沟
京港澳高速公路
昊天大街
刺猬河
海逸半岛
苏庄东街
金光街
西潞园
月华小区
北潞冠家园
北潞芳家园
北潞春家园
太平庄
良乡西路
时尚家园
苏庄小区
苏庄三里
兴辰小区
长虹西路
佳世苑
翠柳大街
安东小区
安南小区
芳菲家苑
良乡路
大苑庄
杨家井
燕翔园
G4 京港澳高速
通尚苑
红之园
太平庄东里
太平庄西里
小次
圣景苑
苏庄西区
西潞街道
现代管理大学
中国行政法学会研究部
闫村桥
六环路
固村
南上岗
绳宝营

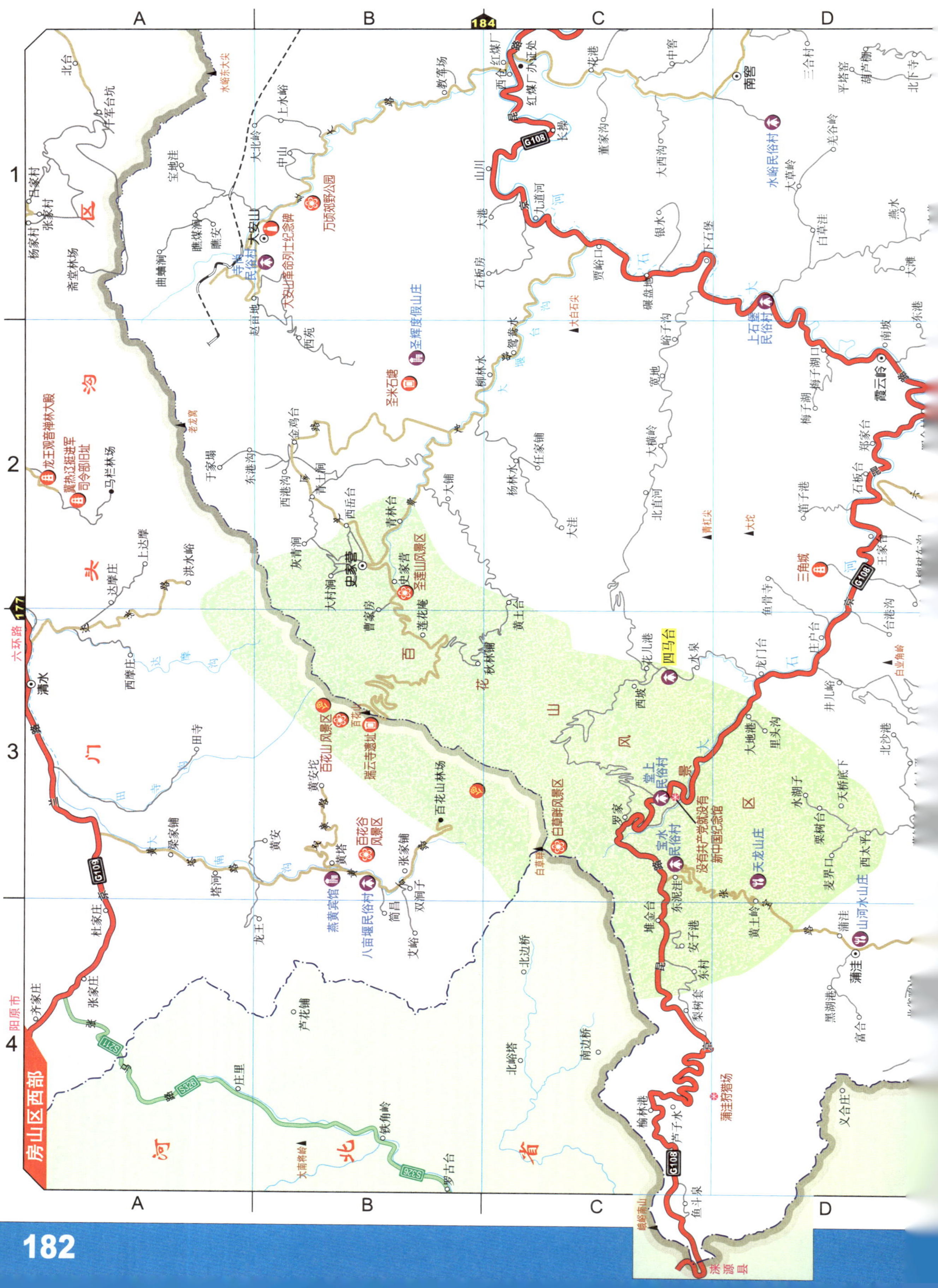

A
B
C
D
1
2
3
4
184
177
房山区西部
六环路
阳原市
河北省
门头沟区
百花山风景区
大安山
史家营
霞云岭
南窖
蒲洼
清水
G108
G109
S326
S211
水峪民俗村
上石堡民俗村
四马台
堂上民俗村
宝水民俗村
八亩堰民俗村
燕黄宾馆
圣辉度假山庄
万顷郊野公园
大安山革命烈士纪念碑
寺尚民俗村
圣米石塘
圣莲山风景区
百花山风景区
瑞云寺遗址
百花谷风景区
白草畔风景区
没有共产党就没有新中国纪念馆
天龙山庄
山河水山庄
三角城
龙王观音禅林大殿
冀热辽挺进军司令部旧址
蒲洼狩猎场
涞源县

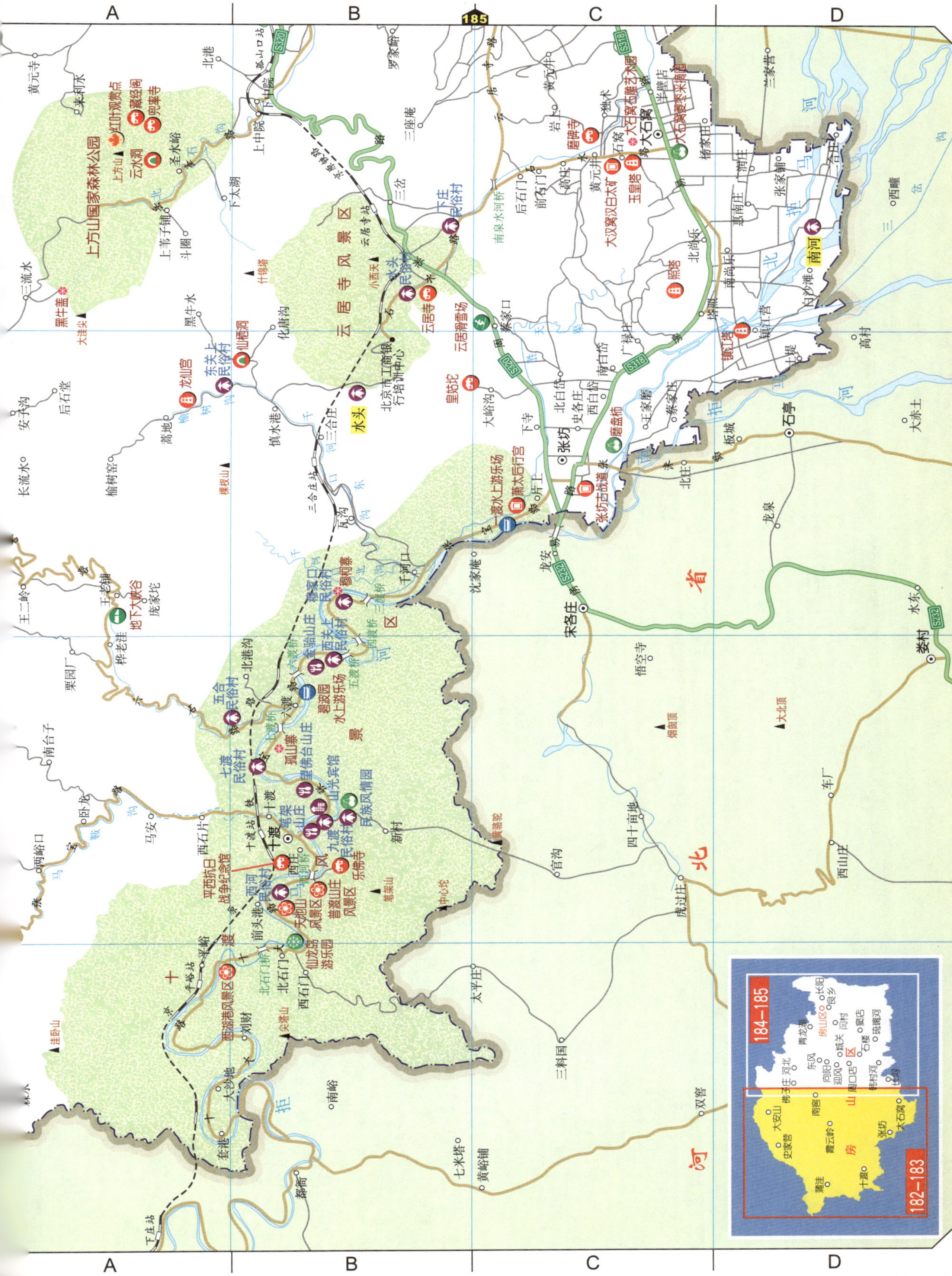
A
B
C
D
1
2
3
4
185
上方山国家森林公园
云水洞
红叶观赏点
藏经阁
兜率寺
圣水峪
上中院
下中院
北港
黄元寺
来利沟
三流水
黑牛圭
大洼尖
上英子铺
斗圈
下大湖
什锦塔
云居寺风景区
云居寺
云居滑雪场
小西天
下庄民俗村
水头民俗村
北京市工商银行培训中心
水头
三岔
三座庵
罗家峪
黑牛水
化身沟
仙栖洞
东关上民俗村
龙仙宫
后石堂
安子沟
长流水
榆树窑
蒿地
镇水港
三合庄站
黄元井
大石窝
大汉窝汉白玉大矿
大石窝石雕艺术园
大石窝镇冬采海园
磨碑寺
石窝
王皇塔
杨家庄
张家铺
南河
西疃
照塔
镇江塔
石亭
板城
高村
大赤土
南尚乐
北尚乐
塔照
白沙滩
皇姑坨
大峪沟
下寺
北白岱
南白岱
西白岱
史各庄
王家磨
东家庄
磨盘柿
张坊
张坊古战道
燕太后行宫
渡水上游乐场
片上
千河口
龙安
宋各庄
北庄
龙泉
水东
娄村
悟空寺
四十亩地
虎过庄
西山庄
车厂
官沟
烟囱顶
大北顶
穆家口民俗村
穆柯寨
金狮山庄
西关上民俗村
碧波园水上游乐场
孤山寨
望佛台山庄
山光宾馆
民族风情园
七渡民俗村
五合民俗村
北港沟
王老铺
地下大峡谷
庞家坨
王二岭
粟园厂
南台子
卧龙
西峪口
马安
西石片
十渡
九渡民俗村
乐佛寺
平西抗日战争纪念馆
西河民俗村
天池山风景区
普渡山庄风景区
笔架山庄
前头港
仙龙岛游乐园
北石门
西石门
西湖港风景区
刘庄
大沙地
套港
南峪
七米塔
黄岭铺
双窑
三料园
太平庄
尖港山
洼卧山
平峪
拒马河
河北省
房山区
184–185
182–183
大安山
史家营
霞云岭
蒲洼
十渡
张坊
大石窝
长阳
良乡
青龙湖
阎村
窦店
城关
琉璃河
石楼
周口店
韩村河
南窖
佛子庄
河北
东风
向阳
迎风

海淀区
石景山区
门头沟区
丰台区
房山区
房山区东部
长辛店
王佐
云岗
青龙湖
长阳
良乡
永定
石花洞风景区
千灵山风景区
戒台寺
潭柘寺
佛子庄
河北
新镇
A
B
C
D
1
2
3
4
179
182

A
B
C
D
1
2
3
4
172
183
大
兴
区
河
北
省
石家庄市
涿州市
G107
G4
京港澳高速
G5
京昆高速
S316
S317
S318
S320
京良路
窦店
琉璃河
石楼
韩村河
阎村
周口店
长沟
东仙坡
码头
百尺竿
河口
长阳
良乡
城关
房山区政府
北京国际种子技术中心
西周燕都遗址博物馆
琉璃河商周遗址
窦店土城
贾岛墓
"北京人"遗址
周口店"北京人"遗址
乾隆御笔石碑
叶沟石泉
韩村河山庄宾馆
韩村河民俗村
东甘池民俗村
北甘池民俗村
周吉祥塔
应公长老寿塔
天开水库
窦店服务区
琉璃河收费站
河北收费站
天开
岳各庄
罗家峪
南蔡
长安城
义和庄
双柳村
小柳村
大柳
西刘庄
北高家庄
向阳
永乐
上胡良
下胡良
兴庄
青冈
南鲁坡
观仙营
三家营

北京周边—西北部
A B C D
1 2 3 4
内蒙古自治区
阴山
大青山
黄河
陕西省
山西省
云中山
芦芽山
五台山
恒山
G7 国家高速 京新高速
G6 国家高速 京昆高速
G18 国家高速 荣乌高速
G65 国家高速 包茂高速
G55 国家高速 二广高速
白云鄂博矿区
达尔罕茂明安联合旗
固阳
四子王旗
武川
察哈尔右翼后旗
察哈尔右翼中旗
乌兰察布
包头
东河区
石拐区
土默特右旗
土默特左旗
呼和浩特
卓资
凉城
丰镇市
达拉特旗
托克托
和林格尔
清水河
准格尔旗
东胜区
鄂尔多斯（康巴什）
伊金霍洛旗
新荣区
左云
右玉
大同
南郊区
怀仁
平鲁区
山阴
应县
朔州
河曲
偏关
府谷
保德
神木
神池
宁武
五寨
代县
繁峙
原平市
五台
定襄
忻州
岢岚
兴县
静乐
岚县
娄烦
佳县
榆林
188

A
B
C
D
1
2
3
4
北京
天津
张家口
承德
廊坊
保定
宣化区
怀来
延庆
密云
怀柔区
顺义区
通州区
门头沟区
石景山区
丰台区
大兴区
房山区
昌平区
平谷区
三河市
香河
宝坻区
武清区
蓟县
滨海新区
东丽区
津南区
西青区
静海
宁河
涿州市
高碑店市
雄县
霸州市
固安
永清
文安
大城
任丘市
河间市
定州市
安国市
博野
蠡县
高阳
徐水
满城
顺平
唐县
曲阳
新乐市
行唐
灵寿
阜平
涞源
涞水
易县
定兴
安新
容城
清苑
望都
蔚县
阳原
怀安
万全
崇礼
赤城
沽源
张北
康保
尚义
丰宁
隆化
滦平
兴隆
鹰手营子矿区
多伦
正蓝旗
正镶白旗
太仆寺旗
镶黄旗
化德
商都
兴和
天镇
阳高
广灵
灵丘
渤海湾
河北省
G1 京哈高速
G2 京沪高速
G3 京台高速
G4 京港澳高速
G5 京昆高速
G18 荣乌高速
G45 大广高速
189
190

北京周边—西南部
186
A
B
C
D
1
2
3
4
太原
晋中
吕梁
临汾
长治
晋城
运城
三门峡
洛阳
郑州
焦作
济源市
新乡
阳泉
G5
京昆高速
G20
青银高速
G22
青兰高速
G55
二广高速
G15₁₂
晋新高速
G30
连霍高速
G36
宁洛高速
G4
京港澳高速
陕
西
省
山
西
省
河
南
吕
梁
山
太
岳
山
王屋山
黄河
汾阳市
孝义市
介休市
霍州市
侯马市
河津市
韩城市
永济市
灵宝市
义马市
偃师市
巩义市
荥阳市
登封市
新密市
新郑市
禹州市
长葛市
汝州市
孟州市
沁阳市
辉县市
林州市
古交市
清徐
太谷
祁县
平遥
灵石
洪洞
襄汾
曲沃
翼城
绛县
垣曲
夏县
平陆
芮城
闻喜
稷山
万荣
临猗
新绛
吉县
乡宁
大宁
蒲县
隰县
永和
石楼
中阳
柳林
吴堡
佳县
米脂
绥德
子洲
清涧
延川
延长
宜川
合阳
沁源
沁县
武乡
榆社
左权
和顺
昔阳
平顺
黎城
潞城市
屯留
长子
高平市
阳城
沁水
安泽
浮山
古县
陵川
泽州
修武
武陟
温县
孟津
新安
渑池
陕县
卢氏
洛宁
宜阳
伊川
汝阳
嵩县
栾川
寿阳
榆次区
晋源区
小店区
介休
文水
交城
汾西
方山
临县
兴县

A
B
C
D
187
192
1
2
3
4
石家庄
衡水
德州
沧州
邢台
邯郸
聊城
济南
泰安
莱芜
淄博
滨州
安阳
濮阳
菏泽
济宁
枣庄
商丘
开封
G4 京港澳高速
G20 青银高速
G3 京台高速
G18 荣乌高速
G25 长深高速
G2 京沪高速
S29
G45 大广高速
G22 青兰高速
S26
S31
G30 连霍高速
S1
渤海湾
天津市
河
北
省
山
东
江
苏
安
徽
省

北京周边—东北部
A
B
C
D
1
2
3
4
内
蒙
古
自
治
区
河
北
省
天
津
市
渤海湾
渤
赤峰
元宝山区
喀喇沁旗
宁城
正蓝旗
多伦
太仆寺旗
沽源
赤城
围场
隆化
丰宁
滦平
双滦区
承德
承德县
平泉
宽城
兴隆
鹰手营子矿区
青龙
迁西
遵化市
迁安市
卢龙
抚宁
昌黎
北戴河
乐亭
滦南
唐海
丰南区
唐山
古冶区
开平区
路南区
丰润区
玉田
蓟县
平谷区
密云
怀柔区
延庆
顺义区
昌平区
门头沟区
北京
石景山区
丰台区
房山区
大兴区
通州区
三河市
大厂
香河
宝坻区
廊坊
固安
永清
霸州市
涿州市
高碑店市
定兴
易县
徐水
容城
安新
雄县
文安
大城
任丘市
高阳
河间市
青县
武清区
北辰区
西青区
天津
东丽区
津南区
滨海新区
宁河
静海
蠡县
肃宁
国家高速 G7 京新高速
国家高速 G45 大广高速
国家高速 G25 长深高速
国家高速 G18 荣乌高速
国家高速 G3 京台高速
国家高速 G2 京沪高速
187
192

G25
长深高速
G91
辽中环线高速
G2512
阜锦高速
G16
丹锡高速
G1
京哈高速
G15
沈海高速
G11
鹤大高速
G1113
丹阜高速
科尔沁左翼后旗
奈曼旗
库伦旗
康平
法库
调兵山市
铁岭
彰武
敖汉旗
阜新
新民市
沈北新区
沈阳
抚顺
北票市
清河门区
朝阳
龙城区
义县
北镇市
黑山
台安
辽中
辽阳
本溪
灯塔市
溪湖区
南芬区
锦州
太和区
南票区
盘锦
大洼
鞍山
立山区
千山区
海城市
葫芦岛
连山区
龙港区
兴城市
营口
站前区
西市区
老边区
大石桥市
盖州市
鲅鱼圈区
岫岩
庄河市
瓦房店市
普兰店市
金州区
大连
旅顺口区
长海
辽
东
湾
渤
海
黄
海
193

190
189
A
B
C
D
1
2
3
4
渤海湾
莱州湾
海州湾
河北省
山东省
江苏省
安徽省
河南省
天津市
G18 荣乌高速
G25 长深高速
G3 京台高速
G18₁₁ 黄石高速
G2 京沪高速
G20 青银高速
G35 济广高速
G22 青兰高速
G15₁₁ 日兰高速
G15 沈海高速
G30 连霍高速
S14
S23
S33
S38
沧州
黄骅市
河间市
献县
饶阳
武强
泊头市
南皮
孟村
盐山
海兴
衡水
武邑
阜城
东光
吴桥
景县
故城
德州
乐陵市
庆云
无棣
阳信
沾化
河口区
垦利
东营
利津
滨州
惠民
商河
临邑
陵县
平原
武城
夏津
高唐
禹城市
齐河
济阳
邹平
高青
博兴
广饶
寿光市
昌邑市
寒亭区
潍坊
昌乐
青州市
临淄区
淄博
周村区
章丘市
淄川区
博山区
临朐
安丘市
高密市
诸城市
五莲
日照
岚山区
莒县
沂水
沂源
沂南
蒙阴
新泰市
莱芜
泰安
济南
长清区
平阴
肥城市
东平
东阿
聊城
茌平
临清
梁山
汶上
宁阳
曲阜市
兖州市
邹城市
济宁
嘉祥
巨野
金乡
鱼台
单县
丰县
沛县
微山
滕州市
枣庄
薛城区
峄城区
台儿庄区
山亭区
市中区
平邑
费县
临沂
罗庄区
苍山
郯城
临沭
河东区
莒南
赣榆
连云港
连云区
海州区
东海
新沂市
贾汪区
砀山

北京周边—东南部
辽宁省
旅顺口区
渤海海峡
北隍城岛
南隍城岛
北砣矶水道
南砣矶水道
长岛
庙岛海峡
G15
沈海高速
蓬莱市
龙口市
招远市
栖霞市
莱阳市
海阳市
乳山市
文登市
荣成市
威海
烟台
芝罘区
福山区
牟平区
莱山区
莱州市
即墨市
城阳区
李沧区
崂山区
青岛
黄岛区
S19
S17
S16
S11
黄
海

京郊特色游

【游山玩水】

灵山 ………………………………………… P177A4

是京郊唯一集高原、草原风光为一体的自然风景区，主峰东灵山海拔2303米，是北京境内最高峰。灵山尤以高山草甸最为出名。这里每年都会举办灵山藏族风情节（7月–9月），风情节期间，玛尼堆、转经桶、煨桑台等各式藏族特色装饰遍布山尖沟端。

✉ 门头沟区清水镇 ✆ 61827994

◷ 8:00～18:00

最佳旅游季节5月～10月初

🚗 1. 走阜石路、金顶南路，金安桥右转走金顶西街、石门路到龙泉宾馆走109国道，沿途按景区标识走经双塘涧直达景区。2. 走六环路或莲石路到石门营环岛向北，走109国道，沿途按景区标识行走经双塘涧直达景区。

百花山 ………………………………………… P182C3

百花山最高峰白草畔海拔2049米，是北京的第三高峰。这里以“花”最为著名。初春来临，山桃花等最先开放；随着气候转暖，百花山成为花的世界。二月壮、月季花、胭脂花、野丁香、蝴蝶花、杜鹃花等等争奇斗艳，百花之山名副其实。

✉ 门头沟区百花山林场 ✆ 61826110 69862626

最佳旅游季节7月～10月

🚗 1. 走阜石路、金顶南路，金安桥右转走金顶西街、石门路到龙泉宾馆走109国道，沿途按景区标识即可到达。2. 走六环路，军庄桥京拉路出口下，走109国道，沿途按景区标识即可到达。

黄草梁风景区 ………………………………… P176D3

黄草梁集自然景观与人文景观于一身，逐渐成为很多户外爱好者的理想去处。这里的花三季不断，四月有山桃花、山杏花；五月有大丁香花、杜鹃花；六月有野玫瑰、山丹花；七月有黄花；八月有绣球；九月有腊梅、红豆；十月还有野菊花。黄草梁上的历史遗迹——敌台，施工细致，用料精实，虽经四百余年风雨剥蚀，至今仍雄姿依旧。

✉ 门头沟区斋堂镇 ✆ 69816719

🚗 走阜石路、金顶南路，金安桥右转走金顶西街、石门路到龙泉宾馆走109国道，沿途按景区标识行走可到达景区。或者走六环路军庄桥京拉路出口下，走109国道，沿途按路标行驶也可到达。

雾灵山自然风景区 ………………………… P137C1

雾灵山是北京周边高山景区中面积较大，物种较为丰富的山系，主峰歪桃峰海拔2116米，山上常年有云雾笼罩，因此得名雾灵山。樱花、云海、秋色、积雪号称雾灵四绝，而日出和云海更是出了名的美。只有爬到峰顶，你才能真正领略到仙境的魅力。6月～8月，是拍摄云海、佛光、日出、日落的最佳时节，要想看到云海，建议凌晨3点起床，上山，看日出，拍云海，然后再下山游景点。

✉ 密云县大沟村

✆（正门）、81022498–2038

（北门）、81021034（西门）

🚗 1.走京承高速密云出口下，转走101国道，在桑园转向云岫谷方向，到密云县曹家路村往东至北门（清凉界景区）；往南至西门（龙潭景区）。

2.走京承高速，按沿途路标行驶即可到达。

松山 ………………………………………… P146C4

位于延庆县西北部，总面积4660公顷，主峰大海坨海拔2241米，是北京第二高峰。保护区的油松林是华北地区唯一保存完好的天然油松林，树龄在80～360年之间，令人叹为观止！

✉ 延庆县张山营镇 ✆ 69112020

🚗 马甸桥上京藏高速妫川路出口下（过路费35元）。出了高速后一路都有前往松山的路标。

云蒙山森林公园 …………………………… P145B1

被称为“小黄山”，位于密云县和怀柔区交界处，主峰海拔1414米。云蒙山是北京地区特有的中山地貌森林公园，人称云蒙山有四多：奇松怪石多，仙山古洞多，飞瀑流泉多，瑞木瑶草多。2008年7月13日“中国印”大型摩崖石刻在云蒙山云龙涧主峰正式落成，其中“京”字印高76米、宽38米。

✉ 怀柔区琉璃庙镇 ✆ 61610232

🚗 京承高速怀柔出口下，走111国道经庙城立交、开放环岛、雁栖湖继续向北行驶即可到达。

龙庆峡 ……………………………………… P146C2

“小三峡胜似三峡，山比三峡险；小漓江赛过漓江，水比漓江清”，这是游人曾为龙庆峡拟的一副对联。龙庆峡位于延庆县东北11千米处，它是集南北山水之大成而出落成的一颗塞外璀璨的明珠，被人们誉为“塞外漓江”。峡谷内气候凉爽宜人，7月平均气温比北京城区低6.4度，是夏季避暑胜地。而隆冬，这里异常寒冷，且结冰期较长，于是就诞生了冰灯艺术。

✉ 延庆县东北古城峡谷 ✆ 69191020

最佳旅游季节：5月～10月、冰灯1月1日～2月底

🚗 马甸桥上京藏高速到妫川路出口下，再上京张公路（G110国道），按路标行驶即到。

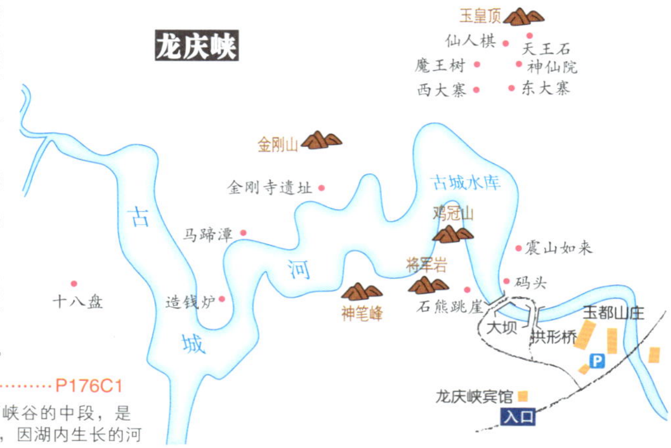

珍珠湖风景区 …………………… P176C1

珍珠湖位于永定河峡谷的中段，是典型的高峡平湖风景区，因湖内生长的河蚌数量多且大而得名。湖面狭长，两岸峰峦叠嶂，森严壁立。湖水清澈碧透，平静如镜。驾舟顺湖而上，有一自然村落杏花村。村内生长着百余棵杏树，给珍珠湖带来又一奇特景色。

✉ 门头沟区燕翅镇珠窝村

✆ 61838013

🚗走阜石路、莲石路或走六环路军庄桥下，走109国道，到雁翅镇附近，看到路边有珍珠湖方向路标后右拐，直行就来到珍珠湖景区。

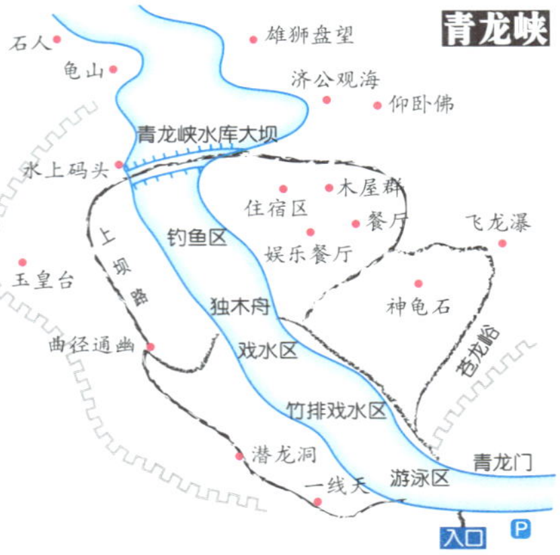

青龙峡 ……………………………………… P145B2

青龙峡是个峡谷水库，峡谷南北长5千米，宽30～50米。峡谷两侧山势挺拔，古老的万里长城犹如巨龙环卧在奇峰峻岭之巅。这里攀岩、蹦极、速降、定向滑翔等户外娱乐项目深受广大户外爱好者的喜爱。

✉ 怀柔区怀北镇 ✆ 89696781、89696694

🚗 走京承高速怀柔出口下，走111国道往北经开放环岛，沿怀丰公路（111国道）北行20千米，见到路标后拐向去青龙峡的小柏油路，再走几千米即到。

金海湖旅游区 …………………………… P163C4

金海湖是北京第三大水库，也是北京地区水域面积最大的综合水上娱乐场所。4月中下旬是赏桃花的主要景区之一；夏季水量充沛，是玩儿水的好季节；秋季这里又是赏红叶的佳地。

✉ 平谷区金海湖镇 ✆ 69993943

🚗 京密路、顺平路或者走京平高速公路到平谷城区，往东行驶17千米即到。

【名胜古迹】

明十三陵 5A ……P154C4

明十三陵是明代十三个皇帝陵墓的总称，是世界上保存最完整、埋葬皇帝最多的墓葬群，距今已有500多年的历史。这里依次埋葬了明代的13位皇帝和23个皇后，以及众多妃嫔、太子、公主和从葬宫女等。

✉ 昌平区十三陵镇
✆（定陵）；60761888（长陵）；60763104（昭陵）；89749383（神路）
🚘 **走G6京藏高速到昌平西关环岛出口下，往北行驶，沿途有路标指示。**

潭柘寺……P179B2

北京有句老话，“先有潭柘寺，后有北京城”！潭柘寺始建于西晋永嘉元年（公元307年），距今有1700多年历史。历史上的潭柘寺因受历代皇帝的推崇而享有“皇家第一寺院”的美誉。寺内最有名的当属这里的“二乔玉兰”和大雄宝殿后面的两株银杏树——“帝王树和配王树”。

✉ 门头沟区潭柘寺镇 ✆ 60862505
🚘 **走莲石路，五环路衙门口桥走108国道，过石门营环岛继续沿国道西行，按路标指示到潭柘寺镇往北走小路即到。**

慕田峪长城 ……P145A2

慕田峪长城敌楼密集，城两侧均有垛口。东南面有3座敌楼并矗一台的正关台，为长城之罕见；西北面有建在海拔1000多米，名曰“牛犄角边”和建在刀削斧砍般山峰上，称为“箭扣”及“鹰飞倒仰”的长城，其势险峻峥嵘。箭扣段长城因古朴多姿被誉为“摄影家的天堂”。

✉ 怀柔区渤海镇 ✆ 61626022
🚘 **走京承高速到怀柔出口下，沿怀丰路（111国道）过庙城立交、开放环岛向北行驶，沿途有路标。**

八达岭 ……P147C2

八达岭长城是中国古代伟大的防御工程万里长城的一部分，也是万里长城最杰出的代表。该段长城地势险峻，居高临下，是明代重要的军事关隘和首都北京的重要屏障。景区建有长城博物馆、全周影院、詹天佑纪念馆、恐龙化石展览馆等。

✉ 延庆县八达岭镇 ✆ 69121226
www.badaling.gov.cn
🚘 **走G6京藏高速八达岭长城出口下，可直达景区。**

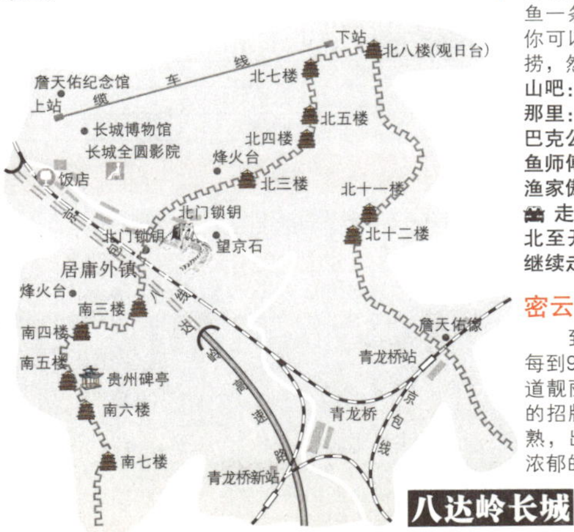

司马台长城旅游区 ……P137B1

它东起望京楼，西至后川口，全长5.4千米，敌楼35座，整段长城构思精巧，设计奇特。东线长城建在山脊上，仅在2.4千米间，从海拔295米升至986米，长城犹如一条巨龙从湖水中腾空飞起。西线长城较为平缓，可感受原汁原味近乎完整的垛墙、垛口、门窗、楼顶、礌石孔、射击孔、排水沟、排水嘴等做工细腻、实用的建筑艺术品。

✉ 密云县古北口镇司马台村 ✆ 69035022
🚘 **走京承高速司马台出口下，按路标指示行驶可到达景区。**

红螺寺……P145A2

红螺寺为我国北方最大的佛教丛林之一，历来以古、奇、雄、秀、幽著称，又有“御竹林”、“雌雄银杏”、“紫藤寄松”三绝景点缀其间。每逢春末夏初时节，寺内的串串紫藤花香气扑鼻。现在寺内又种植了很多的牡丹，是春游踏青赏花的好地方。

✉ 怀柔区红螺东路2号 ✆ 60681639
www.hongluosi.com
🚘 **走京承高速到怀柔出口下，沿怀丰路（111国道）过庙城立交、怀柔立交到怀柔城区，后走迎宾北路至迎宾路北环岛左转到青春路环岛向北即可到达。**

【特色美食】

虹鳟鱼一条沟……P145A2

要品尝新鲜的虹鳟鱼，最好是到怀柔。位于慕田峪长城脚下的不夜谷，就是我们经常提到的虹鳟鱼一条沟，现在已经成为京郊品尝虹鳟鱼的佳地。你可以自己钓鱼，也可以指定池中的鱼让主人替你捞，然后去烹制。

山吧：雁栖镇不夜谷，89897738
那里：雁栖湖不夜谷，61627777
巴克公社：雁栖镇莲花池村158号，61629203
鱼师傅：慕田峪长城下3千米处，61629203
渔家傲：渤海镇苇店村，61621468
🚘 **走京承高速怀柔出口下，怀丰路（111国道）往北至开放环岛，走开放东路、开放路至富乐环岛，继续走怀丰路至雁栖环岛，按路标行驶即可到达。**

密云水库鱼

到密云一定得品尝密云第一美味——水库鱼。每到9月下旬的开捕时节，这里便成为京郊旅游的一道靓丽风景，令京城食客神往。“全鱼席”是密云的招牌菜，一口铁锅倒入浓浓的汤汁，小火将鱼炖熟，出锅前在锅沿儿贴上一圈儿玉米饼，鱼肉带股浓郁的酱香，再以玉米饼蘸汁，别有一番风味。

🚘 **走京承高速，密云城区出口下高速（高速费30元），经京密路（101国道）即可到达水库大坝下，右转前行是专吃水库鱼的美食一条街。**

延庆柳沟火盆锅豆腐宴

“火盆锅、豆腐宴”以柳沟村最有特色，红红的火盆上，放置一个豆腐砂锅，以豆腐为主料，白菜垫底，豆腐（白色、绿色、黑色、油炸的、冻的）、鲜粉、熏肉（熏肉是用上等的五花肉放在老汤煮熟，再放在锅里熏制而成），再加入用上百种调料熬制而成的汤料，放在火盆上加热食用。

柳沟村……P147A1
✉ 延庆县井庄镇柳沟村 ✆ 81172100
🚘 **京藏高速妫川路出口下，至延庆县城往永宁方向，南老君堂路口右转，即到柳沟民俗村。**

平谷海子侉炖鱼

平谷金海湖的水成就了平谷海子民俗村的特色鱼宴。侉炖鱼选用金海湖的鲜鱼，以花鲢、白鲢为主，用农家的大柴锅炖几个小时，鱼肉非常入味，口感润滑。

✉ 平谷区金海湖镇 ✆ 69992845
🚘 **走京承高速、机场北线高速到枯柳树环岛，走顺平路可直达景区。或者走京平高速，平三路往北到平谷城区，再走平蓟路到达景区。**

【特产采摘】

草莓

3月～6月

清明节前后草莓进入成熟期。京郊的草莓采摘园主要集中在昌平区和顺义区，如天翼草莓园、南口农场、小汤山现代农业科技示范园、安利隆生态旅游山庄等。

天翼草莓采摘园……P154D1

✉ 昌平区兴寿镇天翼草莓园 ✆ 61721718
🚘 **沿着立汤路一直向北，过大柳树环岛向四海方向行驶即可到达。**

小汤山现代农业科技示范园……P155B1

✉ 昌平区小汤山镇 ✆ 61791792
🚘 **走立汤路或六环路行至马坊北桥，沿温榆河北岸向东2千米即到。**

樱桃

5月中旬～6月

樱桃成熟早，有“早春第一果”的美誉。比较知名的采摘园集中在通州区西集镇、海淀区闵庄路、温泉镇、顺义龙湾屯镇、怀柔区桥梓镇等。

四季青果林所樱桃观光园

✉ 海淀区闵庄路68号 ✆ 62858875
🚘 **四环路香山、玉泉山出口，上闵庄路向西到四十五中车站即到。**

龙湾屯千亩樱桃谷

✉ 顺义区龙湾屯镇山里辛庄村 ✆ 60461392
🚘 **走六环路到六元桥下，沿101国道至牛栏山环岛右转，向东行驶即可到达。**

黄土坎鸭梨

9月初～10月中旬

密云水库北岸不老屯镇黄土坎鸭梨已有600多年历史，素有“梨中之王”的美誉。鸭梨果体硕大、果核细小、果皮金黄、肉厚酥脆、味美香醇、含糖量高。

贡梨之乡观光采摘园

密云县不老屯镇黄土坎村 81098660 81091521

京承高速密云出口下，经密云城区走密溪路到翁溪庄镇，走水库西线或水库东线前往不老屯镇黄土坎村。

京白梨

9月初～10月中旬

果实主要特点是：果实呈扁球形，单果重75～117克，果皮黄绿色，熟后黄白色，细而薄。肉细、汁多，成熟期一般在8月底9月初。主要产地在门头沟区。

东山梨花园 ………………………………… P178D1

门头沟区军庄镇东山村 60813144

走阜石路、金顶南路，金安桥右转走金顶西街、石门路到三家店，沿109国道到军庄镇向东4千米即到到东山村。也可走六环路军庄桥京拉路出口下，向东行驶即可到达。

庞各庄鸭梨

9月～10月

梨花村至今保存着百年以上的古梨树约有3万株，成为全国稀少的平原古梨树群落，具有极大的旅游价值和丰富的文化内涵。

大兴千亩精品梨园

大兴区魏善庄镇 89235055、89231372

新概念梨花庄园 ………………………… P173B4

大兴区庞各庄镇 89259101

走京开高速梨花桥出口下向西，30分钟即可到达梨花庄园。

大桃

9月初～10月中旬

平谷区是中国著名的大桃之乡，形成了白桃、油桃、黄桃和蟠桃4大系列产品。平谷大桃以个大、色艳、甜度高而驰名中外。主要的观光采摘园有：京东大峡谷、南独乐河镇、金海湖地区胡庄村、渔阳地区东鹿角、大兴庄镇白各庄村、东高村镇崔家庄村、王辛庄镇放光庄村、大兴庄镇唐庄子村。

双营有机果园 ………………………………… P164B3

平谷区高丽营镇 60901108

京承高速黄港出口下，转上机场南线高速，李天桥转上京平高速，马坊桥下，走密三路往北即可到达。或者上六环路后沙峪出口下，走火沙路到枯柳树环岛再走顺平路。

金海湖观光采摘区 ……………………… P163C4

平谷区金海湖地区韩庄村东 69991149

走京平高速到东高村桥出口下，前往平谷城区，走平蓟路到金海湖即到。

北寨红杏

6月下旬～7月中旬

被誉为中国"红杏第一村"的南独乐河镇北寨村红杏，果大形圆、色泽艳丽、皮薄肉厚、味美汁多、干核仁甜。红杏在每年6月中下旬（夏至前后）成熟，是采摘的大好时节。

北寨红杏农采摘园 ………………………… P163B3

平谷区南独乐河镇 60966420

走京平高速东高村出口下，进入平谷城区，走平蓟路到南独乐河丁字路口左转，沿熊南路向北8千米即可到达北寨村。

西瓜

7月～8月

大兴区庞各庄的西瓜种植面积大，比较集中，这里所产西瓜素以"沙、甜、脆"著称，在京、津一带颇负盛名。

庞各庄西瓜甜瓜观光园 ………………… P173A2

大兴区庞各庄镇 89281181

南三环玉泉营桥走京开高速路，梨花桥下，东行2千米左右即可到达。

葡萄

8月～11月

"中国葡萄之乡"采育镇的气候、水、土等都十分适合葡萄的生长。这里的葡萄品质好、含糖量高、果粒匀称、甘甜不腻。现种植葡萄2万余亩，占北京葡萄面积的50%，享有"京南吐鲁番"的美誉。

万亩葡萄旅游采摘区 ………………… P174D1

大兴区采育镇 80273611

走G2京沪高速公路，采育出口下，沿道路向西行驶可到达。

板栗

9月～10月

"中国板栗之乡"怀柔，板栗栽培历史可追溯到春秋战国时期。目前，全区树龄在500年以上的栗子树近千株，是目前华北地区最大的古栗树林。

走京承高速怀柔出口下，走怀丰路（G111国道）经庙城立交、迎宾环岛可到达怀柔区。

磨盘柿

9月28日～10月

磨盘柿又称盖柿，是北京地区主栽品种，主要分布在房山、平谷和昌平三个区。磨盘柿采收期一般要在10月中、下旬至11月上旬。张坊镇的磨盘柿已有600多年历史，并以"形美色艳、香甜可口"等特点及具有舒筋活血、抗衰老作用而久负盛名。

张坊镇磨盘柿采摘园

房山区张坊镇 61339809

六里桥走京港澳高速，琉璃河出口下，经琉璃河、韩村河、云居寺，到达大峪沟即到。

【赏花、观鸟】

赏花、赏红叶

名称	地址	电话	地图	花期
北京植物园	海淀区卧佛寺路	62591283	20B1	月季（34 月）、桃花（4 月） 荷花（7 月）、菊花（11 月）
潭柘寺	门头沟区潭柘寺镇	60861699	179B2	玉兰（4 月）、银杏（1011 月）
大觉寺	海淀区苏家坨镇北安河	62456163	121A3	玉兰（4 月）
玉渊潭公园	海淀区西三环中路 10 号	88653833	48B4	樱花（34 月）
万亩古梨园	大兴区庞各庄镇梨花村	89288545		梨花（45 月）
凤凰岭	海淀区苏家坨镇	62455933		杏花（4 月）
国色天香牡丹园	怀柔区桥梓镇			牡丹（45 月）
红螺寺	怀柔区红螺东路 2 号	60681175	145A3	牡丹、紫藤、竹林（5 月）
妙峰山玫瑰谷	门头沟区妙峰山镇	61882920	178C2	玫瑰（45 月）
平谷北寨村	平谷区南独乐河镇	89991938	163B3	杏花（4 月）
平谷桃花	平谷区内	89991938	163D3	桃花（45 月）
元大都城垣遗址公园	朝阳区太阳宫芍药居	82086571	37A1	海棠（4 月）
莲花池公园	丰台区广外莲花池 48 号	63972892	72A1	荷花（78 月底）
圆明园遗址公园	海淀区清华西路 28 号	62551488	11B4	荷花（7 月）
紫海香堤－香草艺术庄园	密云县汤河村	81052085	137D3	薰衣草（ 7 10 月）
香山公园	海淀区西山脚下	62599886	123D2	红叶（1011 月）
雾灵山自然保护区	密云县新城子镇	81022498		红叶（910 月）
小龙门森林公园	门头沟区灵山脚下	61827665	177A4	红叶（911 月）
百望山森林公园	海淀区黑山扈北	62884508	10A1	红叶（1011 月）
北宫森林公园	丰台区长辛店镇大灰厂村	83840830		红叶（1011 月）
金海湖旅游区	平谷区金海湖镇	69993943	163C4	红叶（1011 月）
喇叭沟门森林公园	怀柔区喇叭沟门满族乡	60627640	142A4	红叶（10 月）
蟒山国家森林公园	昌平区十三陵水库东侧	60711866	154D3	红叶（1011 月）
上方山国家森林公园	房山区韩村河镇	61315542	183A1	红叶（1011 月）

观鸟

北京的鸟类据统计约有400多种，通常可见的大致可以分成五类：留鸟、夏候鸟、冬候鸟、旅鸟和迷鸟。在城市中，公园是观鸟比较理想的场所，如天坛、颐和园、北海、玉渊潭等公园。在郊外，水库、湿地、原始森林是鸟类天堂。如十三陵水库、密云水库、官厅水库、沙河水库、怀柔水库、野鸭湖、鹫峰、松山、小龙门森林公园、十渡风景区、京东大芦荡等。

野鸭湖 ………………………………………… P147B4

延庆县康庄镇刘浩营村西

69131226、69131458

www.yeyahu.com

走G6京藏高速西康路出口下，按路标即到。

汉石桥湿地公园–京东大芦荡 ……… P159A3

顺义区杨镇 61411200、61411577

走京承高速、机场北线高速到枯柳树环岛，走顺平路可到达景区。也可选择京平高速前往。

3月至5月、9月至11月

稻香湖公园

海淀区苏家坨

走G6京藏高速路北清路出口下高速，到红绿灯左转，沿北清路走10千米左右，见"稻香湖"路牌右转，沿稻香湖东路可走到湖边。

【滑雪】

八达岭滑雪场 …… P147C2

这里有两条800米长的初级滑道、一条600米的中级滑道、一条300米长的飞碟道、一条1000米长的越野滑雪道、一条800米长160米落差的高级滑道。

✉ 延庆县八达岭长城西侧约3千米处 ✆ 69129966

🚘 走G6京藏高速八达岭长城出口出，野生动物园停车场左转，向西行3千米即到。

怀北国际滑雪场 …… P145B2

怀北国际滑雪场，雪道长3800米，落差238米，是北京地区雪道最长，规模最大的国际级雪场之一。

✉ 怀柔区怀北镇河防口村548号 ✆ 89696677

www.hbski.com

🚘 走京密路或者走京承高速在怀柔出口（13号出口）上京密路，到怀柔开放环岛走111国道，过雁栖湖5千米即到。

莲花山滑雪场 …… P159A1

莲花山滑雪场是北京占地面积最大的滑雪场。喜欢游戏的朋友还可以在这里体验雪圈道、雪地摩托道、雪地足球场、网球场和跑马场、夏季游泳戏水区等。

✉ 顺义区张镇良山村 ✆ 61488333

🚘 走京承高速后沙峪出口下，走火沙路向东到枯柳树环岛沿顺平路直达。

南山滑雪场 …… P138C3

南山滑雪场在雪友的心目中是单板滑雪的天堂。南山麦罗单板公园，是雪场最大的亮点。另外，雪场还开办了南山国际单板学校、单板俱乐部及专卖店。

✉ 密云县河南寨镇圣水头村 ✆ 89092282

🚘 走京承高速从密云出口下，走河东路即到。

军都山滑雪场 …… P154D3

位于著名的小汤山温泉度假区。严格按照国际标准和中国人体质特点设计的初、中、高级雪道依山而建，总长度达到4000余米。

✉ 昌平区崔村镇真顺村588号 ✆ 60725888

www.bjski.com.cn

🚘 1.走G6京藏高速昌平西关出口下，到西关环岛经东关环岛到达军都山滑雪场；2. 京承高速六环昌平方向，顺沙路百善出口下，见路牌向北可到达。

石京龙滑雪场 …… P146D2

这里场地开阔、起伏多变，东临龙庆峡，西濒官厅水库。最值得一提的是雪场还推出了雪桑拿、温泉浴等项目。

✉ 延庆县张山营镇 ✆ 69191614

www.sjlski.com

🚘 走京藏高速公路妫川路出口下，至延庆县城，经110国道龙庆峡路段到黄柏寺处，西行1千米即可到达。

雪世界滑雪场 …… P152C1

雪世界滑雪场位于十三陵旅游风景区。雪场建有初、中、高级滑道共6条。

✉ 昌平区十三陵镇小宫门 ✆ 89761886

🚘 走G6京藏高速路昌平西关出口下，见昌平西关环岛向北直行5千米泰陵园路口左转800米即到。

渔阳国际滑雪场 …… P164D3

它是一家集雪上运动、生态园餐厅、住宿、拓展训练、采摘、垂钓为一体的综合滑雪旅游胜地。

✉ 平谷区东高村镇大旺务村东侧 ✆ 69908855

www.yuyangski.com.cn

🚘 走京承高速、机场高速、机场第二高速、六环路都可在李天桥上京平高速，东高村西桥出口下，向南走平三路可到达雪场。

乔波冰雪世界 …… P156C1

这是北方地区可提供四季滑雪的室内运动场所，雪馆建筑面积近4万平米。滑雪馆设有儿童戏雪乐园、单板公园、初级滑雪道、中高级滑雪道四项设施，可满足滑雪爱好者的不同需求。

✉ 顺义区马坡镇顺安路6号 ✆ 69419999

www.yunjuski.com

🚘 1. 走京密路，牛栏山环岛右转即到。2. 京承高速，白马路出口下走奥运景观大道，马坡路口向北走京密路可以到达。

云佛山滑雪场 …… P138C1

这里最具特色的是建有与国外共同开发的1.5千米越野健身滑雪道和一条U型单板滑雪道。

✉ 密云县溪翁庄镇 ✆ 69602044

www.yun66.com

🚘 走京承高速，密顺路出口下，上密顺路、密溪路至水库宾馆，右转即到。

【温泉】

九华山庄 …… P155A1

这里的汤泉行宫是九华山庄内的一座大型温泉主题公园。园内荟萃古今中外温泉洗浴经典，集温泉、药浴、游泳、桑拿、按摩等项目于一身，是养性怡情的绝佳之地。

✉ 昌平区小汤山 ✆ 61782288

www.jiuhua.com.cn

🚘 走立汤路大柳树环岛向东约500米即可到达。

龙脉温泉 …… P155A2

龙脉温泉取自地下500米深的温泉井，度假村内48座形式各异的私家小院，竹林映翠，充满了古朴风韵。还有30个露天汤池藏身于苍松翠柏之中，风格独特。置身沐浴长廊，更能体会到大自然的美妙。

✉ 昌平区小汤山 ✆ 61781021

www.longmaiwenquan.net

🚘 走立汤路，经天通苑，到大柳树环岛向西1千米左右路北。

天龙源温泉

天龙源温泉水质优良，具有滋养肌肤的功效，这里拥有超大的室内温泉广场，四季如春的室内舒适环境与户外郊野自然的充分沟通，创造了一种欢乐舒展的境界。

✉ 昌平区 ✆ 89719966 www.bj-tly.com

🚘 走G6京藏高速，在昌平西关环岛出口（13C）出，向西走辅路2千米即到。

春晖园温泉度假村 …… P157A4

春晖园最有特色的是私密很强的情侣单间。情侣单间大多是建在湖畔旁的日式小木屋，拥有独立的温泉泡池。

✉ 顺义区高丽营镇于庄 ✆ 69454433

🚘 走京承高速，北七家右转走高酒路即可到达。

花水湾磁化温泉度假村 …… P156D4

花水湾磁化温泉度假村是北京唯一的天然磁化温泉度假村，以磁化温泉水著称。该泉水对风湿、关节炎疾病有辅助疗效。是目前离市区最近的以温泉磁化水疗为特色的大型旅游度假区。

✉ 顺义区高丽营镇 ✆ 69456668

www.huashuiwan.cn

🚘 走京承高速到白马路出口下，向东走奥运景观大道直行第二个红绿灯右转1千米即到。

温都水城 …… P155C2

到温都水城一年四季都很合适，尤以冬日温泉最佳。到这里"夜泡温泉"，享受一种宁静的氛围。当暮色降临，置身于透明的连廊间，霓虹灯下，一把把发光的"小伞"伫立池边，池中热气升腾，缥缈无序……此情此景会让人无法抗拒，流连其中。

✉ 昌平区北七家镇 ✆ 81788888

www.wendushuicheng.com

🚘 1.走G4京藏高速回龙观出口东行至回龙观社区东侧1千米。2.立汤路平西府路口西行2千米。

凤山温泉度假村 …… P154D3

凤山温泉大厅内有多种疗效的药浴、维琪浴、水力按摩浴、花瓣浴等，每一个形状不规则的小池子都处于茂密的热带植物的包围中。山坡最高处的樱桃泉是观景位置最佳的地方。

✉ 昌平区水库路东侧 ✆ 60711188

www.fsdj.com.cn

🚘 走G4京藏高速到昌平西关环岛右转，直行穿过政府路至东关环岛左转，沿水库路向北过军都桥，见凤山温泉度假村的路牌右转即到。

御汤泉度假村

度假村坐落在温榆河畔，这里有日式的水疗客房及可随意开启的温泉泡池，还有更具特色的温泉泳池和温泉藏药浴、木桶香薰浴。

✉ 昌平区小汤山镇马坊 ✆ 61781188

🚘 走立汤路过马坊北桥右转即到。

富来宫温泉山庄 …… P155A2

温泉水中含有多种微量元素和少量放射性气体，故有较高的医疗价值。这里有温泉浴、桑拿浴、芬兰浴、土耳其浴，再加上专业按摩师的各式按摩，让您倍感轻松。

✉ 昌平区小汤山镇 ✆ 51294626

www.flgdjc.cn

🚘 走立汤路大柳树环岛向北直行200米，即可到达。

南宫温泉水世界

南宫温泉村享有"中国地热第一村"的美誉，不仅是因为这里拥有丰富的地热资源，更是因为这里采用了独特、高效的梯次利用地热资源的方式。

✉ 丰台区王佐镇南宫村 ✆ 83392538

www.nangonglvyou.com

🚘 走G4京港澳高速长周路出口下，第二个红绿灯右转前行即进入南宫旅游景区（有路标指引）。

【高尔夫】

北京国际高尔夫俱乐部 …… P154C4

✉ 顺义区潮白河东岸 ✆ 89470005

www.beijinggolfclub.com

🚘 机场高速路北皋出口下，沿京密路至枯柳树环岛直行，马坡路口右转直行，经燕京啤酒厂、赛马场、乡村高尔夫俱乐部，过潮白河右转即可到达。

北京乡村高尔夫俱乐部 …… P156D1

✉ 顺义区马坡潮白河西侧 ✆ 69401111

www.bccgolf.com

🚘 机场高速路北皋出口下，沿京密路至枯柳树环岛直行，马坡路口右转直行，经燕京啤酒厂、赛马场到达乡村高尔夫俱乐部。

华堂高尔夫俱乐部

燕郊经济开发区 61598888
www.huatang-golf.com
京通快速转上通燕高速，过白庙收费站左转向北行驶即可到达。

华彬国际高尔夫俱乐部

昌平区南口镇华彬庄园 89796868
走G6京藏高速昌平科技园出口，第一个红绿灯左转向西直行6千米左右。

鸿禧国际高尔夫俱乐部

北京经济技术开发区东环北路8号 51668990
www.honeshee.com.cn
走京津塘高速，过五环开发区出口下，红绿灯右转直行1.5千米即可到达。

太伟高尔夫俱乐部

昌平区崔村镇香堂 60725599（总机）
走立汤路向北直行至京密引水渠北岸的怀昌路左转，沿水渠行至香堂村村口进村2千米即到。

万柳高尔夫俱乐部

海淀区北四环西路76号 82628899
www.willowgolf.net
走北三环主路过苏州桥走万泉河路，到巴沟路口往西走巴沟路即到。

【特色庄园、度假村】

巴克公社

来到达巴克你会爱上山野的小木屋。沿着蜿蜒曲折的山路顺势而上，就能细细端详这些粗犷的小木屋。屋子虽然不大，布置得很精致。

怀柔区雁栖镇莲花池村158号
61629616、61629203
走京承高速怀柔出口下，走111国道，经庙城立交、迎宾环岛、富乐环岛，至雁栖环岛向左。

鹅和鸭农庄

农庄为什么起名“鹅和鸭”？原来英国有个“鹅和鸭”酒吧，十分有名。由此庄园主人融合了迪斯尼风格和中国苏州园艺以及北京为代表的北方风格，在此创建了名牌农庄和休闲乐园。

怀柔区桥梓镇北宅村 59283045
走京承高速，怀柔出口下，庙城立交左转向石厂环岛方向直行，按鹅和鸭指示牌行驶7千米即到。

那里

怀柔虹鳟鱼一条沟内颇具特色的度假村。那里与周围的自然景色很和谐地融入在一起，在满山的绿色之中，几处白色建筑点缀其间。主体小楼面向小河的所有阳台上，主人别出心裁地把它做成了一个个小巧的特色茶室，游人可以在观赏美景的同时，还可以与亲朋闲话家常，这是一种都市人梦寐以求的生活方式。

怀柔区雁栖环岛盘山公路附近 61627777
走京承高速怀柔出口下，走111国道，经庙城立交、迎宾环岛、富乐环岛，至雁栖环岛向左。

山吧

所谓的“山吧”，其实是主人依托山水建起来的一个休闲场所，他们把这里赋予了新的时尚前卫的含意。山吧里的小屋是以纯木建造的，强调回归自然的感觉。吃也是这里的一个特色，这里可品尝到新鲜美味的虹鳟鱼和各种特色农家饭。

怀柔区雁栖镇不夜谷 89897738
走京承高速怀柔出口下，走111国道，经庙城立交、迎宾环岛、富乐环岛，至雁栖环岛向左。

中信国安第一城

第一城以明、清两代北京城为蓝本，将老北京的城垣微缩，采取“缩地不缩景”的建设原则，22座错落有致的城楼镶嵌在5千米长的空腹城墙之上，整个建筑群彰显了华夏古今文化之精华。

51296660
走G1京哈高速，京塘路出口下，右转走G103国道天津方向，到香河开发区即到。

紫海香堤—香草艺术庄园 ············ P137D3

北京的“普罗旺斯”，无垠的香草田，安静的汤河水，茂密的金山林，构成了一幅绝美独有的风景图画。园区总面积约300亩，培育香草近200种，花期最长可达8个月，主要以四季薰衣草、马鞭草、洋甘菊等香草为主。这里已成为婚纱摄影的理想佳地。

密云县古北口镇汤河村 81052085
www.gubeikou.com.cn
走京承高速密云城东出口下，上京密路(101国道)，见司马台牌楼后往里2千米即到。

阳光三百度假村 ············ P145B1

进入度假村你的眼球就会被这里的美景吸引，这里的每一个角落都散发着假期的悠闲和感观的诱惑。淳朴的建筑在乡村音乐的映衬下格外优美，使您仿佛置身于遥远的北欧小镇。

怀柔区怀北镇椴树岭 61622300
www.sunshine300.com
走京承高速怀柔出口下，走111国道，经庙城立交、迎宾环岛、富乐环岛，至雁栖环继续沿111国道前行过百泉山风景区即可到达。

御龙东方红酒庄园

密云县城东约8千米的地方，在一片连绵起伏的山坳中，建有一座童话般的城堡，那就是御龙红酒庄园。这里占地面积80平方千米，已建成“澳洲红酒庄园”和“康乾行宫”两大园区。在这里，您可以领略激情与浪漫的澳洲风情，尽享闲适与宁静的庄园生活。

密云县穆家峪镇羊山村 61053850
走京承高速到密云城东出口下，走101国道，向古北口、承德方向直行约6千米，见“密云日月台红酒养生苑”广告牌，左转即到。

张裕爱斐堡酒庄

幽静蜿蜒的林间小道，尽头处，一座气势恢宏的哥特式城堡傲然挺立——高高的塔尖，弧形的圆顶，希腊圆柱，奥地利水晶灯……爱斐堡酒庄的每一个角落，似乎都在散发着迷人的异国风情。地下酒窖占地面积近3000平方米，内存550多只橡木桶，大多从法国进口。城堡主楼品酒室准备了几十款葡萄酒供游客品尝，游客可根据喜好进行选择。

密云县巨各庄镇东白岩 89089999
走京承高速，密云城东出口下，右转前行即到。

【特色农家乐】

古北口村 ············ P137C2

古北口村是一座有着千年历史的军事古镇，有“燕京门户”之称。文物古迹有蟠龙山长城、古御道、杨令公庙等。为丰富游客活动内容，该村保留了扭秧歌、跑旱船、踩高跷、骑马、坐轿等传统文化活动。

密云县古北口镇 81052790
走京承高速，密云出口下，到密云城区后走101国道可到达古北口村。

东帽湾村 ············ P143A3

这里大量种植西洋参，借助西洋参专业村优势，推出了“品参茶、吃参宴、观参景、采参娃”等特色西洋参游活动。您在东帽湾除了可品参外，还能品尝到各种野菜馅的菜团子、铜火锅宴、豆腐丸子、山珍三仁炸糕、石磨豆腐、摊黄煎饼、年糕、农家腊肉等风味美食。

怀柔区汤河口镇 89671238
走京承高速，怀柔出口下，经庙城立交上怀丰路（111国道），经汤河口镇，汤河口检查站隧道向西1千米即到。

慕田峪村 ············ P144D2

位于慕田峪长城脚下，依山而建，古松与果树林立。这里除了有知名的慕田峪长城、箭口长城等历史古迹外，还盛产板栗、糖梨、鸭梨、山杏、红果、核桃等各种土特产。

怀柔区慕田峪长城旅游区办事处慕田峪村
61626812、61626022
走京承高速到怀柔出口下，沿怀丰路（111国道）过庙城立交、开放环岛向北行驶。

柳沟村 ············ P147A1

柳沟又称凤凰城。这里有千亩果园，品种有6~7月的杏、7~9月的李子、9~10月的苹果。这里还推出了独具特色的民俗宴“火盆锅，豆腐宴”。

延庆县井庄镇 61192564、61191876
走G6京藏高速妫川路出口下，从延庆县城前往永宁方向，南老君堂路口右转，即到柳沟民俗村。

香堂村 ············ P154D2

著名的京郊文化新村，至今已有约900户新闻、演艺、书画等各界名人迁居到香堂村内，使香堂村文化品位陡然提升。建成的“东方书画研究院”古朴典雅，在书画院的两翼，一是“陈式太极武术馆”，一是“敬老院”。雕梁画栋的古建筑群作为“香堂文化新村”的一景，引来各界人士驻足观赏。

昌平区崔村镇 60721458
走G6京藏高速，百葛桥出口下，沿京密引水渠向东，过崔村镇1千米即可到达。

榆林村 ············ P156D2

在村内的200亩湿地大公园内，9个连通的小荷花池，绿水荡漾，其间升起一座形似玉带的石拱桥，美不胜收，如似一幅水墨画。村西潮白河滩上建设了喜邦生态观光采摘园，现有樱桃园700亩，桃园300亩，园内有红灯、雷尼等进口樱桃品种可供采摘。

顺义区北小营镇 60482547
走京承高速白马路出口上奥运景观大道，到奥运场馆左转，走左堤路到头右转，走昌金路500米到村委会。

雕窝村 ············ P163C3

雕窝村紧邻石林峡、湖洞水、飞龙谷、淘金谷、大溶洞等风景区，游客可尽情享受景区漫游、田园采摘及古手工耕作的乐趣。雕窝村几乎一年四季都有可赏可吃之鲜物，四月赏花挖野菜，五月樱桃六月杏，七月李子八月枣，九月核桃大板栗，十月红果柿子香。雕窝村专门为游客提供的“农家饭”，最值得一提的是独具特色的利用果树木炭烤制出的“烤全羊”。

平谷区黄松峪乡 60987658
走京平高速，东高村桥出口下进入平谷城区，出县城向东走平蓟路，至东大溶洞路口向北转向，经黄松峪水库即可到达。

挂甲峪村 ············ P162D3

农家院里的农家火炕，山坡上的生态木屋和以“推碾子院”、“磨豆腐院”、“铁匠院”、“木匠院”、“编织院”为特色的主题小院供您选择，游客可随自己的心意到主题小院里一试身手，闲暇时，可以到农家小菜园与农民同劳作，把犁扶锄，亲自采摘新鲜蔬菜，体验农村的别样风情，感受大自然的清新。

平谷区大华山镇 61947321
走京密路，枯柳树环岛下，走顺平路到官庄路口左转，经峪口镇、刘家店镇往大华山方向，大华山村十字路口向东即到挂甲峪。

小贴士

免费开放的郊野公园

没有围墙，不收门票，24小时开放。目前北京市新建了多处郊野公园。郊野公园不同于现有的城市公园，郊野公园中高大乔木比例占到了70%，园林景观设计不刻意追求特色和主题，减少人工雕饰，主要是满足人们散步休闲需要。

朝阳区有：太阳宫体育休闲公园、东坝郊野公园、常营公园、将府公园、京城槐园、东风公园、海棠公园、白鹿郊野公园、金田郊野公园、鸿博公园；丰台区有：绿堤公园、海子公园、御康公园、高鑫公园、天元公园；海淀区有：玉泉郊野公园、八家地郊野公园；石景山区有：老山郊野公园；大兴区有：旺兴湖公园。

留民营村 ……………………………… P174D2

留民营村是联合国环境规划署授予的“全球环保五百佳”村，是著名的中国生态农业第一村。这里以生态农业为根本，以产销“有机食品”为最大特色，以餐饮、娱乐、健身为载体。这里有无公害有机蔬菜示范区、无污染旅游制品工业区、沼气太阳能综合利用示范区、民俗旅游观光区，是集种植、养殖、采摘、垂钓、烧烤、住宿、农业观光为一体的高科技民俗旅游度假村。

✉ 大兴区长子营镇 ✆ 80266005

🚘 走G2京沪高速，马驹桥出口下，继续南行10分钟即到。

皇木厂村 ……………………………… P166D4

皇木厂村不仅环境优美，还有着深厚的历史文化底蕴，俗有“先有皇木厂，后有北京城”之说。皇木厂历史上是张家湾码头的一部分，因转储修建北京城的御用“木料”而得名。作为古代张家湾运河码头的一部分，村内遗留着大量的历史古迹。

✉ 通州区张家湾镇 ✆ 69573040

🚘 走京通快速路，八里桥出口下，后走京塘公路（103国道），到皇木厂村。

爨底下历史文化名村 ……………………… P177A2

中国历史文化名村，相传该村祖先于明朝永乐年间从山西迁移至此，建立韩氏家族聚居此地。经历了数百年沧桑巨变的爨底下村，依旧保持了原始的风貌——明清古居。村内错落有致的四合院，布局合理，建筑风格既有江南水乡窗、楼、室等细节和局部处理上的风韵，又有北方高宅大院恢弘整体的气势。

✉ 门头沟区斋堂镇西北部 ✆ 69819333

🚘 五环路晋元桥上109国道，按标识行驶即可到达。

灵水村 ……………………………… P177A1

中国历史文化名村——灵水村位于京西门头沟区。走进灵水村，深厚的历史积淀赋予灵水村儒雅气质，全写在斑驳的砖瓦上，寺庙的残柱间，老宅的天井里。甚至连那些千年古树的枝叶里都仿佛记忆着灵水村的学子们诵读的四书五经和唐诗宋词。

✉ 门头沟区斋堂镇 ✆ 61817760

🚘 走109国道，见灵水村的路牌后下国道，沿一条柏油路行驶，经桑峪村后到达灵水村，路程约5千米。

北京郊区旅游资讯

【密云县】

地图 P136～140

进入密云

自驾路线一

从东北三环太阳宫桥上京承高速，过六环、怀柔、密云出口(京承高速60千米处)下即到密云。京承高速已全线通车，沿途景点可按照高速公路上的指示牌在相应的出口下。

自驾路线二

从三元桥上京密路(101国道)到枯柳树环岛，向北直行，过马坡路口、牛栏山环岛、庙城立交、怀柔立交、开放环岛(101国道47千米处)，再直行通往密云，经统军庄路口、双井路口，至密顺路口(101国道65千米处)，左转即达密云城区。

自驾路线三

从市区至枯柳树环岛，直行至马坡路口，右转走白马路向东，经北京乡村高尔夫球场，见密顺路左转往北，至密顺路口，左转即达密云城区。

景区景点

金山岭长城 4A ……………………… P137D2

✉ 古北口镇与河北滦平县交界处 ✆ 84024627

🚘 走京承高速，密云出口下，走京密路(101国道)，古北口镇前行10千米即到。

司马台长城旅游区 4A ………………… P137B1

✉ 古北口镇司马台村北 ✆ 84024628

🚘 走京承高速，司马台出口下，按路标行驶即可到达。

桃源仙谷风景区 4A ……………………… P136B4

✉ 石城镇南石城村 ✆ 61025309

🚘 京承高速—密云出口下—密溪路，按路标行驶即可到达。

黑龙潭 4A ……………………………… P136B4

✉ 石城镇大关桥 ✆ 61025029

🚘 京承高速—密云出口下—密溪路，按路标行驶即可到达。

南山滑雪场 ……………………………… P138B3

✉ 河南寨镇圣水头村

✆ 89092282

🚘 京承高速，密云出口下，走河东路即可到达。

雾灵山自然风景区 …… P137C1

✉ 新城子镇曹家路村

✆ 81022498

🚘 京承高速，司马台出口下按路标行驶即可到达。

古北口文化旅游区 … P137C2

✉ 古北口镇 ✆ 81051133

🚘 京承高速，密云出口下，走京密路(101国道)，到古北口镇河西村。

白岭关长城 ……………………………… P137C1

✉ 新城子镇道沟村 ✆ 81022491

🚘 京承高速，密云出口下，走京密路，桑园路口右转，向雾灵山方向按路标行驶。

白龙潭风景区 ……………………………… P139B1

✉ 太师屯镇下湾子村 ✆ 69038558

🚘 京承高速，密云出口下，走京密路(101国道)，到密云水库东岸，按路标行驶。

九龙十八潭风景区 ……………………… P137B2

✉ 太师屯镇石岩井村 ✆ 69035368

🚘 京承高速，密云出口下，走京密路(101国道)，桑园路口右转，按路标行驶。

精灵谷风景区 ……………………………… P136B3

✉ 石城镇张家坟村 ✆ 69016269

🚘 京承高速，密云出口下，走密溪路、水库西线，到黑龙潭前行3千米即到。

京都第一瀑 ……… P136B3

✉ 石城镇柳棵峪

✆ 69016268

🚘 京承高速，密云出口下，走密溪路、水库西线，过黑龙潭前行即到。

龙云山风景区 ……………………………… P136B3

✉ 石城镇四合堂村 ✆ 69016671

🚘 走京承高速，密云出口下，走密溪路、水库西线，过黑龙潭左行琉辛路，按路标行驶。

蟠龙山长城 ······ P137C2

✉ 古北口镇古北口村

✆ 81051133

🚗 京承高速，密云出口下，走京密路(101国道)，到古北口镇，隧道前有路标。

清凉谷 2A ······ P136B3

✉ 石城镇四合堂贾峪村 ✆ 69015455

🚗 京承高速，密云出口下，走密溪路、水库西线，过黑龙潭左行琉辛路，按路标行驶。

仙居谷 ······ P137D3

✉ 太师屯镇令公村北一公里 ✆ 69035388

🚗 京承高速，密云出口下，走京密路(101国道)，桑园路口右转，按路标行驶。

遥桥峪民俗古堡 ······ P137C1

✉ 新城子镇遥桥峪村

✆ 81022927

🚗 京承高速，司马台出口下，按路标行驶即到。

云佛山滑雪场 ······ P138C1

✉ 溪翁庄镇 ✆ 69602044

🚗 京承高速，密云出口下，走密顺路、密溪路至水库宾馆—右转即到。

云蒙山长城遗址公园 ······ P136B4

✉ 石城镇王庄村 ✆ 61025248

🚗 京承高速，密云出口下，走密溪路、水库西线，往黑龙潭方向。

云蒙峡风景区 3A ······ P136B4

✉ 石翁镇水堡子村西 ✆ 61025621

🚗 京承高速，密云出口下，走密溪路、水库西线，水堡子左拐，按路标行驶。

云龙涧 ······ P138B1

✉ 溪翁庄镇北白岩村北 ✆ 69017888

🚗 京承高速，密云出口下，走密溪路往北到头，左转直行3千米即到。

云峰山 ······ P136D3

✉ 不老屯镇 ✆ 81098688

🚗 京承高速，松树峪出口下，左转至琉辛路，过不老屯，燕落村往北3千米即到。

云岫谷风景区 2A ······ P137C1

✉ 新城子镇遥桥峪村 ✆ 81022367

🚗 京承高速，密云出口下，走京密路(101国道)，桑园路口右转，直行35千米即到。

紫海香堤—香草艺术庄园 ······ P137D3

✉ 古北口镇汤河村

✆ 81052085、58677811

🚗 京承高速，密云城东出口下，走京密路(101国道)，司马台牌楼处，往里2千米即到。

农业观光、采摘

贡梨之乡观光采摘园(梨、板栗、苹果、核桃)

✉ 不老屯镇黄土坎村 ✆ 81098660、81091521

🚗 京承高速，密云出口下，走琉辛路到黄土坎村。

金地庄园葡萄种植场(葡萄、桃、李、杏、苹果)

✉ 密云镇李各庄村 ✆ 69060965

🚗 京承高速，密云出口下，走密溪路，沙河路口左转，光桥右转可到。

石峨李子观光采摘园(李子)

✉ 东邵渠镇西邵渠村 ✆ 61063349

🚗 京承高速，密云出口下，走密顺路，宁村路口左转弯10千米即到。

新兴生态观光采摘园
(杏、油桃、红果、李子、柿子)

✉ 穆家峪镇 ✆ 89012446

🚗 京承高速，密云出口下，到密云长途汽车站，到红绿灯右行向东，走密兴公路老路前行500米即到。

香酥园(大枣、苹果、红果、板栗)

✉ 穆家峪镇庄头峪村 ✆ 61052705

🚗 京承高速，密云出口下，走京密路穆家峪方向。

【怀柔区】 地图 P141～145

进入怀柔

自驾路线一

从东北三环太阳宫桥上京承高速，过五环、六环，至怀柔出口(京承高速40.5千米处)下高速，向北至怀柔立交，盘桥入怀柔城区。

自驾路线二

从东北三环三元桥上京密路(101国道)，一直往北经四元桥、五元桥至枯柳树环岛(101国道23千米处)，环岛直行过马坡路口、牛栏山路口、庙城立交(101国道45千米处)，至怀柔立交(101国道45.5千米处)盘桥进入怀柔城区迎宾路，过迎宾环岛往北即达城区。

自驾路线三

从东北三环三元桥上机场高速，一路向北至北皋桥出口下高速，上京密路至枯柳树环岛，环岛直行过马坡路口、牛栏山路口、庙城立交，至怀柔立交盘桥进入怀柔城区迎宾路，过迎宾环岛往北即达城区。

景区景点

慕田峪长城 4A ······ P145A2

✉ 慕田峪村 ✆ 61626505

🚗 京承高速，怀柔出口下，沿怀丰路(111国道)过庙城立交，到开放环岛向北，按路标行驶即可到达。

青龙峡风景区 4A ······ P145B2

✉ 怀北镇 ✆ 89696694

🚗 京承高速，怀柔出口下高速，沿111国道向北至开放环岛3号出口右转，雁栖环岛直行，青龙峡路口右转弯即到。

水长城 ······ P144B3

✉ 九渡河镇西水峪 ✆ 61651111

🚗 马甸桥走京藏高速，昌平西关出口出，环岛直行走十三陵方向，到十三陵长陵路口右转，到三岔口左行，九渡河路口左转，黄花镇路口左行即到黄花城。

怀北国际滑雪场 ······ P145B2

✉ 怀北镇河防口村548号 ✆ 89696677

🚗 京承高速，怀柔出口下高速，走111国道，过雁栖湖5千米即到。

九谷口风景区 ······ P145B2

✉ 怀北镇河防口村北 ✆ 89696677

🚗 京承高速，怀柔出口下高速，沿101国道向北至开放环岛3号出口右转，走111国道北行，至国道66千米处见路牌即到。

喇叭沟门森林公园 ······ P142A4

✉ 喇叭沟门满族乡 ✆ 60627640

🚗 京承高速，怀柔出口下高速，沿101国道向北至开放环岛3号出口右转，雁栖环岛直行，沿111国道经怀北、河防口、柏查子、琉璃庙、汤河口、长哨营，到喇叭沟门路口下国道左转向西，行驶12千米即到。

红螺寺 4A ······ P145A3

✉ 红螺东路2号 ✆ 60681639

🚗 京承高速，京密路出口(高速路40.5千米处)下高速，沿101国道向北至怀柔立交进入城区，过迎宾环岛直行，至迎宾路北环岛左转，见青春路环岛右转，按路标行驶即到。

蓝天牧场

✉ 雁栖镇北台上村西边

🚗 京承高速，京密路出口下高速，沿101国道向北至开放环岛3号出口右转，走111国道北行，按路标行驶即到。

雁栖湖 4A

✉ 怀北镇雁水路3号 ✆ 69663595

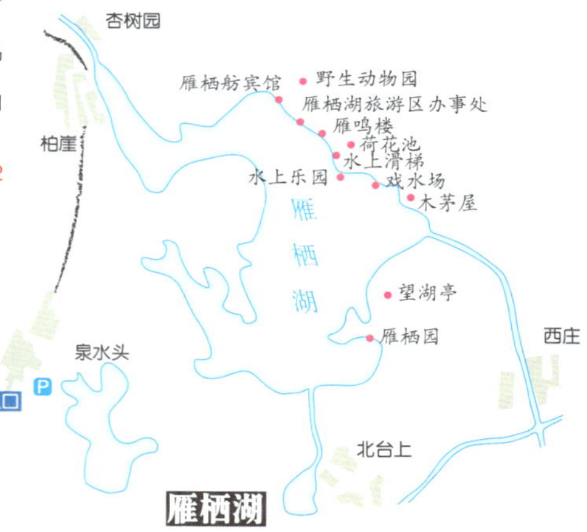

🚘 京承高速，怀柔出口下高速，沿111国道向北至开放环岛3号出口右转，雁栖环岛直行，按路标行驶即到。

神堂峪风景区 2A ………………………… P145B2

✉ 怀柔雁栖环岛西北方向8千米的石片村
✆ 89617093
🚘 京承高速，京密路出口下高速，沿101国道向北至开放环岛3号出口右转，雁栖环岛左转，神堂峪路口右转可到达神堂峪景区。

溸泉响谷旅游区 ………………………… P145A1

✉ 雁栖镇八道河村北
✆ 61611740
🚘 京承高速，京密路出口下高速，沿101国道向北至开放环岛3号出口右转，走111国道北行，至雁栖环岛左转走山路，过虹鳟鱼一条沟继续前行，按路标行驶即到。

龙潭涧

✉ 琉璃庙镇 ✆ 61618140
🚘 京承高速，京密路出口下高速，沿101国道向北至开放环岛3号出口右转，雁栖环岛直行，沿111国道经怀北、河防口，至111国道87.8千米处右转，沿柏平公路3千米即到。

生存岛 ………………………… P145B3

✉ 怀柔区红螺东路6号
✆ 60681166
🚘 京承高速，京密路出口下高速，沿101国道向北至开放环岛，到富乐环岛继续直行，铁路桥前有一个路口，左转直行1千米即到。

天池峡谷旅游区 ………………………… P145B1

✉ 怀北镇椴树岭黄土梁
✆ 61622577
🚘 京承高速，京密路出口下高速，沿101国道向北至开放环岛3号出口右转，雁栖环岛直行18千米，到黄土梁即到。

虹鳟鱼一条沟 ………………………… P145A2

✉ 雁栖湖不夜谷
🚘 京承高速，怀柔出口下，走怀丰路(111国道)往北至开放环岛，走开放东路、开放路至富乐环岛，走怀丰路至雁栖环岛—按路标行驶即可到达。

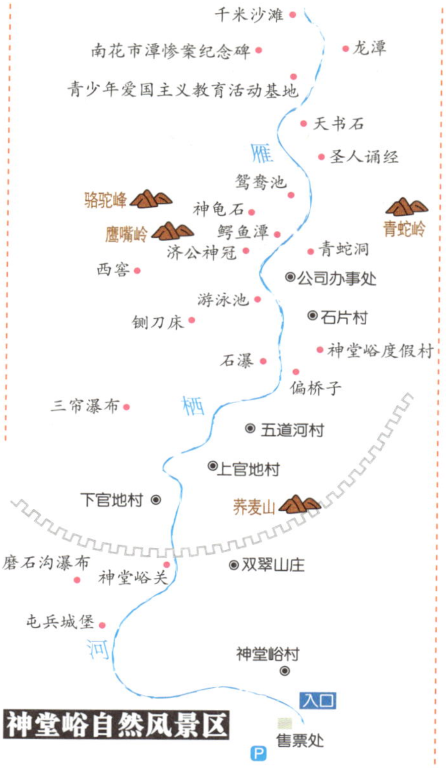

鳞龙山风景区 ………………………… P144A2

✉ 九渡河镇二道关村
✆ 89603129
🚘 走立汤路往北小汤山方向，经兴寿、下庄，九渡河路口左转弯至黄花镇路口左行，按路标行驶即到。

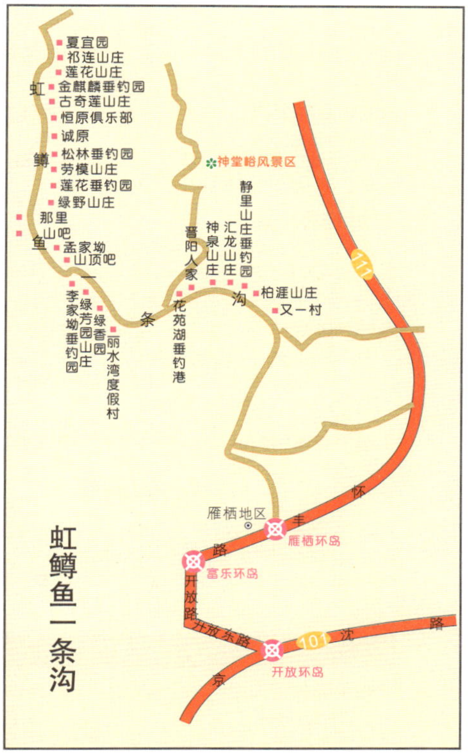

国色天香牡丹园

✉ 桥梓镇 ✆ 51664432
🚘 京承高速，怀柔出口下，到庙城立交左转走怀昌路、怀长路即可到达。

乡间情趣园 ………………………… P145B3

✉ 雁栖镇范各庄村
✆ 61667635
🚘 京承高速，京密路出口下高速，沿101国道向北至开放环岛3号出口右转，雁栖环岛左转，沿范崎路行驶约1千米即到。

响水湖风景区 2A ………………………… P144C2

✉ 渤海镇大榛峪村东
✆ 89602539
🚘 京承高速，京密路出口下高速，沿101国道向北至怀柔立交直行，迎宾路北环岛左转，青春路环岛直行，到慕田峪环岛直行(第二个出口)，到响水湖路口右转即可到达景区。

云梦仙境 ………………………… P136B3

✉ 琉璃庙东峪村
✆ 61618157
🚘走京承高速到怀柔出口下—开放环岛—左转走111国道，往雁栖湖方向—琉璃庙镇柏查子环岛右转—再行5千米即可到。

幽谷神潭旅游区 2A ………………………… P145B1

✉ 怀北镇椴树岭村 ✆ 61622073
🚘 京承高速—京密路出口下高速—沿101国道向北至开放环岛3号出口右转—雁栖环岛直行，按路标行驶即到。

农业观光、采摘

慧生绿色采摘养殖园 ………………………… P144C3
(樱桃、杏、李子、鸭梨、红果、核桃、柿子)

✉ 九渡河镇黄坎村 ✆ 60672098
🚘 京承高速—怀柔出口—怀长路即可到达。

琉璃庙生态旅游观光园区
(板栗、核桃、冬枣、李枣、梨)

✉ 琉璃庙镇 ✆ 61618269
🚘 京承高速—怀柔区—G111国道即可到达。

义利金秋采摘园 ………………………… P144B3
(桃、梨、杏、李子、栗子、核桃、葫芦枣)

✉ 九渡河镇黄花镇村
✆ 13901374210 61652181
🚘 京承高速—怀柔出口—怀长路即可到达。

中天瀚海农业观光园(名特优瓜果) …… P145A4

✉ 桥梓镇前辛庄村 ✆ 60672098、60673064
🚘 京承高速—天台路出口—怀昌路—桥梓镇即可到达。

飞鹰绿色农庄 ………………………… P145B4
(樱桃、桃、李、杏、枣)

✉ 杨宋镇凤翔科技开发区 ✆ 89618212
🚘 京承高速—杨雁路出口—杨宋镇—中高路—凤翔环岛直行—怀耿路。

【延庆县】

地图 P146～150

进入延庆

自驾路线一

从北三环马甸桥上G6京藏高速往北，过昌平、居庸关、八达岭长城，在妫川路出口下高速，沿妫川路向北直行，见交通局左转走妫水南街，过菜园环岛、东关环岛左转可达城区。

自驾路线二

从北三环马甸桥上G6京藏高速往北，过清河、北六环，在32千米处昌平西关下高速，上110国道向西北方向行驶，过昌平进入延庆境内，至大榆树走旧京银路，过妫水河桥左转走湖北东路，见东关环岛直行到达城区。

景区景点

八达岭 5A ………………………… P147C2

✉ 八达岭镇 ✆ 69121423
🚘 走G6京藏高速八达岭长城出口下。

龙庆峡风景区 4A ………………………… P146C2

✉ 县城东北古城峡谷 ✆ 69191020
🚘 走G6京藏高速公路到妫川路出口下，到县城，再上京张公路行驶5千米，按路标行驶即到。

八达岭野生动物世界 2A ………………………… P147C2

✉ 长城停车场对面 ✆ 69122591
🚘 走G6京藏高速八达岭长城出口下。

残长城 2A

✉ 八达岭镇东沟村 ✆ 69120990
🚘 走G6京藏高速到八达岭长城出口下，左行500~600米，有路标指示。

松山国家级自然保护区 2A ………… P146C4
✉ 张山营镇松山自然保护区 ✆ 69112020
🚗 走G6京藏高速公路到妫川路出口下，到县城，沿京张公路行至张山营镇后再行驶数百米即到。

康西草原 2A ………… P147B4
✉ 康庄镇康西草原度假村 ✆ 69131603
🚗 走G6京藏高速至西康路出口前行5千米即到。

仓米谷道自然风景区 ………… P148C1
✉ 仓米古道旅游区 ✆ 69182717
🚗 走京承高速，京密路出口下，走111国道一直向北到汤河口左转，按路标行驶。

滴水壶风景区 ………… 148B1
✉ 千家店镇沙梁子村
🚗 走京承高速，京密路出口下，走111国道一直向北到汤河口左转，按路标行驶。

古崖居 2A ………… P147A4
✉ 张山营镇东北营村北边 ✆ 69110333
🚗 走G6京藏高速营城子出口下，到延庆县城，再沿110国道行至东门营村后，前行2千米即到。

硅化木国家地质公园 ………… P148B2
✉ 千家店镇 ✆ 60184488
🚗 走G6京藏高速妫川路出口下，向东60千米，有路标指示。

妫河漂流旅游区 ………… P147A1
✉ 延庆县县城 ✆ 69189876
🚗 走G6京藏高速到妫川路出口下，到延庆县城后有路标指示。

九眼楼长城风景区 ………… P144D2
✉ 四海镇 ✆ 60187367
🚗 走G6京藏高速至妫川路出口下，至延庆县城，沿延四路即可到达九眼楼。

八达岭滑雪场 ………… P147C2
✉ 八达岭长城西侧3公里处 ✆ 69129966
🚗 走G6京藏高速八达岭长城出口下，至野生动物园停车场出口左转，向西直行3千米即到。

石京龙滑雪场 ………… P146D2
✉ 张山营镇中羊坊 ✆ 69191613
🚗 走G6京藏高速妫川路出口下，至县城，经110国道龙庆峡路段到黄柏寺处,西行1千米即可到达。

野鸭湖 ………… P147B4
✉ 康庄镇西北 ✆ 69131226
🚗 走走G6京藏高速到西康路出口下，直行过铁路后十字路口左转向榆林堡方向，按路标行驶可到。

玉渡山风景区 ………… P146B3
✉ 张山营镇玉渡山风景区 ✆ 69190280
🚗 走G6京藏高速至妫川路出口下，按路标行驶即到。

中国长城博物馆
✉ 八达岭镇八达岭风景区内 ✆ 69121830
🚗 走G6京藏高速到八达岭长城出口下，即到。

农业观光、采摘

里炮红苹果观光度假园(红富士苹果) … P147C3
✉ 八达岭镇里炮村 ✆ 61163088
🚗 走G6京藏高速到八达岭长城出口下，前行至外炮村路口，左行500米即到。

新庄堡杏树观光采摘园(杏)
✉ 香营乡新庄堡村 ✆ 60161505
🚗 走G6京藏高速，妫川路出口下，走八峪路到香营乡新庄堡村。

阳光现代林果精品园
(苹果、五九香梨、爱宕梨、杏、红提葡萄、桃)
✉ 县城15千米处，距龙庆峡景区2.5千米
✆ 61152499
🚗 走G6京藏高速，妫川路出口下，到延庆县城，往龙庆峡方向至米粮屯。

【昌平区】
地图 P151～155

进入昌平

自驾路线一

北三环马甸桥走G6京藏高速，过清河、回龙观、沙河、六环路，在昌平出口下高速，在城角立交桥下右转，走南环路向东，见鼓楼南街路口(R2)左转向北进入城区。

自驾路线二

走立水路，过立水桥走立汤路继续向北，经六环马坊北桥、大柳树环岛，过京密引水渠左转走怀昌路向西，经崔村，见南金路右转去南邵，继续直行走昌百路，一路行至东关环岛，环岛左转走府学路达城区中心。

景区景点

明十三陵 5A ………… P154C4
✉ 十三陵镇天寿山南麓 ✆ 60761334
🚗 走京藏高速，到昌平西关环岛下，按路标行驶。

九龙游乐园 4A ………… P154D3
✉ 十三陵水库南 ✆ 60713354
🚗 走G6京藏高速至昌平西关出口下，一直向北有路标。

蟒山国家森林公园 4A ………… P154D3
✉ 十三陵水库 ✆ 60711866
🚗 走G6京藏高速至昌平西关出口下，向北走有路标。

银山塔林风景区 4A ………… P154B3
✉ 兴寿镇西湖村银山管理处北 ✆ 89726426
🚗 走G6京藏高速至昌平西关环岛下，至长陵，过九渡河在怀柔与昌平交界处右转即到。

中国航空博物馆 4A ………… P155A2
✉ 小汤山镇西侧 ✆ 61784882
🚗 走G6京藏高速北六环出口下，沿路标行驶即到。

白羊沟风景区 ………… P152D3
✉ 流村镇过王家园水库2千米 ✆ 89771716
🚗 走G6京藏高速公路至南口出口下，西行至流村镇往右拐，有路标。

敕赐和平寺 2A ………… P152D2
✉ 龙凤山花塔村 ✆ 69778491
🚗 走G6京藏高速陈庄出口下，后左转至南口方向，过天寿陵园后，在花塔村内。

碓臼峪风景区 2A ………… P152A1
✉ 长陵村西北约4千米处 ✆ 89721775
🚗 走G6京藏高速至昌平西关出口下，向北有路标到长陵宫，再向西3.5千米即到。

虎峪风景区 ………… P152C1
✉ 南口镇虎峪村北 ✆ 69771720
🚗 走G6京藏高速公路陈庄出口，下高速右行看路标。

军都山滑雪场 ………… P154D3
✉ 崔村镇真顺村588号 ✆ 60725888
🚗 走G6京藏高速，昌平西关出口下，西关环岛往东到东关环岛直走即可到达。

明皇蜡像宫 ………… P154D4
✉ 昌平区西关环岛北100米 ✆ 69747257
🚗 走G6京藏高速至昌平西关出口下，一直向北有路标。

双龙山森林公园 ………… P152B1
✉ 长陵村西北约8千米处 ✆ 89722496
🚗 走G6京藏高速至昌平西关出口下，向北有路标到长陵宫，向西6.5千米即到。

天池风景区 2A
✉ 十三陵水库左岸蟒山 ✆ 60713691
🚗 走G6京藏高速至昌平西关出口下，沿政府街到东关环岛有路标。

雪世界滑雪场 ………… P152C1
✉ 十三陵镇小宫门 ✆ 89761886
🚗 走G6京藏高速昌平西关出口下，昌平西关环岛向北直行到泰陵路口左转800米即到。

中国坦克博物馆 ………… P153B1
✉ 阳坊镇 ✆ 66759901
🚗 从颐和园向北沿温阳路到坦克博物馆。

居庸关长城 4A ………… P152C2
✉ 南口镇居庸关村居庸关管理处 ✆ 69771665
🚗 走G6京藏高速至居庸关长城出口下，按路标即到。

农业观光、采摘

北阳果品采摘园(桃、苹果、樱桃) ………… P154B4
✉ 十三陵旅游风景区内 ✆
🚗 走G6京藏高速，昌平出口下，往北5千米即到。

红栌生态渔业园(蔬菜、鱼) …… P155B2
✉ 小汤山镇讲礼村西
✆ 69746260
🚗 走立汤路，到马坊北桥向北1千米处向西，至讲礼村即可。

金果树旅游采摘园(中华寿桃) …… P152D1
✉ 昌平区南口镇辛力庄村
✆ 69746260
🚗 走G6京藏高速公路，陈庄出口下，右拐直行1千米左右即可到达。

流村绿园农家乐旅游观光园 …… P153A2
✉ 流村镇 ✆ 89771423
🚗 走G6京藏高速路百葛桥出口下，向西沿百葛路到流村环岛500米处。

南口农场观光采摘果园 …… P153A2
(草莓、油桃、樱桃、杨桃)
✉ 南口镇南部
✆ 60755064
🚗 走G6京藏高速水南路出口下，沿水南路西行至终点，再往南行驶1000米路西即到。

天翼草莓园(草莓、油桃、香瓜) …… P154D1
✉ 兴寿镇 ✆ 61721718
🚗 走立汤路，到大柳树环岛，往四海方向即可到达。

小汤山现代农业科技示范园 4A …… P155B1
(绿色蔬菜、葡萄、樱桃、苹果)
✉ 小汤山后蔺沟 ✆ 61791792
🚗 走立汤路至马坊桥，沿温榆河北岸向东2千米。

真顺红苹果乐园 …… P154D2
(丰水梨、黄金梨、富士苹果)
✉ 崔村镇真顺村 ✆ 60721032
🚗 走立汤路、柳兴路、怀昌路即可到达。

【顺义区】 地图 P156～160

进入顺义

自驾路线一
从东北三环太阳宫桥上京承高速，向北至后沙峪出口)(京承高速13千米处)下高速，向东走火沙路直至京密路左转，沿京密路达枯柳树环岛，环岛左转走顺平路向东，过南法信，至燕京桥往北，即达顺义城区。

自驾路线二
从东北三环三元桥上机场高速，一路向北至首都机场下高速，向东走岗山路，遇南岗路左转向北直行至南法信，见顺平路右转，至燕京桥往北，即达顺义城区。

自驾路线三
从东北三环三元桥上京密路(即101国道)，一直往北经四元桥、五元桥，至101国道的23千米处到达枯柳树环岛，环岛右转走顺平路向东，过南法信，至燕京桥往北，即达顺义城区。

景区景点

奥林匹克水上公园 …… P156D1
✉ 北小营镇潮白河畔
🚗 太阳宫桥上京承高速白马路出口下，从白马路（奥运大道）直行16千米，可直接到达水上公园。

焦庄户地道战遗址纪念馆 …… P158C2
✉ 龙湾屯镇焦庄户村 ✆ 60461906
🚗 走京承高速或京密路到枯柳环岛，直行至牛栏山路口往右直行20千米，按路标即到。

京东大芦荡 …… P159A3
✉ 杨镇
🚗 京密路(101国道)到枯柳树环岛，走顺平路到顺义城区，走顺平辅路即可到达。

莲花山滑雪场 …… P159A1
✉ 张镇莲花山 ✆ 61488333
🚗 顺平路行至顺义区张镇即到。

乔波冰雪世界 …… P156C1
✉ 顺安路6号 ✆ 69411991
🚗 京承高速公路后沙峪出口下高速，右转经罗马环岛、枯柳树环岛，沿顺平路至燕京桥左转，往北走顺安路，按路牌指示即到。

神笛陶艺村
✉ 南彩镇白马路北侧三高农业示范区内
✆ 60489273、60489643
🚗 京承高速白马路出口下，走白马路，经过奥林匹克水上公园路口前行约200米左右，在路的北边就是三高农业示范区的大门。

北京国际高尔夫俱乐部 …… P154C4
✉ 潮白河东岸 ✆ 89470005
🚗 机场高速北皋出口下，沿京密路至枯柳树环岛直行，马坡路口右转直行，经燕京啤酒厂、赛马场、乡村高尔夫俱乐部，过潮白河右转即可到达。

北京乡村高尔夫俱乐部 …… P156D1
✉ 马坡地区向阳闸南潮白河西侧 ✆ 69401111
🚗 机场高速北皋出口下，沿京密路至枯柳树环岛直行，马坡路口右转直行，经燕京啤酒厂、赛马场到达乡村高尔夫俱乐部。

农业观光、采摘

安利隆生态农业旅游山庄 …… P158C2
(梨、苹果)
✉ 龙湾屯镇山里辛庄石门基地 ✆ 60462323
🚗 京密路，到枯柳树环岛，走顺平路到张镇铁路桥左转8千米即到。

新特新优质葡萄采摘园
(葡萄、梨、枣)
✉ 大孙各庄镇 ✆ 61432006
🚗 走京平高速，大田庄出口下向北即到。

双河观光采摘果园 …… P157A1
(苹果、梨、桃、樱桃、草莓)
✉ 南彩镇 ✆ 89477712
🚗 京密路，到枯柳树环岛，走顺平路至河北村南口往北0.5千米。

三高科技农业示范区 …… P158D4
✉ 北小营镇后疃村北 ✆ 60489550
🚗 走京密路，在顺义马坡路口右转向东，过潮白河后约1千米即到。

龙湾屯樱桃谷(樱桃)
✉ 龙湾屯镇 ✆ 60461392
🚗 首都机场高速，北皋桥下，沿京密路(101国道)至牛栏山环岛右转，向东走辛樊路约15千米即到。

【平谷区】 地图 P161～165

进入平谷

自驾路线一
从东北三环太阳宫桥上京承高速，黄港出口走机场南线至李天桥，走京平高速，东高村西桥出口下，向北进入平谷城区。

自驾路线二
沿京密路到达枯柳树环岛，环岛右转走顺平路，一路向东，经南法信、顺义、南彩、杨镇、张镇、大兴庄，经岳各庄桥过洳河，进入平谷城区。

自驾路线三
从东五环平房桥上机场第二高速，到管头桥右转走京平高速，向东直行至东高村西桥下高速，向北经平三路、城南路到达平谷城区。

景区景点

金海湖旅游区 4A …… P163C4
✉ 平谷区城15公里金海湖镇 ✆ 69993943
🚗 京密路、顺平路或者走京平高速公路到平谷城区，往东行驶17千米即到。

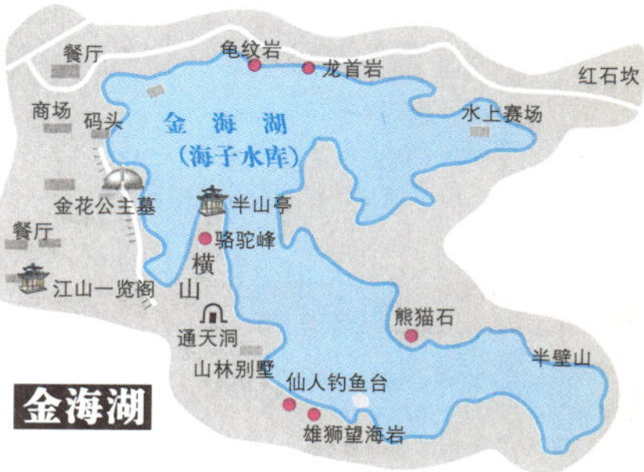

京东大溶洞 4A …… P163C4
✉ 黄松峪乡黑豆峪村 ✆ 60971708
🚗 走京密路、顺平路或者走京平高速到平谷城区，再往东行驶即到。

石林峡风景区 4A …… P163B3
✉ 黄松峪乡刁窝村 ✆ 60987678
🚗 走京密路、顺平路或者走京平高速到平谷，沿金海湖方向行驶，在胡庄路口北行5千米即到。

京东大峡谷 3A …… P163A3
✉ 山东庄镇鱼子山村北 ✆ 60968317
🚗 走京密路、顺平路或者走京平高速到平谷，顺平路一直往东大约6千米处有路标，到张辛庄左拐直行5千米即到。

渔阳国际滑雪场 4A …… P164D3
✉ 东高村镇大旺务村东侧 ✆ 87606696
🚗 三环太阳宫桥上京承高速，黄港出口下，走机场南线高速，过李天桥走京平高速，东高村西桥下，向南走平三路到大旺务村即到。

青龙山 4A

✉ 东高村镇 ✆ 69909090

🚗 三环太阳宫桥上京承高速，黄港出口下，走机场南线高速，过李天桥走京平高速，东高村西桥下，向南走平三路即到。

湖洞水旅游区 ······ P163B3

✉ 黄松峪水库北侧

✆ 60988154

🚗 走京密路、顺平路或者走京平高速到平谷，至湖庄路口向北10千米。

老象峰风景区 ······ P162B3

✉ 大华山镇小峪子村

✆ 61940273

🚗 走京密路、顺平路或者走京平高速到平谷，到官庄路口左转直行15千米路北即到。

上宅文化遗址 ······ P163C4

✉ 上宅村南 ✆ 69991268

🚗 走京密路、顺平路到平谷，沿金海湖方向行驶，至金海湖即到。

淘金谷风景区 ······ P163C2

✉ 黄松峪 ✆ 60988629

🚗 走京密路、顺平路到达平谷，沿顺平路继续向东，至胡庄路口左转，按路标行驶。

丫髻山森林公园 ······ P162A2

✉ 刘家店乡 ✆ 61972535

🚗 走京密路、顺平路到平谷，沿金海湖方向行驶。

农业观光、采摘

北寨红杏采摘园 ······ P163B3

✉ 南独乐河镇北寨村

✆ 60966420、69841527

🚗 走京承高速黄港出口下，走机场南线一直向东，过李天桥走京平高速，进入平谷，后走平蓟路、熊南路即到。

金海湖观光采摘园 ······ P163C4

(水蜜桃、苹果、驼黄杏、葡萄)

✉ 金海湖镇韩庄村东，地处金海湖风景区的西侧，相距仅100米 ✆ 69991149

🚗 走京承高速黄港出口下，走机场南线一直向东，过李天桥走京平高速，进入平谷，走平蓟路去往金海湖。

老泉口观光采摘园

(杏、水蜜桃、苹果、黄金梨)

✉ 熊儿寨乡老泉口村127号

✆ 61961334

🚗 走京承高速后沙峪出口下，走火沙路，后沿顺平路，到官庄路口，左转往北，经峪口镇、大华山镇，直行，到熊畅加油站向北即可。

双营有机果园(桃) ······ P164B3

✉ 马昌营镇前芮营村

✆ 65267975

🚗 走京承高速黄港出口下，走机场南线一直向东，过李天桥走京平高速，马坊桥出口下走密三路往北，官庄路口右转，薄各庄桥左转至前芮营即到。

【通州区】

地图 P166～170

进入通州

自驾路线一

从东三环国贸桥往东走京通快速路，过四惠桥、远通桥，远通桥叉口右转，八里桥出口下至北苑桥直行，走新华大街可至通州城区。

自驾路线二

从东三环京广桥往东走朝阳路，过慈云寺桥、十里堡、大黄庄桥、北京第二外国语学院、管庄、杨闸环岛直行，直至北关立交，右转走新华北街到达通州城区。

自驾路线三

从东二环东便门桥走通惠河北路，到四惠桥走京通快速路，八里桥出口下可到达通州城区。

景区景点

大运河水梦园 ······ P167A3

✉ 潞城镇七级村东 ✆ 89581246

🚗 沿京通快速路到通胡路,按“大运河水梦园”的指路标所指方向到七级村东入园，门口是大树根的造型。

燃灯佛舍利塔 ······ P166C3

✉ 西海子西街12号 ✆ 69550695

🚗 走京通快速，在八里桥出口直行走辅路到北关环岛向北1千米即到。

宋庄艺术区

✉ 通州区宋庄镇小堡村 ✆ 69598282

🚗 走京通快速路到北关环岛，上京哈高速公路，宋庄出口下，可到小堡村。

通顺赛马场 ······ P166D1

✉ 徐辛庄镇内军庄村 ✆ 65182312

🚗 走京通快速路，到北关立交向北走通顺路，看到第三个红绿灯(旁边为加油站)后向东拐，到徐辛庄市场后北行5分钟即可到达赛马场。

西海子公园 ······ P166C3

✉ 通州区西海子西街78号 ✆ 69541569

🚗 走京通快速路,在八里桥出口下，直行走辅路到北苑环岛向东，第三个红绿灯向北直行1千米即到。

运河文化广场 ······ P166C3

✉ 通州区东关 ✆ 89523044

🚗 走京通快速路到通州区即到。

中国民兵武器装备陈列馆

✉ 通州区焦王庄 ✆ 89597561 89590788

🚗 走京通快速，在八里桥出口下，直行走辅路到北关路环岛向东，100米即到。

农业观光、采摘

吉鼎立达花卉观赏果品采摘园 ······ P169A2

(苹果、桃树、枣树、樱桃)

✉ 漷县镇北堤寺村 ✆ 80572449

🚗 京津塘高速采育出口下，左转向前至通州聚富园开发区，右转向前至于家务乡政府，右转向东约4千米见红墙大院即到。

葡香苑园艺场(葡萄)

✉ 张家湾镇大北关村 ✆ 69587298

🚗 京通快速八里桥出口下，沿地铁八通线旁的京津公路(103国道)到土桥后，右转4千米见标志。或走京津塘高速马驹桥出口下，到牛堡屯后左转3千米见标志和横幅左转弯即到。

台湖第五生产队农村生产实践园 ······ P166C4

(葡萄、梨)

✉ 台湖镇台湖村 ✆ 61536137

🚗 东四环四方桥走京沈高速，梨园桥下，向南到台湖镇向西，丁字路口左转300米。

张家湾葡萄生产示范园

✉ 张家湾镇京津公路旁 ✆ 69582256

🚗 京通快速八里桥出口下，沿地铁八通线旁的京津公路(103国道)直行即到。

【大兴区】

地图 P171～175

进入大兴

从南三环玉泉营桥上京开高速，过马家楼桥，至西红门收费站，过收费站后继续直行，经西红门南桥、金星桥，在12千米处大兴黄村出口下高速，从清源路口右转向西，见兴丰大街左转可至大兴城区。

景区景点

北京野生动物园 4A ······ P173C3

✉ 大兴区榆垡镇东胡林 ✆ 89216666

🚗 京开高速，见北京野生动物园路牌出高速即到。

半壁店森林公园

✉ 大兴区庞各庄镇 ✆ 89231818

🚗 从玉泉营上京开高速公路到庞各庄出口下，从瓜香桥下向左转，行驶15分钟即到。

北普陀影视城 ······ P172B1

✉ 大兴区南宫村 ✆ 69281996

🚗 距北京市区16千米，走南四环大红门出口出，走南苑路直行10千米即到。

大兴花卉园

✉ 大兴区庞各庄镇 ✆ 89287460

🚗 走京开高速，在梨花桥出口下，前行1千米路西即到。

南海子麋鹿苑 ······ P172A1

✉ 大兴南海子 ✆ 87962107

🚗 走南四环，肖村桥出口右转，行至亦庄开发区5千米后见路牌右转3千米即到。

团河行宫遗址公园

✉ 大兴区黄村东金星乡团河村 ✆ 61285872

🚗 沿京开高速公路到法华寺出口向前行，第二个红绿灯左转3千米即到。

中国西瓜博物馆 ······ P172D3

✉ 大兴区庞各庄镇 ✆ 89281181

🚗 京开高速公路到庞各庄出口100米路西即到。

御林古桑园 2A ······ P175A3

✉ 大兴区安定镇 ✆ 80233242

🚗 走六环路，从南大红门出口出来向南，沿104国道，过青云店镇政府向南2千米即可见到古桑园指示牌，按指示牌即可到达。

中华文化园 3A ……………… P172A3

✉ 大兴区黄村镇明春苑春泽园2号 ✆ 61224628
🚗 走京开高速公路到西红门出口下，沿京良路西行5千米即到。

中国印刷博物馆 2A ……………… P171B2

✉ 大兴区黄村兴华北路25号 ✆ 60261239
🚗 走京开高速公路到第6出口下，在清源路右转，第二个红绿灯右转即到。

农业观光、采摘

万亩葡萄观光区(葡萄) ……………… P174D1

✉ 采育镇 ✆ 80272793
🚗 京津塘高速，采育出口下。

御林古桑园(桑葚、梨、李子、樱桃) ……… P175A3

✉ 安定镇前野厂村 ✆ 80233242
🚗 走南六环，从南大红门出口出来向南，沿104国道，过青云店镇政府向南2千米即可见到古桑园指示牌，沿指示牌即可到达。

新概念梨花庄园(梨) ……………… P173B4

✉ 庞各庄镇梨花村 ✆ 89259616
🚗 玉泉营环岛上京开高速，梨花桥出口下，右转上桥西行4千米梨花村南行500米。

西甜瓜采摘园(西瓜) ……………… P173C3

✉ 榆垡镇 ✆ 89218125
🚗 南三环玉泉营桥上京开高速，榆垡出口下，往西经镇政府即可到达。

魏善庄精品梨园示范基地(梨) ……… P172D2

✉ 魏善庄镇镇政府南侧
✆ 89235055、89231372
🚗 六环路—黄徐路—磁大路。

长子营蔬菜科技示范园区 ……… P174D2

(无公害蔬菜)

✉ 长子营北泗村 ✆ 80268446
🚗 京津塘高速，马驹桥出口下，东南5千米即到。

【门头沟区】

地图 P176～180

进入门头沟

自驾路线一

从五环路衙门口桥，走京昆路(108国道)，至石门营环岛右转向北，至葡萄嘴环岛，环岛左转走新桥南大街，往北直行即达门头沟城区。

自驾路线二

走阜石路过晋元桥，直行到金顶南路向西，至双峪环岛，环岛直行，见新桥大街右转可达城区中心。

自驾路线三

走六环路，在双峪桥出口下，向西直行到达双峪环岛，再直行可到达门头沟城区。

六环路全线通车后，可走六环路前往区内各景点。主要出口有：双峪桥、军庄桥京拉路出口等。

景区景点

潭柘寺 4A ……………… P179B2

✉ 门头沟区潭柘寺镇 ✆ 60862244
🚗 五环衙门口桥走108国道按路标指示前行即到。

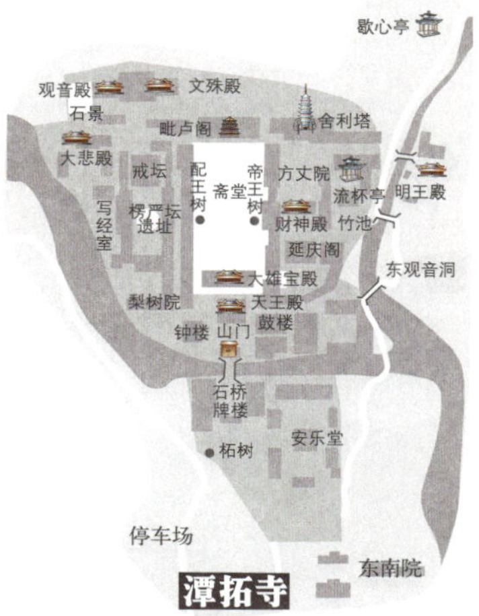

戒台寺 4A ……………… P179C2

✉ 门头沟区永定镇 ✆ 69802645
🚗 五环路衙门口桥走108国道按路标指示前行即到。

灵山风景区 ……………… P177A4

✉ 清水镇西北 ✆ 61827994
🚗 走阜石路到门头沟双峪环岛往北，或六环路军庄桥京拉路出口下，走109国道，按路标指示前行。

百花山 2A ……………… P182C3

✉ 百花山林场 ✆ 61826110
🚗 阜石路到门头沟双峪环岛，或六环路军庄桥京拉路出口下，走109国道，按路标指示前行。

爨底下(中国历史文化名村) ……… P177A2

✉ 斋堂镇 ✆ 69819333
🚗 阜石路到门头沟双峪环岛，或六环路军庄桥京拉路出口下，沿109国道到斋堂镇，沿斋堂水库向西5.5千米即达。

黄草梁风景区 ……………… P176D3

✉ 斋堂镇 ✆ 69816719
🚗 沿109国道西行，有路标。

妙峰山风景区 3A ……………… P178C2

✉ 妙峰山镇涧沟村 ✆ 61882936
🚗 沿109国道行驶，到担礼村按路标可到达，沿路标即到。

小龙门森林公园 2A ……………… P177A4

✉ 门头沟区清水镇小龙门林场 ✆ 61827665
🚗 阜石路到门头沟双峪环岛，或六环路军庄桥京拉路出口下，沿109国道即可到达。

京西十八潭 ……………… P178D3

✉ 王平地区办事处安家庄村境内 ✆ 61833074
🚗 从苹果园上109国道，52千米处有路标。

龙门涧风景区 2A ……………… P176D3

✉ 清水镇燕家台村 ✆ 61828185
🚗 阜石路到门头沟双峪环岛，或六环路军庄桥京拉路出口下，沿109国道路标指示前行即可。

双龙峡 ……………… P177A1

✉ 火村 ✆ 69819310
🚗 阜石路到门头沟双峪环岛，或六环路军庄桥京拉路出口下，沿109国道行驶见火村路牌下道。

珍珠湖风景区 ……………… P176C1

✉ 门头沟区珠窝水库 ✆ 61838013
🚗 阜石路到门头沟双峪环岛，或六环路军庄桥京拉路出口下，沿109国道直达。

农业观光、采摘

东山梨花园(京白梨) ……………… P178D1

✉ 军庄镇东山村 ✆ 60812631
🚗 走阜石路到门头沟区，过双峪环岛走109国道，军庄镇往东3千米。

灵溪英华园 ……………… P178D2

(樱桃、香椿、核桃、红果、脆枣、柿子)

✉ 妙峰山镇岭角村 ✆ 61884642
🚗 阜石路至双峪环岛，走109国道西行至42.3千米处，见路牌前行约3千米即到。

妙峰樱桃园(樱桃) ……………… P178D2

✉ 妙峰山镇北部 ✆ 樱桃沟村：61883114
桃园村：61883148 涧沟村：61882920
🚗 阜石路或者莲石路到双峪环岛，沿109国道担礼路口北行。

孟悟生态园

(京白梨、苹果、红杏、白杏、枣、山楂)

✉ 军庄镇孟悟村
✆ 60810784、60810784
🚗 走阜石路到门头沟区，过双峪环岛走109国道，到军庄镇向东走即可到达。

王平村趣园(京白梨、苹果)

✉ 王平镇 ✆ 61859464、61857608
🚗 阜石路或莲石路到门头沟双峪环岛，走北滨河路，经水闸走109国道，下韦甸走109复线，到石古岩村左行1.5千米。

【房山区】

地图 P181～185

进入房山

自驾路线

从西三环六里桥上G4京港澳高速，过岳各庄桥、宛平桥，杜家坎收费站，继续直行，在良乡机场出口下高速，走拱辰北大街直达城区。也可直接走六环路古兰东桥或梨园桥下，前往房山城区。

六环路全线通车后，去房山区内很多景点都很方便，主要出口有：京石高速、燕东路、良坨路等。

景区景点

周口店“北京人”遗址 4A ……… P185A4

✉ 房山区周口店大街1号 ✆ 69301272
🚗 走G4京港澳高速京周路出口下，走京周路可到达。

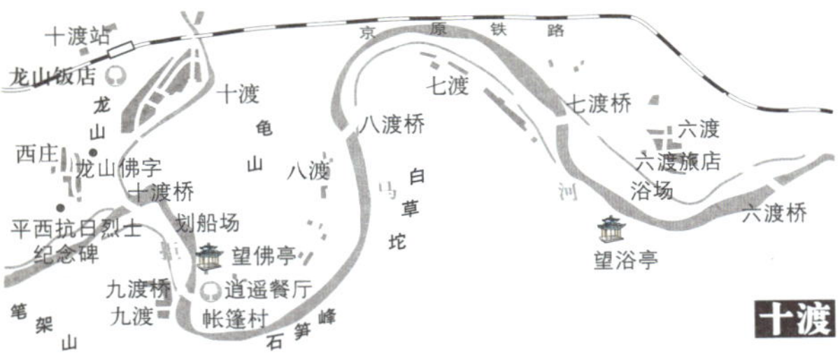

十渡风景区 4A ………… P183A3

✉ 房山区西南十渡镇 ✆ 61349871

🚘 走G4京港澳高速，阎村出口下，经过云居寺一直到十渡风景区。或走六环路，燕东路出口下，走京周路、周张路可到达。

圣莲山风景 4A ………… P182B2

✉ 房山区史家营乡 ✆ 60319012

🚘 走G4京港澳高速，阎村出口下，经坨里、河北庄、贾峪口，沿路标即到。

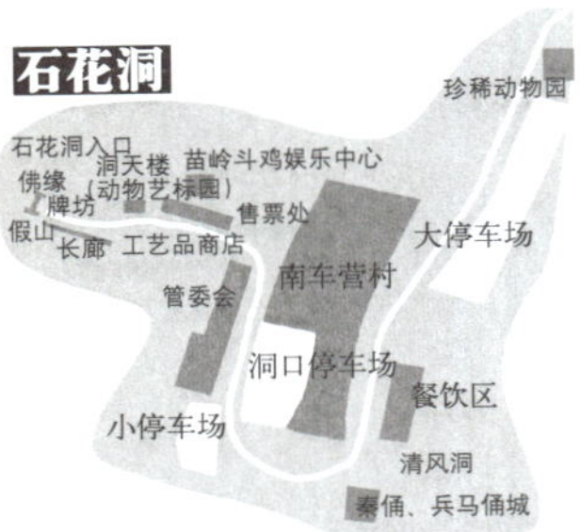

石花洞 4A ………… P184C4

✉ 房山区河北镇南车营村 ✆ 60312243

🚘 走G4京港澳高速，京周路出口下，走阎东路、坨里到石花洞。或走六环路良坨路出口下，走良坨路可到达。

上方山国家森林公园 2A ………… P183A1

✉ 房山区韩村河镇圣水峪村 ✆ 61315542

🚘 走G4京港澳高速，琉陶路出口下，经琉璃河、岳李路、岳圣路、上方山。或六环路燕东路出口下，走京周路、周张路可到达。

银狐洞 2A ………… P184C4

✉ 房山区佛子庄乡下英水村 ✆ 60363236

🚘 走G4京港澳高速，良乡出口下，直行有路标。或走六环路，良坨路出口下，走良坨路可到达。

云居寺 4A ………… P183B1

✉ 房山区大石窝镇水头村 ✆ 61389612

🚘 走京港澳高速，琉陶路出口下，沿韩村河方向有路标。或走六环路燕东路出口下，走京周路、周张路可到达。

白草畔 ………… P182C3

✉ 房山区霞云岭乡四马台村 ✆ 60369038

🚘 走五环路衙门口桥走京昆路(108国道)，105千米处有路牌指示。

韩村河旅游景村 3A ………… P185C3

✉ 房山区韩村河镇 ✆ 80380015

🚘 走G4京港澳高速，琉陶路出口下，沿琉璃河、岳李路到韩村河。

青龙湖 2A ………… P145B2

✉ 房山区青龙湖镇 ✆ 60321706

🚘 走G4京港澳高速，良乡机场出口下，走良坨路可到青龙湖。或走六环路良坨路出口下也可到。

将军坨风景区 ………… P184B3

✉ 房山区河北镇檀木港村 ✆ 69134162

🚘 走G4京港澳高速，京周路出口下，经阎村、坨里、阎东路到景区。走六环路良坨路出口下，走良坨路也可到。

西周燕都遗址博物馆 ………… P185B2

✉ 房山区琉璃河董家林村东 ✆ 61393475

🚘 走G4京港澳高速，琉陶路出口下，韩村河方向到琉璃河村有标志。

仙栖洞 2A ………… P183B2

✉ 房山区张坊镇东关上村 ✆

🚘 走G4京港澳高速，琉陶路出口下，十渡方向过二渡不远有路牌。

张坊古战道 ………… P183C2

✉ 房山区张坊镇张坊村 ✆ 61331451

🚘 走G4京港澳高速，琉陶路出口下，经琉璃河、云居寺路、周张路到张坊古战道。或走六环路，燕东路出口下，走京周路、周张路可到达。

农业观光、采摘

大石窝菱枣采摘园(菱枣) ………… P183C1

✉ 大石窝镇 ✆ 61389090

🚘 走G4京港澳高速，琉陶路出口下，经韩村河走云居寺路，过云居寺即到。

十渡民俗风情苑

(桃、李子、草莓、葡萄、梨、杮、杏)

✉ 十渡镇内 ✆ 61347870

🚘 走G4京港澳高速，琉陶路出口下，到韩村河，经云居寺到达十渡(西庄村)。

磨盘柿采摘园(磨盘柿、猕猴桃) ………… P183C2

✉ 张坊镇 ✆ 61339809

🚘 走G4京港澳高速，琉陶路出口下，经琉璃河、韩村河、云居寺，到达大峪沟即到。

北京周边旅游资讯

【游山玩水】

盘山 5A

盘山有“京东第一名山”之称，是燕山山脉南缘的一段，以“五峰”、“八石”、“三盘”最为有名。盘山现为津门十景之一，景名“三盘暮雨”。

✉ 天津市蓟县北部山区 ✆ 022-29821235

🚘 从三元桥上首都机场高速公路、机场南线高速公路、京平高速公路、平蓟高速公路直达盘山景区。

小五台森林公园

距离北京约180千米。这里有保存很好的原始森林。公园内山峰险峻，怪石嶙峋，加之水资源丰富，主要山谷均有溪流，使人流连忘返。7月山花遍野，金莲花以及无名小花相互斗艳。

✉ 河北省涿鹿县与蔚县交界处

🚘 走G109国道，桃花镇左转到赤崖堡村或者范家堡左转到西金河口村停车上小五台山。或者从马甸桥走G6京藏高速，过康庄继续走G6京藏高速到下花园出口下，走342省道，到岔道村右转上G109国道也可到达。

白洋淀 5A

白洋淀最吸引人的当属水乡风光，而且随季节不同景色各异：春季芦苇丛生，满湖青翠；夏季荷花初绽，风光旖旎；秋季芦花纷飞，鱼鸭满淀。特色美食是“全鱼宴”。

✉ 河北省保定市安新县

🚘 走G4京港澳高速，保津出口下，转上荣乌高速天津方向，至容城出口下高速，走引线直接到安新，全程约162千米。

恒山 4A

恒山是我国五岳之中的北岳，自古就有“塞北第一山”之称。恒山以道教闻名，以奇险吸引着游人。山上分布着许多道教庙观，其中北岳庙是山上最宏伟的一座庙观，它建于明代，背倚恒山主峰天峰岭。

✉ 山西省浑源县境内 ✆ 0352-8322142

🚘 北三环马甸桥走G6京藏高速，过康庄继续走京藏高速，到半坡街出口上宣大高速，到达大同。后走大运高速原平出口下，走县道即可到达。

壶口瀑布 4A

壶口瀑布是黄河唯一的大瀑布，也是我国第二大瀑布。此地两岸夹山，河底石岩上冲刷成一巨沟，宽达30米，深约50米，其形如巨壶沸腾，故名“壶口”。

✉ 山西省临汾市吉县 ✆ 0357-7922673、7986118

🚘 走G4京港澳高速，到石家庄，转上石太高速，到太原，罗城出口上大运高速到土门出口下，往吉县方向走即可到达。

绵山

绵山距介休市区20千米，是一处融自然山水和佛教文化为一体的景区。主要景点有龙头寺、龙脊岭、蜂房泉、大罗宫、介公岭等。

✉ 山西省介休市东南 ✆ 0354-7055919

🚘 走G4京港澳高速，到石家庄，后继续走京港澳高速，到太原罗城出口上大运高速，到土门出口下，即可到达。

笔架山风景区

笔架山位于锦州市城南35千米处的天桥镇辽东

湾中，是近海中的一个连陆小岛。小岛南北长1.5千米，东西宽0.8千米，岛上三峰，形如笔架，故称为笔架山。从北岸到笔架山，其间有一条潮汐冲击而成的连接海岛与陆地的天然卵石通道，俗称“天桥”，很有特色。

✉ 辽宁省锦州市城南经济技术开发区

✆ 0416-3581137

🚗 **走G1京哈高速，锦州出口下，沿省道向西行驶即可到达。**

泰山

泰山是中国历史上唯一受过皇帝封禅的名山，也是佛、道两教兴盛之地，是历代帝王朝拜之山。历代帝王所到之处，建庙塑像，刻石题字，留下了众多文物古迹。

✉ 山东省泰安市泰山区 ✆ 0532-6228289

🚗 **从分钟寺桥或十八里店桥上G2京沪高速，经沧州、德州、济南到达泰安，从泰安东出口下高速，延S243省道向东北方向可达泰山。**

崂山

崂山是山东半岛的主要山脉，最高峰崂顶海拔1133米，是我国海岸线第一高峰，有着“海上第一名山”之称。崂山是我国著名的道教名山，最盛时，有“九宫八观七十庵”，全山有上千名道士。

✉ 崂山区海尔路178号 ✆ 0352-88899000

🚗 **从分钟寺桥或十八里店桥上G2京沪高速，经沧州、德州、济南，到槐银出口上青银高速，到瑞昌路出口，进市区奔崂山方向。**

红叶谷（济南）

位于济南历城区锦绣川水库南3千米处，是2002年的“山东十大新景点”。主要有大门景区、绚秋湖、蔷薇园、天趣苑、朱老庵、蔓园、水趣苑、欧洲风情谷和万叶塔等九个景点。

✉ 山东省济南市历城区仲宫镇锦绣川水库南3千米 ✆ 0531-82818666 82813123

🚗 **从分钟寺桥或十八里店桥上京沪高速，经沧州、德州、济南，从殷家林出口上绕城高速到大涧沟出口，经过S327省道，直达红叶谷方向。**

云台山 5A

以独具特色的“北方岩溶地貌”被列入首批世界地质公园名录。景区面积190平方千米，含泉瀑峡、潭瀑峡、红石峡、子房湖、万善寺、百家岩、仙苑、圣顶、叠彩洞、青龙峡、峰林峡等景点，还有亚洲落差最大的云台瀑布。

✉ 河南省焦作市修武县

✆ 0391-7709001 7709300

🚗 **六里桥上G4京港澳高速，经石家庄继续走京港澳高速，到新乡出口下，转上去往焦作的高速，经修武走223省道转县道可到达。**

【草原风情】

塞罕坝国家森林公园

塞罕坝草原是花的世界。塞罕坝在蒙语里意思为美丽的高原，这里最有名的就是金莲花，每年七月是金莲花开得最盛的时候，草甸上像铺满了黄澄澄的金子。也因为它的美丽，摄影爱好者们每年蜂拥而至。

✉ 河北省承德市

🚗 **全程433千米，行程约6个小时左右。走京承高速从北京城区到怀柔。后沿着111国道可到达丰宁，牌楼村转上351省道，到御道口走县道可到达塞罕坝。**

张北坝上

这里曾经是清帝秋游巡猎的地方。这里空气纯净，污染极少，是一处保存完整的天然草原。每到夏天，张北坝上都是北京自驾游客们首推的避暑草原。在这里除了可以住在风味独特的蒙古包中，也可以自带帐篷。张家口的蘑菇很有名，所以一定要吃特色菜——羊肉蘑菇汤。

✉ 河北省张家口市张北县

🚗 **全程约260千米，自驾需3小时。马甸桥走G6京藏高速，张家口出口下，转上去往张北的高速，即可到达。**

丰宁坝上草原

地处河北省承德市丰宁满族自治县，距离北京300千米，总面积350千米，平均海拔1487米。是距北京最近的内蒙古大草原，这里夏季气候凉爽，清爽宜人，平均气温17.4度，繁花弥野，骑马奔驰，既是理想的休闲避暑胜地，又是出游的最好的草甸式草原。可品尝烤羊，地方特产马奶酒，观赏篝火晚会，敬美酒，献哈达。

✉ 河北省承德市丰宁县

🚗 **走京承高速，到怀柔出口下，过城区走111国道可到达丰宁县。**

木兰围场

皇家猎苑——木兰围场位于河北省最北的围场县境内，自古就是一处水草丰沛，禽兽繁集的天然名苑。如今春夏时节，这里万顷松涛，清风习习，茫茫草原，繁花似锦，游人徜徉其间，心旷神怡，不知有暑。八月金秋，红叶满山，霜林叠翠，吸引无数国内外游客和艺术家前来观光、摄影、写生。

✉ 河北省承德市围场县

🚗 **走京承高速，怀柔出口下，走111国道可直接到围场县。**

乌兰布统草原

乌兰布统草原景色有四个显著特点：一是森林草原结合；二是草甸子广阔；三是“百花草甸”景观；四是桦林景观。这四大景观特色，每年都吸引了数以万计的艺术家到这里采风、创作。旅游区主要景点有将军泡子、古战场遗址、点将台、十二座连营、公主湖、蘑菇湖、五彩山、坝上草原等。

✉ 内蒙古自治区克什克腾旗最南端

🚗 **距北京仅300多千米，需4个小时左右。走京承高速怀柔出口下，走111国道经丰宁，到牌楼走351省道，到御道口上县道，经塞罕坝国家森林公园再向北行驶即可到达。**

【名胜古迹】

避暑山庄及外八庙

避暑山庄是皇帝夏日避暑和处理政务的场所，分为宫殿区、湖泊区、平原区、山峦区四大部分。享有“中国地理形貌之缩影”和“中国古典园林之最高范例”的盛誉。

外八庙是清代修建的一个规模庞大的寺庙群，呈半月形如众星捧月般环列在避暑山庄周边。原有寺庙12座，因其中八座曾归清朝理藩院管理，习惯上称为“外八庙”。

✉ 河北省承德市区 ✆ 0314-2029771

🚗 **从望和桥走京承高速可直接到达承德。**

清东陵

清东陵位于河北省遵化县境内，面积70平方千米，是我国现存规模较大、体系完整的帝王后妃墓群之一，国家4A级旅游景区。

✉ 河北省遵化市马兰峪镇 ✆ 0315-6945471

🚗 **从四惠桥走京通快速路，京哈高速，过白庙出口上302国道，经蓟县到清东陵。**

山海关 5A

“天下第一关”山海关，城门高约13米，分为上下两层，造型美观大方，雄壮威严，登上城楼，一边是碧波荡漾的大海，一边是蜿蜒连绵的万里长城，令人豪气顿生。

✉ 秦皇岛市区东部15千米 ✆ 0335-5136177

🚗 **四方桥走G1京哈高速，到秦皇岛东出口下，可直达山海关。**

赵州桥

赵州桥建于隋开皇末年，至今已有1400年的历史，是隋代杰出工匠李春和众多石匠共同建造，也是世界历史上第一座单孔敞肩式石拱桥。桥全长64.40米，宽9.6米。

✉ 河北省赵县赵州桥路 ✆ 84902618

🚗 **从六里桥走京港澳高速，到石家庄出口下，进市区，沿308国道到赵县，再沿赵州桥路奔西直达赵州桥景区。**

独乐寺

独乐寺始建于唐代，寺内的观音阁和山门重建于辽代，距今已有1000余年的历史，是国内现存最古老的木结构建筑之一。独乐寺为津门十景之一，景名“独乐晨光”，主体建筑是山门、观音阁和东西配殿。

✉ 天津市蓟县城西门内西大街

✆ 022-29142907

🚗 **从国贸桥上京通快速路，朝通桥左转上通燕高速，白庙出口下走102国道，经三河市可到达蓟县。**

黄崖关长城旅游区

位于蓟县最北端30千米处的东山上，包括黄崖关和太平寨两个景区。黄崖关长城是蓟县境内唯一的一座关城。太平寨位于黄崖关东南1千米的小平安村，东起半拉缸山，西至寡妇楼，西北接凤凰楼，西南接水关，全长873米。这里以山势险峻，长城雄伟著称。

✉ 天津市蓟县北部山区

✆ 022-22718718

🚗 **从三元桥上首都机场高速公路，温榆桥(6号出口)进入机场南线高速公路，李天桥转上京平高速公路、平蓟高速公路到蓟县出口下一直向北。**

晋祠 4A

晋祠始建于北魏，曾是西周武王次子、晋国开国君主姬虞的祠堂。祠内难老泉、周柏、侍女像，号称“晋祠三绝”，其中43尊侍女像服饰、形态各不相同，具有很高的艺术价值。

✉ 山西省太原市 ✆ 0351-6020014

🚗 **从六里桥走G4京港澳高速，到石家庄走G5京昆高速，过太原转至夏汾高速，到晋祠出口。**

云冈石窟 5A

云冈石窟是与敦煌的莫高窟、洛阳的龙门石窟、甘肃的麦积山石窟齐名的中国四大石窟之一。共有大小洞窟53个，其中第20窟前的露天大佛（释迦牟尼坐像）是云冈石窟中的代表作，高约14米，脸部线条柔和，双目有神，是我国古代雕塑中的精品。

✉ 山西省大同市西郊武州山南麓

✆ 0352-3026230

🚗 **从马甸上G6京藏高速，到半坡街转入宣大高速，到马连庄出口转入G55二广高速，到古店出口，东行走109国道可前往云冈石窟。**

悬空寺

该寺始建于北魏太和十五年（公元491年），距今已有1000多年的历史。全寺为木质框架式结构，有殿琮楼阁40间，在陡崖上凿洞插悬梁为基，楼阁间以栈道相通，寺不大（一般玩一小时），但巧夺天工，颇为壮观。

✉ 山西省浑源县恒山山下

🚗 **从马甸上G6京藏高速，到半坡街转入宣大高速，到马连庄出口下，上203省道往南，过浑源可直达悬空寺。**

应县木塔

应县木塔是一座既有民族风格，又符合宗教要求的建筑，在我国古代建筑艺术中可以说达到了最高水平。

✉ 山西省应县

🚗 **从马甸上G6京藏高速，到半坡街转入宣大高速，到马连庄出口转入大运高速，到应县出口，往东南方向可直达应县木塔。**

五台山 5A

五台山为我国四大佛教名山之一，位于山西省五台县东北，由一系列大山和高峰组成，其中五座环抱高峰，峰顶平坦宽阔，“有如垒土之台”，故名五台山。因五峰耸峙，山势雄伟，素有“华北屋脊”之称。五峰环抱，东台海拔2795米，因其东望明霞，如波似海，故称望海峰；南台海拔2485米，细草杂花，灿若铺锦，故称锦绣峰。

✉ 山西省五台县东北部 ✆ 0350-6543689

🚘 从六里桥上京港澳高速到保定北出口出，走外环路，到顺平路口右转出城，一直向西经顺平、望都、唐县、阜平、五台山进山口最后可到怀台镇。

平遥古城

平遥古城是中国境内保存最为完整的一座古代县城，也是一座具有2700多年历史的文化名城，与四川阆中、云南丽江、安徽歙县并称为“保存最为完好的四大古城”，是晋商的发源地。主要景点有：古城墙、日升昌票号、城隍庙、古市楼等景点。

✉ 山西省晋中市平遥县古陶镇 ✆ 0354-5672933

🚘 从六里桥上京港澳高速，到石家庄走G5京昆高速，到西六安出口下，可到达平遥古城。

乔家大院 4A

原名“在中堂”，是清代商业金融资本家乔致庸的宅第。大院布局严谨，设计精巧，俯视呈“囍”字形，素有“皇家有故宫，民宅看乔家”之说。

✉ 山西省晋中市祁县乔家堡村 ✆ 0354-5321045

🚘 从六里桥走京港澳高速，到石家庄走京昆高速到太原，从太原的小店上208国道，往南可直达乔家大院。

王家大院

王家大院被誉为“华夏民居第一宅”，有高家崖和红门堡两大建筑群。高家崖是一座封闭的城堡式建筑，依山而建，气势宏伟，分为前后两院，整体布局承袭了我国古时前堂后室的结构。后院则是主人的生活区，仍是以各种雕刻为主要装饰，精美雅致。

✉ 山西省晋中市灵石县城东静升镇

🚘 从六里桥走京港澳高速，到石家庄走京昆高速到太原，从太原的马和可直达王家大院。

常家大院

是清朝晋商巨贾常氏一族的私家庄园。常氏以儒商文化独树一帜，族内既有进士、举人、秀才，又不乏书画名家，所以在宅第建筑上处处反映出书香门第的稳重古朴、匀称适宜，让人耳目一新。常家大院还以园林见长。

✉ 山西省晋中市榆次区东阳镇车辋村

🚘 从六里桥走京港澳高速，到石家庄走京昆高速到太原，从武宿，向南走318省道可直达常家大院。

蓬莱阁 5A

蓬莱又称“蓬壶”，神话中渤海里仙人居住的三座神山之一（方丈、瀛洲），素有“人间仙境”之称。蓬莱依山傍海，风景秀丽。境内有驰名中外的国家重点保护文物蓬莱水城和蓬莱阁，有令人神往的“仙阁凌空”、“渔梁歌钓”、“日出扶桑”等十大景观，加之独具“海市蜃楼”奇观和“八仙过海”的美传，素以“人间仙境”著称于世。

✉ 山东省蓬莱市迎宾路7号

✆ 0535-5621111、5643012

🚘 从分钟寺桥或十八里店桥上G2京沪高速，天津港淄公路转上荣乌高速，经海兴、沾化、东营、莱州，蓬莱西出口下即到。

孔府、孔庙及孔林

是中国唯一规模最大的集祭祀孔子嫡系后裔的府邸和孔子及其子孙墓地于一起的建筑群，孔子（公元前551~前419年）是中国儒家学说的创始人。他在死后的第二年，他的住宅被改成孔庙，每年祭拜。汉代以后历代皇帝都提倡尊孔读经，对孔子也不断追谥加封，同时扩大修建他的祠庙，孔庙的规模也越修越大。

✉ 山东省曲阜市南门内

🚘 从分钟寺桥或十八里店桥上G2京沪高速，经天津继续走京沪高速，经沧州、德州，济南，泰安，到曲阜出便可直达。

龙门石窟 5A

龙门石窟位于河南省洛阳市南13千米处，它同甘肃的敦煌石窟、山西大同的云冈石窟并称中国古代佛教石窟艺术的三大宝库。龙门石窟凿于北魏孝文帝迁都洛阳（公元494年），直至北宋，现存佛像十万余尊，窟龛2300多个。

✉ 河南省洛阳市南郊13千米 ✆ 0379-65981299

🚘 从六里桥上G4京港澳高速，到刘江出口下，上G30连霍高速，到洛阳东出口下，转上G55二广高速，龙门出口下即可到达。

少林寺 5A

有“禅宗祖廷，天下第一名刹”之誉；是中国佛教禅宗祖庭，位于河南登封城西少室山。南北朝时，天竺僧人菩提达摩到中国，善好禅法，颇得北魏孝文帝礼遇。太和二十年(公元496年)，敕就少室山为佛陀立寺，供给衣食。

✉ 河南登封市嵩山五乳峰下

🚘 从六里桥上G4京港澳高速，到刘江出口下，走G30连霍高速，郑州西南环，到郑少洛高速，到登封出口下。

大相国寺

创建于北齐天保六年（公元555年），原名建国寺。传说中，原为战国魏公子无忌——信陵君的宅院。后寺院毁于战火，唐景云二年（公元711年）重建。延和元年（公元712年），唐睿宗诏改寺名为大相国寺，御书“大相国寺”寺名，以纪念自己从相王当上皇帝。

✉ 河南省开封市

🚘 从六里桥上G4京港澳高速，到刘江出口下，再走G30连霍高速，到开封西出口下。

【海滨、海岛】

北戴河、南戴河风景名胜区

北戴河海滨风景度假区是北方著名的海滨旅游度假区，东有鸽子窝公园，西有联峰山公园，东北角的鹰角亭是观赏海上日出的绝佳地点。

✉ 河北省秦皇岛市

🚘 走G1京哈高速，到秦皇岛西出口下，沿指示牌走，可到达秦皇岛市。

黄金海岸

位于昌黎县东南面的渤海岸边，海岸线全长52.1千米，具有沙细、滩软、水清、潮平的特点，是进行海水浴、阳光浴、沙浴的理想地点。滑沙是这里最具特色的运动。

✉ 河北省秦皇岛市昌黎黄金海岸一纬路

✆ 0335-2289209 2289124

🚘 从四方桥走G1京哈高速，到北戴河出下，沿路标可直达黄金海岸。

翡翠岛

是一座由黄色细沙和绿色植被相间构成的半岛，岛上沙山连绵起伏,陡缓交错。由于这里独特的自然地理环境，形成了国内独有、世界罕见的海洋大漠风光。

✉ 河北省昌黎县黄金海岸南部沿海

🚘 从四方桥走G1京哈高速，到北戴河出下，沿路标可直达翡翠岛。

石老人旅游度假区

石老人旅游度假区以山海风光、啤酒文化、渔村民俗、美食购物、海洋娱乐为主要特色。主要景观有石老人、康有为墓、浮山等。一年一度的青岛国际啤酒节在此举行。

✉ 山东省青岛市区老山区 ✆ 0532-88890758

🚘 从分钟寺桥或十八里店桥上G2京沪高速到天津，从津淄公路桥上荣乌高速，沙洼枢纽上长深高速到淄博，上青银高速可到达青岛。

青岛第一海水浴场

是亚洲最大的沙滩浴场，也是青岛众多海滨浴场中的佼佼者，一向以坡缓沙细、水清浪静而著称。

✉ 青岛市汇泉湾内

🚘 从分钟寺桥或十八里店桥上G2京沪高速到天津，从津淄公路桥上荣乌高速，沙洼枢纽上长深高速到淄博，上青银高速可到达青岛。

长岛风景区

长岛，又称庙岛，或长山列岛，由32个岛屿组成，岛陆面积56平方千米，岛上景点主要有：九丈崖、月牙湾、仙境源、长岛历史博物馆、长岛航海博物馆、宝塔礁等。

✉ 山东省烟台市长岛县 ✆ 0535—3210939

🚘 从分钟寺桥或十八里店桥上G2京沪高速岛天津，走港淄公路桥转上荣乌高速，经海兴、沾化、东营、莱州，直接到达烟台，后乘船前往。

老虎滩海洋公园 5A

老虎滩海洋公园是中国最大的现代化海滨游乐场，是展示大连海洋文化，突出滨城特色，集观光、娱乐、科普、购物、文化于一体的海洋主题公园。园内有极地海洋动物馆、海兽馆、珊瑚馆、动物欢乐表演剧场等景点和娱乐项目。

✉ 辽宁省大连市中山区滨海中路9号

✆ 0411-82684001

🚘 从四方桥走G1京哈高速，到盘营海出口下，走盘海高速，到大石桥南上G15沈海高速可到达大连。

金石滩国家旅游度假区 4A

金石滩园区是大连滨海国家地质公园核心园区，分为黄金海岸景区、东部景区和城山头景区三大片区。其中东部景区是地质奇石景观最为集中的地段，分成四大主要景群：玫瑰园景群、恐龙园景群、南秀园景群和鳌滩景群。

✉ 辽宁省大连市金州区 ✆ 0411-87912351

🚘 从四方桥走G1京哈高速，到盘营海走盘海高速，到大石桥南上G15沈海高速可到达大连。

獐子岛

素有“黄海明珠”之美誉，位于长山群岛的南部，距大连56海里，由獐子、褡裢、大耗和小耗等13个岛屿组成。岛上都是欧式的建筑，白墙红瓦，一座座二层小楼随山就势地掩映于青山绿水间，街道宽阔，规划整齐，背倚青山，面临大海，一派舒爽典雅。

✉ 辽宁省大连市长海县 ✆ 0411-89767454

🚘 从四方桥走G1京哈高速，到盘营海走盘海高速，到大石桥南上G15沈海高速可到达大连，后乘船前往獐子岛。

兴城海滨

位于辽宁省兴城市，依山面海，面积42平方千米。分为5个景区，有50多个景点。

✉ 辽宁省葫芦岛市

🚘 从四方桥走G1京哈高速，到兴城出口下，可到达景区。

行车手续

【新车上牌】

小贴士：如何办理新车移动证

持机动车来历证明（购车发票有效期不得超过30天）、机动车所有人身份证、机动车交通事故责任强制保险凭证，到就近的区、县交通支、大队交通科办理，有效期最长不得超过10天。交通支大队信息见第221页。

新车上牌流程

第一步 购车后购买交强险、商业保险和缴纳车船税

北京市已全面实行保险机构代收代缴车船税，车主在办理交强险时可一并缴纳车船税。经营交强险的保险公司信息查询详见本书第211页。

第二步 购车发票工商验证

带好购车发票、合格证、单位法人代码复印件或个人身份证，到工商部门进行工商验证，在合格证上加盖验证印章。

● **办理地点**

北京市旧机动车交易市场新车验证窗口
地址：丰台区南四环西路123号
电话：83638829　83638878

北京市旧机动车交易市场东区新车验证窗口
地址：丰台区南四环中路260号（马家楼桥东南角）
电话：87503287

北京北方汽车交易市场新车验证窗口
地址：丰台区丰管路3号
电话：63868592

莱户营新车验证窗口
地址：丰台区莱户营东街乙360号（莱户营桥西南丰台工商局院内）
电话：63494947

东方基业国际汽车城新车验证窗口
地址：朝阳区姚家园路甲1号
电话：51193154

金港汽车公园验证窗口
地址：朝阳区金盏东苇路北
电话：84334560

中联汽车交易市场新车验证窗口
地址：海淀区徐庄85号
电话：88147756

北京国际汽车贸易服务园区新车验证窗口
地址：石景山区古城大街
电话：68876420

北辰亚运村汽车交易市场新车验证窗口
地址：昌平区北七家东三旗村村北
电话：66176654

欧德堡汽车交易市场新车验证窗口
地址：昌平区回龙观回龙观村
电话：80772983

四方天龙汽车城市场新车验证窗口
地址：顺义区后沙峪吉祥工业区
电话：51679808

第三步 验车

● **必备物品有**

1.随车工具：灭火器、三角牌、随车、工具
2.相关发票、证件、文件：①购车发票3联；②车主身份证原件、复印件3份（如非车主本人办理，则还需代办人身份证原件、复印件1份）；③车辆合格证原件、复印件3份；④交强险保单。

进口新车检测场： 交安北苑机动车检测中心，朝阳区来广营西路90号，电话：84923225

国产新车检测场

受理新车辖区范围	检测场名称	检测场地址	电话
西城区、昌平区、延庆县	北方检测厂	昌平区马池口（八达岭高速公路行至小汤山出口向北约5千米，上白浮桥西行50米）	60772144
房山区、大兴区	七四二一检测场	丰台区东大街路8号	63811166-6337
海淀区、门头沟区	学院路检测场	海淀区学清路马家沟11号	62921355/51
崇文区、朝阳区、通州区	盛华检测场	朝阳区王四营五方桥西南角	87393110
丰台区、宣武区、石景山区	岳各庄检测场	丰台区卢沟桥路与程庄路交汇路口西南角五里店2318号	63824983
东路交会顺义区、密云县、平谷区、怀柔区	京顺检测场	顺义区南法信	69471522
外商在华独资企业、外商住华机构、境外人员、外国驻华使领馆、外国驻华办事机构、国际组织驻华代表机构	进口车：交安北苑机动车检测中心	朝阳区来广营西路90号	84923225
	国产车：交安北苑机动车检测中心	朝阳区来广营西路90号	84923225
	盛华机动车检测场	朝阳区王四营村	87393110

第四步 交购置税

准备文件：1. 单位：发票、合格证、法人代码证书（并各作复印三份）；
2. 个人：发票、合格证、身份证（并各作复印三份）。

● **车辆购置税缴费网点**（特别提示：一律使用银行卡缴费）

征收所名称	征收所地址	征收所电话	业务范围
朝阳国税第十三税务所	朝阳区姚家园路里1号东方基业汽车城内4层	51193150	新车征税；变更过户、丢补、转籍等（需在该所办理新车征税的车辆）
崇文国税第十一税务所	珠市口东大街甲11号	67075475	
海淀国税第十三税务所	万泉庄路28号7层	58720056	
昌平国税第十二税务所	新亚运村汽车交易市场内	81771645	
昌平国税第十二税务所	欧德宝汽车交易市场内	80772893	
丰台国税第十二税务所	方庄芳群园4区23号楼-7	67650033	

● **税率计算：** 应纳税额＝车价÷（1+17%）×10%；1.6L（含1.6）排量以下汽车购置税按减7.5%征收。

第五步 拍号、上牌

机动车网上自主编排号码网上选号网站：www.bjjtgl.gov.cn（北京市公安局公安交通管理局）

车主只需登录交管局的网站，按指令分别输入身份证明、销售发票、机动车整车出厂合格证或进口凭证等相关信息，通过系统校验就可按照编码规则编排号牌号码。确认号码后需预约办理时间并打印机动车注册申请表，到申请表注明的办理地点申请注册登记。申请时，向受理民警说明已进行互联网选号，同时提交机动车注册申请表。

● **可前往办理网上选号的车管分所和新车检测场**

京朝分所 P79C3
地址：朝阳区孛罗营北街1号（管辖区域：东城区、朝阳区、通州区）
电话：67293079

盛华机动车检测场
地址：朝阳区王四营村东
电话：87393110

京海分所
地址：海淀区北安河西埠头河滩京海考试场内（管辖区域：海淀区、门头沟区）
电话：62461027

学院路机动车检测场 P13A3
地址：海淀区学清路11号
电话：62921351、62921355

京丰分所 P69B2
地址：丰台区小屯路西南坟248号（管辖区域：西城区、丰台区、石景山区）
电话：68636331

岳各庄机动车辆检测场 P81D1
地址：丰台区五里店318号
电话：63824983

京顺分所 P107A4
地址：顺义区后沙峪镇泗上村京顺考试场旁（管辖区域：东城区、顺义区、平谷区、怀柔区、密云县）
电话：69454511

京顺机动车检测场
地址：顺义区南法信地区办事处西侧
电话：69471522

京南分所
地址：大兴区狼垡公交考试场院内（管辖区域：房山区、大兴区）
电话：83701853、83709983

丰台区工程机械修造厂机动车检测场 P99C4
地址：丰台区羊坊村919号
电话：83709967

京北分所
地址：昌平区马池口北方机动车检测场旁（管辖区域：西城区、昌平区、延庆县）
电话：60772486

北方机动车检测场
地址：昌平区马池口
电话：60772144

【二手车交易】

交易市场

北京市旧机动车交易市场 P83C4
地址：丰台区南四环西路123号
电话：83638888、83638899

中联旧机动车交易市场
地址：海淀区海淀区昆明湖南路52号
电话：88458933

亚运村汽车交易市场 P106B4
网址：www.beiyacheshi.com
地址：昌平区北七家东三旗村
电话：81756666 81755500

东方基业国际汽车城 P54D2
地址：朝阳区姚家园路甲1号
电话：51193154

二手车交易、过户

第一步 买卖双方需携带机动车行驶证、机动车登记证（大绿本）、购置税完税证、交强险保单、买卖双方的身份证（如果一方是单位就带代码证、公章和代办人身份证）到二手车交易市场进行交易。交易后开具二手车交易发票。

第二步 按《机动车登记规定》,机动车所有人应于机动车交付之日起30日内，提交下列资料，到车管所办理转移登记。车管所信息见本书第222页。

1.《机动车转移登记申请表》2.卖方身份证原件及复印件（卖方单位法人代码证书原件及复印件）；3.买方身份证原件及复印件（买方单位法人代码证书原件及复印件）；4.车辆原始购置发票或上次过户发票原件及复印件，如发票丢失，请参照“发票丢失办理手续”；5.过户车辆的机动车登记证书原件及复印件；6.车辆行驶证原件及复印件；7.机动车到场；8.北京市旧机动车买卖合同。属转出本市的，还需提交车辆识别代号（车架号码）拓印膜。

●发票丢失，办理手续如下：

个人车辆的原始购车发票丢失：2002年以前的车辆，车主本人到场填写发票丢失承诺书，本人签字，就可以代替原始购车发票使用；2002年以后的车辆，可持加盖销售单位章及工商验证章的发票复印件代替原始购车发票使用。

单位车辆的原始购车发票丢失：2002年以前的车辆，车主单位填写发票丢失承诺书，盖上公章，就可以代替原始购车发票使用；2002年以后的车辆，可持加盖销售单位章及工商验证章的发票复印件代替原始购车发票使用。

第三步 凭车管所新办的机动车行驶证到国税局的税务所办理车辆购置税过户手续。

第四步 办理车险过户有两种方式：第一种是对保单要素进行更改，如更换被保险人与车主；第二种就是申请退保，即把原来那份车险退掉，终止以前的合同。这时保险公司会退还剩余的保费。之后，新车主就可以到任何一家保险公司去重新办理一份车险。

【车辆报废】

车辆报废手续

机动车报废解体要到车管所办理申请注销登记，提交的资料有：1.《机动车注册、转移、注销登记/转入申请表》；2.机动车登记证书；3.机动车行驶证；4.机动车号牌；5.《报废机动车回收证明》副本。

机动车报废指定场所

北京市通达解体厂
地址：朝阳区广渠东路6号
电话：67782483

北京联合汽车解体厂
地址：朝阳区东坝路李家坟5号
电话：85516610、85516138

北京华桑谷物资再生有限责任公司
地址：顺义区高丽营前渠河村
电话：84592330、84593296

北京中物博汽车解体中心
地址：丰台区大瓦窑村西甲508号
电话：83261295

北京市汽车解体厂有限公司
地址：昌平区百善村西
电话：61731253

北京金属回收联营公司
地址：大兴区黄村镇大庄东
电话：60281828

天交报废汽车回收处理有限责任公司
.... P133B4
地址：大兴区黄村大庄村
电话：61258875、61258876

首特钢报废机动车综合利用有限公司
.... P126B2
地址：门头沟区石门营村东
电话：60802361

大石河报废汽车解体厂
地址：房山区大石河京周公路南
电话：89345840

【年检】

小贴士：机动车年检须知

年检时间：小型、微型非营运载客汽车6年以内每2年检验1次；超过6年的，每年检验1次；超过15年的，每年检测2次，尾气检测随年检日期。

携带材料：1．车；2．行驶证，正副本要齐全；3．有效期为1年且在有效期内的机动车第三者责任保险单。分期付款没有保险单原件的，拿保险单复印件（盖保险公司章）、保险卡，说明理由；4．身份证明和身份证明复印件。

年检流程：1.尾气检测；2.查违章；3.交押金；4.外观检验；5.上线检测；6.总检审核7.交费，领标。

机动车检测场

所属车管所	检测场名称	地图位置	地址	咨询电话
京朝所	交安北苑机动车检测中心	P15C2	朝阳区来广营西路90号	84923225
	盛华机动车检测场	P79B4	朝阳区王四营村	87393110
	北京汽车检修有限公司	P77B1	朝阳区西大望路34号	67713208
	博瑞祥安机动车检测场有限公司	P42D4	朝阳区李家坟5号	85515195
	朝政汽车检测场	P112A2	朝阳区金盏大街1号	84333399
	通州机动车检测场	P114D2	通州区永顺镇范庄村西	69552660
	东方四环汽车检测有限公司	P89A4	朝阳区南四环东路3号	87693204/07
	亚运村机动车检测有限公司	P27B1	朝阳区大屯路238号	64899670 64899668
京海所	学院路机动车检测场	P13A3	海淀区学清路11号	62921355 62921351
	首汽腾悦机动车技术检测服务有限公司	P32C3	海淀区杏石口路90号平房	62594160
	润达机动车检测场	P45D3	海淀区田村路10号	88621522 88622301
	市直机动车检测有限责任公司	P34C1	海淀区北四环西路83号	88853251
	门头沟机动车检测场有限公司	P180D1	门头沟区滨河南路3号	69804805、69804717
京丰所	京安机动车检测场有限责任公司	P98A2	丰台区赵辛店83号	83883022
	外运机动车检测场	P81C1	丰台区五里店260号	63874802
	石景山机动车检测场	P56B2	石景山鲁谷路61号	68664799
	国兴汽车服务中心汽车检测场	P81B1	丰台区西五里店178号	83667984
	岳各庄机动车辆检测场	P81D1	丰台区五里店318号	63824983
	首邮实业发展总公司汽车检测场	P74A4	丰台区永定门外四路通17号	67224700
	公共交通控股有限公司	P47C3	石景山区石景山路55号	68723506
	市清二环卫工程集团有限责任公司检测场	P85A4	丰台区草桥赵村店420号	87500850
	丰台工程机械修造厂机动车检测场	P99D4	丰台区羊房村919号	83709976
京南所	天龙大田机动车检测有限公司	P102B2	大兴区成寿寺路8号	87606494
	大兴机动车检测场	P133C3	大兴区兴丰段210号	69242529
	良乡机动车检测场	P131A3	房山区良乡大南关村村南	69354724
	富多鑫天德机动检测有限公司	P134A3	大兴区团桂路1号	61260118
京北所	北方机动车检测场		昌平区马池口东	60772144
	京北机动车检测场	P105D2	延庆县京张路口北侧路东	69142797
	中宇汽车服务中心机动车检测场	P95C3	昌平区东小口中滩村393号	84811613
	京顺机动车检测场		顺义区南法信地区办事处西	69471522
	宏远南口机动车检测场	P152D2	昌平区南口马坊村西	69773415
	朝开小关检测场	P106C4	昌平区北七家定泗路雅安商厦C号	64915851
京顺所	空港方兴机动车检测场	P111A3	顺义区李桥龙塘路后桥村段北侧	81471216
	怀柔机动车检测场	P145B4	怀柔区庙城高两河村北	89609734
	平谷机动车检测场	P161C4	平谷区大发路8号	69975235
	凯超机动车检测场	P161A2	平谷区兴谷开发区3号区平谷北街27号	69981255
	望京北检测场	P17C2	朝阳区广顺东街18号	84568919
	密云机动车检测场	P138C2	密云县白石岭村	69021929
	龙涛检测场		密云县十里堡双井村西	69097871

【保险】

优惠措施

目前已实施交强险费率与道路交通事故挂钩的浮动机制。对于未发生交通事故的机动车第一年交强险保费下浮10%，连续三年未发生事故的交强险保费可下浮30%。而对造成死亡和发生两次以上的有责任事故的实行费率上浮。

北京地区机动车商业保险实施理赔次数和理赔金额双挂钩。如果理赔不超过保费，上年发生1至2次理赔的车主可享受7折优惠。如果五年不出险，保费可以打3折。

交强险

交强险责任限额

交强险责任限额	赔偿限额种类	有责	无责
交强险责任限额是指被保险机动车发生道路交通事故，保险公司对每次保险事故所有受害人的人身伤亡和财产损失所承担的最高赔偿金额	死亡伤残赔偿限额	50000元	10000元
	医疗费用赔偿限额	8000元	1600元
	财产损失赔偿限额	2000元	400元
	共计	60000元	12000元

死亡伤残赔偿限额和无责任死亡伤残赔偿限额负责赔偿的有： 丧葬费、死亡补偿费、受害人亲属办理丧葬事宜支出的交通费用、残疾赔偿金、残疾辅助器具费、护理费、康复费、交通费、被扶养人生活费、住宿费、误工费，被保险人依照法院判决或者调解承担的精神损害抚慰金。

医疗费用赔偿限额和无责任医疗费用赔偿限额负责赔偿的有： 医药费、诊疗费、住院费、住院伙食补助费，必要的、合理的后续治疗费、整容费、营养费。

交强险基础费率

机动车交通事故责任强制保险基础费率表

车辆使用性质	车型			金额单位：人民币元	
家庭自用汽车	6座以下	6座以上	-----	-----	-----
	1050	1100	-----	-----	-----
非营业客车	6座以下	6-10座	10-20座	20座以上	-----
企业	1000	1190	1300	1580	-----
党政机关、事业团体	950	1070	1140	1320	-----
营业客车	6座以下	6-10座	10-20座	20-36座	36座以上
出租、租赁	1800	2360	2580	3730	3880
城市公交	-----	2250	2520	3270	4250
公路客运	-----	2350	2620	3420	4690

保险公司

中国人民财产保险股份有限公司北京市分公司

电话：95518 4008195518
网址：www.picc.com.cn

•定损点

西城定损中心
地址：西城区德外大街73号
电话：62372245

崇文定损中心
地址：东城区左安门内大街5号
电话：67199777

东城定损中心
地址：朝阳区左家庄路2号
电话：64647030

朝阳定损中心
地址：朝阳区姚家园路72号
电话：64878160

海淀定损中心
地址：海淀区阜成路81号
电话：88130246

宣武定损中心
地址：丰台区潘家庙518号
电话：87500551

丰台定损中心
地址：丰台区丽泽桥向东800米路北
电话：63286803

石景山定损中心
地址：石景山区古城大街北京国际汽车贸易服务园F区8号
电话：68866205

开发区定损中心
地址：北京经济技术开发区隆庆街3号
电话：69884990

门头沟定损中心
地址：门头沟区水闸路15号
电话：69843283

房山定损中心
地址：房山区良乡拱辰大街29号
电话：81389702

通州定损中心
地址：通州区玉带河大街4号
电话：69545454

顺义定损中心
地址：顺义区顺威达修理厂院内
电话：69476633

昌平定损中心
地址：昌平区城关北环路21号
电话：69726011

大兴定损中心
地址：大兴区清源西路40号
电话：69296655

怀柔定损中心
地址：怀柔区幸福西街23号
电话：61685999

平谷定损中心
地址：平谷区府前西街16号
电话：69962932

密云定损中心
地址：密云县新南路37号
电话：69041827

延庆定损中心
地址：延庆县妫水南街路东漂流总站北侧
电话：69142711

中华联合财产保险公司北京分公司

电话：95585
网址：www.cicbj.cn

•定损点

大都时代汽修
地址：海淀区四季青桥向西
电话：88438688

首汽三厂
地址：海淀区紫竹院南路7号
电话：88511087

玉环汽修
地址：丰台区万泉寺鹅凤营村157号
电话：63338800

正万通汽车销售
地址：丰台区南四环花乡桥向东100米路北
电话：63725099

北方华驿车辆销售
地址：丰台区洋桥西1号北方车辆大世界内
电话：67549127

丰军汽车修理厂
地址：丰台区西四环南路63号院
电话：63826532

爱马社汽修厂
地址：丰台区南四环东路榴乡桥东300米路南四环21号出口
电话：87884088

亦庄广本店
地址：北京经济技术开发区东环北路一号二区3号
电话：67888552

联拓诚信商贸
地址：北京经济技术开发区万源街15号
电话：67865562

华安财产保险股份有限公司北京分公司

电话：95556 65238686
网址：www.sinosafe.com.cn

•定损点

北苑丰田
地址：朝阳区来广营西路95号
电话：84921325 84928566

北京玉环天云汽车服务中心
地址：丰台区西三环丰益桥往东1000米路南
电话：63306011

天平汽车保险股份有限公司北京分公司

电话：4006706666
网址：www.tpaic.com

•定损点

北京市汽车修理二厂
地址：朝阳区东坝李家坟5号
电话：85519200

北京市汽车修理五厂
地址：海淀区清河安宁庄东路15号
电话：62920190-815

北京市汽车修理三厂
地址：丰台区蒲黄榆路48号
电话：67646834

北方伟业
地址：丰台区丰益桥西200米
电话：63803971

北京博瑞裕丰汽车服务有限公司
地址：石景山区鲁谷大街80号
电话：68636688-130/132

永诚财产保险股份有限公司北京分公司

电话：68332202
网址：www.alltrust.com.cn

•定损点

北汽出租集团
地址：朝阳区大屯路238号
电话：64915981

北京东方华辉
地址：朝阳区大亮马桥甲87号
电话：64324057

北京久通
地址：海淀区四季青杏石口路29号院
电话：88463266

北京天鸿宝利
地址：海淀区莲花小区华宝大厦1层
电话：63976006

北京爱马社
地址：大兴区南四环中路10号
电话：87884088

北京建海昌
地址：丰台区丰益桥东143号
电话：63352026

中国太平洋财产保险股份有限公司北京分公司

电话：95500
网址：www..cpicbj.com

•定损点

北京中汽力发汽车销售服务有限公司
地址：西城区三里河东东路A7号
电话：67522342

北京运通博奥汽车销售服务有限公司
地址：朝阳区东四环南路366号
电话：67487177

北京页川上海大众汽车销售维修中心
地址：朝阳区小红门龙爪树街31号
电话：67604981

北京现代汽车燕盛隆4S店
地址：朝阳区十八里店876号
电话：67470082

捷亚泰汽车贸易有限公司
地址：朝阳区京密路和平农场
电话：84701915

北京祥瑞鑫源汽车销售有限公司
地址：朝阳区金盏金港汽车公园南1路
电话：84334788

北京联拓奥通汽车贸易有限责任公司
地址：朝阳区姚家园路东口甲1号东方基业汽车城奥迪展厅
电话：85573609

北京远通桥丰田汽车销售服务有限公司
地址：朝阳区高碑店北花园村18号
电话：65405542

北京亚辰伟业联创汽车销售服务有限公司
地址：朝阳区来广营北五环北侧甲9号
电话：84910187

北京汽车修理一厂
地址：朝阳区德胜门外双泉堡40号
电话：82818501

北京日银汽车贸易有限公司
地址：朝阳区德外花虎沟26号
电话：62928506

广通丰田
地址：朝阳区德胜门外花虎沟20号
电话：62916666-824

北京汽车修理六厂
地址：朝阳区大望桥南百子湾路18号
电话：65022199

北京宏伟恒源汽车销售服务有限公司
地址：朝阳区北四环四元桥
电话：84715826

三元桥丰田
地址：朝阳区左家庄路2号
电话：84551718

首汽风神
地址：朝阳区亮马桥路25号
电话：64363822

中新兴达丰田汽车销售服务有限公司
地址：朝阳区姚家园路甲1号东方基业汽车城内J16号
电话：85575613

众义达
地址：朝阳区东坝红松园众义达展厅
电话：51883133

首汽丰田
地址：朝阳区亮马桥路9号
电话：64310909-805/806

东本泛旅4S店
地址：朝阳区姚家园路东口甲1号东方基业汽车城J区17号
电话：85577176

中汽力发
地址：海淀区三里河东路A7号
电话：68532528

森华丰田
地址：海淀区阜石路63号
电话：88453240

捷亚泰汽贸
地址：海淀区徐庄路85号玲珑路中联汽车交易市场内
电话：88208566

中海明枫汽车销售
地址：海淀区新建宫门路1号
电话：82401990-211

寰宇恒通奥迪店
地址：海淀区闵庄路11号
电话：62881230

花园桥丰田
地址：海淀区车公庄西路38号
电话：68728888-212

首汽腾迪
地址：海淀区紫竹院南路5号
电话：68727110

元丰正通汽车销售
地址：海淀区阜石路61号
电话：88206292

华泰昌日产
地址：海淀区闵庄路
电话：88453240

中润发汽车销售
地址：丰台区西三环丽泽路99号
电话：63263377-660/996

金泰开元4S店
地址：丰台区南四环马家堡公益桥出口往北200米路东
电话：67521026

丰顺路宝汽车服务
地址：丰台区西三环南路西局168号
电话：63815292

庆洋汽车服务中心
地址：丰台区南四环西路98号
电话：63754288

博瑞凌志
地址：丰台区南四环中路161号
电话：87582230

汇京鸿运汽车贸易
地址：丰台区丰管路46号
电话：63862937

北方华驿
地址：丰台区洋桥西1号
电话：67522342

亚之杰伯乐汽车销售
地址：丰台区万柳桥西北侧花神庙甲2号
电话：63439999-863

利通达汽车维修中心
地址：丰台区东管头前街74号
电话：63466288

汽修三厂
地址：丰台区蒲黄榆路48号
电话：67627779

双龙精致汽车销售
地址：丰台区南四环中路20号大红门东桥
电话：87880666-230

天达汽车修理
地址：丰台区西四环中路52-7号
电话：68155419

首汽腾达
地址：丰台区莲花池西里11号
电话：63939978

百得利
地址：北京经济技术开发区东环北路1号
电话：67867800-407

运通博达
地址：北京经济技术开发区东环北路乙1号
电话：67868824

东风日产三合专营店
地址：北京经济技术开发区北环东路乙15号
电话：67872853

顺义定损点
地址：顺义区顺通路27号
电话：89495730

华通丰田
地址：通州区梨园九棵树西路11号
电话：81521127

房山定损点
地址：房山区东大街体育场北侧
电话：69312808

昌平定损点
地址：昌平区科技园区创新路6号
电话：69746540

北方长福
地址：昌平区回龙观欧德堡汽车城内
电话：80771071-8046

海联力通
地址：昌平区回龙观欧德堡国际汽车城内
电话：80771620

百得利之达
地址：昌平区北七家亚运村汽车交易市场3-5号
电话：81756088

金泰标致
地址：昌平区北七家亚运村汽车交易市场8号专卖店
电话：81758534

中国平安财产保险股份有限公司北京分公司

电话：95512
网址：www.pingan.com.cn

• 定损点

汽修六厂
地址：朝阳区东三环光华桥向东500米路北
电话：65863991

汽修八厂
地址：丰台区西罗园南里44号
电话：87287217

三四零一汽车销售服务有限公司
地址：朝阳区十八里店乡吕家营村
电话：87692757

北方伟业汽车销售服务有限公司
地址：丰台区丰管路81号丰益桥西500米路南
电话：63854747

三元桥丰田汽车销售服务中心
地址：朝阳区左家庄路2号三元桥西南角
电话：64627278

首汽汽车修理公司第三修理厂
地址：海淀区紫竹院南路5号
电话：88423004

北京市汽车修理一厂
地址：朝阳区德胜门外双泉堡花虎沟2号
电话：62914699

北京东仁金舆汽车销售服务有限公司
地址：朝阳区姚家园路甲1号
电话：65469966

北京德奥达汽车销售有限公司
地址：朝阳区太阳宫十字口甲1号
电话：84563338

森华通达店
地址：朝阳区望京新兴产业园区利泽东园309号
电话：51293559

北京寰宇恒通汽车有限公司
地址：海淀区闵庄路11号
电话：88856788

北京传是汽车销售服务有限公司
地址：海淀区西北旺百旺绿谷汽车园
电话：82401831

北京市汽车修理公司三厂
地址：丰台区蒲黄榆路48号
电话：67621751

风神汽车北京汇京鸿运专营店
地址：丰台区丰益桥向西800米路南
电话：63843153

北京亚之杰汽车贸易有限责任公司
地址：丰台区南三环西路99号
电话：63350110

北京博瑞裕丰汽车销售服务有限公司
地址：石景山区鲁谷大街
电话：68639613

运通博恩汽车销售服务有限公司
地址：北京经济技术开发区文化园东路同济北路2号
电话：67871171

北京博瑞东贸汽车销售服务有限公司
地址：通州区梨园九棵树西路11号
电话：81571352

中宇汽车服务中心
地址：昌平区东小口中滩村393号
电话：84846284

北京金兴通汽车销售服务有限公司
地址：大兴区机动车检测场南院
电话：69209999

北京高超汽车销售有限公司
地址：房山区长阳北广阳城环路5号
电话：80353333

北京永安汽车修理厂
地址：昌平区马池口百泉庄652号
电话：80111275

欧德宝汽车城内
地址：昌平区回龙观欧德宝汽车城内
电话：80771626

太平保险有限公司北京分公司

电话：95529、66532288
网址：www.etaiping.com

• 定损点

汽修二厂定损中心
地址：朝阳区姚家园东广基业汽车城内
电话：85521551

奔宝定损中心
地址：海淀区四季青桥西
电话：88465929

汇友定损中心
地址：丰台区菜户营东街173号
电话：63331860

华世回龙观定损中心
地址：昌平区回龙观三合庄
电话：81748213

华泰财产保险股份有限公司北京分公司

电话：95509
网址：www.ehuatai.com

• 定损点

首汽修理公司第三修理厂
地址：西城区紫竹院南路5号
电话：88517587

北京万际汽车服务公司
地址：东城区永外桃园东里1号
电话：87200090

丰顺路宝汽车服务有限公司
地址：丰台区西三环南西局168号
电话：63840658

新肯嘉汽车服务有限公司
地址：朝阳区高碑店太平庄村8号
电话：85778051

北京奥吉通汽车销售有限公司
地址：朝阳区朝阳北路甲45号
电话：65718787

北京鲁联汽车服务有限公司
地址：朝阳区化工路商业街北侧A栋15号
电话：67379673

北京骏宝威汽车销售有限公司
地址：朝阳区来广营西路12号
电话：51738477

鹏翰汽车服务有限公司
地址：海淀区杏石口路49号
电话：88431363

广恒信汽车服务公司
地址：海淀区闵庄路20号
电话：88462467

北京中化佳美汽车服务公司
地址：海淀区常润路
电话：88436588

北京现代信发特约服务店
地址：丰台区花乡辛庄86号
电话：63753321

发达汽车服务公司
地址：丰台区分钟寺
电话：87699211

安邦财产保险股份有限公司北京分公司

电话：95569　网址：www.abic.cn

• 定损点

联通昊普定损中心
地址：朝阳区亚运村北苑路36号
电话：84932288-160

合力华通定损中心
地址：朝阳区十八里店村876号
电话：67479800-845

联通鼎盛定损中心
地址：朝阳区来广营西路甲8号
电话：84919518-617

联通隆福定损中心
地址：海淀区中关村东路108号
电话：82118811-853

阳光财产保险股份有限公司北京分公司

电话：95510　网址：www.csic.cc

• 定损点

东城营销服务部
地址：东城区鼓楼外大街27号万网大厦
电话：84137697

第一定损中心
地址：朝阳区平房西口18号
电话：85574924

第二定损中心
地址：朝阳区南四环东路97号
电话：67609618
长润路18号
电话：88469890

第三定损中心
地址：丰台区菜户营东路甲232号
电话：63295720

亦庄阳光营业厅
地址：北京经济技术开发区宏达北路10号万源商务中心
电话：67881930

三江华晨
地址：北京经济技术开发区隆庆街16号
电话：69863963

大兴黄村营销服务部
地址：大兴区黄村富强路7号
电话：69207711

三友汽修
地址：大兴区黄村清源路西口北侧
电话：69293900

通州营销服务部
地址：通州区梨园大马庄村村口南27号
电话：81571580

房山营销服务部
地址：房山区良乡嘉瑞通小区
电话：69382201

平谷营销服务部
地址：平谷区新平北路27号3单元
电话：69976001

顺义营销服务部
地址：顺义区双兴北区33号楼1层
电话：69440345-610

昌平北环路定损点
地址：昌平区北环路25号
电话：69746180

超拓汽修
地址：昌平区回龙观二拨子商业街112号
电话：51090899

春秋汽修
地址：昌平区北七家沟自头村商业街9号
电话：81769919

名富实汽修
地址：密云县金地来酒店南侧
电话：89087122

延庆营销服务部
地址：延庆县石河营建材城综合楼
电话：69187199

都邦财产保险股份有限公司北京分公司

电话：95586
网址：www.dbic.com.cn

·定损点

北京万泽龙进口汽车维修服务有限责任公司
地址：东城区和平里南街甲8号
电话：84229303

北京中美金车银港汽车科技服务有限公司
地址：朝阳区十八里店1219号
电话：67478318

北京车豪汽车有限公司
地址：朝阳区朝阳北路45号
电话：65762011

北苑丰田汽车销售有限公司
地址：朝阳区来广营西路95号（北五环来广营出口北侧）
电话：84926566

北京一凡汽车维修服务有限公司
地址：海淀区学清路11号
电话：82417777

北京北方银通汽车销售服务有限公司
地址：丰台区西三环南路68号
电话：63309718

北京京石丰田汽车销售服务有限公司
地址：丰台区五里店260号
电话：51223311

华日菱汽车贸易有限公司
地址：昌平区北七家新亚村汽车交易市场
电话：81777139

方正利成汽车销售服务有限公司
地址：昌平区欧德宝国际汽车城
电话：81795252

永安财产保险股份有限公司北京分公司

电话：95502、64405558
网址：www.yabj.com.cn

·定损点

北京阳光汽车技术服务中心
地址：朝阳区西坝河太阳宫甲134号
电话：64281887、64224080

北京玉环天云汽车服务中心
地址：丰台区万泉寺鹅凤营口市57号
电话：63338800

北方华鹏物资销售有限公司
地址：通州区梨园魏家坟村
电话：81522803

天安保险股份有限公司北京分公司

电话：95505
网址：www.tianan-insurance.com

·定损点

北京市汽车修理二厂
地址：朝阳区东坝李家坟5号
电话：85519200

北京市汽车修理五厂
地址：海淀区清河安宁庄东路15号
电话：62920190-815

北京市汽车修理三厂
地址：丰台区蒲黄榆路48号
电话：67646834

北方伟业
地址：丰台区丰益桥西200米
电话：63803971-821

北京博瑞裕丰汽车服务有限公司
地址：石景山区鲁谷大街80号
电话：68636688-130/132

中国大地财产保险股份有限公司北京分公司

电话：95590 网址：www.ccic-bj.com

·定损点

四惠陆虎4S店
地址：朝阳区东四环京通辅路向东1.5千米
电话：65582337

汇杰伟业克莱斯勒4S店
地址：朝阳区来广营
电话：51738453

爱马社汽修
地址：丰台区南四环中路
电话：51665789

渤海产险北京分公司

电话：4006116666
网址：www.bpic.com.cn

·定损点

通达汽修
地址：朝阳区大屯辛店路
电话：64961806

正万通
地址：丰台区南四环花乡桥东150米路北
电话：63751327

诚信达奇瑞4S店
地址：丰台区丰管路26号
电话：63820208

鑫伯龙4 S店
地址：丰台区西局西街
电话：51129373

中宇大众4S店
地址：昌平区立水桥东小口
电话：84813530

顺义定损店
地址：顺义区西门铁桥
电话：81498431、81492122

上海大众4S平谷店
地址：平谷区平谷建行总行对面
电话：69971759

华农财产保险股份有限公司

电话：95105535
网址：www.chinahuanong.com.cn

·定损点

北京吉日达汽车销售服务有限公司
地址：朝阳区北四环居然之家附近
电话：84651688

北汽汽车维修服务公司
地址：朝阳区化工路大柳树商业街
电话：67201198

瑞通嘉业
地址：朝阳区北四环东路望京桥东200米路北
电话：51660733

北京德昌上海大众特约维修服务中心
地址：海淀区祁家豁子8号
电话：62371422

北京大都汽车维修服务有限公司
地址：海淀区四季青桥
电话：51505783

中银保险

电话：4006995566
网址：www.boc-ins.com

·定损点

北京路宝汽车维修服务有限公司
地址：丰台区丽泽桥西北角
电话：63837009、63837010、63803375

北京通通顺汽车维修服务公司
地址：通州区区新华北街甲71号
电话：69545154

【交通违法处理】

非现场交通违章查询方式

1.登陆北京市公安交通管理局网站（www.bjjtgl.gov.cn）查询；
2.到各区县交通支、大队的办公大厅通过触摸查询终端查询；（各交通支大队信息见本书P221）
3.通过定期向有未处理的违法行为记录的机动车所有人（管理人）和满12分的驾驶人免费邮寄信函查询。

12种行为负全责

1.当事人逃逸、造成现场变动、证据灭失、公安机关交通管理部门无法查证交通事故事实的。
2.当事人故意破坏、伪造现场、毁灭证据的。
3.当事人驾驶车辆在有交通信号灯控制的交叉路口，遇红灯继续通行的。
4.当事人驾驶机动车越过划有禁止穿越的道路中心线或者隔离设施与道路上的其他车辆或行人发生交通事故的。
5.当事人驾驶机动车进入非机动车道或非机动车通行范围内，刮、撞同向行驶的非机动车的。
6.当事人驾驶车辆在人行道或行人通行范围内刮、撞行人的。
7.当事人驾驶车辆刮、撞依法在人行横道内通行的行人的。
8.当事人驾驶车辆未避让执行紧急任务的警车、消防车、救护车、工程救险车的。
9.当事人所驾驶车辆的装载物在遗撒、飘散过程中，导致发生交通事故的。
10.当事人驾驶机动车倒车时，与车后其他车辆、行人发生交通事故的。
11.当事人驾驶非机动车在非机动车道逆行，与顺向行驶的非机动车发生交通事故的。
12.当事人驾驶非机动车在非机动车道超越同向行驶的非机动车发生交通事故的。

满12分机动车驾驶人学习、考试地点

● 使（领）馆、外籍人员办理满十二分学习和考试地点

车辆管理所外事科：朝阳区南四环东路18号
电话：87625150

● 远郊区县人员到身份证明记载的住所地址所属车管站办理

大兴车管站受理地点：大兴区黄村青年路口绿岛驾驶员服务中心院内
电话：83701853
怀柔车管站受理地点：怀柔区青春路88号（青春路环岛往北100米）
电话：89685649
顺义车管站受理地点：顺义区顺平西路10号
电话：81492384
门头沟车管站受理地点：滨河机动车检测场院内
电话：69844625
平谷车管站受理地点：平谷区农业机械化学校院内
电话：69962540
密云车管站受理地点：密云县三驾校院内
电话：69045012
延庆车管站受理地点：延庆县妫水南街
电话：81194561

● 其他人员任选车辆管理所分所下属的受理地点办理

京朝分所受理地点：朝阳区化工路甲18号
电话：87354588
指定考试场：盛华考试场
京海分所受理地点：海淀区树村后营88号（上地实创环岛西侧1000米路北）
电话：62988860
指定考试场：京海考试场
京南分所受理地点：丰台区西三环南路西局南街168号（丰顺驾校院内）
电话：63850734
指定考试场：丰顺考试场
京丰分所受理地点：丰台区丰西路洪泰庄10号
电话：83611250
指定考试场：凯特考试场
京南分所受理地点：大兴区黄村镇芦城乡狼垡（世界公园往南2.5千米）
电话：61222204
指定考试场：公交考试场
京顺分所受理地点：昌平区东小口乡首汽丰田驾校院内（立水桥北）
电话：8481798
指定考试场：首丰考试场
京北分所受理地点：昌平区马池口检测场院内
电话：60772464
指定考试场：北方考试场

【交通事故处理】

交通事故快速处理

《机动车交通事故快速处理办法》规定情形：在北京市行政区域内道路上，机动车之间发生的造成车物损失或者人员轻微伤，且车辆能移动的交通事故，由当事人依照本办法自行协商解决。

发生符合《机动车交通事故快速处理办法（试行）》规定情形的交通事故，当事人应当按照以下步骤撤离现场，协商解决：

1. 立即停车，开启危险报警闪光灯（夜间还须开启示宽灯和尾灯），相互记录车辆号牌并交换联系方式约定撤离现场后停车等候的地点。
2. 在确保安全的情况下，立即将事故车辆就近移至不妨碍交通的地点，设置警告标志。
3. 相互查验驾驶证（双方要主动出示驾驶证，相互查验驾驶证照片与其本人是否相符）和保险凭证，自行确定事故责任。
4. 立即向保险公司报案并索取报案号，填写《机动车交通事故事故快速处理协议书》（以下简称《协议书》），各执一份，到保险公司办理理赔手续。

交通事故处理机构

东城交通支队事故科 P51C3
地址：东城区东四西四条33号
电话：64041786

原崇文交通支队事故科 P64A4
地址：东城区广渠门南小街5号
电话：67113121

西城交通支队事故科 P49C3
地址：西城区赵登禹路303号
电话：68399203

原宣武交通支队事故科 P64A4
地址：西城区红莲南里33号
电话：68399403

朝阳交通支队事故科 P65D4
地址：朝阳区广渠路21号
电话：68399503

东外大队事故组 P39D2
地址：朝阳区北三环东路12号
电话：68399524

高速路大队事故组 P88D1
地址：朝阳区十八里店十里河村
电话：68398142

呼家楼大队事故组 P52C4
地址：朝阳区关东店11号
电话：68399515

首都机场大队事故组 P110B3
地址：首都国际机场航安路
电话：68399543

劲松大队事故组 P79C3
地址：朝阳区王四营马房寺村366号
电话：68399535

双桥大队事故组 P114A2
地址：朝阳区三间房南里2号
电话：68399565

亚运村大队事故组 P27A3
地址：朝阳区安苑北里24号
电话：68399555

海淀交通支队事故科 P24C4
地址：海淀区中关村东路98号
电话：68399603

清河大队事故组 P94A4
地址：海淀区清河小营西路19号
电话：62913249

公主坟大队事故组 P58D3
地址：海淀区太平路东口23号
电话：68399645

黄庄大队事故组 P34C2
地址：海淀区世纪城小区蓝靛厂西路1号
电话：68399635

温泉大队事故组 P92D2
地址：海淀区北清路99号
电话：82475166

中关村大队事故组 P23A1
地址：海淀区西苑一亩园21号
电话：68399615

丰台交通支队事故科 P71B4
地址：丰台区邦子井甲18号
电话：68399740-5756

石景山交通支队事故科 P125D4
地址：石景山区杨庄路8号
电话：68399803

机场交通支队事故组 P110B3
地址：首都机场航安路二纬路
电话：64539022

开发区交通大队事故组 P102D3
地址：北京经济技术开发区万源街4号
电话：67886538

房山交通支队事故科 P131B2
地址：房山区拱辰街道月华北大街32号
电话：89357185

良乡大队事故组
地址：房山区长阳昊天北大街甲38号
电话：80392016

通州交通支队事故科
地址：通州区运河西大街240号
电话：68397180

长陵营大队事故组
地址：通州区漷县镇漷兴一街
电话：80582835

昌平交通支队事故科
地址：昌平区小汤山镇
电话：61793995

门头沟交通支队事故科
地址：门头沟区滨河路62号
电话：69866823

平谷交通支队事故科
地址：平谷区平谷北路29号
电话：69959267

大兴交通支队事故科 P133C2
地址：大兴区黄村海子角村东
电话：61245944

顺义交通支队事故科 P111A1
地址：顺义区顺平西路10号
电话：69424867

怀柔交通支队事故科
地址：怀柔区青春路88号
电话：89684842

延庆交通大队事故科
地址：延庆县延庆镇妫水南街
电话：69103176

密云交通大队事故科
地址：密云县密云镇新北路25号
电话：69051026

驾照

办理地点

北京市公安局公安交通管理局车辆管理所及所属分所（详细信息见本书第222页）。

办理时间：周一至周五8：30～20：00；周六、周日9：00～16：00（法定节假日除外）。

办理时限：自受理或者考试合格之日起2个工作日。

牡丹交通卡办理网点

详细信息可登录北京市交通管理局网址（www.bjjtgl.gov.cn）进行查询。

驾驶证准驾车型及代号

准驾车型	代号	准驾的车辆	其他准驾车型代号
大型客车	A1	大型载客汽车	A3、B1、B2、C1、C2、C3、C4、M
牵引车	A2	重型、中型全挂、半挂汽车列车	B1、B2、C1、C2、C3、C4、M
城市公交车	A3	核载10人以上的城市公共汽车	C1、C2、C3、C4
中型客车	B1	中型载客汽车（含核载10人以上、19人以下的城市公共汽车）	C1、C2、C3、C4、M
大型货车	B2	重型、中型载货汽车；大、重、中型专项作业车	C1、C2、C3、C4、M
小型汽车	C1	小型、微型载客汽车以及轻型、微型载货汽车、轻、小、微型专项作业车	C2、C3、C4
小型自动挡汽车	C2	小型、微型自动挡载客汽车以及轻型、微型自动挡载货汽车	
低速载货汽车	C3	低速载货汽车（原四轮农用运输车）	C4
三轮汽车	C4	三轮汽车（原三轮农用运输车）	
普通三轮摩托车	D	发动机排量大于50ml或者最大设计车速大于50km/h的三轮摩托车	
普通二轮摩托车	E	发动机排量大于50ml或者最大设计车速大于50km/h的二轮摩托车	
轻便摩托车	F	发动机排量小于等于50ml，最大设计车速小于等于50km/h的摩托车	
轮式自行机械车	M	轮式自行机械车	
无轨电车	N	无轨电车	
有轨电车	P	有轨电车	

机动车驾驶证有效期满换证

● **携带材料**

1.《机动车驾驶证申请表》；2.申请人的身份证明；3.北京市卫生局确定的县级以上医疗机构出具的有关身体条件的证明；4.机动车驾驶人相片3张，要求：申请人本人近期免冠、白色背景的彩色正面相片，规格为32mm×22mm(1寸相片)，人头部约占相片长度的三分之二。5.本人《居民身份证》或者《居民户口簿》及代理人的身份证原件、复印件。

● **办理地点：**北京市公安局公安交通管理局车辆管理所及其分所、各交通支大队、车管站。

● **收费：**工本费10元/证。

补领驾驶证

携带身份证、两张一寸白底彩色照片到身份证明所辖车管分所办理。（外地户口的还须带一年有效的暂住证）。

行驶本

补（换）行驶本

● **提交资料**

1.《补领、换领机动车牌证申请表》；2.机动车所有人的身份证明（代理人代理的，还需提交代理人身份证件）；3.机动车照片。

● **办理地点**

使（领）馆、境外人员或者机构的机动车到北京市车辆管理所办理；其他机动车到机动车所有人身份证明记载的住所地址所属车管分所办理，（车管所信息见本书222页）

牌照

补（换）领机动车牌照

● **提交资料**

1.《补领、换领机动车牌证申请表》；2.机动车所有人的身份证明，代理人代理的，还需提交代理人身份证件。

● **办理地点：**可直接到机动车所有人所属地区车管所办理（车管所信息见本书第222页）。

外地进京车辆《市区通行证》办证处

G6京藏高速康庄办证处
地址：京藏高速进京方向67千米处
电话：61164794

G2京沪高速马驹桥办证处
地址：京沪高速进京方向12.2千米处
电话：88313458

G2京沪高速应寺办证处
地址：京沪高速进京方向31.6千米处
电话：80525400

G1京哈高速白鹿办证处
地址：京哈高速进京方向7千米处
电话：88313459

G4京港澳高速京石办证处
地址：京港澳高速进京方向38千米处
电话：80318661

通燕高速白庙办证处
地址：通燕高速进京方向31千米处
电话：69591439

京津高速永乐店办证处
地址：京津高速34千米处
电话：69591439

101国道松树峪办证处
地址：101国道进京方向103千米处

104国道凤河营办证处
地址：104国道进京方向45千米处
电话：80202567

106国道榆垡办证处
地址：106国道进京方向42千米处
电话：89213399

107国道琉璃河办证处
地址：107国道进京方向45千米处
电话：89381242

108国道红煤厂办证处
地址：108国道进京方向60千米处
电话：60365374

109国道芹峪口办证处
地址：109国道进京方向59.4千米处
电话：61830183

110国道张山营办证处
地址：110国道旧线进京方向92.6千米处
电话：69111066

京易路长沟办证处
地址：京易路进京方向10千米处
电话：61361458

京津公路觅子店办证处
地址：京津公路进京方向50千米觅子店路口
电话：80566010

怀丰路汤河口办证处
地址：怀丰路进京方向108千米处
电话：89671245

314市道上宅办证处
地址：平蓟路（314市道）进京方向15.9千米处
电话：69991279

信息快速索引

【汽车交易市场及各品牌4S店】

汽车交易市场

北辰亚运村汽车交易市场……P106B4
网址：www.beiyacheshi.com
地址：昌平区北七家镇东三旗村
电话：61766614

东方基业国际汽车城……P54D2
网址：www.dfjy.cn
地址：朝阳区姚家园路甲1号
电话：51193111、51193112

北方汽车交易市场……P83D1
网址：www.beifangauto.com
地址：丰台区丰管路甲1号
电话：63855958、63824466

中联汽车交易市场……P35B1
网址：www.zlsc.com.cn
地址：海淀区昆明湖南路52号
电话：88119873

金港汽车公园……P112A1
地址：朝阳区金盏金港大道1号
电话：84334018、84333997

百旺绿谷汽车园……P92D3
地址：海淀区西北旺永丰路
电话：62818282

京南汽车城……P100C1
地址：丰台区南四环东路260号马家楼桥东南角
电话：87500865

花乡汽车园……P100A1
地址：丰台区南四环西路73号
电话：83609473

北京国际汽车贸易服务园区……P127C1
地址：石景山区古城西路63号
电话：88921508

北京经开国际汽车汇展中心……P103A2
地址：北京经济技术开发区文化园东路6号
电话：67878886

欧德宝国际汽车城……P94A3
地址：昌平区回龙观回龙观村东
电话：80792818

各品牌汽车4S店

北京现代汽车

网址：www.beijing-hyundai.com.cn，服务电话：8008101100、89498100

特约销售服务4S店

京汉新港特约销售服务店
地址：丰台区南三环西路甲2号
销售电话：67539249
售后电话：67521678

鹏奥特约销售服务店
地址：海淀区四季青桥西1.5千米路北
销售电话：88461126
售后电话：88440307

波士山特约销售服务店
地址：朝阳区高碑店兴隆庄甲3号
销售电话：85773818
售后电话：85776116

瑞通嘉业特约销售服务店
地址：朝阳区工体北路4号凯富大厦首层
销售电话：85236880
售后电话：65046995

博伟恒业特约销售服务店
地址：朝阳区十八里店乡十里河村白墙子266号
销售电话：67606010
售后电话：67605001

通铭伟业特约销售服务店
地址：朝阳区德胜门外清河南花虎沟99号
销售电话：82412454
售后电话：62915559-106

胜鸿都特约销售服务店
地址：朝阳区利泽东园306号
销售电话：64392288-1135
售后电话：64392288-1150

燕胜隆特约服务店
地址：朝阳区十八里店876号
销售电话：67477998
售后电话：67477263

东方金硕特约销售服务店
地址：海淀区西北旺镇百旺绿谷汽车园区
销售电话：82402042
售后电话：82403055

京现荣华特约销售服务店
地址：海淀区知春路甲18号（希格玛大厦东北角）
销售电话：62568831
售后电话：82871650

信发通达特约销售服务店
地址：丰台区花乡辛庄86号（花乡桥北300米路西）
销售电话：63738888
售后电话：63734867

北京凯翔风汽车服务有限公司
地址：石景山区双峪路24号
销售电话：69853060
售后电话：88992391

冀财奥特约销售服务店
地址：北京经济技术开发区东环北路北甲1号
销售电话：67888185
售后电话：67861991

北京高超汽车销售有限公司
地址：房山区长阳镇北广阳城环路5号
销售电话：80356666
售后电话：80353333

欧之杰特约销售服务店
地址：平谷区建设西街9号
销售电话：87607227
售后电话：87609104

北京宏瑞泰汽车服务有限公司
地址：顺义区杨东海湖
售后电话：89401252

奔驰汽车

地址：北京经济技术开发区博兴路8号
网址：www.bbdc.com.cn，电话：67824888、4008108880，梅赛德斯-奔驰4008181188

Mercedes-Benz China

进口、国产车4S店

北京百得利之星汽车销售有限公司
地址：海淀区八里庄五孔桥35号院29号
电话：58739999

北京保利星徽汽车销售服务有限公司
地址：朝阳区王四营马房寺路333号
电话：87391111

北京波士通达汽车销售服务有限公司
地址：朝阳区高碑店兴隆庄甲3号
电话：85778666

北京博瑞祥驰汽车销售服务中心
地址：朝阳区德胜门外双泉堡花虎沟2号
电话：62924433

北京天竺之星汽车综合服务有限公司
地址：顺义区天竺府右街3号
电话：64549366

北京亚奥之星汽车服务有限公司
地址：昌平区亚运村汽车交易市场中心3-1
电话：80143000

BMW宝马汽车

网址：www.bmw.com.cn，客户服务中心：4008006666

进口、国产车经销商

北京燕德宝汽车服务有限公司
地址：北京经济技术开发区宏达北路26号
电话：67821666、67821628、67821658

北京盈之宝望京4S中心
地址：朝阳区利泽东二路2号
电话：64788880

北京晨德宝汽车销售服务有限公司
地址：朝阳区东苇路金港展览展示公司C区10号
电话：84795222

北京京宝行汽车销售服务有限公司
地址：海淀区闵庄路19号
电话：58728888

北京尊宝成汽车销售服务有限公司
地址：丰台区南四环四合庄416号
电话：59735900

大众汽车

网址：www.csvw.com
咨询电话：400801111 售后服务：4008201111

上海大众销售服务商4S店

众义达汇诚汽车销售服务有限公司
地址：朝阳区东坝红松园
电话：51883155

北京北龙联合汽车贸易有限公司
地址：朝阳区大屯路239号
电话：64896606

北京宏伟文辉汽车销售有限公司
地址：朝阳区姚家园路甲1号东方基业汽车城G区6号店
电话：85576617、65817088（售后服务）

博瑞陆鼎汽车商行
地址：朝阳区郎家园（汽车修理六厂内）
电话：65819216、65817088（售后服务）

北京联拓机电集团有限公司
地址：朝阳区东四环南路56号
电话：67480056

京申宝汽车销售服务有限公司
地址：朝阳区管庄双桥东路8号
电话：65486951、65486929（售后服务）

亚辰伟业联创汽车销售服务有限公司
地址：朝阳区来广营西路甲8号
电话：84910505

上海汽车联营销售公司
地址：海淀区安宁庄东路15号
电话：62959090

国服信汽车贸易有限公司
地址：海淀区学清路11号
电话：82712553、62959595（售后服务）

广恒信上海大众汽车销售服务有限公司
地址：海淀区闵庄路20号
电话：88451155-211

北京首汽汽车修理有限公司
地址：海淀区紫竹院南路5号
电话：68432266、68471156

上汽丰华汽车销售服务有限公司
地址：丰台区青塔西路46号
电话：68156868、68157877（售后服务）

上汽首创汽车销售有限责任公司
地址：丰台区丰台北路12号
电话：63809118、63827256（售后服务）

兴京良上海大众汽车销售有限公司
地址：丰台区京良路北
电话：83701468、83701810（售后服务）

北京真浩泰汽车销售有限公司
地址：石景山区古城大街北京国际汽车贸易服务园F区8号
电话：68865555-312、68886668

北京车谷上海大众汽车维修销售有限公司
地址：大兴区工业开发区金苑路15号
电话：61273856、69261647（售后服务）

北京申银汽车服务有限公司
地址：昌平区亚运村汽车交易市场B区3-6号
电话：81756001、64438320

北京永安汽车服务有限公司
地址：昌平区马池口百泉庄652号
电话：80111270、80111272、80111275

上海大众汽车良乡特约维修有限公司
地址：房山区良乡凯旋大街50号
电话：69378663、69372588（售后服务）

上海大众汽车通州销售服务有限公司
地址：通州区梨园云景东路88号
电话：81535588、69548888（售后服务）

上海大众汽车顺义销售 服务有限公司
地址：顺义区仁和地区梅沟营村西
电话：69448888、69447853（售后服务）

北京冀贵汽车贸易有限公司
地址：北京经济技术开发区东环北路北1号
电话：67889696、67880999

北京高超连振汽车销售服务有限公司
地址：房山区北广城村广阳城环路5号
电话：80351111

一汽大众销售服务商4S店

北京市汽车修理公司一厂（博瑞祥弘）
地址：朝阳区德胜门外双泉堡（汽修一厂院内）
电话：82818666

博瑞祥恒汽车销售中心
地址：朝阳区左家庄路2号
电话：84541836

友联威科汽车销售服务有限公司
地址：朝阳区青年路乙40号
电话：85771065、85761422

德奥达一众汽车销售有限公司
地址：朝阳区北四环东路太阳宫十字口甲1号
电话：64315888、64350998

东仁金舆汽车销售服务有限公司
地址：朝阳区姚家园路平方桥东1.5千米路南
电话：65469888、65469988

拓展工贸发展有限公司
地址：朝阳区十八里店乡张家店292号
电话：87302401

骏宝威汽车贸易有限公司
地址：朝阳区来广营西路12号
电话：84917171

北京汽车贸易中心有限公司
地址：朝阳区姚家园路甲1号东方基业国际汽车城内
电话：85576668、85577815

北京众义达汇福汽车销售服务有限公司
地址：朝阳区小红门姚家村337号
电话：87609568、87609569

首汽腾鹏汽车销售服务有限公司
地址：海淀区紫竹院南路丙5号
电话：68488028

北京庆洋汽车服务有限公司
地址：丰台区丽泽路1号
电话：63260011、63753930

天达汽车修理有限公司
地址：丰台区西四环中路92-7号
电话：68160646

北京亚之杰伯乐汽车销售服务中心
地址：丰台区南三环西路101号
电话：63439999

大众汽车服务中心（北京）有限公司
地址：丰台区南四环中路161号
电话：67549988

北方华驿车辆销售服务有限公司
地址：丰台区洋桥西1号
电话：67576600

冀东丰汽车销售服务有限公司
地址：石景山区古城西路99号
电话：68888181、68889191

运通博恩汽车销售服务有限公司
地址：北京经济技术开发区同济北路2号
电话：67870077-6017

富顺通汽车维修服务有限公司
地址：大兴区旧宫工业园区南区甲21号
电话：87913480

鑫万维汽车经贸有限公司
地址：平谷区谷丰路26号
电话：89996662、69984561

海联力通经贸有限公司
地址：昌平区回龙观欧德宝国际汽车城内
电话：80771166

万兴盛恒汽车销售有限公司
地址：昌平区南环路环岛西南侧
电话：80101708

东方华正汽车销售服务有限公司
地址：通州区梨园云景南大街56号
电话：81535599

良乡万达工贸有限公司
地址：房山区良乡拱辰北大街29号
电话：89360070

奥迪汽车

奥迪网址：www.audi.cn，客服热线：4008171888

经销商（4S店）

德奥达汽车销售有限公司
地址：朝阳区北四环东路太阳宫十字口甲1号
电话：84563338

运通博奥汽车销售服务有限公司
地址：朝阳区东四环南路366号（小武基桥西南）
电话：67481818

联拓奥通汽车贸易有限责任公司
地址：朝阳区姚家园路甲1号
电话：85577878

奥吉通汽车销售有限公司
地址：朝阳区朝阳北路甲45号
电话：65718787 65738538

北京博瑞祥云汽车销售中心
地址：朝阳区德胜门外双泉堡（汽修一厂院内）
电话：82818899、82818877

首汽腾迪汽车销售服务有限公司
地址：海淀区紫竹院南路5号
电话：68489919

寰宇恒通汽车有限公司
地址：海淀区闵庄路11号
电话：88856788

天润汽车贸易服务有限公司
地址：海淀区学清路丙8号
电话：82755711

中润发汽车销售有限公司
地址：丰台区丽泽路99号
电话：63263377

安洋伟业汽车科技有限公司
地址：丰台区南四环西路98号
电话：63723391

亚之杰汽车贸易有限责任公司
地址：丰台区南三环西路玉泉营桥西侧1000米
电话：63431111

北京百得利汽车贸易有限公司
地址：北京经济技术开发区东环北路1号
电话：67879090

斯柯达汽车

销售服务4S店

北京三江慧达汽车销售服务有限公司
地址：朝阳区崔各庄东辛店村南333号
电话：64339966 64368400

北京上汽安吉斯鸿汽车销售有限公司
地址：朝阳区来广营西路甲18号
电话：84915066、84916221

北京页川斯达汽车销售服务有限公司
地址：朝阳区左家庄路2号
电话：64606868

北京中润发迪奥汽车贸易中心
地址：朝阳区白鹿司261号
电话：87395559

页川斯达汽车销售服务有限公司
地址：海淀区安宁庄东路15号
电话：62958998

百得利之达汽车销售有限公司
地址：海淀区八里庄五孔桥35号院鑫荣泉大厦1层
电话：51523388

众义达汇霖汽车销售服务有限公司
地址：丰台区南四环中路260号(京南汽车城内)
电话：4006500200

众义达汇霖汽车销售服务有限公司
地址：丰台区丽泽路101号
电话：4006500200

君奥达汽车销售服务有限公司
地址：石景山区北京国际汽车贸易服务园F区5号
电话：88915588 68888133

运通博达汽车销售服务有限公司
地址：北京经济技术开发区东环北路乙1号南厅
电话：67861777 67877077

北京百得利之达汽车销售有限公司
地址：昌平区东三旗北辰亚运村汽车交易市场3~5号
电话：81756088 81756055

通用汽车

网址：www.shanghaigm.com，服务热线：8008201902；别克网址：www.buick.com.cn，服务热线：8008202020；凯迪拉克网址：www.cadillac.com.cn，服务热线：8008201902；萨博网址：www.saab.com.cn，服务热线：8008209593；欧宝网址：www.opel.com.cn 服务热线：8008101996；雪佛兰网址：www.chevrolet.com.cn 服务热线：8008201912

● 别克汽车4S店

达世行汽车销售有限公司
地址：东城区东直门北小街2号楼(签证大楼西侧)
电话：84112233

北京联通成功汽车销售服务有限公司
地址：东城区珠市口东大街5号1层
电话：67071228

勤和汽车销售有限公司
地址：朝阳区建国路95号
电话：65817268

北京联通鼎盛汽车销售服务有限公司
地址：朝阳区来广营西路甲8号
电话：84919518

北京联通昊普汽车销售服务有限公司
地址：朝阳区安定门外北苑路36号
电话：84922288

勤和祥龙汽车销售服务有限公司
地址：朝阳区姚家园路甲1号
电话：85577787

勤和汽车销售有限公司
地址：朝阳区建国路95号
电话：65816687

加达永盛汽车服务有限公司
地址：海淀区阜石路阜玉路口向东300米
电话：68176626

达世行世纪汽车销售有限公司
地址：海淀区闵庄路甲16号
电话：88471612、88454506

美通新港汽车销售服务有限公司
地址：海淀区学清路11号学院路机动车检测场内东侧平房
电话：62959978、62959278

北京上汽安吉汽车销售服务有限公司
地址：海淀区西北旺百旺绿谷汽车园
电话：82402013

首创森美汽车贸易有限公司
地址：丰台区西南三环万柳桥甲3号
电话：63359898、63427012

加达永通汽车销售有限公司
地址：丰台区西四环中路83号
电话：88213366、88211175

北京骏宝捷汽车服务有限公司
地址：石景山区时代花园南路30号
电话：68865528

乾博汽车贸易有限公司
地址：顺义区后沙峪双峪街39号甲6号
电话：80485622

北京首创实利贸易有限公司
地址：昌平区回龙观欧德宝国际汽车城
电话：80776688

运通博雅汽车销售有限公司
地址：北京经济技术开发区东环北路乙1号
电话：67888855

● 凯迪拉克汽车

达世行北苑汽车销售服务有限公司
地址：朝阳区来广营西路99号
电话：84929900

达世行华威汽车销售有限公司
地址：朝阳区东三环南路76号
电话：87383600

凯迪行汽车销售服务有限公司(4S店)
地址：海淀区北四环西路甲2号
电话：82680808

● 萨博汽车4S店

加达瑞通
地址：丰台区西四环中路83号
电话：68225166

福联通达
地址：朝阳区来广营红军营南路217号
电话：84928800

● 雪佛兰汽车4S店

北京达世行通合汽车贸易中心
地址：东城区东直门北小街2号楼首层
电话：84134318、84134320

北京路通威汽车销售服务公司
地址：朝阳区东苇路金港汽车公园
电话：84333328

博瑞勤和汽车销售服务有限公司
地址：朝阳区西大望路20号
电话：67708155

北京国生汽车销售服务有限公司
地址：朝阳区来广营西路8号
电话：84915566

合力华通汽车服务有限公司
地址：朝阳区十八里店876号
电话：67479800

北京首创中伟贸易有限责任公司
地址：海淀区阜石路甲59号
电话：88214188 88216950

北京卫宇行汽车服务有限公司
地址：丰台区万丰路288号
电话：63818811 63869718

北京加达加驰汽车服务有限公司
地址：丰台区西四环中路83号
电话：88213366

北京骏宝捷汽车销售服务公司
地址：石景山区时代花园南路30号
电话：68865528

● 欧宝汽车销售服务商

OPEL

天域祥兴汽车贸易公司
地址：朝阳区金盏金港汽车公园C区3号
电话：84334225、84334215

北京市文沛汽车销售有限公司
地址：朝阳区管庄1号
电话：65751535、65770044

中进通旺汽车销售服务有限公司
地址：海淀区永丰路百旺绿谷汽车园欧宝汽车展厅
电话：82402888

丰田汽车

网址：www.tftm.com.cn

TOYOTA

一汽销售、维修商（4S店）

三元桥丰田汽车销售服务中心
地址：朝阳区左家庄路2号
电话：84514531
维修服务热线：84541072

中新兴达丰田汽车销售服务中心
地址：朝阳区姚家园路甲1号东方基业汽车城16号店
电话：85577786-888
维修服务热线：85577786-809

北苑丰田汽车销售服务中心
地址：朝阳区来广营西路95号
电话：84923242-103
维修服务热线：84923242-128

首汽丰田汽车销售服务公司
地址：朝阳区亮马桥路9号
电话：64365852
维修服务热线：64374008

和裕丰田汽车服务有限公司
地址：朝阳区小红门肖村北里1号
电话：87604170-216
维修服务热线：87604170-310

北京远通桥丰田汽车服务公司
地址：朝阳区高碑店北花园村18号
电话：65405551-8000
维修服务热线：65405552

北京东仁天宇丰田服务公司
地址：朝阳区姚家园路过东五环平房桥路南
电话：65469999-8011
维修服务热线：65469999-8019

北京广通丰田服务有限公司
地址：朝阳区德胜门外花虎沟20号
电话：62916666-1
维修服务热线：62916666-820

森华丰田汽车销售服务中心
地址：海淀区阜石路63号
电话：88208080-602
维修服务热线：88208080-607

金冠兴业丰田汽车销售服务公司
地址：海淀区四季青闵庄路6号
电话：88448900
维修服务热线：88448900

北京花园桥丰田服务有限公司
地址：海淀区西三环花园桥东南角
电话：68728888
维修服务热线：68728888-213

北京凯百隆丰田服务有限公司
地址：海淀区西北旺镇永丰路百旺绿谷汽车园
电话：82402660
维修服务热线：82402677

奥德行丰田汽车销售服务中心
地址：丰台区南三环西路39号
电话：83520100
维修服务热线：83520100-135

方庄丰田汽车销售服务中心
地址：丰台区蒲黄榆路48号
电话：87610751
维修服务热线：67622567

北京中远丰田服务有限公司
地址：丰台区南四环中路260号
电话：87500028
维修服务热线：87504020

北京花乡桥丰田服务有限公司
地址：丰台区四合庄415号
电话：63754808
维修服务热线：63754806

北京苹果园丰田服务有限公司
地址：石景山区阜石路175号
电话：68829886-8101
维修服务热线：68829886-8105

北京运通博裕丰田服务公司
地址：北京经济技术开发区文化园东路乙6号
电话：67868777-1
维修服务热线：67862966

华通丰田汽车销售服务中心
地址：通州区梨园城铁站南侧果园环岛家乐福对面
电话：81520315

广汽丰田特约销售4S店

广汽丰田金时四季青店
地址：海淀区杏石口路78号
电话：62598989

广汽丰田传是百旺店
地址：海淀区西北旺百旺绿谷汽车园
电话：82403223

广汽丰田森华望京店
地址：朝阳区望京新兴产业园区利泽东园309号
电话：64392266

广汽丰田嘉程小红门店
地址：朝阳区南四环东路45号
电话：87697686

广汽丰田奥吉通丰瑞店
地址：朝阳区朝阳北路甲45号
电话：65755588

广汽丰田大昌联丰店
地址：石景山区古城大街国际汽车贸易园区F区3号
电话：68889888

广汽丰田嘉金福瑞店
地址：丰台区青塔西路69号
电话：83696868

广汽丰田长京行草桥店
地址：丰台区南三环西路35号
电话：83518889

广汽丰田锦通京南店
地址：丰台区万柳桥甲3号
电话：63359888

广汽丰田丰盛回龙观店
地址：昌平区回龙观欧德宝汽车交易市场A区23-24号
电话：80750899

广汽丰田博瑞东贸店
地址：通州区梨园九棵树西路11号
电话：81571116

本田汽车

网址：www.guangzhouhonda.com.cn 服务中心电话：8008308999

HONDA

广州本田特约销售（4S店）

嘉华京顺特约销售服务店
地址：朝阳区崔各庄东辛店339号
咨询：64360606
售后电话：64328892
24小时救援电话：64320992

航天特约销售服务店
地址：朝阳区北四环东路9号
咨询：64754252、64789752
售后服务：64789759
24小时救援电话：64754253

日银特约销售服务店
地址：朝阳区德胜门外花虎沟26号
咨询：62843333-616/618
售后服务：62951131

文华特约销售服务店
地址：朝阳区朝阳路高井工业区甲68号
咨询：85780946、85783317
售后服务：85780951

立水桥特约销售服务店
地址：朝阳区安定门外大阳坊
咨询电话：84935550
售后服务：84923669
24小时救援电话：84923660

来广营特约销售服务店
地址：朝阳区来广营西路甲8号
售后服务：84912667

中汇通合特约销售服务店
地址：朝阳区王四营368号
咨询：87393772
售后服务：87393995
24小时救援电话：87390066

华通特约销售服务店
地址：海淀区杏石口路15号
咨询：88471919-6621
售后服务：88471919-6663
24小时救援电话：88471919

万泉河特约销售服务店
地址：海淀区新建宫门路1号
咨询、售后服务：62885888

百旺特约销售服务店
地址：海淀区西北旺百旺绿谷汽车园F1地块1号
咨询：82403128
售后服务：82404118
24小时救援电话：82405558

方庄特约销售服务店
地址：丰台区蒲黄榆路48号
咨询：67687598
售后服务：67627779、67637404
24小时救援电话：67637404

中汽特约销售服务店
地址：丰台区西四环南路39号
咨询：63862888、63830025
售后服务：63860808-815/816/817
24小时救援电话：15910797387

花乡特约销售服务店
地址：丰台区花乡马家楼215号
咨询：83714668
售后服务：83726688-8015

长怡特约销售服务店
地址：丰台区南三环西路31号
咨询：83558655
售后服务：83557299

石景山特约销售服务店
地址：石景山区北京国际汽车贸易服务园区F区20号
咨询：68888015
售后服务：68888328

亦庄特约销售服务店
地址：北京经济技术开发区东环北路1号二区3号
咨询：67887188
售后服务：67883866
24小时救援电话：67883866

本通特约销售服务店
地址：通州区通马路大稿村委会南100米
咨询：81559888
售后服务：81559666
24小时救援电话：81559666

广汽本田汽车回龙观特约销售服务店
地址：昌平区回龙观欧德宝汽车交易市场A区25号
24小时救援电话：4006102345
售后服务电话：4006102346
服务电话：8008809899

CRV、CIVIC特约经销商（4S店）

北京典盛经贸有限公司
地址：东城区黄寺安德里北街19号
电话：84111111、84126655、80750636

金港特约销售服务店
地址：朝阳区东苇路金港汽车公园北门
电话：84349998

鸿粤田汽车销售服务有限公司
地址：朝阳区肖村桥南四环东路87号
电话：67605833、67613533

东航世纪汽车销售服务有限公司
地址：朝阳区王四营339号
电话：51665986、51663689

泛旅商贸有限责任公司
地址：朝阳区姚家园路甲1号东方基业国际汽车城J区17号
电话：85577176、85577175、85576661

国机隆盛汽车有限公司
地址：海淀区西北旺镇百旺绿谷汽车园
电话：82402699、82402599

鑫伯龙商贸有限公司
地址：丰台区西局西街298号
电话：51112288、51112398

瑞鼎汽车销售服务有限公司
地址：石景山区古城西街南口
电话：68880909

北京博诚宏达汽车销售服务有限公司
地址：昌平区亚运村汽车交易市场3-9号
电话：81750266

上汽荣威汽车

网址：www.roewe.com.cn 服务热线：8008200068

特约经销商

加达大昌汽车服务有限公司
地址：朝阳区来广营西路北苑村
电话：84920202

博瑞祥程汽车销售服务有限公司
地址：东城区东单北大街25号
电话：65130068、65130069

众义达汇鑫汽车销售服务有限公司
地址：丰台区花乡马家楼4号
电话：83606068、83606669

北京联通隆福汽车销售服务有限公司
地址：海淀区中关村东路108号

电话：82118811

北京上汽安福汽车销售服务有限公司
地址：海淀区闵庄路12号
电话：88446699

北京众义达汇通汽车销售服务有限公司
地址：海淀区西三旗桥南1200米路西
电话：82710808、82710070

北京上汽安福汽车销售服务有限公司
地址：海淀区北蜂窝中路15号
电话：8844669

加达博通汽车销售有限公司
地址：丰台区西四环中路83号
电话：68233380、88213366

北京祥瑞驰通汽车销售有限公司
地址：丰台区西站南路张庄5号
电话：63335558、63335508

北京联通景隆汽车销售服务有限公司
地址：石景山区古城大街北京国际汽车贸易服务园区F区14号
电话：88916698

奇瑞汽车

网址：www.chery.cn　客服热线：4008838888

4S店经销商

北京斌强
地址：朝阳区化工路西口甲18号
电话：87720250

北方瑞通
地址：丰台区洋桥西1号
电话：67582180

北京雅胜
地址：丰台区小屯双林东路
电话：83695488

北京冀富捷
地址：北京经济技术开发区东环北路路北1号南楼
电话：67876624

华中鸿基
地址：通州区梨园政府路南
电话：60526756

新瑞福
地址：顺义区后沙峪枯柳树村委会西
电话：80485002

华鑫丰盛
地址：昌平区回龙观欧德宝国际汽车城D区2号
电话：80771683

北京中瑞辰
地址：昌平区天通苑北
电话：61757282

兴瑞明德
地址：大兴区旧宫北京北旅汽车制造厂
电话：87882675

一汽红旗汽车

网址：www.faw-hongqi.com.cn，服务热线：4008171717

经销商（4S店）

润帆红旗汽车销售服务有限公司
地址：丰台区三路居甲17号
电话：63491717

北京花园桥委托服务中心
地址：海淀区车公庄西路38号
电话：68728888

北京汽修一厂博瑞祥和授权服务中心
地址：朝阳区德胜门外双泉堡花虎沟2号
电话：82818686

马自达汽车

网址：www.faw-mazda.com

经销商（4S店）

北京博瑞祥达汽车销售中心
地址：西城区德胜门外教场口街4号
电话：62014339、62387998

北京东仁隆达汽车销售服务有限公司
地址：朝阳区姚家园路东方基业国际汽车城市场I区19号
电话：51193788

北京盛基创业汽车销售有限公司
地址：朝阳区王四营村339号
电话：87399711、87399927、87399753

北京车豪汽车有限公司
地址：朝阳区朝阳北路45号
电话：65471339、65472293

北京华日通汽车销售服务有限公司
地址：海淀区杏石口路15号平房
电话：88439799

北京首汽腾达汽车销售服务有限公司
地址：丰台区莲花池西里11号
电话：63939978

北京一汽轿车销售服务有限公司
地址：丰台区南四环中路20号
电话：87813535

北京联拓诚信商贸有限公司
地址：北京经济技术开发区万源街15号
电话：67876506

北京方正利成汽车销售服务有限公司
地址：昌平区回龙观欧德宝国际汽车城
电话：81795333

宏源亚兴汽车贸易有限公司
地址：顺义区后沙峪段3号枯柳树环岛向南300米
电话：80497332、80497335

海马汽车

网址：www.haima.com，服务热线：4008888323、8008768989

销售服务店（4S店）

海马时代销售服务店
地址：朝阳区广渠路甲3号
电话：67792900、87702779

骏马腾飞销售服务店
地址：朝阳区金盏金港大道1号（金港汽车公园内）
电话：84334165、84334166、84334167

北京双龙伯乐销售服务店
地址：丰台区南四环中路20号
电话：87815551

海马世纪销售服务店
地址：石景山区鲁谷路61号
电话：68605050

运通博泰销售服务店
地址：北京经济技术开发区同济北路2号南厅
电话：67871121、67871151

天津一汽汽车

网址：www.tjfaw.com，服务部热线：4006518000

经销商（4S店）

四海联通汽车销售有限公司
地址：朝阳区东四环东风南路9号
电话：64386818

鸿升曲辰汽车销售服务有限公司
地址：海淀区西三旗天坛正中路
电话：62935586

天达胧汽车工业销售有限责任公司
地址：丰台区前泥洼24号
电话：63899739

天达同力汽车销售服务有限公司
地址：丰台区西四环中路92号
电话：68164609

北京兵工北方汽车贸易有限公司
地址：石景山区古城大街北京国际汽车贸易服务园区F区4号
电话：68876625

北京天达盛捷汽车销售服务有限公司
地址：大兴区西红门镇金星庄黄警路1号
电话：61286162

中富佳永汽车销售有限公司
地址：密云县开发区内云腾路19号
电话：69075680

京昌新兴汽车销售服务中心
地址：昌平区昌平镇邓庄
电话：89748816

通通顺汽车销售服务有限公司
地址：通州区通顺路北关环岛北侧500米路西
电话：80885358

津峰旺达汽车销售有限公司
地址：房山区西六环阎村桥东京周公路南侧
电话：89313979

中普信汽车销售有限公司
地址：顺义区顺平路南法信
电话：69475598、69475578

夏之都汽车销售服务有限公司
地址：延庆县延庆镇京张路口北1500米110国道西侧
电话：69189999

雪铁龙汽车

网址：www.citroen.com.cn，客户服务热线：4008866688

特约销售4S店

中林达汽车销售服务有限责任公司
地址：朝阳区来广营西路18号
电话：84915710、84910421

北京市汽车修理公司一厂
地址：朝阳区德胜门外双泉堡
电话：62844263、82715621

京都奥杰汽车贸易有限公司
地址：朝阳区小红门姚家村358号
电话：87607577

广大行雪铁龙汽车服务有限责任公司
地址：朝阳区东三环南路十里河桥西南侧
电话：67672288

北京慧达世纪商贸有限公司
地址：海淀区大运村北路北航西门外
电话：82319805、82326676

元丰正通汽车销售服务有限公司
地址：海淀区阜石路61号
电话：88206290、88206291

北京首汽修理有限公司
地址：海淀区紫竹院南路7号
电话：68719657、68719662

北方金泰开元汽车销售服务有限公司
地址：丰台区大红门三星庄34号
电话：67581818、67581188

金泰开元汽车贸易发展有限公司
地址：昌平区北辰亚运村汽车交易市场3号专卖店
电话：61756868

东风标致汽车

网址：www.peugeot.com.cn，国产车服务热线：4008877108，进口车热线：4008100908

4S店

北京标龙京津汽车销售服务有限责任公司
地址：朝阳区姚家园路甲1号东方基业国际汽车城
电话：85577830、85577837

嘉瑞雅汽车销售服务有限公司
地址：朝阳区十八里店大羊坊路6号
电话：67472181（总机）、67476458（销售）

北京天之龙销售服务有限公司
地址：朝阳区来广营西路
电话：52020777、52020717

北京鹏翰贸易有限公司
地址：海淀区杏石口路49号
电话：88463607、88442521（24小时热线电话）

北京双龙雅致汽车销售服务有限公司
地址：海淀区学院路34号
电话：62310888、82385119

汇京柯曼汽车贸易发展有限公司
地址：丰台区丰管路46号
电话：63856307、63865357

北京双龙精致汽车销售服务有限公司
地址：丰台区南四环中路20号
电话：87880666、87880888

龙运宝狮汽车销售有限公司
地址：昌平区北辰亚运村汽车交易市场8号
电话：

北京市汽车修理公司一厂法国标致经销店（进口车）
地址：朝阳区德胜门双泉堡外汽修一厂
电话：62938889

悦达起亚汽车

网址：www.dyk.com.cn，24小时服务热线：8008285985(固定电话拨打)，0515－88882000(手机拨打)

特约销售4S店

北京中德汽车销售有限公司
地址：朝阳区来广营西路
电话：84918118、84919599

勤华瑞达汽车销售服务有限公司
地址：朝阳区姚家园路甲1号(东方基业国际汽车城内18号店)
电话：85576738、85577806

北京金佳景汽车销售有限公司
地址：海淀区闵庄路16号
电话：88452266、88455579
北京汇京嘉悦汽车贸易有限公司
地址：丰台区丰管路46号
电话：63897220、63841730
北京中企能源汽车销售服务有限公司
地址：丰台区南三环西路43号
电话：63513466、63573853
北京津丰华北汽车贸易有限公司
地址：石景山区古城西路63号 北京国际汽车贸易服务园区D厅
电话：68817935、68828350、68818116
千里行汽车服务有限公司
地址：昌平区回龙观欧德宝汽车交易市场内
电话：96096288
众义达汇丰汽车销售服务有限公司
地址：北京经济技术开发区东环北路北5号
电话：67488028

东风日产汽车

网址：www.dongfeng-nissan.com.cn，服务热线：8008308899，4008308899

4S店

天亿通汽车贸易有限责任公司
地址：东城区安德里北街19号
电话：84112268
福源专营店
地址：朝阳区姚家园路甲1号东方基业汽车城J区14号
电话：85576688-606
森华佳运专营店
地址：朝阳区德胜门外花虎沟18号
电话：62950498
宏远信诚专营店
地址：朝阳区李罗营村东（五方桥西南侧）电话：87393396、87393398
首汽专营店
地址：朝阳区亮马桥路25号
电话：64320090、64329583
汇京世纪专营店
地址：朝阳区来广营西路18号
电话：84919296、84918616
华盛昌专营店
地址：海淀区闵庄路2号
电话：88447373、88447171
华盛昌百旺专营店
地址：海淀区西北旺绿谷国际汽车园
电话：82402838、82402800
汇京鸿运专营店
地址：丰台区丰管路46号
电话：63842828
中汽雷日专营店
地址：丰台区南四环中路20号
电话：87817771
浩洋正业专营店
地址：丰台区左安门外关厢东里22号
电话：87675777
三合专营店
地址：北京经济技术开发区北环东路15乙（经开国际汽车汇展中心东侧）
电话：67872853、67862528

南京菲亚特汽车

网址：www.fiat.com.cn

4S店

博瑞祥祺汽车销售服务公司
地址：朝阳区德胜门外双泉堡
电话：62957677
北京宏伟恒源汽车销售服务公司
地址：朝阳区北四环东路11号
电话：64718042
都灵沙龙力傲汽车销售服务公司
地址：海淀区杏石口路15号
电话：88432229、88437091
北京祥路来汽车销售服务公司
地址：丰台区南四环东路99号
电话：81674980、87670828

东南三菱汽车

网址：www.soueast-motor.com，服务热线：8008581666、4006611666

4S店

北京东南得利卡汽车贸易公司东方基业
地址：朝阳区姚家园甲1号东方基业国际汽车城
电话：96096266
北京源流东南贸易有限公司北苑
地址：朝阳区北五环北侧（北京会议中心对面）
电话：84931185
北京锦星东南汽车方庄
地址：丰台区南三环东路25号
电话：67658830
北京东南得利卡汽车贸易公司万泉寺
地址：丰台区椰子井甲18号
电话：63332890
北京锦星东南汽车南四环东路分公司
地址：大兴区南四环东路北旅车桥厂内
电话：67680007
北京东南得利卡汽车贸易公司欧德宝
地址：昌平区回龙观欧德宝国际汽车城
电话：96096199
北京东南得利卡汽车贸易公司新亚市
地址：昌平区亚运村汽车交易市场内
电话：61763325

福特汽车

网址：www.ford.com.cn，福特国产车销售和服务热线：8008108168、4008877766(手机拨打)，福特进口车免费咨询热线：8008108168、维修服务热线：8008100740

经销服务商4S店

中汽福瑞汽车销售复兴门分公司
地址：西城区复兴门外大街A2号1层
电话：68567290
联福通达汽车销售服务有限公司
地址：朝阳区来广营西路318号
电话：84912266、84911166
北京长福新港汽车销售服务有限公司
地址：朝阳区太阳宫中路甲3号
电话：84568076
北京陆鼎汽车商行第一分部
地址：朝阳区姚家花园路甲1号东方基业汽车城2号店
电话：85577336、85577387
北方福瑞汽车销售服务有限公司
地址：海淀区闵庄路甲20号
电话：88469009
百旺长福汽车销售服务有限公司
地址：海淀区西北旺镇百旺绿谷汽车园内
电话：82405353 、82404713
北京亚之杰世纪汽车销售中心
地址：丰台区南三环西路115号
电话：63350555
宝辰博雅汽车销售服务有限公司
地址：丰台区大红门南四环中路
电话：87883888
中汽福瑞汽车销售服务有限公司
地址：石景山区古城大街北京国际汽车贸易服务园区F区7号
电话：68868800
中进万国汽车销售服务有限公司
地址：北京经济技术开发区北环东路15号
电话：67879388
北方长福汽车销售有限责任公司
地址：昌平区回龙观欧德宝国际汽车城内
电话：80771027、80771071
北方长福汽车销售亚市分公司
地址：昌平区亚运村汽车交易市场A—区101号
电话：81771606
福通高盛汽车销售服务有限公司
地址：通州区梨园大稿村工业园区
电话：81559955

雷克萨斯

网址：www.lexus.com.cn

4S店

北京广通
地址：朝阳区德胜门外花虎沟20号
电话：62918866
北京英华
地址：朝阳区马房寺路332号
电话：87399999
售后服务：87390559
北京博瑞
地址：丰台区南四环中路161号
电话：87582119
售后服务：87582110

路虎汽车

网址：www.landroverchina.com.cn 服务热线：8008200187

经销商

惠通陆华汽车销售有限公司
地址：朝阳区建国路70号
电话：65562888
惠通陆华汽车销售有限公司
地址：海淀区北三环中路3号双全大厦首层
销售电话：62351818
售后电话：62596668

斯巴鲁汽车

网址：www.subaru-china.cn 服务热线：4008184860

经销商（4S店）

中冀斯巴鲁(北京)汽车销售有限公司
地址：朝阳区五方桥西南侧王四营李罗营村北1街1号
销售电话：51352888
中冀凯腾汽车销售有限公司
地址：丰台区东管头水头庄36号（丽泽桥东80米路南）
电话：63306320
北京冀发贵汽车贸易有限公司
地址：石景山区古城大街1号北京国际汽车园区
电话：68876621
北京北亚中冀汽车销售有限公司
地址：昌平区北辰新亚运村汽车交易市场内
销售电话：61762815 售后电话：61762411

沃尔沃汽车

网址：www.volvocars.com，咨询热线：8009881200、4006781200

经销商（4S店）

中汽南方百旺沃瑞
地址：海淀区西北旺百旺绿谷汽车园F1地块2号
电话：82404488－831 / 832 / 833
北京中诚海华
地址：朝阳区朝阳路高井路南（财满街对面）
销售电话：8577 8777
北京宝辰欧雅4S中心
地址：丰台区大红门南四环中路18号
电话：87880555、87882555(服务热线)
北京中汽南方
地址：北京经济技术开发区东环路丙1号
电话：67886666

保时捷汽车

网址：www.porsche.com，服务电话：4008100911

北京长安保时捷中心
地址：东城区东长安街10号长安俱乐部
电话：65211911
北京海淀保时捷中心
地址：海淀区八里庄五孔桥35号
电话：58739911
北京亦庄保时捷中心
地址：北京经济技术开发区东环北路甲1号
电话：67869911

【修车】

汽车配件市场

西郊汽车配件城
地址：海淀区西四环四季青桥东北角
电话：88435556 88437888

东南四环路小武基汽配城
地址：朝阳东小武基桥西侧
电话：51072999

四元桥汽配市场
地址：朝阳北四环东路四元桥汽配城
电话：64393355

五方天雅汽配城
地址：朝阳区东五环五方桥西南角李罗营村
电话：87399966

十八里店汽配城
地址：朝阳区大羊坊路商业街8号
电话：67475373

北方汽配城
地址：丰台区南四环西路108号
电话：63793333

恋日汽车用品配件一条街
地址：丰台区草桥东路
电话：67525858、67578625

草桥汇丰汽配市场
地址：丰台区草桥东路27号
电话：51751999

西国贸汽车汽配基地
地址：丰台区西南三环丰益桥
电话：63897999

回龙观北郊汽配城
地址：昌平回龙观二拨子桥建材城北侧
电话：80798936

汽车修理厂

北京万泽龙进口汽车维修服务有限责任公司
地址：东城区和平里东街11号北门西侧南街甲8号
电话：84229303

北京万际汽车维修技术服务中心
地址：东城区永外桃园东里1号
电话：67223235

北京金星达汽车维修中心
地址：东城区桃园东里15号
电话：67257313

北京市汽车修理公司八厂
地址：西城区德胜门外教场口街4号
电话：62014119

中汽力发汽车销售服务有限公司
地址：西城区阜城门外大街32号
电话：68534207

北京市华夏汽车修理公司
地址：西城区右安门内西城根3号
电话：63126473

北京中电联汽车服务有限责任公司
地址：西城区右安门内
电话：63126468

首汽腾迪汽车销售服务有限公司
地址：海淀区紫竹院南路5号
电话：68489919、68489939

北京市汽车修理五厂
地址：海淀区清河安宁庄东路15号
电话：62920155

众义达汽车快修世纪城店
地址：海淀区世纪城三区12号楼
电话：88879564

朝阳京空进口汽车修理厂
地址：朝阳区慈云寺19号
电话：65858418

北京宇行汽车维修有限公司
地址：朝阳区小红门路龙爪树北里1号
电话：67608091

首汽五洲汽车服务有限公司
地址：朝阳区霄云路24号
电话：64639468

北京市朝阳区朝红汽车修理厂
地址：朝阳区小红门珊瑚桥2号
电话：87602089

北京市汽车修理公司六厂
地址：朝阳区建国门外郎家园
电话：65814146

北京北方文华汽车贸易有限公司
地址：朝阳区高碑店高井村平房甲68号
电话：85791662-207

联合汽车出租公司汽车修理厂
地址：朝阳区酒仙桥将台西路5号
电话：64363575

北京森华佳运汽车贸易有限公司
地址：朝阳区德胜门外花虎沟18号
电话：62936533-603

北京北汽出租汽车集团有限责任公司汽车修理分公司
地址：朝阳区大屯路238号
电话：64944667

北京市九龙山汽车修理厂
地址：朝阳区百子湾路18号
电话：67722017

北京市首汽风神汽车销售服务有限公司
地址：朝阳区亮马桥路25号
电话：84565203

北京联保汇利汽车修理有限责任公司
地址：朝阳区平房黄杉木店村
电话：85776114、85776117

北京德奥达汽车销售有限公司
地址：朝阳区北四环东路太阳宫十字路口甲1号
电话：84561555、84563338

1039汽车服务中心
地址：朝阳区十八里店北桥东北角
电话：51651039

壹捷汽车服务中心
地址：朝阳区大羊坊路168号
电话：67486766

芳晓汽修
地址：朝阳区南四环东路98号
电话：87883380

四清环卫工程集团有限责任公司
地址：朝阳区安外北辰路曹八里1号
电话：64437512

首汽腾达汽车销售服务有限公司
地址：丰台区莲花池西里11号
电话：63939986、63939978

北京精通客车修理厂
地址：丰台区西罗园南里44号
电话：67213675

众义达汽车快修天通苑店
地址：昌平区天通苑东三区2号
电话：61755669

众义达汽车快修回龙观店
地址：昌平区回龙观
电话：81727266

米其林轮胎店

网址：www.michelin.com.cn，
服务热线：4008890088

北京和易通兴业贸易有限公司
地址：东城区青年湖北里12号
电话：84111616

北京万泽龙进口汽车维修服务有限公司
地址：东城区和平里南街甲8号
电话：84212100

朋安汽车服务有限公司
地址：西城区西十库大街19-2号
电话：66116681

松川奔宝汽车服务有限公司
地址：西城区月坛北街乙5号
电话：68034738

天成广达汽车修理有限公司
地址：朝阳区小红门姚家村358号
电话：67633700

安德泰克科技发展有限公司
地址：朝阳区亮马桥路59号
电话：64688008

北京天成恒信商贸有限公司
地址：朝阳区小武基汽配城D区77~81号
电话：52019087

北京乐平劲松汽车维修有限公司
地址：朝阳区潘家园26楼(东南二环肿瘤医院北100米路东加油站旁)
电话：87716802

驰加轮胎服务中心-北京海华汤发商行
地址：朝阳区十八里店鑫三里屯汽配城特区1号
电话：67475327

驰加轮胎服务中心-北京海华中禹商行
地址：朝阳区北四环东路公主坟东四元桥汽配市场五厅1号
电话：64393327

北京大丰
地址：朝阳区东四环小武基汽配城
电话：52002592

北京安展新经贸有限责任公司
地址：朝阳区北三环东路
电话：64425690

北京欣安展商贸有限责任公司
地址：朝阳区四元桥汽配城东区12号
电话：64393009

北京宏源峰桥汽车技术服务有限公司
地址：朝阳区甜水园北里7号楼一层
电话：65067884

望京博运达轮胎有限公司
地址：朝阳区京密路25号
电话：84712033

世合百顺汽车轮胎有限公司
地址：朝阳区十八里店小武基村小武基汽配城B区82-84号
电话：67486838

江华宏程汽车轮胎经营部
地址：朝阳区祁家豁子2号
电话：62075875

北京源聚成轮胎有限公司
地址：海淀区莲花池东路9号院3号楼
电话：51890835

日福祥商贸有限公司
地址：海淀区板井路59号
电话：51985818

惠尔轮胎有限公司
地址：海淀区西四环四季青桥向东400米路南轮胎街
电话：88500871

安泰润汽车配件销售中心
地址：海淀区西郊汽配城外围市场39号
电话：88441636

北京旭日东汽车服务中心
地址：海淀区花园北路甲12号
电话：82013918

普利司通车之翼养护中心

北京粤海北四环店
地址：朝阳区北四环望京西桥甲39号
电话：64754762

北京石榴园店
地址：丰台区石榴园南里7号楼
电话：87254566、87244944

德普轮胎经营部
地址：丰台区花乡汽配城十区1－2号
电话：51175870

祥运博达轮胎有限公司
地址：丰台区汽配基地汽配城A5-1001（丰益桥汽配城）
电话：63870136

泰来汽车技术服务中心
地址：丰台区丽泽路60号(丽泽桥辅路往东100米路南)
电话：63422393

北京博运祥达轮胎经营中心
地址：丰台区丰益桥汽配基地A1-1036
电话：84712033

北京鑫泰安祥轮胎经营部
地址：石景山区古城西路国际汽车园区门市20号
电话：68860991

北京亦庄店
地址：北京经济技术开发区同济北路26号中
电话：67887663、67889787

北京空港店
地址：顺义区空港开发区B区裕民大街2号

Mobil美孚汽车养护店

网址：www.mobil.com.cn
电话：4008206130

中保汽车服务中心
地址：东城区鼓楼东大街62号
电话：64041859

仁泰瑞光汽车服务有限公司
地址：西城区六铺炕街1区北一楼5号
电话：82035096

福翔顺发汽车服务中心
地址：西城区赵登禹路114号
电话：66182791

广和汽车维修服务中心
地址：西城区德胜门外大街18-1号
电话：62050409

京工腾达汽车维修中心
地址：朝阳区白家庄东里42号
电话：65827330

华炜立丰汽车服务有限公司
地址：朝阳区北苑东路350号
电话：84950000

喜立德汽车服务有限公司
地址：朝阳区安慧北里321号
电话：64812483

方圆诚汽车维修中心
地址：朝阳区望京路4号
电话：64739628

盛和汽车装饰服务有限责任公司
地址：朝阳区胜古家园1号楼东侧
电话：64449487、86660343

时光汽车维修站
地址：海淀区万泉河中路稻香园10号楼
电话：62578717、62564183

嘉海汽车修理厂
地址：海淀区马连洼北路86号
电话：62968788

远驰进口汽车修理厂
地址：海淀区香山南路红旗村甲2号
电话：62595325

三元蓝天汽车技术服务中心
地址：海淀区志新路海泰大厦往北100米路东
电话：62327450

众和缘汽车维修服务公司
地址：海淀区西三旗环岛西南院15号
电话：62914118

润天汽车修理有限公司
地址：海淀区永定路28号
电话：68246390

爱车驿站汽车服务有限公司
地址：海淀区西翠路
电话：68185106

天天恒发汽车修理有限公司
地址：丰台区西三环南路16号
电话：63314570

天辰汽车服务有限公司
地址：丰台区西站南路东局14号
电话：63276616

长城润滑油养护中心

姚家园店
地址：朝阳区石佛营小区23号楼1层
电话：85828361

亚运村店
地址：朝阳区安立路慧忠北里219号楼1层
电话：64839907

洋桥店
地址：丰台区南三环中路西罗园3区乙8号
电话：67282820

西马庄店
地址：通州区西马庄物资学院路商业楼
电话：80544028、80544038

【汽车装饰与美容】

爱义行白纸坊桥店
地址：西城区南滨河路69号
电话：63543318、63323388

爱义行珠市口店
地址：西城区珠市口西大街131号
电话：63038088

爱义行酒仙桥店
地址：朝阳区酒仙桥路32号
电话：64366686

爱义行窑洼湖店
地址：朝阳区东四环南路1号
电话：67336670、67336680

爱义行甘露园店
地址：朝阳区甘露园西里8号
电话：85763033、85773033

爱义行四惠店
地址：朝阳区高碑店兴隆庄甲3号
电话：85776686、85776696

爱义行四季青桥店
地址：海淀区杏石口路8号
电话：88466696

爱义行中关村店
地址：海淀区中关村丹棱街16号海兴大厦B1层
电话：82606532、82606533

爱义行万柳店
地址：丰台区夏家胡同128号
电话：63726800、63725800

爱义行成寿寺店
地址：丰台区成寿寺路12号
电话：87613393、67633393

爱义行丽泽店
地址：朝阳区丰北路33号
电话：63803993、63809993

爱义行京良路店
地址：丰台区新发地京良路南侧
电话：83713533、83713833

爱义行花乡店
地址：丰台区四合庄416号
电话：63725633 63725833

爱义行回龙观店
地址：昌平回龙观文化居住小区E811号
电话：81744588、81744688

爱义行亦庄店
地址：北京经济技术开发区贵园东里53号
电话：67826511、67826533

月福甘露园店
地址：朝阳区甘露园南里三区3号-4号底商.
电话：51316600

月福奥运村店
地址：朝阳区八达岭高速清河收费站辅路向北200米路东处
电话：62840920

月福潘家园店
地址：朝阳区华威西里潘家园桥向西1000米
电话：67702778

月福大屯店
地址：朝阳区安立路家和超市对面
电话：84806726

月福燕莎店
地址：朝阳区亮马桥路
电话：84562994

月福民族园店
地址：朝阳区亚运村熊猫环岛以北200米路西
电话：62005086

月福西苑店
地址：海淀区万泉河路30号西苑加油站
电话：62628970

月福定慧寺店
地址：海淀区西四环定慧桥西阜石路北侧
电话：88635319

月福北洼店
地址：海淀区北洼东里5号
电话：68464425

月福通州店
地址：通州区农印厂内
电话：69526140

【汽车服务】

汽车救援中心和汽车俱乐部

UAA联合汽车俱乐部
网址：www.uaa.cn
地址：朝阳区建国门外大街甲6号中环世贸中心D座11层
24小时会员服务热线：4008895122

大陆汽车俱乐部
网址：www.caa.com.cn
地址：朝阳区霄云路36号国航大厦23层
电话：4008181010、84551010

1039汽车俱乐部
网址：www.fm1039e.com
地址：朝阳区十八里店陈家村261号
电话：65661039

新通联合汽车救援服务有限公司
地址：朝阳区王四营马房寺368号
电话：67378888

一路平安汽车救援公司
地址：朝阳区德外花虎沟5号
电话：62938888

汇源汽车救援
地址：西城区鼓楼西大街86号
电话：64044148

万和汽车救援服务公司
地址：朝阳区东坝河五里沟
电话：64682828

东风雪铁龙救援服务中心
电话：丰台区大红门三星庄34号
电话：67581188

公交抢修救援中心
地址：丰台区六里桥（八一制片厂斜对面）
电话：63966655

金杯汽车俱乐部
地址：丰台区丰北路17号
电话：63803388-804

庆洋救援
地址：丰台区南四环花乡桥向东200米路南
电话：63710050-830

汽车陪练

北京朱山人汽车俱乐部
地址：朝阳区红店延静西里16号楼
电话：65927011

一路行汽车陪练
地址：朝阳区东四环世纪东方嘉园
电话：89900725、86386052

北京好帮手汽车陪练中心
地址：朝阳区东大桥芳草地西街
电话：86869166

协众汽车陪练
地址：朝阳区西大望路
电话：86179573

北京平安汽车陪练公司
地址：海淀区四季青桥西
电话：88456931、88451268

手把手汽车陪练
地址：海淀区紫竹院路车道沟96号
电话：51659676

老战友汽车陪练
地址：海淀区西四环四季青桥南营慧寺
电话：88251126

速成达汽车陪驾陪练学校
地址：海淀区永定路东街甲6号
电话：51767308

顺驰汽车陪练
地址：海淀区彰化南路
电话：88466925

雷峰汽车陪练
地址：海淀区彰化村53号
电话：总部51652001（总机）、东部88433391、南部88433730、北部88448946

新手汽车陪练
地址：海淀区运通行大厦218
电话：51660394

祥龙天成汽车陪练
地址：海淀区学院路168号
电话：62908858、62909799、62907788

瑞驰天下汽车俱乐部
地址：丰台区丰管路16号西国贸大厦2019室
电话：52550600、62118832

路安泰汽车俱乐部
地址：丰台区方庄1号院2号楼安富大厦1708室
电话：59796687

【交通支大队】

东城区

东城交通支队……P51C3
地址：东城区东四四条33号
电话：64073415

东单大队……P63B1
地址：东城区史家胡同17号
电话：88313416

东四大队……P51C3
地址：东城区东四四条29号
电话：64043575

和平里大队……P39B4
地址：东城区和平里中街35号
电话：64226299

帅府园大队……P51C3
地址：东城区东四六条8号
电话：68399147

原崇文交通支队……P64A4
地址：东城区广渠门南小街5号
电话：67115809

天坛大队……P74D4
地址：东城区永定门外民主北街26号
电话：87280909

前门大队……P74C3
地址：东城区松林街21号
电话：87819989

西城区

西城交通支队……P49C3
地址：西城区赵登禹路303号
电话：66162545

府右街大队……P62B1
地址：西城区西华门大街39号
电话：68399251

西单大队……P61A3
地址：西城区真武庙四条2号
电话：68399221

西四大队……P49C3
地址：西城区赵登禹路303号
电话：66175236

西外大队……P49C3
地址：西城区大玉胡同1号
电话：68399231

六部口大队……P49D4
地址：西城区西皇城根北街45号
电话：66120997

原宣武交通支队……P72C2
地址：西城区广外红莲南路33号
电话：63447872

广安门大队……P73B2
地址：西城区右安门内大街19号
电话：68399411

樱桃园大队……P73B2
地址：西城区右安门内大街19号
联系电话：68399421

朝阳区

朝阳交通支队……P65D4
地址：朝阳区广渠路21号
电话：67715885

东外大队……P39D2
地址：朝阳区北三环东路12号
电话：64666507

双桥大队……P114A2
地址：朝阳区三间房南里2号
电话：65763141

呼家楼大队……P52C4
地址：朝阳区关东店11号
电话：65072106

劲松大队……P79C3
地址：朝阳区王四营马房寺村366号
电话：67378768

亚运村大队……P27A3
地址：朝阳区安苑北里24号
电话：64912336

高速路大队……P88D1
地址：朝阳区十八里店十里河村354号
电话：67478937

机场大队……P110B3
地址：朝阳区首都国际机场航安路
电话：64575742

海淀区

海淀交通支队……P24C4
地址：海淀区中关村东路98号
电话：62557480

清河大队……P94A4
地址：海淀区清河小营西路19号
电话：68399621

公主坟大队……P58D3
地址：海淀区太平路丙23号
电话：68399641

黄庄大队 P34C2
地址：海淀区世纪城小区蓝靛厂西路1号
电话：68399631

温泉大队 P92D2
地址：海淀区北清路99号
电话：88313465

中关村大队 P23A1
地址：海淀区西苑一亩园21号
电话：68399611

丰台区

丰台交通支队 P71B4
地址：丰台区泥洼路3号
电话：68399701

大红门大队 P86D4
地址：丰台区大红门西前街137号
电话：67249438

方庄大队 P87C2
地址：丰台区东铁营顺三条20号
电话：67698147

丰北大队 P71B4
地址：丰台区泥洼路3号
电话：63814388

卢沟桥大队 P80D2
地址：丰台区卢沟桥城内街137号
电话：83894822

西站大队 P60A4
地址：丰台区南蜂窝路11号
电话：63953662

石景山区

石景山交通支队 P125D4
地址：石景山区杨庄路8号
电话：68873720

北辛安大队 P124D3
地址：石景山区北辛安和平街31号
电话：68872417

北京经济技术开发区

开发区交通大队 P103A3
地址：北京经济技术开发区万源街4号
电话：88313930

天华路队 P102D3
地址：北京经济技术开发区万源街4号
联系电话：88313010

房山区

房山交通支队 P131B2
地址：房山区拱辰街道政通路5号
电话：89357122

良乡大队 P131D1
地址：房山区长阳昊天北大街甲38号
电话：80391861

万宁大队
地址：房山区城关北大街52号
电话：69313861

燕山大队
地址：房山区燕山杏花东路甲1号
电话：69341606

通州区

通州交通支队 P115B2
地址：通州区运河西大街240号
电话：60526167

潞河大队 P115B3
地址：通州区运河西大街240号
电话：68397190

长陵营大队
地址：通州区漷县镇
电话：80586160

昌平区

昌平交通支队
地址：昌平区府学路11号
电话：68397260

马池口大队
地址：昌平区马池口镇马池口村
电话：60772204

沙河大队 P105A4
地址：昌平区回龙观史各庄村
联系电话：69731914

高速路大队
地址：昌平区西环路36号
电话：89704805

其他区县

机场交通支队 P110B3
地址：朝阳区首都机场三号航站楼二纬路
电话：64564123

门头沟交通支队 P180D1
地址：门头沟区滨河路62号
电话：69866800

大兴交通支队 P133C2
地址：大兴区大兴工业开发区金辅路6号
电话：69242080、69242047

顺义交通支队 P160B3
地址：顺义区顺平西路10号
电话：69426010

怀柔交通支队 P141B1
地址：怀柔区青春路88号
电话：89684828

平谷交通支队 P161A2
地址：平谷区平谷北街29号
电话：69959986

密云交通大队 P140A2
地址：密云县密云镇新北路25号
电话：69041895

延庆交通大队 P150C4
地址：延庆县妫水南街
电话：81191977

【车管站】

职能：驾驶证审验、驾驶证期满换证、驾驶证降级、驾驶证变更。工作时间：周一至周五8:30～20:00，周六、日9:00～16:00（国家法定节假日除外）

东城交通支队车管站 P51D3
地址：东城区朝内北小街豆瓣胡同1～4号
电话：84066515

原崇文交通支队车管站 P64A4
地址：东城区广渠门南小街5号
电话：67112065

西城交通支队车管站 P49C3
地址：西城区赵登禹路303号
电话：68399206

原宣武交通支队车管站 P72C2
地址：西城区广外红莲南路33号
电话：63447872

朝阳交通支队车管站 P65D4
地址：朝阳区广渠路21号
电话：88313586

海淀交通支队车管站 P24C4
地址：海淀区中关村东路98号
电话：62553336

丰台交通支队车管站 P72D4
地址：丰台区邦子井甲18号
电话：68399740

石景山交通支队车管站 P125D4
地址：石景山区杨庄路8号
电话：68863193

开发区交通大队车管站 P103A3
地址：北京经济技术开发区万源街4号
电话：88313933

机场交通支队车管站 P110C4
地址：首都机场三号航站楼二纬路
电话：64539041

房山交通支队车管站 P131B2
地址：房山区拱辰街道月华北大街32号
电话：68397030-5005

通州交通支队车管站 P115B3
地址：通州区运河西大街240号
联系电话：60526300

昌平交通支队车管站 P152D2
地址：昌平区南口马坊村检测场院内
电话：69770041

门头沟交通支队车管站 P180D1
地址：门头沟区滨河路62号
电话：69808501

大兴交通支队车管站 P134A3
地址：大兴区团桂路1号刘村2队桥北
电话：61268964

顺义交通支队车管站 P160B3
地址：顺义区顺平西路10号
电话：81498347

怀柔交通支队车管站 P141B1
地址：怀柔区青春路88号
电话：89685649

平谷交通支队车管站 P161C4
地址：平谷区兴谷开发区平谷北街27号
联系电话：69959863

密云交通大队车管站 P138C2
地址：密云县密云镇新北路25号
电话：69062901

延庆交通大队车管站 P150C4
地址：延庆县延庆镇妫水南街
电话：81194561

【车管所】

职能：负责办理机动车注册、变更、转移、抵押、注销登记，机动车驾驶证申请、补领、换领、审验及受理机动车和驾驶员相关的其他业务。工作时间：周一至周五8:30～20:00，周六、日9:00～16:00

北京市车辆管理所 P89A4
地址：朝阳区南四环东路18号
电话：87625123

京朝分所 P79C4
地址：朝阳区孛罗营北街1号
电话：67293079
所辖范围：朝阳区、通州区、崇文区

京海分所 P121A2
地址：海淀区北安河海淀驾校院内
电话：62461027
所辖范围：海淀区、门头沟区

京丰分所 P69B2
地址：丰台区小屯路西南坟248号
电话：68636331
所辖范围：宣武区、丰台区、石景山区

京顺分所 P107A4
地址：顺义区后沙峪乡泗上村京顺考试场旁
电话：69454511
所辖范围：东城区、顺义区、怀柔区、密云县、平谷区

京南分所 P99C4
地址：大兴区黄村狼垡村公交考试场内
电话：83701853
所辖范围：大兴区、房山区

京北分所
地址：昌平区马池口北方检测场旁
电话：60772486
所辖范围：西城区、昌平区、延庆县

【驾车淘宝地】

大型购物中心

东方新天地 P63A2
地址：东城区东长安街1号东方广场
电话：85186363

北京apm（新东安市场） P63A1
地址：东城区王府井大街138号
电话：58176995

新世界百货 P63B3
地址：东城区崇文门外大街3-5号
电话：67080055

国瑞购物中心 P63B3
地址：东城区崇文门外大街18号
电话：67111666

西单大悦城 P61D2
地址：西城区西单北大街131号
电话：66517777

中友百货 P61D2
地址：西城区西单北大街176号华南大厦
电话：66018899

百盛购物中心(复兴门店) P61B2
地址：西城区复兴门内大街101号
电话：66536688

庄胜崇光百货 P61D4
地址：西城区宣武门外大街8号
电话：63103388

秀水街 P64A2
地址：朝阳区建国门外大街
电话：51699003

赛特奥莱
地址：朝阳区香江北路28号
电话：84357880

蓝色港湾国际商区
地址：朝阳区朝阳公园路6号
电话：59056666

三里屯Village P52C2
地址：朝阳区三里屯北街19号
电话：64176110

国贸商城 P64C2
地址：朝阳区建国门外大街1号
电话：65052288

燕莎奥特莱斯购物中心 P77C2
地址：朝阳区东四环南路9号
电话：87386666

燕莎友谊商城 P52D1
地址：朝阳区亮马桥路52号
电话：64651188

迪卡侬户外用品大郊亭店
地址：朝阳区东四环中路195号
电话：87778788

华宇时尚购物中心 P36A2
地址：海淀区中关村南大街2号
电话：82513988

当代商城(中关村店) P36A1
地址：海淀区中关村大街40号
电话：62576688

燕莎友谊商城(金源店) P35A3
地址：海淀区远大路1号金源新燕莎MALL东侧B1楼至3楼
电话：88874691

贵友大厦(金源店) P34D3
地址：海淀区远大路1号金源新燕莎MALL中部1-3楼
电话：88875051

石景山万达广场 P56D2
地址：石景山区石景山路乙18号
电话：88689999

迪卡侬户外用品亦庄店
地址：北京经济技术开发区文化园西路
电话：67826100

永旺国际商城购物中心
地址：昌平区北清路1号
电话：80700588

大型超市

家乐福

广渠门店
地址：东城区广渠门内富贵园小区底商
电话：67123750

马连道店 P72A2
地址：西城区马连道路11号
电话：63422182

中关村广场店 P23D4
地址：海淀区中关村大街15号中关村广场
电话：51721516

方圆店 P48B2
地址：海淀区白石桥路甲54号方圆大厦
电话：88362729

姚家园店
地址：朝阳区姚家园路甲1号活力东方奥特莱斯B1楼
电话：51193540

慈云寺店
地址：朝阳区东四环中路39号华业国际中心B1楼
电话：51005709

健翔桥店
地址：朝阳区祁家豁子8号健翔大厦
电话：82994275

创意佳店 P40A3
地址：朝阳区北三环东路乙6号
电话：52092530

双井店 P65A4
地址：朝阳区广渠路31号
电话：51909508

望京店
地址：朝阳区广顺北大街叶青大厦对面
电话：59124016

马家堡店
地址：丰台区南三环西路16号
电话：87570808

方庄店 P75D4
地址：丰台区芳城园二区15号
电话：67609911

石景山万达广场店
地址：石景山区石景山路乙18号万达广场B1楼
电话：52990073

天通苑店
地址：昌平区北苑立汤路186号龙德时代广场
电话：84825955

通州店
地址：通州区九棵树西路48号
电话：51678911

沃尔玛购物广场

菜市口店 P61D4
地址：西城区宣武门外大街28号富卓花园广场B1-1楼
电话：63168905

知春路店
地址：海淀区知春路甲48号4号楼B1-2楼
电话：8009901122

大郊亭店
地址：朝阳区东四环中路189号美罗城购物中心B1楼
电话：67729060

建国路店
地址：朝阳区建国路93号万达广场B1楼
电话：59603566

望京店
地址：朝阳区阜荣街10号1-3楼
电话：64712732

沃尔玛山姆会员店
地址：石景山区阜石路158号
电话：68889556

昌平东关店
地址：昌平区崔昌路203号楼地上1-3楼
电话：80125966

麦德龙

万泉河店 P23A2
地址：海淀区新建宫门路1号
电话：62869888-877

乐天玛特

酒仙桥店
地址：朝阳区酒仙桥路12号
电话：64385949

望京店
地址：朝阳区广顺北大街19号六佰本北区
电话：64378008-88601

洋桥店
地址：丰台区洋桥大红门西路19号
电话：64378008-81601

公益西桥店
地址：丰台区南四环中路城南嘉园益城园16号
电话：87564521

通州店
地址：朝阳区通州八里桥通惠北路甲27号
电话：60518827-125

批发市场

永外文化用品市场 P74C4
地址：东城区永定门外沙子口东革新里42号
电话：67261390、67226251

世纪天乐服装市场 P48D2
地址：西城区西直门外南路乙12号
电话：68332604

马连道茶城 P72B2
地址：西城区马连道路11号
电话：86898707

京马茶叶批发市场 P72B2
地址：西城区马连道路12号
电话：63495064

京闽茶城 P72B2
地址：西城区马连道路15号
电话：63487403-7365

北京图书批发市场 P53B3
地址：朝阳区甜水园北里16号楼
电话：65062680

北京古玩城 P76D3
地址：朝阳区东三环南路21号
电话：67747711

大洋路农副产品批发市场 P89A2
地址：朝阳区十八里店周庄路口
电话：67472596

东郊蔬菜水果批发市场 P65B2
地址：朝阳区西大望路甲12号
电话：67711786、67713338

东郊农副产品批发市场 P65B3
地址：朝阳区西大望路甲12号
电话：67713338

平乐园农副产品批发市场
地址：朝阳区西大望路甲29号
电话：67798741

北京摄影器材城 P46C4
地址：海淀区西四环中路定慧桥东南角
电话：88119728

鼎好电子商城 P23D3
地址：海淀区中关村大街3号
鼎好：8008107168

海龙电子市场 P23D3
地址：海淀区中关村大街1号
鼎好：82663808

锦绣大地农副产品批发市场 P44D3
地址：海淀区阜石路69号
电话：88207719

金五星农副产品批发市场 P36D2
地址：海淀区清河永泰庄甲19号
电话：62990470

北京毛纺批发市场
地址：海淀区清河小营西路16号
电话：62945446

大康鞋城 P73D4
地址：丰台区右安门外幸福里8号
电话：83973974

岳各庄批发市场 P70D4
地址：丰台区丰台路34号
电话：63894923

京深海鲜批发市场 P70D2
地址：丰台区大红门石榴庄西街232号
电话：51228988、51228666

新发地农产品批发市场
地址：丰台区京开高速路新发地桥西侧
电话：83722689、83720935

北京农产品中央批发市场
地址：丰台区新发地168号
电话：83729569

郑常庄农副产品批发市场 P58C4
地址：丰台区丰台路甲18号

百荣世贸商城 P86C1
地址：丰台区永定门外大街101号
电话：87803960

城北回龙观商品交易市场 P94A1
地址：昌平区回龙观小区北侧
电话：81719855

水屯农副产品批发市场
地址：昌平区水村村南
电话：89745742

八里桥批发市场 P114D2
地址：通州区通惠北路金龙街4号
电话：60511788

花卉市场

天宁寺花卉批发市场
地址：西城区天宁寺东里11号
电话：63492205

中蔬大森林花卉交易市场 P36C2
地址：海淀区中关村南大街12号
电话：62147983

莱太花卉 P41A3
地址：朝阳区麦子店西街9号
电话：64636145

北京花卉交易市场
地址：朝阳区东三环北路乙8号
电话：65042446

东郊花卉市场 P65B3
地址：朝阳区西大望路甲12号
电话：67716524

朝来春花卉市场
地址：朝阳区来广营十字路口东300米
电话：84910105

亚运村花卉市场
地址：东城区安外小关北里43号
电话：64898106

玉泉营花卉市场 P84D2
地址：丰台区南三环西路55号
电话：63538637

花乡花卉市场 P84D3
地址：丰台区玉泉营环岛西南侧
电话：63754852

建材

百安居(马连道店)
地址：西城区马连道10号
电话：63316611

宜家家居 P28D4
地址：朝阳区阜通东大街59号
电话：64792345

百安居(广渠路店) P65B4
地址：朝阳区广渠路31号
电话：87768811

东方家园(来广营店) P16D2
地址：朝阳区来广营西路55号
电话：84950800

四元建材市场
地址：朝阳区东坝河西南侧
电话：64377114

东方家园(管庄店)
地址：朝阳区朝阳路28号
电话：65477064

居然之家(北四环店) P27D3
地址：朝阳区北四环东路65号
电话：84634443

居然之家(十里河店) P89A1
地址：朝阳区大羊坊路106号
电话：67305198

博洛尼家居体验馆 P28A2
地址：朝阳区北四环鼎成路9号
电话：84899001

十里河灯具市场 P88D1
地址：朝阳区东三环南路十里河桥东建材商业街
电话：67321858

高力国际灯具港 P76D4
地址：朝阳区东三环南路十里河家居建材商业街
电话：67310888

北四环灯具市场
地址：朝阳区望河桥
电话：64395581

蓝景丽家(大钟寺店) P36D2
地址：海淀区北三环西路北侧23号
电话：63390871

百安居(五棵松店)
地址：海淀区五棵松路35号
电话：88466611

百宝居(金世纪)店
地址：海淀区四环北路117号
电话：88495295

居然之家(金源店) P35A3
地址：海淀区远大路1号世纪金源购物中心西北侧
电话：88873500

万家灯火装饰城 P25D2
地址：海淀区南沙滩6号
电话：62315578

五棵松集美家具城 P46C4
地址：海淀区五棵松沙沟109号
电话：88127912

红星美凯龙国际家具建材广场(西四环店) P70B2
地址：丰台区西四环中路113号
电话：51188888

红星美凯龙国际家具建材广场(北四环店)
地址：海淀区北沙滩桥1号
电话：64889999

东方家园(丽泽店) P71C4
地址：丰台区西三环南路55号
电话：83666611

闽龙陶瓷市场 P89B1
地址：朝阳区十里河建材一条街东段
电话：67471113

居然之家(南三环店) P84D3
地址：丰台区南三环西路58号
电话：83679596

集美家居大世界 P101A1
地址：丰台区南四环大红门附近
电话：87885365

城外诚家居文化广场 P88B4
地址：朝阳区南四环成寿寺路308号
电话：67651234

东方家园(八角店)
地址：石景山区阜石路168号
电话：68813282

【文化娱乐】

博物馆、美术馆

中国国家博物馆 P62D3
地址：东城区天安门广场东侧

中国美术馆..................................P51A4
地址：东城区五四大街1号
电话：64017076

北京天文馆..................................P48C2
地址：西城区西直门外大街138号
电话：68352453

首都博物馆..................................P51A1
地址：西城区复兴门外大街16号
电话：63370440

中国科学技术馆 P14C4
地址：朝阳区北辰东路5号
电话：59041000

中国电影博物馆 P30C2
地址：朝阳区南影路9号
电话：64319548、65154567

中国紫檀博物馆 P67A2
地址：朝阳区兴隆西街9号
电话：85791443—8018、85752818

观复博物馆..................................P88D1
地址：朝阳区大山子张万坟金南路18号
电话：64338887

中国航空博物馆 P25A4
地址：昌平区小汤山镇
电话：61784882

电影院

东城区

百老汇新东安影城..................P63A1
地址：东城区王府井大街138号北京apm6楼
电话：65281838

百老汇新世纪影院..................P63B2
网址：www.xfilmcity.com
地址：东城区王府井东方新天地地下1层
电话：85186778

金宝汇百丽宫影院
地址：东城区金宝街88号金宝汇7楼
电话：85221090 85221977

搜秀影城
地址：东城区崇文门外大街40号搜秀商城9楼
电话：51671298 51671299

西城区

首都电影院..................................P61D2
地址：西城区西单北大街131号大悦城10楼
电话：4006508177

首都时代影城 P61D2
地址：西城区西长安街88号时代广场美美时代百货B1号
电话：83913645

青年宫电影城
地址：西城区西直门内南小街68号
电话：66152241 66152211

中影电影院..................................P37D4
地址：西城区新街口外大街25号
电话：62230207

广安门电影院 P73B2
地址：西城区白广路8号
电话：63522713

中华电影娱乐宫 P74C2
地址：西城区天桥市场85号
电话：63037361

朝阳区

万达国际影城(国贸店)............P65B2
网址：www.wandafilm.com
地址：朝阳区建国路93号万达广场B座3楼
电话：59603399

美嘉欢乐影城(三里屯店)
网址：www.imegabox.com
地址：朝阳区三里屯village地下一层
电话：64176118

华星国际影城双井店
网址：www.bjume.com
地址：朝阳区东三环中路富力广场6层
电话：59037171

星美国际影城(望京店)
地址：朝阳区望京街9号望京国际商业中心A座4楼
电话：59203788

紫光影城 P52B4
地址：朝阳区朝阳门外大街8号蓝岛大厦西区5-6楼
电话：65992228

影协电影院..................................P39C2
地址：朝阳区北三环东路22号
电话：64207759

枫花园汽车影院 P41B3
地址：朝阳区亮马桥路21号
电话：64329884

世纪东都国际影城
地址：朝阳区东四环中路195号华腾新天地5楼
电话：87952964

海淀区

华星国际影城双榆树店 P36B2
地址：海淀区双榆树科学院南路44号
电话：82115566 82112851

星美国际影城金源店 P34D3
地址：海淀区远大路1号金源时代购物中心5楼
电话：88864988

美嘉欢乐影城中关村店 P23D3
地址：海淀区中关村大街鼎好电子城一区西侧津乐会3层
电话：59863777

金逸国际影城
地址：海淀区中关村大街19号新中关购物中心B2楼
电话：82486800

今典花园数字影院
地址：海淀区文慧园北路9号空间蒙太奇2楼
电话：62229238

香山汽车影院
地址：海淀区香山环岛
电话：64319595

耀莱国际影城
地址：海淀区复兴路69号华熙和茂5~6层
电话：68188877

石景山区

万达国际影城石景山店 P56D2
地址：石景山区石景山路乙18号万达广场娱乐楼3楼
电话：68663399

剧院、音乐厅、艺术区

东城区

保利剧院 P51D2
地址：东城区东直门南大街14号保利大厦1楼
电话：65001188-5682

首都剧场
地址：东城区王府井大街22号
电话：65250996

中国国家话剧院
地址：东城区地安门外大街帽儿胡同45号
电话：64031104

中国儿童艺术剧院..................P63B2
地址：东城区东安门大街64号
电话：65211425

东方先锋剧场
地址：东城区东单三条8-2号东方广场东侧
电话：65597394

刘老根大舞台北京剧场
地址：东城区前门东路34号
电话：67055588 67029966

西城区

国家大剧院..................................P62B2
地址：西城区西长安街2号
电话：66550000

民族文化宫大剧院
地址：西城区复兴门内大街49号
电话：66024433

北展剧场
地址：西城区西直门外大街135号
电话：68354455

北京音乐厅..................................P62A2
地址：西城区北新华街1号
电话：66057006

天桥剧场 P74C2
地址：西城区北纬路30号
电话：51661145

德云社
地址：西城区北纬路甲1号
电话：63040912

繁星戏剧村
地址：西城区宣武门内大街
电话：65513348

朝阳区

北京剧院 P27A2
地址：朝阳区安慧里三区
电话：64911228

世纪剧院
地址：朝阳区亮马桥路40号
电话：64683311

中国木偶剧院..............................P38D2
地址：朝阳区安华西里甲1号
电话：64254849 64243698

北京歌舞剧院
地址：朝阳区双井1号　电话：51290300

朝阳9个剧场
地址：朝阳区朝阳文化馆4楼
电话：85996011

798艺术区
网址：www.798art.org

艺术区位于东北角，西起酒仙桥路，东至京包铁路、北起酒仙桥北路，南至将台路，也称大山子艺术区。艺术区的名字是沿用老的国营798电子厂的名称而来。同时，798也指代这一艺术区引申出的一种文化概念，艺术家和文化机构进驻后，成规模地租用和改造空置厂房，逐渐发展成为画廊、艺术中心、艺术家工作室、设计公司、餐饮酒吧等各种空间的聚合，形成了具有国际化色彩的“SOHO式艺术聚落”和“LOFT生活方式”。

地址：朝阳区酒仙桥路4号798艺术区
电话：59789798
咨询中心：59789870
自驾车路线：走首都机场高速公路或者京密洛川大山子出口下，右转（宏源大厦方向）走酒仙桥路可到。

海淀区

海淀剧院 P24A4
地址：海淀区中关村大街28号
电话：62546839

中国剧院 P35D4
地址：海淀区西三环北路16号
电话：68419381

国安剧院 P25D4
地址：海淀区花园北路
电话：62026328

【公园】

东城区

故宫 P50C4
地址：东城区景山前街4号
电话：65132255

菖蒲河公园..................................P62D2
地址：东城区南池子大街南口
电话：84134152

西城区

北京动物园..................................P48C1
地址：西城区西外大街137号
电话：68390274

北京海洋馆..................................P48D1
地址：西城区西直门外大街137号
电话：62176655

北海公园 P50B3
地址：西城区文津街1号
电话：64031102

什刹海公园
地址：西城区德胜门内大街
电话：83223344

朝阳区

奥林匹克公园 P14B4
地址：朝阳区北辰路

北京欢乐谷..................................P77D3
地址：朝阳区东四环四方桥东南角
电话：67389898、67383333

朝阳公园 P41C4
地址：朝阳区农展馆南路1号
电话：65065409

中华民族园..................................P26B3
地址：朝阳区民族园路1号
电话：62063646、62063647

海淀区

颐和园 P22B1
地址：海淀区颐和园路
电话：62881144－611、209

圆明园遗址公园 P11B3
地址：海淀区清华西路28号
电话：62543673

香山公园 P123D2
地址：海淀区买卖街40号
电话：62591155-6523

北京植物园..................................P20B1
地址：海淀区卧佛寺路
电话：62591283

凤凰岭
地址：海淀区苏家坨镇凤凰岭路19号
电话：62455933、62459492

鹫峰国家森林公园
地址：海淀区苏家坨北安河
电话：62455816、62455825

海淀公园 P23A3
地址：海淀区昆明湖东路东侧
电话：62850569

南宫世界地热博览园
地址：丰台区王佐镇南宫南路1号
电话：83315271

世界公园 P99B2
地址：丰台区花乡大葆台158号
电话：83613681

石景山游乐园 P56B1
地址：石景山区地铁八角游乐园站北
电话：68886868

八大处公园 P123D4
地址：石景山区
电话：88964661

【索引】

景点

名称 地图 位置

博物馆、艺术馆 展览馆、图书馆

影剧院、音乐厅

高尔夫

温泉度假村

滑雪场

小区、写字楼

名称	地图	位置
金世纪嘉园	P64	B3
金水大厦	P61	B3
金台国凤写字楼	P53	A4
金泰城	P72	D3
金泰城二号院	P72	C3
金泰大厦	P39	D3
金泰富地大厦	P94	A4
金泰国益大厦	P54	C4
金泰开阳大厦	P73	C3
金泰利达写字楼	P42	B2
金泰五环写字楼	P39	D3
金泰先锋	P66	A4
金泰翔达写字楼	P88	A4
金泰银丰大厦	P83	B2
金坛大厦	P75	B3
金汤大厦	P99	B1
金唐大厦金唐酒店	P25	C3
金唐商业大厦	P72	B4
金庭公寓	P65	A4
金万林办公楼	P87	C2
金威大厦	P47	A2
金五星商厦	P12	D1
金夕园	P34	C3
金翔大厦	P72	D3
金鑫大厦	P49	B4
金鑫商务大厦	P59	A4
金兴园	P72	D4
金星园	P40	C2
金燕龙大厦	P94	A2
金阳大厦	P61	B1
金叶大厦	P53	A4
金隅·润景阁	P57	D4
金隅朝阳商务会馆	P66	C1
金隅大厦	P61	B3
金隅国际	P28	C3
金隅嘉业	P28	D3
金隅丽港城	P28	D3
金隅山墅	P45	B4
金玉大厦	P47	C4
金源泉家园	P115	A3
金源雨林商务会馆	P15	C1
金苑大厦	P95	C4
金运大厦	P37	A4
金盏老年公寓	P112	A2
金甄大厦	P38	D1
金紫银海	P71	B2
锦鸿阁	P39	D3
锦湖园公寓	P52	D3
锦秋知春	P37	A1
锦秋知春大厦	P25	A4
锦胜华安写字楼	P49	D1
锦绣馨园	P27	C2
锦绣雅园	P44	C3
锦绣园公寓	P52	B2
锦逸家园	P46	C2
劲松大厦	P76	D2
劲松嘉园	P76	B1
晋风庄园	P115	B4
京宝大厦	P39	A4
京宝花园	P38	D4
京朝大厦	P53	A2
京辰大厦	P26	A1
京城DC小区	P69	C4
京城半岛商务会馆	P58	D3
京城大厦	P52	C1
京城槐园	P114	A1
京城仁合	P64	A3
京城雅居	P114	A4
京达国际公寓	P53	B2
京德家园	P102	C4
京电大厦	P61	D3
京鼎商务楼	P46	C2
京鼎原商务楼	P46	C2
京东丽景	P114	B2
京都金穗	P81	D2
京都瑞城大厦	P73	D2
京纺大厦	P63	A2
京港城市大厦	P66	A1
京广中心	P52	D4
京海大厦	P59	B3
京海家园	P58	C4
京汉大厦	P125	C2
京汉旭城	P56	D4
京核仪商务楼	P46	A3
京皇广场	P59	B4
京辉写字楼	P66	A4
京汇大厦	P64	D2
京江阳光商务楼	P57	D2
京开国际基汽车汇展中心	P103	A2
京乐大厦	P72	D3
京龙大厦	P52	D4
京贸国际大厦	P115	B4
京贸国际公寓	P114	C3
京门大厦	P60	A3
京蒙大厦	P72	A3
京棉新城	P54	B4
京民大厦	P26	A4
京明大厦	P86	D1
京泉馨园	P33	C2
京瑞大厦	P76	D4
京润大厦	P48	D4
京润花园办公楼	P41	A2
京润水上花园别墅	P41	A3
京盛大厦	P52	B1
京盛广场	P52	C2
京师大厦	P37	C3
京师园	P13	D3
京水宝莲公寓	P47	B2
京水商务公寓	P52	D4
京台大厦	P64	B2
京泰大厦	P64	A2
京铁家园	P58	C4
京铁生达大厦	P61	A3
京投大厦	P27	D2
京旺家园	P19	A4
京卫药业大厦	P82	D4
京文廖氏大厦	P63	B4
京文商业大厦	P74	C4
京香福苑	P50	D1
京香花园	P20	C4
京信大厦	P40	D4
京仪科技大厦	P36	C1
京颐科技大厦	P47	D2
京艺天朗	P115	B3
京艺新园	P58	B2
京友公寓	P38	A1
京中大厦	P61	A3
旌凯大厦	P89	A1
晶城秀府	P88	A3
精彩庭院	P69	C3
精图小区	P71	D3
精图雅园	P72	A2
景藏健康大厦	P57	D2
景华丰写字楼	P127	C1
景莲磐苑	P72	A2
景龙国际	P15	A2
景泰嘉园	P75	A4
景熙国际	P48	B3
景阳宏昌大厦	P56	B3
景园大厦	P53	A2
竞园	P66	C4
靓景明居	P114	D3
境界	P102	D3
静安中心	P40	A3
静淑苑	P13	A4
静思苑	P67	D1
静欣苑	P129	C3
静馨嘉园	P88	B3
静园居	P59	B2
九号国际公寓	P53	A2
九龙花园	P65	A4
九龙家园	P100	B3
九龙山庄	P100	A3
九龙商务中心	P48	B1
九台庄园	P95	B2
九州汇仁	P72	B1
九洲大厦	P57	D2
久凌大厦	P35	C4
酒仙公寓	P29	D3
居安办公中心	P65	B3
居安商务公寓	P66	C3
居安写字楼	P49	D2
居然大厦	P51	D2
菊园	P93	C4
巨安国际大厦	P114	B2
巨擎达写字楼	P72	A4
巨山家园	P20	C4
巨山馨园	P44	D1
巨石大厦	P52	A2
巨星大厦	P59	A2
聚才大厦	P51	B1
聚才商务中心	P51	C1
聚龙大厦	P52	A3
聚龙花园	P52	A3
聚龙湾商务会馆	P49	C2
聚通嘉园	P107	D4
卷石天地	P28	C3
军旅港湾	P131	C2
君安写字楼	P59	B1
君都花园	P88	D1
珺峰	P54	D3

K

名称	地图	位置
卡布其诺	P42	B1
卡尔生活馆	P102	D4
开发区职教园	P135	B1
开阳欣居	P73	C4
开源写字楼	P36	A1
凯晨广场	P61	C2
凯德华玺中心	P51	B4
凯德锦绣	P66	A1
凯富国际公寓	P15	A4
凯恒大厦	P51	D4
凯宏商务楼	P60	D2
凯景铭座	P38	D3
凯康国际酒店	P38	C2
凯龙大厦	P51	C3
凯赛公馆	P97	A2
凯泰公寓大厦	P65	C1
凯威大厦	P63	D1
凯旋城	P27	B2
凯旋大厦	P48	B2
凯旋门	P60	D1
康保花园	P52	B3
康博大厦	P11	C1
康博大厦	P93	D4
康城花园别墅	P114	B3
康德大厦	P93	D4
康复商务中心	P24	A3
康和园	P133	B1
康鸿家园	P39	A3
康侯商务会馆	P61	A1
康乐家园	P19	C4
康铭大厦	P51	A3
康宁居	P72	C3
康桥水郡	P35	B2
康盛园	P133	B1
康顺园	P133	C1
康斯丹郡	P15	B3
康馨大厦	P58	C2
康颐园	P133	B1
康营小区	P97	D4
康瀛大厦	P58	C2
康缘居	P85	D3
康泽园	P87	A3
考拉社区	P72	D3
靠山居花园	P98	B3
靠山居艺墅	P98	A3
科城大厦	P23	D3
科电大厦	P24	B3
科峰公寓	P24	B3
科海福林大厦	P36	B3
科华大厦	P25	D1
科技财富中心	P13	A3
科技大厦	P24	B2
科技园综合楼	P105	D4
科利华网络大厦	P94	A4
科伦大厦	P65	A1
科贸大厦	P11	D1
科群大厦	P25	B3
科实大厦	P93	D4
科兴佳园	P70	D1
科原大厦	P47	C3
科运楼	P26	A2
克拉玛依大厦	P38	C4
肯特中心	P41	B3
空港国际	P110	B3
空港科技大厦	P110	A3
快乐洋城	P101	A1
矿冶大厦	P48	C2
坤讯大厦	P25	A4
昆仑公寓	P53	A1
昆明大厦	P62	A3
昆泰大厦	P94	A2
昆泰国际中心大厦	P52	A4
昆泰科技商厦	P65	D1
昆玉大厦	P34	D1
琨莎中心	P40	B4

L

名称	地图	位置
Lg大厦	P64	B2
拉斯维加斯湾	P54	B2
来春园	P96	A4
莱盟湖别墅	P97	D2
莱茵河畔	P102	C3
莱振家园	P94	C4
兰德华庭	P45	C3
兰华国际	P27	A1
兰龙家园	P122	D4
蓝宝商务大厦	P39	A1
蓝堡国际城	P65	B2
蓝堡国际公寓	P65	B2
蓝筹铭座	P52	A3
蓝岛大厦	P52	B4
蓝德大厦	P84	B2
蓝调国际	P72	C3
蓝谷科技大厦	P82	C4
蓝宏中心	P46	C4
蓝慧大厦	P46	D4
蓝珏苑	P27	B3
蓝润大厦	P24	B2
蓝色澳林	P94	D4
蓝色港畔	P132	B1
蓝天商务楼	P70	D3
蓝星花园	P110	A3
蓝星科技大厦	P23	C3
蓝源写字楼	P71	C3
朗琴国际	P72	D1
朗琴园	P72	D1
浪淘沙商务会馆	P25	A1
乐成公寓	P65	B4
乐成国际	P65	A3
乐城家园	P72	C2
乐府·江南	P46	A3
乐凯大厦	P73	B1
乐澜宝邸	P76	D1
乐澜宝坻国际公寓	P52	D3
乐园公寓	P77	B1
棱湖商务会馆	P38	B3
梨园小镇	P115	B3
黎昌君苑	P23	A3
黎明新座	P54	A2
理工公寓	P35	C4
理工国际会议中心	P35	C2
理工国际教学交流大厦	P35	C2
理想大厦	P24	A4
理想国际大厦	P23	D3
力度家园	P12	C1
力度家园	P94	B4
力鸿花园	P40	A3
立方	P23	C4
立高大厦	P69	D1
立恒名苑	P72	D1
立业大厦	P86	B2
立元综合楼	P72	A3
丽都东方国际公寓	P41	B1
丽都东镇	P42	B1
丽都广场	P41	B1
丽都花园	P41	B1
丽都水岸	P41	C2
丽都苑	P41	B1
丽港美度	P28	D3
丽高花园	P108	A3
丽高王府	P110	A4
丽豪园	P38	B4
丽嘉花园	P110	A4
丽江新城	P66	B4
丽景家园	P83	B1
丽景馨居	P66	D1
丽莱花园	P107	B4
丽水嘉园	P53	C3
丽水湾	P111	B3
丽水湾畔	P64	A4
丽阳四季	P72	B2
丽园中心	P41	C1
丽泽雅园	P72	A3
丽泽苑	P72	B4
利景名门	P29	B4
利群住宅楼	P72	A4
利生大厦	P63	A1
利泽中园	P17	A4
荔景园	P115	C2
荔炫风	P115	C2
郦城	P34	C4
连心园	P114	C2
莲花晴园	P72	C2
莲葩园	P95	D4
莲水怡园	P135	D1
莲香园	P71	B1
莲馨嘉园	P59	C4
莲怡园	P71	B1
联宝公寓	P52	B2
联城国际	P65	A4
联东商务中心	P103	D2
联合大厦	P52	A4
联合国际大厦	P76	C4
联合通信	P61	B1
联合通信公司大厦	P73	D1
联华世纪写字楼	P71	C1
联通大厦	P63	B1
联想大厦	P93	D4
恋日国际	P64	D2
恋日花都	P84	D3
恋日家园	P85	B3
恋日绿岛	P102	C1
恋舍	P57	D4
亮丽园	P46	C3
亮马河大厦	P52	D1
亮马名居	P41	B4
亮马桥外交公寓A区	P5	4A
亮马水晶公寓	P41	D3
亮马新世界	P42	A3
亮驿商城	P87	A4
量子银座	P24	D4
林达大厦	P39	D3
林大科贸楼	P24	D1
林枫花园	P85	D4
林枫家园	P100	C4
林溪别墅	P105	B1
琳琅庄园	P125	B2
灵秀山庄	P102	B3
玲珑花园	P47	A2
玲珑商务会馆	P46	D3
凌云居	P73	C1
领袖·硅谷	P94	A3
领袖大厦	P124	D4
领袖新硅谷	P93	D3
领袖新硅谷	P94	A3
流星花园二区	P94	B1
流星花园三区	P94	B1
流星花园一区	P94	B1
柳岸方园	P115	B3
柳岸景园	P115	C3
柳明家园	P45	B4
六所大厦	P25	A1
六营门小区	P101	C3
六元农庄	P108	B3
龙宝大厦	P53	A1
龙博苑二区	P94	B2
龙博苑六区	P94	B2
龙博苑三区	P94	B2
龙博苑一区	P94	B2
龙成商务会馆	P13	C4
龙城花园	P93	D1
龙城花园公寓	P93	D2
龙德广场	P95	C3
龙德嘉园	P125	C3
龙德商务会馆	P25	C2
龙德行大厦	P38	C2
龙德紫金	P95	C2
龙鼎华大厦	P76	C2
龙鼎园	P115	A4
龙蕃写字楼	P49	A4
龙府花园	P109	A3
龙冠大厦	P94	A2
龙华苑	P131	C1
龙辉大厦	P76	D2
龙回苑	P105	C4
龙锦苑东一区	P105	D4
龙锦苑二区	P94	D1
龙锦苑六区	P94	C1
龙锦苑三区	P94	D1
龙锦苑四区	P94	C1
龙锦苑五区	P95	A1
龙锦苑一区	P105	D4
龙人写字楼	P64	A4
龙瑞商务会馆	P40	D3
龙绍衡大厦	P39	C4
龙潭公寓	P75	C3
龙涛阁别墅区	P109	A3
龙腾阁	P76	A2
龙腾苑二区	P94	B1
龙腾苑六区	P94	B2
龙腾苑三区	P94	B1
龙腾苑四区	P94	B2
龙腾苑五区	P94	B2
龙腾苑一区	P94	B1
龙头公寓	P76	D4
龙湾别墅	P97	B1
龙禧二区	P94	B1
龙禧三区	P94	B1
龙禧苑一区	P94	B1
龙祥嘉园	P95	B4
龙馨苑小区	P131	A3
龙跃苑东二区	P94	C1
龙跃苑东四区	P94	C2
龙跃苑东五区	P94	C2
龙跃苑二区	P94	C1
龙跃苑三区	P94	C2
龙跃苑四区	P94	C2
龙跃苑一区	P94	C1
龙珠公寓	P75	D3
隆博广场	P52	D2
隆福大厦	P51	D4
隆福广场	P51	A4
隆基大厦	P63	C1
隆盛大厦	P103	B3
卢沟桥老年公寓	P69	A3
芦各庄	P113	C1
鲁班大厦	P114	A2
鲁园	P35	A4
鲁园上河村	P35	A3
鹿港嘉苑	P28	C4
鹿谷庄园	P8	D2
鹿海园一里	P135	B1
潞河名苑	P115	A2
旅游大厦	P64	A2
绿波国际公寓	P47	A2
绿波园	P12	B1
绿城百合公寓	P130	C3
绿城星洲花园	P101	C4
绿城阳光名苑	P101	B4
绿岛苑	P55	C4
绿丰家园	P114	B4
绿谷雅园	P44	C3
绿景苑	P75	D1
绿戎家园	P44	B1
绿色家园	P113	B2
绿雅阁	P27	D3
绿野福苑	P95	A1
绿荫芳邻	P29	B2
绿洲综合楼	P15	B2
滦河大厦	P72	D2
伦洋大厦	P38	B2
罗马花园	P27	B3
罗马假日	P61	A1
洛克时代	P26	D1
洛娃大厦	P17	A3
骆驼湾	P72	B3

M

名称	地图	位置
马德镭商务中心	P38	B3
马兰大厦	P26	B4
马连道欣园	P72	B3
马连洼兰园	P10	C1
马连洼梅园	P10	B1
马六甲传奇	P107	C4
迈豪时代	P49	A1
满庭芳园	P36	B2
曼哈顿国际	P103	B2
茂华璟都会	P44	A4
懋鸿写字楼	P50	A2
MASTER领寓商务中心	P40	A3
玫瑰花园	P84	D3
玫瑰御园	P47	A1
玫瑰庄园	P102	C4
梅地亚中心	P60	A2
煤机大厦	P39	A4
煤炭大厦	P39	C2
美惠大厦	P52	A3
美江大厦	P38	A3
美景东方	P77	A3
美康大厦	P76	A1
美克大厦	P71	C4
美丽亚洲假日花园	P67	A1
美丽愿景	P85	B3
美林大厦	P52	B3
美林叠墅	P97	D2
美林花园	P35	C4
美林香槟小镇	P110	A4
美罗城	P65	C4
美然家园	P102	B3
美然绿色家园	P102	A3
美欣家园	P94	C4
梦潮海岸商务会馆	P85	B3
迷你立方板	P54	C1
米兰天空	P102	C3
米阳大厦	P64	B2
民航大厦	P61	D2
民航信息大厦	P51	A4
民建大厦	P26	A4
民进霄云大厦	P40	D3
民生大厦	P52	D4
民源大厦	P64	B1
民岳家园	P70	B2
民族家园	P114	B1
民族文化宫	P61	C2
名成国际大厦	P63	D3
名都家苑	P85	D4
名都园	P97	C2
名流未来大厦	P85	D4
名人公寓	P26	D2
名商大厦	P35	C1
名仕花园	P47	A3
名苑雅居	P13	D4
名筑	P27	B2
明湖大厦	P38	B2
明日家园	P58	C3
明日嘉园	P85	C3
明天第一城	P95	C3
明珠国际商务会所	P70	C2
茗筑大厦	P72	A2
茗筑大厦	P72	A3
铭诚写字楼	P85	C3
铭科苑	P94	A3
摩根广场	P26	B3
摩码大厦	P53	A4
茉藜园	P95	D4
莫奈花园	P107	D4
牡丹园写字楼	P25	C3
穆斯林大厦	P63	A1

N

名称	地图	位置
内江大厦	P71	C1
那尔水晶城	P133	C2
娜丽莎大厦	P29	A2
南北栋	P83	B1
南方证券大厦	P87	C1
南宫北里	P129	B3
南宫新苑	P129	B3
南宫雅苑	P129	C3
南广阳城	P131	D2
南国大自然国际商务会馆	P34	C3
南虹公寓	P40	C4
南虹日坛公寓	P64	B1
南极星	P99	C1
南桃园	P113	D1
南曦大厦	P86	D2
南现代城	P102	B2
南新仓国际大厦	P51	D3
南新圆中路商务楼	P77	B4
南银大厦	P40	C3
南珠苑	P85	B2
宁夏大厦	P50	D1
宁园	P50	D1
纽约大厦	P65	B3
纽约豪园	P65	A1
农大科贸楼	P25	A1
农丰大厦	P76	D4
农机大厦	P72	C2
农林大厦	P46	D1
农资大厦	P70	C3
诺安基金大厦	P64	C1
诺亚新洲	P46	C3

O

名称	地图	位置
欧堡	P77	C1
欧风时尚公寓	P29	A1
欧陆大厦	P27	B2
欧陆风情园	P54	B3
欧陆经典	P27	B2
欧陆苑	P97	D2
欧园	P72	B3
欧洲时尚	P97	B1

P

名称	地图	位置
排水大厦	P60	C3
潘家园大厦	P76	B3
盘古大观	P26	B2
PekingHouse首府	P65	B3
鹏达家园	P98	B4
鹏景阁	P28	D1
鹏龙大厦	P76	D3
鹏润大厦	P40	D3
鹏润国际时尚交易中心	P99	C1
鹏润家园	P72	D3
皮革大厦	P41	C1
飘HOME	P41	C1
品阁	P37	A4
品元大厦	P38	B1
平安大厦	P61	B1

D

司机常用热线

常用热线

- 交通事故报警……122
- 报警台……110
- 急救……120、999
- 旅游咨询、投诉……12301
- 天气预报……12121(3元/分钟)
- 全天气象信息查询……96221221
- 交通违章查询……16888122(3元/分钟)
- 北京交通台路况信息专线……65289999
- 携程旅行网机票、酒店预订热线……4008206666
- e龙旅行网机票、酒店预订热线……4006161616
- 中国移动12580生活信息热线……12580
- 如家酒店全国订房热线……4008203333

咨询

- 北京市公安交通管理局……95001122
- 北京市交通管理局车辆管理所……87625155(语音)、87625123(人工)
- 北京高速公路查询热线……67632672
- 首都机场高速公路问讯……64565620
- 机场北线高速公路问讯……80415800
- 京通快速路问讯……64863366
- 通燕高速公路问讯……67632672
- G1京哈高速公路(原京沈高速)问讯……85300619
- G2京沪高速公路(原京津塘高速)问讯……58021111
- 京开高速公路问讯……60254520
- G4京港澳高速公路(原京石高速)问讯……83869587
- 京承高速公路问讯……84700496
- G6京藏高速公路(原八达岭高速)问讯……62920491
- 高速公路速通卡(ETC)办理客服电话……87508050、87565464
- 高速公路速通卡(ETC)白鹿营业厅(京哈高速)……85302130、85302131
- 高速公路速通卡(ETC)北苑营业厅(京通快速)……65739820、65739203
- 高速公路速通卡(ETC)西马庄营业厅(京通快速)……80543278、80543050
- 高速公路速通卡(ETC)崔各庄营业厅(京承高速)……84700493、84700492
- 高速公路速通卡(ETC)清河营业厅(京藏高速)……62933103、82412924
- 高速公路速通卡(ETC)杜家坎营业厅(京港澳高速)……83878738、83879938
- 高速公路速通卡(ETC)西红门营业厅(京开高速)……60246303、60242642
- 高速公路速通卡(ETC)苇沟营业厅(机场高速)……64328028、64329926
- 高速公路速通卡(ETC)回龙观营业厅……81718894、81718794
- 高速公路速通卡(ETC)石景山营业厅……68888100、68889695
- 高速公路速通卡(ETC)方庄营业厅……67698080、67637606
- 高速公路速通卡(ETC)东方基业汽车城营业厅……51193591、51193592
- 中石化加油卡咨询……95105988
- 中石油加油卡咨询……84990744
- 车船使用税……12366
- 交强险咨询……95001133、96001133(按市话收费)
- 中国工商银行牡丹交通卡咨询……95588
- 首都国际机场问讯……64541100
- 机场巴士问讯……64594375
- 北京站问讯……51019999
- 北京西站问讯……51826273
- 北京南站问讯……51867999
- 北京北站问讯……51866223
- 地铁客服……68345678
- 地铁4号线客服……63988622

交通队、车管所、车管站

详细信息见本书第221～222页

- 东城交通支队……64073415
- 东单大队……88313416
- 东四大队……64043575
- 和平里大队……64226299
- 帅府园大队……68399147
- 原崇文交通支队……67115809
- 前门大队……87819989
- 天坛大队……87280909
- 西城交通支队……66162545
- 府右街大队……68399251
- 六部口大队……66120997
- 西单大队……68399221
- 西四大队……66175236
- 西外大队……68399231
- 原宣武交通支队……63447872
- 广安门大队……68399411
- 樱桃园大队……68399421
- 朝阳交通支队……67715885
- 东外大队……68399521
- 呼家楼大队……68399511
- 劲松大队……67378768
- 双桥大队……65763141
- 亚运村大队……64912336
- 机场大队……64575742
- 海淀交通支队……62557480
- 公主坟大队……68399641
- 黄庄大队……68399631
- 清河大队……68399621
- 温泉大队……88313465
- 丰台交通支队……68399701
- 大红门大队……67249438
- 方庄大队……67698147
- 丰北大队……63814388
- 卢沟桥大队……83894822
- 西站大队……63953662
- 石景山交通支队……68872417
- 北辛安大队……68872417
- 亦庄开发区交通大队……88313930
- 天华路队……88313010
- 昌平交通支队……68397260
- 马池口大队……60772204
- 沙河大队……69731914
- 高速路大队……89704805
- 机场交通支队……64564123
- 通州交通支队……60526167
- 潞河大队……68397190
- 长陵营大队……80586160
- 房山交通支队……89357122
- 良乡大队……80391861
- 万宁大队……69313861
- 燕山大队……69341606
- 大兴交通支队……69242047
- 顺义交通支队……69426010
- 怀柔交通支队……89684828
- 平谷交通支队……69959986
- 密云交通大队……69041895
- 延庆交通大队……81191977
- 门头沟交通支队……69866800
- 东城交通支队车管站……84066515
- 原崇文交通支队车管站……67112065
- 西城交通支队车管站……68399206
- 原宣武交通支队车管站……63447872
- 朝阳交通支队车管站……88313586
- 海淀交通支队车管站……62553336
- 丰台交通支队车管站……68399740-5739
- 石景山交通支队车管站……68863193
- 开发区交通大队车管站……88313933
- 机场交通支队车管站……64539041
- 房山交通支队车管站……68397030-5005
- 通州交通支队车管站……60526300
- 昌平交通支队车管站……69770041
- 大兴交通支队车管站……61268964
- 顺义交通支队车管站……81498347
- 怀柔交通支队车管站……89685649
- 平谷交通支队车管站……69959863
- 门头沟交通支队车管站……69808501
- 密云交通大队车管站……69062901
- 延庆交通大队车管站……81194561
- 北京车辆管理所总所……87625123
- 车辆管理所京朝分所(朝阳区、通州区、原崇文区)……6729307
- 车辆管理所京海分所(海淀区、门头沟区)……6246102
- 车辆管理所京丰分所(原宣武区、丰台区、石景山区)……6863633
- 车辆管理所京顺分所(东城区、顺义区、怀柔区、密云县、平谷区)……6945451
- 车辆管理所京南分所(大兴区、房山区)……8370185
- 车辆管理所京北分所(西城区、昌平区、延庆县)……6077248

交通事故处理

- 东城交通支队事故科……6404178
- 原崇文交通支队事故科……6711312